| 내셔널리즘과 일본SF의 전쟁 |
파시즘 · 신흥종교 · 에반겔리온

최석진

도서출판 그노시스

내셔널리즘과 일본SF의 전쟁
―파시즘・신흥종교・에반겔리온

第 1 界 신(神)과 천황
　1天. 개설(槪說)　　　　　　　　　　　　008
　2天. 천황폐하　　　　　　　　　　　　　017
　3天. 남자들의 야마토　　　　　　　　　　025
　4天. 국화의 금기(禁忌)　　　　　　　　　034
　5天. 천황과 이라크　　　　　　　　　　　041
　6天. 평화천황論　　　　　　　　　　　　046
　7天. 총통의 딸　　　　　　　　　　　　　057
　8天. 외국군대의 개　　　　　　　　　　　065
　9天. 성령의 새(白禽)　　　　　　　　　　076
　10天. 멘탈붕괴　　　　　　　　　　　　　087
　11天. 아담스의 그릇, 과거에서 온 적들　　095
　12天. 생명나무로서의 단군　　　　　　　　103

第 2 界 불교와 괴물(The Thing)
　13天. 에코토피아　　　　　　　　　　　　118
　14天. 결전! 히틀러스그라트　　　　　　　128
　15天. 우리는 종주국의 천손민족　　　　　135
　16天. 상생의 선민(選民)　　　　　　　　140
　17天. 루슬란트 대추장 표트르　　　　　　152
　18天. 묘청의 난―천군강림! 걸거뤼(大爲)　158
　19天. 프로이트의 새(The Psycho Bird)　167
　20天. 지구가 정지한 날　　　　　　　　　178
　21天. 시선권력의 Ray　　　　　　　　　　188
　22天. 섹스 에너지의 병기화　　　　　　　195
　23天. 도솔천―천공의 성 네르프(NERV)　202
　24天. 지구리셋과 인류역사 6천년　　　　210
　25天. 軍國의 데자뷔, 北朝鮮　　　　　　218
　26天. 지구 감시자(Watch Tower)　　　　224
　27天. 뇌과학, 멈추면 비로소 보이는　　　233
　28天. 桓檀古記―SF 제1시조민족 수메르　238
　29天. 마음의 벽, AT필드　　　　　　　　250

第 3界 퇴폐의 광풍

30天. 게르만의 혼   302
1922년 노스페라투
1922년 도박꾼 마부제 박사
1924년 니벨룽겐
1926년 파우스트
1927년 메트로폴리스

31天. Re 구로사와 아키라   340
1995년 제22화 적어도, 인간답게―진실을 말하면 안 돼
1952년 산다는 것
1946년 내 청춘에 후회는 없다
1948년 주정뱅이 천사
1949년 들개 · Stray Dog
1949년 조용한 결투
1957년 수렁 · Lower Depth
1963년 천국과 지옥

32天. 유황불 지옥의 괴수대백과   374
1925년 오페라의 유령
1927년 메트로폴리스
1931년 드라큘라
1931년 프랑켄슈타인
1932년 미이라
1932년 마부제 박사의 유언
1933년 킹콩
1933년 투명인간
1935년 런던의 늑대인간
1935년 프랑켄슈타인의 신부
1941년 늑대인간(Wolfman)
1953년 우주전쟁
1953년 심해에서 온 괴물
1953년 우주인, 노쿄에 나타나다
1954년 검은 늪의 괴물
1954년 고지라
1955년 고지라의 역습
1955년 놈은 바다 저 밑에서 왔다
1955년 수인설남(獸人雪男)
1956년 하늘의 대괴수 라돈
1957년 지구방위군
1958년 전송 파리사나이(The Fly)
1958년 대괴수 바란
1961년 콩가
1961년 모스라
1962년 요성(妖星) 고라스
1962년 킹콩 대 고지라

1963년 해저군함
1964년 고지라 대 모스라
1964년 고지라 모스라 킹기도라—3대괴수 지구 최대의 결전
1965년 괴수 대전쟁
1965년 대괴수 가메라
1965년 프랑켄슈타인 대 지저괴수 바라곤
1966년 프랑켄슈타인괴수 산다 대 가이라
1966년 가메라 대 냉동괴수 바르곤
1967년 대괴수 공중결전—가메라 대 갸오스
1967년 괴수섬의 결전—고지라의 아들
1968년 괴수 총진격
1968년 가메라 대 우주괴수 바이라스
1968년 요괴 대전쟁
1969년 하늘을 나는 유령선
1969년 ALL 괴수총진격
1969년 가메라 대악수(大惡獸) 기론
1972년 지구공격명령—고지라 대 가이강
1973년 고지라 대 메가로
1974년 고지라 대 메카고지라
1982년 애국전대 대일본
1985년 야마타노오로치의 역습
1987년 스케반형사 The Movie
1989년 고지라 VS 비올란테
1992년 에일리언3
1992년 고지라 VS 모스라
1994년 고지라 VS 스페이스고지라
1995년 가메라—대괴수 공중결전
1996년 모스라3
1999년 고지라2000—Millenium
2004년 고지라—Final War
2007년 입 찢어진 여자
2007년 MIST
2008년 지구가 멈추는 날
2011년 더 씽(The Thing)

33天. 영원의 설국열차(雪國列車) 418
青木方—윤회환생(metempsychosis)
赤火方—인조인간(Athena the Psycho Soldier)
黒水方—기계권력을 향해 열린 性器, 꽃
白金方—느부갓네살의 열쇠와 나찰녀(羅刹女)
黃土方—승리의 탑과 리린

第 4 界 참고 문헌 470

第 5 界 저자 후기 474

第1界 신(神)과 천황

1天. 개설(槪說)

　1920년대 무성영화 시절부터 시작된 유럽의 SF 및 호러영화들은 신과 기독교 체계에서 연유한 비유와 상징을 구사하는 경우가 많다. 그 시절 영화들 중에서 특히나 국내에도 어느 정도 알려져 있으며, DVD 등의 영상 소프트가 발매된 독일 표현주의 영화들은 특히나 그런 경향이 매우 강하다. 여기에는 2가지 이유가 작용한 것으로 추찰(推察)된다.

　첫째, 독일의 '과학의 힘' 전통을 들 수 있다. 필자의 이전 졸저인 <괴수영화 속의 두뇌전쟁史>(1~2권, 2011년)에서 지나치리만큼 규명을 했듯이, 독일인들은 SF 및 호러의 역사에서 정말 대단한 민족으로 취급받고 있다. 근세 들어 많은 독일 과학자들의 발견과 발명이 이어졌던 것은 상식에 속하는 일이다. 더군다나 19세기 말부터 이집트에서 미라들을 뒤적거리던 것도 독일인 고고학자들이고, 전설의 도시 트로이를 발굴한 것도 독일인 고고학자들이었다. 이 정도만 봐도 대단한 활약을 하고 있는 것이다. 또한 우리들이 흔히 '과학기술' 하면 독일을 떠올리는 경우가 많은 것은 우연이 아니다.
　과학사 관련 서적까지 뒤적일 필요가 없이, 세계 최초의 비행선은 독일인이 만들었고, 세계 최초의 화학전도 독일이 시작했으며, 세계 최초의 본격적 잠수함 작전도 독일이 이루어낸 것이며, 세계 최초로 원자핵 구조를 발견한 것도 독일인이었다. 1970~80년대까지만 해도 한국에서 과학기술과 관련해서는 독일로 유학을 가는 것이 대세였으며, 정부당국에서도 그렇게 밀어줬다.

물론 제2차 세계대전의 결과로 분단된 유이(唯二)한 나라라는 냉전 시기의 동병상련도 많이 작용하였으며, 1950년대 6·25한국전쟁의 폐허 속에서 국내에 처음 들어온 산업 투자국도 서독이었던 인연이 있다.

  중세 시절까지 거슬러 올라가면 건축학으로도 손꼽히는 '민족'이 바로 독일인이 아닐까 싶을 정도이다. 현대 화학자들의 선조 격으로 조명 받는 '강철의 연금술사'들은 두말할 나위 없을 것이리라. 신성로마제국(영어 공식표기=Holy German Roman-Empire, 962년 오토대제 창건~1806년 나폴레옹 황제에게 멸망)이라는 이름으로 가톨릭 세계의 중심이었던 로마교황과 티격태격 해댔던 것도 독일황제들이며(비록 제후들의 선거로 뽑히는 얼굴마담이었을지언정), 정치 싸움에서 신의 권위를 빌리기 위해 장대하고 웅장한 고딕풍 대성당들을 여기저기 세워댄 곳도 바로 독일이기 때문이다.

  '영원한 로망의 땅'일 이탈리아 본토 건축가를 초빙하건 유학을 가건 도제식으로 배웠건 간에, 건축기술이 뛰어나질 수밖에 없다. '고딕'이라는 말 자체가 이미 옛 게르만족 일파인 고트족(Goth·행패로 보아 음험한 분위기의 사람들이었던 듯하다)에서 나온 말이다. 우스개지만, 만리장성을 세운 중국인들의 축성 기술이 세계 최고가 되지 못한 이유가 바로 이런 것이다. 지속적인 기술발전을 뒷받침할 안정적인 정치·사회적 환경이 부재했기 때문 아닐까.

  정리하면, 종교→정치→건축→과학→정신(분석학·지그문트 프로이트는 독일계였음)으로까지 '과학민족 독일인'이 형성되어간다. 바로 이 틈새에서 신(神)과 관련된 중요한 사고방식의 변전(變轉)이 등장한다. 그것이 바로 17세기 영국에서 태어난 이후 전 세계 음모론의 뿌리 격인 자유석공조합(free mason guild), 즉 현재의 프리메이슨(Freemason)이다.

약간 거칠지만 알기 쉽게 풀이하자면, 프리메이슨은 소위 이신론(理神論·deism)을 신봉하는 비공개 결사이다. 흔히 음험한 이미지의 '비밀결사'라고 알려져 있는데 그것은 1960~70년대에서 시작된 '우리 대 그들' 사고방식(we-they mentality)에서 연유한 것이다. 미국 자체가 이신론자들이 주축이 되어 건설된 신국가(新國家) 아니었던가.

그런 식으로 말하면, (서양에서 주로 중상류층 대상의) 비공개 사교클럽들도 안에서 뭘 하고 노는지 모를 음탕한 부자들의 음탕한 '비밀클럽'이 되어 버리는 것이다. 그런 식으로 공격받는 집단이 대표적으로 하버드나 예일 대학 같은 '엘리트 학교'의 동아리들이다. '스컬 앤드 본즈'니 뭐니 하면서 (자유주의의 원흉인 더러운) 유대인 비밀결사이고, (이라크전쟁의 원흉인 더러운) 조지 W. 부시도 거기 출신이고 어쩌고저쩌고… 이런 등속의 좌우익 음모론 이야기들 말이다.

평등 같은 것을 주장함으로써 우리사회의 공공질서를 교란하고 정부의 통제력을 무너뜨리는 유대인의 악마 같은 가르침이 현상계에 존재한다는 것을 우리는 알아야 한다. 그뿐만 아니라 이 악마 같은 모사꾼들은 사실 인간의 본성에 관한 한 '우수한 자'와 '열등한 자' 사이에 원래 구별이 존재한다는 뿌리 깊은 망상과 맹목적인 믿음을 지니고 있다.

그들은 자신들만이 신의 선택을 받았기 때문에 특별히 우수한 민족이라는 망상에 사로잡혀 있다. 이런 망상과 맹신의 결과로 유대인은 전 세계의 지배권을 빼앗아 세계를 지배하려는 음험한 계획을 세웠고, 이에 따라 오늘날의 격변이 발생한 것이다.

―1960년대 일본 선(禪)불교 아메리카 전파의 일등공신 격인
조동종 선승 야스타니 하쿠운, 1943년.[1)]

이신론이란, 기독교가 전통적으로 가르쳐 온 '인격적 신(하느님 아버지와 그 아들 예수 그리스도式)'이 아닌, 건축공학의 법칙과 같이 인간의 눈에는 보이지 않지만 어쨌건 세계의 질서를 설계한 어떤 초월적 존재를 (기독교적) 신의 자리에 위치시키는 사고체계를 일컫는다. 동양으로 치자면 조선유학에서 기(氣·양반네들 관점으로는 아랫것들 민간신앙의 기복대상인 각종 잡신들 포함)의 반대인 이(理·양반네들 관점으로는 중국 유교 고전 속의 세상원리 개념인 天子나 上帝를 포함)에 해당하는 존재가 바로 신이다.

이걸 활용한 대표적인 영화가 바로 <매트릭스> 시리즈다. 거기서는 '신'에 해당할 위치에 건축가(Architect)라는 이름의 흰 양복 입은+백인+대머리(bald·털/나무가 없어 민숭민숭한/꺼끄러기가 없는)+아저씨가 등장한다. 역시나 기독교 정통파/복음주의를 긁어대는 '털 없는 원숭이(=털이 없어 피부가 민숭민숭한 메~롱 원숭이·창조론=NO 진화론=OK)'의 비유이리라. 에반겔리온처럼 '아이'를 제물로 먹는 <설국열차> 속의 '영원엔진'도 이신(理神)으로 볼 수 있다.

덧붙여 잠시 설명하자면, 1999년 <매트릭스> 1편이 등장하기 전의 90년대 미국에서는 근본주의 기독교의 공세가 거칠었던 것으로 관찰된다. 시대가 자유주의 민주당 정권이어서 그랬는지 지방이나 깡촌에서 '교과서에서 진화론을 가르치지 마라'거나 '자연사박물관 전시에 지적설계론을 반영하라'거나 '학생들에게 창조론도 진화론만큼 비중 있게 가르치라'는 운동이나 소송이 많았다.

'사탄이 대중문화를 지배하고 있다'거나 '(민주당 돈줄인) 헐리웃 영화를 보고 살인이 난다'며 영화사를 상대로 소송이 제기되기도 했다. 그에 대한 안티로 '공립학교 교실(한국 학교의 교탁 위 태극기 위치)에 십자가를 걸지 마라'는 소송도 제기됐지만 말이다.

이해를 돕기 위해 역시나 거칠게 정리하자면, 기독교(christianity)→지적설계론(intellectual design theory)→사이언톨로지(scientology)→이신론(deism)→불가지론(不可知論·agnosticism)→무신론(atheism)의 스펙트럼으로까지 확장된 것이 오늘날의 현실이다.

지적설계론이란 결국 '만물을 창조하신 인격적 신'을 구닥다리 근본주의자들 방식처럼 글자 그대로 대중에게 밀어붙이기가 어려우니, 바깥세상의 과학발전에 발 맞춰줘서 '만물을 아주 기계적/과학적으로 보이게끔 창조하신 지적설계자'가 계신데 그것이 기독교의 신이다, 라는 얘기다(기독교 판 내부에서의 헤게모니 투쟁이라고 할까). 궁극적 목적은 진화론을 부정하는 방역선(防疫線)을 치는 것이다.

불가지론은, 신이 있는지 없는지는 (현재는) 인간의 능력으로 알 수 없다는, (기독교식) 이분법적 논쟁을 피해가자는 긍정도 부정도 아닌 방식을 말한다. 톰 크루즈로 대표되며 1990년대 통일 독일에 상륙하여 현지인들의 엄청난 반발과 당국의 압박을 초래한 사이언톨로지의 경우, 대충 지적설계론(科學과 배치되지 않는 방법을 통해)과 이신론(신비주의적 인격적 요소를 제거한 세계질서의 주재자)의 중간 정도(신비주의적 개념의 신과 같은 接神의 경지나 그런 정신세계에 도달)에 있다고 할 수 있을 것이다. 신의 인식에 대한 이상의 징리는 일반인 및 영화에 관심이 있는 특정 범주 사람들의 SF적 배경지식을 육성키 위한 서술이기 때문에, 엄밀한 고증을 적용한 것이 아니며 얼마든지 이견이 있을 수 있음을 밝혀둔다.

둘째, 독일의 패전과 관련된 (이름 붙이자면) 신문화(Neue Kultur·노이에쿨투어)의 쓰나미이다. 모두가 알다시피 독일은 제1차 세계대전에서 패배했고, 패전과 같은 하늘이 무너지는 식의 엄청난 격변은 사람들의 인식 세계에도 큰 영향을 미치는 법이다.

앞서 언급한 프리메이슨은 18세기 계몽주의 시대에 유럽으로 퍼졌다고 한다. 독일의 경우 네덜란드 및 북해와 인접한 북부는 상업, 무역, 수공업이 발달한 반면(종교도 프로테스탄트 루터교) 위치상 유럽 대륙의 한복판에 해당하는 남부에서는 내륙 지방 특유의 보수주의와 농업 경제, 봉건 영주들과 끈끈하게 얽혀 있는 가톨릭교회의 전(全)방위 금압으로 인해 인간정신의 발달수준이 낮은 단계에 머물러 있었던 것 또한 사실입니다.

이과(理科)와 문과(文科)를 넘어선 자유주의 성향 지식인 '비밀결사'로 화한 프리메이슨단은 그런 상황에서 활동했다. 이런 사람들이 19세기 독일 입헌혁명이나 군사국가 프로이센 주도의 독일 통일, 자본주의 체제의 발달과 사회주의 사상의 확산, 독일 패전 이후 기존 사회체제에 대한 여러 가지 형태의 사회문화적 도전 등에 (최소한 개인 자격으로라도) 참여하지 않았을 가능성은 낮다(정치적 도전이란, 예를 들어 1920년 스파르타쿠스단의 공산주의 반란과 같이 물리력으로 철저히 진압된다).

주 나의 하나님이시여! 나는 당신의 말씀을 듣고 당신의 진리로부터 다음과 같은 것을 깨달았습니다. 즉 당신의 성업을 달갑지 않게 여기는 무리가 있다는 점입니다. 그들이 말하기에는 하늘의 항성(恒星)이나 별의 배치 등, 당신이 행하신 대부분의 성업은 당신이 필연성에 강요되어 만들었다는 것입니다.

이것들은 당신으로부터 생긴 것이 아니라 이미 당신 이외의 어느 곳, 어느 것으로부터 만들어져서 존재한 것이며, 당신이 정복하신 어떤 적으로부터 세계의 격벽(隔壁)―그것에 의해 차단되어 정복된 무리가 다시금 당신에게 반항하지 못하도록―을 쌓았을 때, 당신은 그것들을 취합하여 배합시킨 일도 전혀 없지만, 그 만물은 모든 육(肉)과, 모든 가장 미소한 생물과 땅에 뿌리를 뻗치고 있는 것들이라고 합니다.

이것들은 당신의 적인 영(靈), 즉 당신에 의해 창조되지 않고 당신에게 반항하는 어떤 다른 본성을 가진 것이 세계의 낮은 부분에서 생산되어 형성된 것이라고 말하고 있습니다. 이러한 말을 함부로 지껄이는 사람들이 있는데 그들은 실로 정신이상자들입니다. 그들은 당신의 성업을 당신의 성서로 보지 않고, 당신의 성업 속에서 당신을 인정하지 않기 때문입니다.

—성 아우구스티누스[2], 《성 아우구스티누스 고백록 (Confessionum)》中에서 〈마니교도의 망상〉편.

프리메이슨에 더해, 19세기에 탄생한 소위 '정신과학'이라할 만한 정신분석학도 기존의 종교 및 문화체계에 대한 도전으로 작용한다. 지크문트 프로이트와 카를 구스타프 융으로 대표되는 이 분야는 리비도(인간의 성적 욕망), 꿈의 해석, 종교의 탈신비화, 집단무의식, 욕동(id)-자아(ego)-초자아(superego) 3단 분석법 같은, 우스개로 말해 '보수 기독교 유럽문화의 적들'을 양산해낸다.

하나님이 뭐냐?…고 물으신다면, 그것은 기성 사회의 가치체계가 초자아로 화해서(?) 인간의 자연스런 리비도를 억압하고(?) 더 나아가 인간 종 고유의 공감능력의 총체일 종교적 심성을(?) 파고든 어쩌고… 이런 식의 해석이란, 얼마나 불경스럽고 발칙한 것인가. 거기다가 공산혁명주의자 레닌은 "종교는 인민의 아편!"이라며 무신론 폭탄선언까지 해대는 불교적 말법세상(末法世上)이 아닌가.

패전으로 황제와 왕과 귀족들이라는 독일의 기존 사회체제는 붕괴했다. 대량살육의 전장을 직접 겪은 제대 병사들과 젊은이들에게 '믿고 따랐던 기존 신념체계'가 과연 성에 차겠는가. 결코 그렇지 않았을 것이다. 한국의 경우 1910년 대한제국 소멸과 1997년 IMF사태가, 패전 독일의 사회상을 수박 겉핥기로나마 체험해보는 것과 비슷한 시기였으리라 추찰된다. 새로운 문화 사조, 새로운 예술 형태, 새로운 패션, 새로운 생각 등이 넘쳐나는 반면 한쪽에서는 항상성 원리(homeostasis·인체 내의 균형유지 또는 사회/조직의 평형유지 작용)에 의해 반작용(이른바 청년우익과 백설공주)이 예비되는 것이다. 그것이 세계사 공부가 필요한 이유이다.

독일문화를 분석하는 책이 아니기 때문에 독일 패전 후의 문화적 풍경에 대한 요약정리는 이 정도로 하고, 패전 후의 독일 사회흐름과 독일 사람들의 트라우마 및 욕망이 반영되어있는 1920년대 독일의 표현주의 SF/판타지/호러 주요 영화 그리고 1930년대 할리우드 주요 몬스터물에 대해서는 뒤에 나올 다른 장에서 상세히 살펴보겠다. 머지않아 닥쳐올 불길한 경례 소리일지니, 지~크 하일 (Sieg Heil·우리 승리하리라)!

『산해경(山海經)』
(정재서 역주/
민음사/1985년)

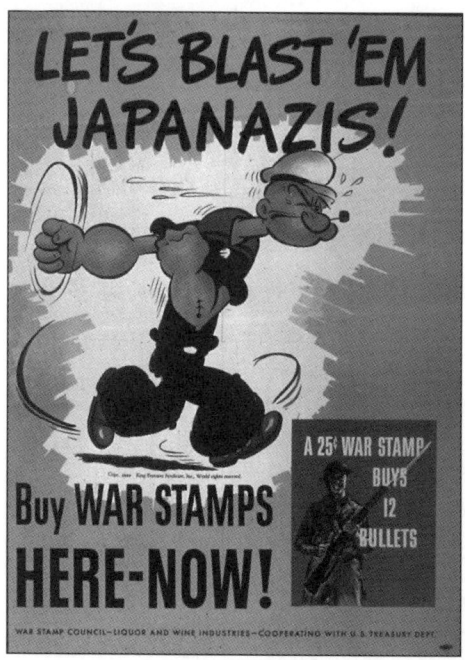

◀뽀빠이! 일본과 나치를 날려 버리자!
국민들이 25센트 전쟁우표를 구입하면 정부가 그 돈으로 총탄 12발을 살 수 있다는 내용의 광고.

일본과 나치의 합체?▶
욱일승천기와 하켄크로이츠를 합체시킨 마크에 미제(USA) 폭탄이 떨어진다.

2天. 천황폐하

    참으로 신대(神代)에는 한반도(韓鄕之島·가라쿠니노시마)와 우리 일본(大八洲國·오야시마노쿠니)이 이처럼 밀접한 사이였으므로, 한 걸음 더 나아가 말하자면 오야시마 안에 가라쿠니가 포함되어 있었다는 역사가의 설도 결코 부정할 수 없는 일이다.

—일본 메이지 시대의 언어학자 가나자와 쇼자부로.[3)]

    SF영화 등의 영상물 기타 그림책 만화책 애니메이션을 포괄하는 현대 SF 시각문화에 관한 다방면 여러 저작들의 논의 중에서 가장 미진한 분야가 일본SF 쪽이 아닌가 생각된다. 앞서 설명한 유럽과 미국을 포괄하는 서양 SF에서의 신(神)을 다루는 방식과 관련된, 일본 특유의 SF 소재가 바로 일본판 유일신이었던 천황(天皇)의 문제다.

    원래 메이지 유신의 주역들이 서양백인의 기독교문명 영향을 받아 '8백만 신들(너도 나도 모두 神)'로 요약되는 고유 신앙인 느슨한 체계의 신도를, 삼위일체(the Trinity) 교리 식으로 타이트하게 재구성한 것이 이른바 국가신도(國家神道)=사실상 천황 일신교이며 패전 후 '아메리칸 시저(American Caesar)'였던 맥아더가 결국 이를 폐지한다.
    일본에 가톨릭이 전파된 15~16세기 이후 일본의 일부 학자들은 믿지는 않지만 저게 뭔지 연구는 하고 있었을 터이다. 성부=여호와에 해당할 최고신의 자리에 태양여신 아마테라스오미카미를, 성자=그리스도의 자리에 천황폐하를, 성령의 자리에 8백만 신들을 대충 맞춰 넣은 것으로 보면 무방할 것이다. 또는 하느님=야훼 자리에 아마테라스오미카미를, 대천사 미카엘 자리에 천황폐하를 자리매김하여 우겨넣었다고 봐도 좋다.

요컨대, 일본의 국학자(國學者)들은 양이(洋夷)들의 가톨릭과 일본민족 신도의 공통점인 '태양'을 득템(인터넷 용어로 판타지게임에서의 '아이템 획득'을 줄인 말)한 것이다.

프리드리히 무르나우 감독의 1926년 독일 표현주의 영화 <파우스트>에서는, 구약성서 욥기 '요나의 시련'처럼 대천사(archangel) 미카엘과 타천사(墮天使) 루시퍼가 인간영혼(여기서는 중세의 과학자 겸 의사 파우스트 박사)을 가지고 내기를 하는데, 미카엘보다 위에 계신 더 높은 분의 모습은… 태양빛으로 묘사되는 비유법을 사용했다. 물론 대사는 없다. 기독교는 유럽 문명의 고갱이인 바, 제1차 세계대전 기간 동안 아무리 대량학살을 목격하고 신은 죽었다고 외쳐도 이런 것은 시간이 필요한 법이다.

태양 또는 태양빛은 1920년대 독일 표현주의 영화에서 다용(多用)되는 비유법이다. 프리츠 랑 감독의 1924년 영화 <니벨룽겐>에서도 독일신화의 영웅 지그프리트의 옷에는 태양을 상징할 법한 커다란 동심원 문양들이 가득 새겨져 있다. 산이나 성을 배경으로 후광처럼 빛살이 번지는 태양의 장면도 자주 사용된다. 성당의 원형 창문은 십자가를 둘러싼 원형들로 프랙탈(fractal·같은 모양이 반복되어 그 모양대로의 전체를 이루는 것) 구조를 이루고 있다.

쿠엔틴 타란티노 감독의 2012년 영화 <DJANGO-분노의 추적자>에서도 '텍사스의 독일인 의사'가 탈주 흑인노예 장고에게 "독일신화에는 산이 많이 나오거든" 하면서 우스개를 풀어낸다.

2007년 이후의 <신세기 에반겔리온> 신극장판에서도 배경에 '의미 파악이 힘든' 동심원이나 동그라미 십자가 문양이 많을 것이다. 다시 한 번 자세히 보자. (한국의 근본주의 기독교에서는 가톨릭은 로마제국 태양신 신앙에 껍데기를 뒤집어씌운 가짜 기독교이며 교황을 敵메시아라고까지 공격하는데 신문에 의견광고로 때리니까 다 알 수 있는 내용이다.)

기독교는 19세기 후반 이후 우리나라에서 '민족종교'들이 태어나는 데도 많은 영향을 미쳤다. 아무리 감추려 해도 비교분석을 해보면 다 나오는 법이다. 우리민족 고유의 '삼 세 번' 원리에 서학(천주교)의 삼위일체(三位一體) 교리를 뒤섞은 것이, 민족종교 판의 대부이자 후배 신흥교단들의 교리은행(dogma pool) 격인 단군대종교(원래 단군교였다가 일제 탄압을 미연에 피하고자 대종교로 바꿨다가 경술국치 이후 친일세력이 단군교를 부활시켜서 양분됨) 쪽의 '환인-환웅-단군'으로 이어지는 삼신일체(三神一體) 개념이다.

지금은 과연 '우리 것'의 민족종교답게 순한글로 '세검한몸'이라고 명명한다. '한자 신(神)'을 '검'으로 번역한 것은 웅녀(곰>ㄱ·ㅁ>개마고원 등?)와 일본의 '가미(神)'를 염두에 둔 포석으로 보이지 않을 수가 없다.

다른 데서는 보지 못하고 맥아더 전기(1979년 미국 출간→1983년 육사에서 번역→2007년 한국 정식출간)에서만 나오는 내용인데, 맥아더가 "민주주의를 하려면 기독교를 믿어야 한다, 기독교문화의 배경이 필요하다"라고 말하면서 미 본토에서 성서를 1천만권이나 공수해 와서 일본에 융단폭격을 가하니, 당시 정신붕괴 상태에 빠져있던 일본인들이 한꺼번에 2백만명이나 기독교로 개종을 하겠다고 나섰다는 슬픈(?) 비사(秘史)가 있다.

중공군에 대한 핵공격 문제로 맥아더가 트루먼과 충돌하여 1951년 7월 UN군 사령관 직에서 해임되어 일본을 떠난 뒤에야 교회 신자가 썰물 빠지듯 급감했다고 전해진다(현재 일본의 가톨릭 신자는 약 51만). 더 놀라운 사실은, 맥아더가 해임되자 당시 일본좌익의 공적1호였던 요시다 시게루 수상이 눈물을 보이면서 "우리 일본은 장군의 '지도'를 좀 더 필요로 하고 있습니다…"라고 했다나 뭐라나.

외세를 끌어와서라도 국내 문제(천황교 신자인 구군인들 억제)를 강제로 재편할 수밖에 없던 것이 당시의 일본이었다. 일본우익들이 맥아더에게 얼마나 이빨을 갈아댔겠는가. "우리 일본의 혼을 증발시키려는 더러운 정신침략 술책 같으니라고!"

일본의 1940~60년대에 해당할 우리나라의 1980~90년대 민족계 신흥교단들이 "네팔민족 할아버지(석가모니)는 네팔로 돌아가고 이스라엘민족 할아버지(耶蘇·야소=예수 그리스도)는 이스라엘로 돌아가라!"라고 절규했던 것과 매우 닮은 정신 구조일 것이라고 생각된다.

천황교 친위대이자 사제계급이던 구(舊)군인들이 옷을 벗고 민간의 지사(志士)가 되어서 어떤 사업들에 손을 댔을지 잠시 생각해보면, 회원의 숫자는 일단 차치하고라도 일본의 우익단체 상당수가 종교 계열이라는 불가사의한 현상의 답이 나온다(80%로 추정된다고 함).

일본은 등록된 종교단체의 수가 2만 곳을 훨씬 넘고 전국적 조직을 갖춘 곳만 380여 곳에 가깝다고 하니, 파시즘 시절 불교 이외의 신흥종교(新興宗敎·당시의 예로 천리교나 대본교) 같은 비일본적 신앙을 때려잡던 그 사람들이, (일본민족에게 치욕을 안긴) 미군정 7년이 부여한 (훨씬 더 관대해진) 종교의 자유에 편승하여 이렇게까지 된 것은 참으로 아이러니한 일이다.

전후 미국에서 수입된 신사상(新思想)에 대한 일본 범(汎)우익진영에서의 적극 활용에 대해서는 필자의 2009년 졸저 <일본SF의 상상력—정치·사회·한국> 제7장 138번 주석을 적극 참조하기 바란다.

민족의 폐쇄성을 혐오하며 인류의 입장에 선다고 자칭하는 사람들은 통상 가장 심한 민족적 주아주의(主我主義)를 발휘한다. 그들은 자기 민족의 개성을 절대시하고 타민족의 특수성을 일절 인정하지 않음으로써, 전 인류를 단지 하나의 민족의 특성 속에 강제로 끌어들이려 한다.

그것이 그들의 인류에 관한 입장이다. 혹은 특정 민족신(民族神)이 인류의 신으로 확대되거나(유대의 신 야훼·여호와·YHWH—글쓴이) 특정 민족의 언어가 세계어로 통용된다(앵글로색슨의 英語—글쓴이). 그리하여 사람들은 민족의 폐쇄성이 파괴되었다고 말하지만, 실은 가장 견고한 폐쇄성이 발현된 것이다.

—와쓰지 데쓰로, 교토제국대학 문학부 철학 교수,
《윤리학》에서, 1942년.

지금, 폭주를 거듭하는 일본의 1954년생 아베 총리가 대학생 때이던 1970년대 중반경은(미국이 무너졌다) 한국에서 소위 우파 청년운동과 대학생들의 오른쪽행이 벌어졌던 노무현 치세 후반기와 겹치는 것이다. 안타깝지만 어쩔 수 없다. 역시나 폭주를 거듭하는 일본의 1969년생 하시모토 도루 일본유신회 공동대표가 1980년대 말부터 대학생을 했다면(예능 프로에서 날렸다던데 지금 한국의 민주적 공중파와 인터넷매체와 케이블과 종편의 시청률 각축전 시대를 보면 답이 다 나온다), 우리나라의 MB정권 후반기에 해당된다.

한국은 일본의 10년을 5년으로 단축시키는 축지법(縮地法) 식의 압축성장 코스를 달려왔다는 것을 잊으면 안 된다. 우울한 일이지만, 근자에 들어 최고의 SF 호재인 <신세기 에반겔리온> 신극장판(1.0~3.0) 식대로 말하자면 제-레(SEELE)나 가오루(渚カヲル)의 대사처럼 "때가 온 것이다."

서양 기독교와 일본 천황교와 한국 민족종교를 간략하나마 비교·일람 하였는데, 이 '천황폐하'라는 주제는 서양인들이 잘 모르는 미지의 영역이고, 일본에서도 천황에 대한 공격은 우익의 테러의거나 시위행렬을 몰고 오는 극히 민감한 주제이기 때문에 공공연하게 다루어질 수 없었다.

국내에 출간된 히로히토 천황에 대한 비판적 서적들은 거의가 외국인(대개 앵글로색슨) 저자가 일본 인텔리들의 엄청난 자료 지원사격을 받아 가며 집필한 것들이다. 의심이 나면 서점으로 달려가 보자. 예전의 요시다 시게루 수상(右)이, 얼굴 없는 진보적 인텔리들(左)로 바뀐 형국이다. 번역의 편향(?)으로 우리는 일본에 대해 갈피를 못잡는다.

1984년 시작된 <터미네이터> 시리즈에서 스카이넷(SkyNet)이 처음에는 거대한 전능컴퓨터(sole)로 나오다가 2003년 3편에서는 인터넷기반 인공지능(∞)으로 바뀌었다는 데 주목해야 한다. 1995년 <신세기 에반겔리온> TV판에서 제1사도 '아담'이 단체(單體)였다가, 2009년의 신극장판2 파(破)편에서는 정체불명의 군체(群體)인 'ADAMS'로 바뀌었다는 데 유의해야 한다(2편 예고에서 이 단어를 번개 같이 보여주고 거둬들였다가 3편에서 '아담스의 그릇'이라고 갑자기 던져줘서 머리를 아프게 해준다).

독재자의 광기가(아돌프 히틀러가 대표고 그 사리에 1972년 10월 유신 이후의 박정희를 넣고 싶어 하는 이들이 있다) 집단지성의 광기로(2008년의 미친소 촛불의 collective intelligence) 바뀐 것도 살펴볼 일이다.

<신세기 에반겔리온>에서, 인간집단이었던 TV판의 제-레가 신극장판에서는 인류에게 문명을 전해준(!) 형태(形態)가 없는 '의지의 집합' 또는 사념체로 바뀐 것에도 유의해야 한다. (결국 3편 Q에선 시뻘개진 일본 땅의 옴진리교 같은 사이비종교 대간부로 화한 이카리 겐도가 수석전도사 나기사 가오루와 교주였던 제-레를 모두 숙청하고 정상에 서는데, 무슨 1970년대 극좌세력 적군파 파벌 간 유혈투쟁도 아니고)

몇 가지 실례를 들어봤지만, 바로 이런 판세/형국의 변화가 지금의 일본에서는 매우 중요하다. 그것은 아키히토 천황을 어떤 위치에 자리매김 하느냐의 문제로까지 이어진다. 이런 복잡한 사연으로 인해 비유와 상징을 동원한 우회로의 개발이 활발했던 분야가(SF나 호러의 전매특허 아니겠는가) 바로 이 천황문제, 덴노헤이카(天皇陛下)의 금기이다. 서양에서도 교황을 직접 때리기는 어렵지 않겠는가.

마치 훗날인 1960~70년대 일본 핑크영화들처럼 심의라는 이름의 검열(censorship)을 피하기 위한 교묘한 촬영이나 편집의 묘수들이 핑크영화에 '섹스' 이외의 '의의'를 부여하게 되었듯이 말이다. (예를 들어 여성의 음모가 등장하면 절대 안 되기 때문에 비슷하게 뻣뻣한 겨드랑이 털을 노출시킨다던지 올 누드 여성의 국부에 황실을 상징하는 국화꽃을 꽂아 가린다든지)

그리고 1980년대 이후의 15금 및 18금 아니메(Anime)의 세계가 열릴 때 자율규제라는 이름의 검열을 피하기 위해 별의별 희한한 설정들을 등장시킨 것이 훨씬 더 자극적인 물건들을 낳게 된 결과와 비슷하다고 할까. (예를 들어, 사람의 직접적 성기 결합 장면은 안 되기 때문에 '사람'이 아닌 고양이소녀나 뾰족귀 엘프녀를 등장시킨다든지 성기가 아닌 '촉수'가 등장한다든지)

요는, 천황을 공격하더라도 상당한 비유와 상징을 동원하는 동시에 '천황'이라는 표현을 작품에서건 인터뷰에서건 일절 사용하면 안 되는 것이다. 그런데, 작품을 보면 천황으로밖에는 해석될 수 없거나, 천황으로 봐야 의미가 풀리는 정황을 세심하게 연출하는 것이다. 이런 방법론은 글보다는 영상 쪽이 훨씬 효과적이다. 그래서 일본의 범(汎) SF패밀리들인 밀리터리 영화나 호러 영화가 구미권이나 우리나라에서 잘 해석되지 못하는 경우가 많은 것 아닐까 생각된다(핵심은 비유와 상징).

천황의 코드를 풀기 위해서는, 아시아태평양전쟁과 일본사회에 대한 배경지식이 필수적이기 때문이다. 한국에서는, 어차피 '태평양전쟁'은 일본이 망한 그들의 전쟁일 뿐이고 일본과 닮아가면서도 그것을 부정하는 것이 애국적 퍼포먼스가 되는, 우리와 전혀 관계가 없는 세상이 바로 일본이다. 정말 그런 것일까? 항상 뒤통수를 맞고 "어, 이게 아니었나 보네?" 또 이런 식인가? 안타깝게도 우리는 '배설' 뿐인가?

『한단고기』
(임승국 번역/
정신세계사/
1986년)

3天. 남자들의 야마토

꼭 이기겠다고 씩씩하게 맹세하고 조국을 떠났다!
전공(戰功)을 세우지 않고 죽을 수 있겠는가!
진군나팔을 들을 때마다 들려오는 만세 함성!
아아, 눈앞에 떠오르는 승리의 깃발들!

——구로사와 아키라 감독의 〈내 청춘에 후회는 없다〉(1946년) 작중에서 나오는 학도출정가(學徒出征歌). 배경은 1938년.

1960년대 초부터 시작된 페미니즘의 창궐 이후 남성성(masculinity)에 대한 많은 논의가 이루어졌다. 게다가 당시 진행되던 미국의 베트남전쟁(♂)과 맞물려서 페미니즘은 성(性) 정치학의 영역으로까지 발을 들여놓게 되었다. 남성 호르몬→수컷(♂)→외향성→공격성→내셔널리즘→전쟁→침략, 이라는 단계적 에스컬레이션도 이루어졌다. 이러한 논의의 전개와 개념의 발명은 문화 일반에도 많은 영향을 끼치게 된다.

단적으로 말해, 미군이 베트남전쟁에 개입하면서 소위 '기지촌(♂♀)' 주변의 여성들도 주목받게 된다(폭주하는 하시모토 도루 일본유신회 공동대표는 이 문제에 지극히 깊은 관심이 있는 듯하다). 그들은 억압과 착취의 대상으로 자리매김 된다(하지만 베트남 기지촌 유흥가의 돈줄은 화교인 경우가 많았던 것으로 분석되며 그런 돈이 결국 홍콩으로 갔을 것으로 분석된다). 그런데 그런 '기지촌'은 일본(♀)에도 이미 있지 않은가. 그 이전에 한국에서도 이미 '기지촌'이 형성되었지 않은가. 미국의 대학생과 인텔리들이 고뇌에 빠지는 것은 시대정신(zeitgeist)에 의거한 당연한 수순이다.

앗. 그런데 구미문명의 토대인 성서에 의하면 창세기 때부터 여성은 착취(?)를 당하지 않는가. 최초의 인간 아담의 오른쪽 갈빗대를 취해 신이 최초의 여성 이브(우…그래서 십자가 형상이?)를 창조한 것이다. 여성은 남성의 종속물이요 '시다바리(下張り=우)'로 처음부터 정해진 것이다. 아담과 이브가 동족이 있으며(통칭 네피림) 그들의 후예가 초능력자라는 설정의 SF로봇물이 1970년대말 <초인전대 바라타크>이다.

거기다가 사악한 욕정의 덩어리인 '뱀(♂)'이 여성을 먼저 타락시킨다. 여성은 열등한 존재(우)이기에 유혹의 최우선 목표가 된 것이리라. 그런데 '뱀'은 동서양을 불문하고 대자연이 부여하신 생식력(生殖力)의 상징이 아니던가? 이러한 오랜 비유와 상징의 전통은 서양에서 여러 몬스터들을 낳는다.

우리가 익히 들어본 '큰 바다뱀(sea serpent)' 전설부터 큰 바다뱀 8마리가 합체한 실로 음란한 형상인 끈적끈적한 '왕문어(통칭 크라켄)' 전설까지 남성 호르몬(男根性)의 행진은 멈추지 않는다. 서양백인의 성서에만 '뱀'과 '바다괴물(Leviathan)'이 등장하는 것은 아니다. 신라에도 뱀이 있었고 일본에도 뱀이 있었다.

<삼국유사>에는 옛 백제와 옛 고구려 남쪽 끝단의 민중을 착취하는(?) '삼한의 지배자'인 통일신라 왕들과 관련한 서술에서 유독 뱀으로 상징되는 '그 무엇들'이 많이 등장한다. 우리나라는 전반적으로 산이 많지만, 특히나 영남지방의 산에 유독 뱀이 많다고 전해진다. 이 뱀이 바다를 건너 일본으로 건너갔는지 모르겠지만, 하여간 일본의 신화에도 머리가 여덟 개나 달린 거대한 뱀이 등장한다.

그 이름하여 야마타노오로치. 여자를 아주 좋아하며(호색에 관해서는 동서양이 불문인 듯) 꼬리도 여덟 개이고, 몸은 거대하여 여덟 봉우리 여덟 골짜기에 걸쳐있으며, 배에서 스며나오는 자기 피를 달팽이 점액질(?)

인양 윤활유 삼아 움직인다고 한다.

　이런 뱀 모양 초남근(超男根)들에 대해서는 필자의 이전 졸저인 <괴수영화 속의 두뇌전쟁사—백인SF에서 제국일본까지> 제1장에서 상세히 다루고 있으니 참조하기 바란다.

　하여간, 일본은 신화와 역사가 버무려진 고서들에 나오는 나라 이름도 야시마(八洲)에 야마타이(邪馬臺)에 야마토(大和)이고, 신화괴수의 이름도 야마타노오로치(八岐大蛇)인데다가 유명한 전통소설 작품의 이름에도 <핫켄덴(八犬傳)>이라고 케이스가 있다.
　또 일본에만 있는 표현이지만 하치만대보살(八幡大菩薩)도 있고 그러고 보니 벌(蜂)도 하치(ハチ=8)라고 발음하지 않는가. 일본은 '여덟 팔' 계열을 아주 좋아하는 것 같다. 독자제위께서는 알고 계시는가. 불교의 기본이 바로 사성제(四誠諦)→팔정도(八正道)→시방세계(十方世界)라는 것을. 일본과 불교는 떼려야 뗄 수가 없는 것이다. 일단은 여기까지만 언급하도록 하자.

　아시아는 하나다. 신의를 짓밟는 미영(米英)의 행태를 종식시키고 대동아공영권을 확립하는 것이, 아시아의 10억 인민이 평화로운 마음으로 각자의 길을 계속 걸을 수 있도록 그들을 구제하는 유일한 방법이다. 게다가 대동아공영권 확립은 세계에서 사악한 정신을 몰아내고 전 인류를 위한 영구적인 평화와 행복의 실현으로 이어지면서 새로운 세계질서를 구축하는 데 극히 당연히 이바지할 것이다.
　나는 이것이 우리 대일본제국이 달성해야 하는 참으로 중요한 사명이라고 믿는다…사실 국가의 이 중요한 사명을 달성하는 데 가장 중요하고 기본적인 요소는 정신문화의 힘이라고 할 수 있다. ……불교를 무시하면서 일본의 문화를 논할 수는 없다…참된 불법을 널리 알리고 고양해야 한다.

나아가 우리는 우리 제국의 문화를 발전시키고 고양시킬 수 있는 유능한 사람들을 여럿 훈련시켜 외지로 보냄으로써 팔굉일우(八紘一宇)의 성스러운 대사업을 도와야 한다―1960년대 일본 선(禪)불교 아메리카 전파의 일등공신 격인 조동종 선승 야스타니 하쿠운, 일반 신자들을 위한 조동종 개조인 13세기 승려 도겐(道元) 선사의 가르침 요약집에서. 1943년.

1937년 중일전쟁의 불뚜껑이 열린다. 일찍이 19세기에 더러운 영국과 프랑스가(?) 제1~2차 아편전쟁을 일으키면서 대륙의 젖줄 양자강 깊숙이 군함을 강제로 삽입시켜 강변의 주요 상업 요충지들을 무차별 포격하면서 청나라의 내륙 수운을 파괴하고(이런 것을 소강포격전遡江砲擊戰이라고 함) 결국에는 아편의 쾌감에 몸을 실룩실룩 떨어대며 악마의 씨앗(?)을 눈물 흘리는 아시아 땅에 뿌려댔던 것이다. 얼마 뒤에는 뒤죽박죽 천박한 양키들의 북부연방(United States of America)이 고결한 유럽식 귀족정신이 온존해있던 남부연합(Confederate States of America)의 젖줄인 미시시피강으로 두툼한 군함을 삽입시켜 역시나 같은 짓을 저지른다. 대포만 안 쏘았지, '제너럴 셔먼호 사건'과 비슷한 상황이다.

1937년 말에는 상해 공략에 실패해서 망신당한 제국해군이 다시금 중국의 젖줄인 양자강으로 굵직한 군함을 능욕하듯 삽입시켜 국민당 수도 남경에 무차별 포격을 퍼붓는다. 뒤따라온 제국육군의 병사들도 수컷의 호르몬을 마음껏 방출했으리라. 일본은 거대한 남근으로 변신해서 눈물 흘리며 싫다는 아시아의 약자들을 강간하는(?) 만행을 저질렀다(일명 난킨다이캬쿠사쓰·南京大虐殺).

정색하고 서술하는 딱딱한 전쟁사 파트가 아니기 때문에, 비유와 상징을 강조하기 위해서 사용한 표현들에 독자제위의 양해를 구하는 바이다. 일본이 중국에 대해 일으킨 전쟁은 서양열강들이 아프리카에서 일으킨 것과 같은 전형적인 제국전쟁(帝國戰爭)으로서, 동등한 체급끼리의 권투시합 같은 상호규칙을 따르는 전쟁이 아니다. 섬멸전이었을 뿐이다.

전 세계 지배민족(Das Herrenvolk)의 유일지도자(Führer) 아돌프 히틀러 총통도 동부전선에서 러시아 열등인종(untermensch)을 상대로 섬멸전을 독려했다. 일본인늘에게, 수입된 서양식 규칙대로 싸우는 전쟁은 청일전쟁과 러일전쟁뿐이었다. 중일전쟁은 섬멸전이었고, 태평양전쟁은 싱킨이었다. 요는, 천황을 정점으로 한 제국일본이 페미니즘의 비유법에 따라 국수주의 인종주의 천년제국 초남근(super-phallus)으로 둔갑했었다는 사실이다. 일본은 나라 자체가 거대한 '자지(♂)'가 되어버린 것이다. 이런 표현이 속되다고는 보지 말자.

부녀자 대량 성폭행으로 점철된 1990년대 유혈 민족분쟁 시절의 베네통 충격광고 시리즈 당시 "전쟁은 포르노다!"라는 모토가 등장했는데 지금까지 서술한 식의 관점으로 보자면, 포르노그래피(pornography) 맞다고 할 수 있다. 미국은 무관심 하고 유럽은 무기력하던 보스니아, 르완다, 콩고, 수단 등지를 돌아보라.

여성관객 몰이로 유명했던 연극 <버자이너 모놀로그> 상연(上演) 당시에도 여성 성기의 언급에 대한 억눌린 수치심을 해방시키기 위해 배우들이 의식적으로 '보지(♀)'라는 표현을 사용해서 관객들의 카타르시스적인 웃음을 유도해내서 많은 주목을 받았다고 전해진다(vagina monologue를 순우리말로 직역하면 '보지의 혼잣말'이다).

나름대로 불경스런(?) 표현을 사용하면 천황폐하를 정소(精巢·정신교육 또는 세뇌를 통한 재생산 기제)로 한 거대한 변태 육봉(肉棒·쉽게 말해 월드스타 싸이도 써먹은 마요네즈…발린 오뎅)이 일본이었다는 비유법도 나온다. 이 책은 비유와 상징의 주제별로 엮여있으니 이런 비유법의 최근 사례를 연도순을 무시하고 살펴보도록 하자.

바로 2005년도 밀리터리 계열의 일본영화 <남자들의 야마토·男子たちの大和>이다. 오키나와로 몰려들 미국 함대에게 강펀치를 먹이기 위해 죽을 것을 알면서도 출격하는 초전함(超戰艦) 야마토 승무원들의 비장한 최후를 그린 블록버스터 영화이다. 소년병으로 해군에 입대하는 어촌 마을 출신의 주인공, 신병들을 학대하는 고참병과 하사관들, 고향에서 주인공을 기다리며 애태우는 아리따운 소녀(집객용 아이템).

미군 비행기의 비인도적인(?) 민간지역 기관총질로 결국 바닷가에서 숨은 거두는 씩씩한 생활력의 아리따운 소녀. 미 해군 비행기들과 싸우는 것은 노출식 기관총 거치대에서 하늘을 향해 절망적인 대공사격에 매달리는 소년병사들, 어린 병사들이 흩뿌린 피로 범벅이 되는 '바다 위의 성' 야마토의 상부갑판.

거함의 장렬한 최후와 노인이 되어버린 생존병사의 머릿속에서 떠나지 않는 동료들에 대한 부채의식, 야마토 침몰 기일(忌日)이 되면 배를 타고 당시의 전장으로 나가 바다 위에서 하염없이 떠도는 (우익?) 노인. 노인의 심경을 이해하게 된 젊은 세대, 그리고 노인에게 '연대의식'의 뜨거운 거수경례를 붙이는 클라이맥스의 웅숭깊은 꼬마소년.

개봉 당시 한국 인터넷에서 '더러운 군국주의 일본 놈들의 영화'라는 성토가 쓰나미와 같이 일었다는 소문이 들려온다. 하지만, 밀리터리를 제대로 모르면 SF를 해독하기 어렵다. 지금은 없어진 민주노동당과 열린우리당이 앞서거니 뒤서거니 애국 반일의식을 신앙간증 하던, 노무현 치세 당시의 한국사회 전체의 분위기도 기억할 필요가 있다. 박찬욱 감독은 2010년 영화 <박쥐>에서 동남권 대표를 자임하는 B시 출신의 흡혈귀 송강호 신부님의 성기(性器)를 노출시켜버리는 파격적인 장면을 선보임으로써 당대의 위선적인 '민족(외에도 다른 의미도 있겠지만, 우선)의 쓰나미'를 비판한다.

<남자들의 야마토>는 2003년 미국의 이라크침공과 2004년 시아파 임시정부의 사담 후세인 처형, 수니파 저항세력과 알카에다의 테러 급증과 같은 혼란의 도가니로 화해가는 이라크 상황에 대한 전 세계적인 반전(反戰) 분위기 속에서 잉태된 영화다. 쉽게 말해 Again Vietnam 분위기였다. 거기다가 일본의 경우 '미군 후방지원'을 명분으로 한 해상자위대의 인도양 파견과 육상자위대의 이라크 파병이 기름을 부은 격이 되었다.

실제로 자위대는 대민사업에 전력하여 총알 한 방 쏘지 않았다. 오히려 식수공급 트럭에다가 중동서도 방영되어 인기를 끌었던 축구만화 <캡틴 쓰바사>[4] 그림을 붙이고 다니면서 현지 젊은이들의 관심을 끄는 등, 미국이 욕보는 동안 일본의 국가 이미지 제고에 더 치중했던 것이 정확한 실상이다. 그들은 월남전 당시의 한국군 민사작전을 필수적으로 연구했을 것이다.

오히려 '공격받은 후 응사 가능'이라는 교전규칙에 얽매여, 도쿠가와 막부 시절부터 친했던 네덜란드군이 자위대 주둔지의 경비를 서줄 판이었다. 참으로 아이러니한 것이 일본이 시베리아출병(1918~1925) 때 다음으로 올라타(♂) 본 백마(♀)가 바로 네덜란드령 동인도 식민지의 마스터 여성들 아니었던가(일명 白馬事件). '장난감 군대'라는 1991년 걸프전쟁 당시의 해묵은 조롱도 다시 해외 각국에서 터져 나왔다.

뭔가 꽤나 이상한 모습이지만 하여간 정치적으로는 '대학살 원죄+원폭 트라우마+또 미국의 식민지 2군이냐' 의식이 결합되어 자위대가 '전쟁터'에 나갔다는 그 사실 자체만으로도, 당시의 고이즈미 정권은 미국의 딸랑이가 되고 싶어 애걸복걸하는(?) 군국주의 광신도로 치부되기에 이른다. (우익들이 특히 강조하고 싶겠지만, 맥아더가 만들어준) 평화헌법 위반이라는 '논란'도 끊이지 않았다.

원주민 인디언도 강간하고 아프리카에서 끌고 온 흑인노예도 강간하고 하와이도 강간하고 필리핀도 강간하고 일본도 강간하고 코리아도 강간하고 중국도 강간하고 베트남과 태국 캄보디아도 동시에 강간하고 종속국가 남한을 통해 자주국가 북조선을 변태적으로 대리(代理) 강간하고 아시아의 서쪽 끝까지 가서 팔레스타인도 이스라엘을 통해 나라 안에서 그러듯이 또 섹스중독 수준으로 대리강간 하더니(?) 기어이 이라크마저 능욕하겠다고 나서서, 이라크 난민들이 요르단과 시리아에 가서 몸을 팔도록 강요하여 결국 요르단과 시리아마저 더럽히는 데 동참한, 추악한 베이테이(米帝·미 제국주의=♂)의 하수인으로 윤락(淪落=♀)한 당시의 일본.

『맥이』 앞표지
(농초 박문기 지음
/정신세계사/1987년)

작은 새 하나

가녀린 나뭇가지 위에

미동 없이 머문다

얼음처럼 깨질 듯한 냉기를 뼛속까지 견디며

서로 측은하여 함께 있자 했는가

모처럼 세상이

진실로 가득해진 그 중심에

이들의 화목이

으스름한 가락지로

끼워져 있다

―김남조 시인, 17번째 시집 《심장이 아프다》 中에서

〈새와 나무〉 2013년.

4天. 국화의 금기(禁忌)

'전쟁에는 (예를 들어 기지촌 같은 관리된 욕구처리 공간의) 위안부가 필수'라느니 '미국은 (예를 들어 1940년대 일본이나 잊을만하면 터지는 오키나와에서처럼) 길가는 부녀자를 함부로 건드리지 말고 풍속업소를 이용해 달라'고 절규하던 1969년생으로 1980년대 막차 학번일 하시모토 도루 일본유신회 공동대표도 아마 이 시절에는 '육욕(肉慾) 억제가 안 되는' 걸어 다니는 페니스(지하드 당시 일본지도자들의 서양백인觀)였을 미 제국주의에 격분했을 것이 틀림없으리라. 단, 오른쪽 저만치에서 서서.

뭔가 제목부터 수상쩍은 영화 <남자들의 야마토>는 바로 이런 이상한 내셔널리즘이 만연하는 분위기에서 나온 영화다. 야마토는 일본 땅의 옛 이름인데 수컷(♂)들만 우글거린다는 것이다. 세계 최대의 전함 야마토의 함체 자체를 거대한 '자지'로 등치시켜버린 엄청난 발상이다. 오키나와로 향하다 피투성이가 된 히노마루(日の丸) 자지는 동지나해 바다 속으로 스러져가고…. 미야자키 하야오의 <바람이 분다>에는 욱일기도 출연한다. 전후 일본 최초의 '항공모함' 이즈모 진수에 맞춰 전전 일본 최초의 항모가가(加賀)도 나온다.

일견 상당히 우익…스러워 보이는 씩씩한 작명 센스의 뒤에는 이런 의미가 숨어 있다. 상업영화인만큼 사회흐름에 영합해주는 모양새를 연출함으로써 다양한 성향의 관객층을 최대한 끌어들여 흥행 성적을 거둬야 하는 상황은 감안해줘야 한다. 영화가 하고 싶은 말은 이거다. 지금 일본이 이라크행 납치 피해자=피억압자(♀)가 돼서 아시아 땅의 이라크를 착취하는 베이테이(米帝)를 규탄하고 있는데, 실은 왕년에 일본도 거대남근(♂)이 돼서 한 번 날뛰어본 전력이 있지 않느냐는 것이다.

요컨대 대륙을 강간하면서 아메리카로부터 동시에 뒤로 강간당하는,

중국에 대한 가해자(살포시 망각)였던 동시에 미국에 의한 피해자(라이브 재현)였다는, 그 요상했던 더블 레이프(double rape)의 과거가 있지 않으냐는 것이다. 현실적으로 눈살을 찌푸리게 하는 중국의 내셔널리즘 행태에 대해 짜증이 날 수 있나. 다만 잊지 말아야 할 것은 잊지 말아야 하는 것 아니냐는 것이다.

　당시는 이런 소리를 공공연히 하면 곤란한 분위기였기에—필자가 무라카미 류의 2005년도 소설 <반도에서 나가라>를 담당했을 당시 일본 측 관계자(규슈 출신으로 우리나라 전경련에 교환 연구원으로 왔던 경력을 가진 이)로부터 "요새는 공인이나 지식인들이 '중국 문제'에 대해 공개적으로 무슨 말을 하기가 어려운 분위기다"라는 말을 직접 들었다. 이 책이 2006년 초에 우리나라에서 출간되고 좌파의 쌍욕을 듣다가 몇 달 지나 북한이 핵실험을 한다—앞서도 설명했던 일본 특유의 '검열 빗겨가기' 노하우가 발현된 것이 바로 이 영화 <남자들의 야마토>이다.

　광의의 검열의 주체가 예전에는 파시즘 군사정권이었다면 전후에는 주로 우익으로 바뀌고, 점차 소프트와 핑크를 가려보려는 당국(當局·the authorities)으로 옮겨갔다가 이제는 입맛 따라 삼켰다가 뱉었다가 하는 대중 그 자체로 바뀐 것이라고 할까.

　현재 세계에 유통되는 돈의 60~70퍼센트는 유대인의 손에 있다고 한다. 많은 가난한 나라들이 살아남기 위해 결국 외국자본을 받아들이고, 그 결과 필요한 돈을 빌리려면 유대인에게 굴복해야 한다. 늘 그렇듯이 유대인은 교통시설, 발전소, 전기설비, 철로, 지하철…등에 투자한다. 그렇게 하는 이유는 여러 나라에서 끊임없이 혁명을 조장해서 결국 그 나라들을 붕괴시키려는, 《시온 장로들의 의정서》에 실린 계획에서 온 것이다.

붕괴가 찾아온 바로 그때 유대인이 정권을 장악할 수 있을 것이다…그들은 세계를 지배하기 위해 사회불안을 조성하고…사람들의 도덕관념을 없애려는 계획의 일환으로 특히 학계에서 자유주의를 옹호하고…1936년 베를린 올림픽 경기조차 유대인이 꾸민 음모의 일환인데…올림픽 경기를 구경하던 사람들이 열광하며 미친 듯이 날뛴 것만 봐도, 올림픽이라는 것은 방탕한 생활에 이르는 첫 번째 단계인 것이다.

—대중설법사로 이름 날렸던 일연종 승려 다나카 지카쿠, 1937년.[5]

<남자들의 야마토>는 제목부터가 '씩씩했던 피해자 일본'을 소재로 하고 있어 오른쪽으로 옮겨가는 성향의 관객들을 끌어 모을 수 있지 않겠는가. 하지만 지금부터 이 영화 속에 똬리를 틀고 있는 사악한 유대인의 지식공작 음모(?)를 벗겨내 보겠다. IMF사태 이후에는 인터넷 좌익지성들을 통해서, 2005년 당시에는 인터넷 우익청년들을 통해서 비슷한 회로도를 가진 음모론이 퍼져나갔던 것으로 기억된다.

이 영화는 천황가의 '16엽(葉) 국화의 문장(紋章)'으로 시작한다. 항진하는 전함 야마토 함수에 이 금장(金裝) 국화문장이 떠억 박혀있다. 당시 일본해군의 모든 배는 함수에 황실의 국화문장이 박혀있었다. 이 영화는 1985년 동지나해 3천미터 해저에서 발견된 전함 야마토의 잔해를 수중촬영 카메라 영상으로 담담하게 보여주면서 '힘들어도 내일을 바라보며 살아가자'라는 주제의 록 음악 같은 엔딩곡과 함께 막을 내린다.

물론 전함 야마토의 잔해 함수에는 천황가의 국화문장이 여전히 떡 박혀있다. 하지만, 오랜 염분 침식으로 금장국화는 이미 완전히 녹색으로 삭아버린 상태. 앞서 언급한 오키나와에 대한 가미카제 총공세의 작전명이 기쿠스이(菊水) 작전, '국화꽃 흘러가는 물'인 것이다. 어느 곳의 신(神)인가 "나는 처음이요 끝이자, 알파요 오메가다!"라고 말했다지만, 이 영화가 바로 그 말을 시각화 시켜주고 있다. 더 이상 무슨 말이 필요하겠는가.

작중에서 미국 놈은 얼굴도 비치지 않는다. 하늘을 날아다니는 비행기의 모습으로만 묘사될 뿐이다. 그것은 천사(天使)다. 하늘 아래 소년병들을 피투성이로 만들어주는 기관총을 들고 다니는 천사인 것이다. 지금 이라크에서 다른 신(원래는 같은 양반들임에도 불구하고)을 믿는 이들을 상대로 그러고 있지 않으냐, 그거다. 일본은 '또' 이라크와 한 몸이 된 것이다.

천황폐하도 한 번밖에 등장하지 않는다. 오키나와까지 어떻게든 도달해서 해안에 좌초하여 고정 포대로서 미군 함대에게 마지막까지 불을 뿜으라는(세계 최대 460밀리 주포 9문을 장비한 물건이 바로 야마토), 실로 말도 안 되는 작전이 대본영(大本營·천황 직속 육해군통합 총사령부)에서 입안되고 '개죽음'이라며 반발하는 해군총사령관에게 대본영 간부들이 "이것은 천황폐하의 뜻입니다!"라며 거절할 수 없는 압박을 가한다.

대본영에서 결재 올리면 천황은 읽어보고 그냥 도장 찍어주는 것이 관례였다. 거쳤다는 그 사실만이 중요하다. 예전에 길들이기 차원에서 도장 안 찍어주니까 좌절한 신하가 '불충(不忠)'을 비관하며 자살하는 것을 보고 충격 받아 '영국식'으로 군림하되 다스리지 않기로 마음을 정했다고 전해진다. SF 거작 <신세기 에반겔리온>으로 예를 들자면, NERV 부사령관 후유쓰키 선생 같은 경우다. '휘말린 사람'의 전형이라고 할까.

<신세기 에반겔리온> 신극장판1 서(序)편에서, 총감독인 안노 히데아키가 직접 감수하고 해설을 단 DVD 제2버전을 보면 新제6사도(=가칭 라미엘Ⅱ)을 '섬멸'하기 위한 '야시마작전(ヤシマ作戰)'에서 후타고야마(雙子山·쌍둥이산) 요새에서 사도(使徒)에게 저격을 가하는 대구경양전자포가 바로 전함 야마토의 주포와 같은 구경인 '460밀리'라고 설명한다.

나중에 별도의 장에서 자세히 이야기하겠지만, <신세기 에반겔리온>은 환상의 본토결전(決號作戰)을 미래의 SF로 재현한, 실로 아무도 시도할 엄두를 못 냈을 물건이다. 에반겔리온은 '결전병기'였고 말이다(그러니까 결국 다 죽는 거다).

좀 더 언급하자면, 라미엘Ⅱ를 섬멸하고 나서 드디어 월면(일본신화에서는 저승 또는 지하세계의 상징)에서 사람으로 변신한 구미호(九尾狐)와 같이 빨간 눈동자를 가진 '수수께끼의 소년'(안노가 직접 적어 넣은 표현) 가오루가 '때가 왔다'며 눈을 뜬다. 9개의 관들 중에서 5번째 棺에서(수비학을 이용한 장난이다).

복잡한 SF 작품인 만큼 잠시 정리하자. 1995년의 TV판 이후 변하지 않는 설정은, EVA는 제1사도 아담의 육적(肉的) 카피라는 것, 인류의 적 사도는 제1사도 아담의 영혼(魂·다마시)을 담은 그릇들 즉 영적분체(靈的分體)들이라는 것, 에반겔리온 초호기만이 제2사도 리리스의 유일한 육적 카피라는 것, 아야나미 레이는 제2사도 리리스의 영혼을 담은 걸어 다니는 그릇(魂の器)이라는 것이다. 귀신 이야기의 구조와 비슷하다.

본토결전(혼도켓센)=결호작전에서 결호(決號)의 일본어 발음을 그대로 옮기면 '케쓰+고우=켓고우'이고, 서(序)편 마지막 즈음에 총감독 안노 히데아키 공식인증인 '지구상 최초탄생 최(最)중요생명체'인 제2사도 리리스(♀)의 분체 격인 아야나미 레이(암컷♀)가, 유전정보 상의 쌍둥이격인 이카리 신지(수컷♂)의 손을 맞잡는 감동적인 장면(각성 1단계)을 은은하게 내려다보는 거대한 슈퍼보름달(달이 지구의 인력권에 가장 가까웠을 때 관찰되는 현상).

그리고 2013년의 신극장판3 Q편에서 붉은 십자가 문양을 몸에 두르고 지구에 거의 달라붙어버려 고속으로 자전하고 있는 달. 옛 TV판 엔딩이

보름달을 배경으로 물속에서 거꾸로 선 아야나미 레이가 빙글빙글 돌아가는 영상이었고, 서(序)편 DVD의 로딩준비 화면에 등장하는 것도, 신극장판에서 새로 도입된 요소인 신들의 다리라는 전설도 따라다니는 무지개와 바로 슈퍼보름달이다.

그 월광(月光)을 일본어 발음을 그대로 옮기면 '게쓰+코우=겟코우'가 된다. 제국일본(♠)의 본토결전=국민절멸 계획인 결호(決號·켓고)작전, 죽음을 통한 영생을 꾀하는 제-레(♠)의 사해문서 계획인 월광(겟코)작전, 우연이라거나 지나친 집착이라고 치부해버리기에는 쌍방이 너무 비슷하지 않는가.

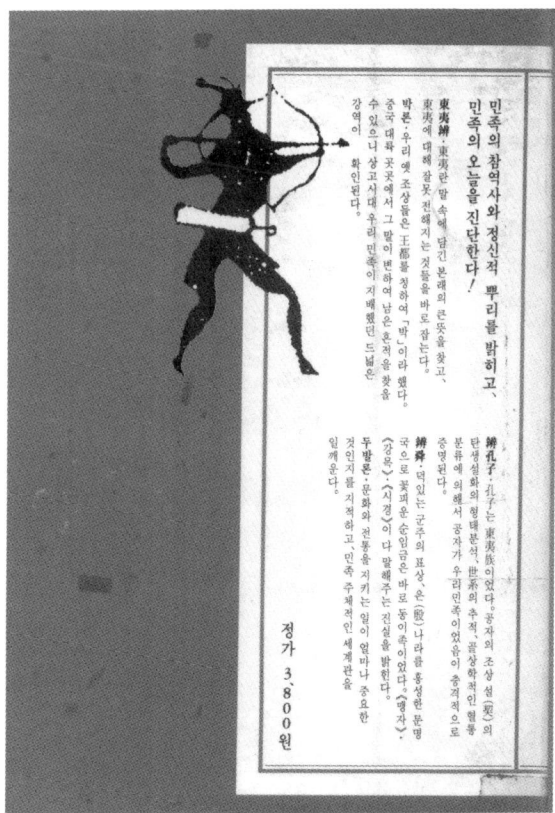

『맥이』 뒷표지
(농초 박문기 지음
/정신세계사/1987년)

보름달을 배경으로 물속에서 거꾸로 선 아야나미 레이가 빙글빙글 돌아가는 영상이었고, 서(序)편 DVD의 로딩준비 화면에 등장하는 것도, 신극장판에서 새로 도입된 요소인 신들의 다리라는 전설도 따라다니는 무지개와 바로 슈퍼보름달이다.

'남자들의 야마토'라고 했는데 EVA세계 주요 인물들의 이름에 군함명이 사용된 것은 다 알려진 사실이다. Q편의 신 멤버 다카오 고지(기관장)와 다마 히데키(신참)도 중순양함 이름이다. 序편의 직립한 기차와 배로 시작하여 破편의 피노키오 코 같은 제7사도를 거쳐(맥의 코도 길구나) Q편의 우주변태 무리들까지, 잘 생각해보자(☝).

제32군은 대본영과 천황이 바친 '희생물'이었다 /

사이판이나 이오지마에서와 마찬가지로 그들은 임박한 패전에 직면해 때를 기다리는 수단으로 / 미군의 손에 쥐어준 '희생물'이었다 /

중국에서 무방비 상태의 사람들을 죽인 군인들이 / 이제 오키나와에서 훨씬 더 무방비 상태에 놓인 오키나와 민간인들을 전투에 끌어들이며 /

스스로 압도적인 군대에게 죽임을 당했다 /

필리핀에서와 마찬가지로…… / 제국 군대의 무책임함 무모함 테러행위 우둔함 방탕함 무도덕성 잔인성 등은 한계가 없었다 /

죽은 사람들에게 거짓말을 하지 말라 그들의 영혼을 위로하고 싶으면 그들에게 / 그들이 죽은 진짜 이유를 말하라

—시마부쿠로 데쓰, 오키나와의 시인,
詩 〈오키나와 전투와 위령〉, 2000년.[6]

5天. 천황과 이라크

　　문과 출신에 연구분석의 길만 걸어도 필자도 겪은 일이지만, 군사잡지를 읽다보면 세상이 달리 보이기 시작한다. 이렇게 많은 부속이 이렇게 결합되어 돌아가면서 기계가 움직이는구나, 하고 새삼 깨닫게 된다. 그러면서 '현장'과 '기술자'의 중요성을 느끼게 된다.

　　어느 정도 궤도에 올라가면 두 갈래 길이 기다리고 있다. 각종 장비의 재원을 외우고 다니는 밀리터리 오타쿠(에반겔리온 작중에서는 관찰력이 뛰어난 급우 아이다 겐스케의 경우)의 길과, 전쟁사 및 군사역사를 포함한 전략적 관점에까지 시선이 미치게 되는 아카데믹한 길이 그것이다.

　　두 갈래 길이 겹치는 경우도 있겠지만, 필자의 경우는 후자 쪽으로 특화하여 발달한 경우라는 것을 참고 삼아 밝혀둔다. 우스개로 말하면 공학적 세계관일 프리메이슨化 된 것일까. 아마 미국에서 (특히 남부를 중심으로) 사립 군사학교가 당당한 공교육 틀에 포괄되고 있는 것은 이런 이유에서일 것이다. 본 저자가 <반도에서 나가라>같은 '극우소설' 뻘밭 판에 뛰어들 수밖에 없었던 이유도, 논술이나 사회과 쪽 문을 두드려 본들 '2번을 찍건 뭘 찍건 출신만 척 봐도 알 수 있을 당신 같은 수구꼴통'은 취급 자체를 해드리지 않습니다, 라는 학원가의 좌성골(左聖骨) 강사들 때문이었다. 대학 시절 가락대로 스크럼 짜서 원장한테도 대드는 양반들이다. 뭐, 그들도 (더러운 타도대상일) MB정권이 논술 비중을 줄이겠다고 나서자 무더기로 보따리를 싸서 튀고 들입다 먹은 것을 허겁지겁 토해내느라 바빴다지만 말이다.

　　본론으로 돌아와서, 21세기 초의 아프가니스탄전쟁과 이라크전쟁은 일본의 내셔널리즘과 천황폐하 문제에 다시금 불을 지피게 된다.

2005년에만 SF-밀리터리 영화가 <남자들의 야마토> <로렐라이—태평양의 마녀> <망국의 이지스> 이렇게 3편이나 한꺼번에 밀어닥친 것만 봐도 당시가 절정이었을 성 싶다. 미국이 난리를 쳐야만 불붙는 실로 희한한 내셔널리즘이다. 일본 영상계 SF의 역사에서 야마타노오로치는 항상 내셔널리즘이 고조되었을 때 나타난다.

지하에 은신해 있던 '16엽 국화문장'의 비유법도 그렇게 등장한 것이고, 일본의 거대남근 전설일 야마타노오로치(♂)와 16엽 국화문장(♀)의 비유와 상징은 <신세기 에반겔리온> 신극장판3 Q편으로까지 이어진다. 여기까지 보고 EVA세계의 불가사의인 '롱기누스의 창(로마병사 롱기누스가 십자가에 매달린 예수의 오른쪽 옆구리를 찔렀다는 전설의 창)'이 남근성(男根性)을 상징한다는 것까지는 어느 정도 눈치 챌 수 있겠는가? 덕도(德度)가 너무 높아 믿기지 않는다고? 덕(德·오타쿠의 한국적 준말)하고는 상관없는 주제다.

에반겔리온 초호기를 메인 엔진으로 활용한 인류의 '희망의 배=방주(方舟)'일 분다(ブンダ)의 자그만 머리 부분 격인 전투함교 창문=눈의 숫자를 세어봤는가? 18개다. 집단엔트리 시스템을 도입한 대형 엔트리플러그에 함장, 부함장, 선임오퍼레이터 2명, 오퍼레이터 2명, 기관장, 조타수 이렇게 8명이 한꺼번에 들어간다.

야마타노오로치는 머리가 8개에 '어둠 속에서 형형하게 빛나는 붉은 눈'이 16개다. 시대는 여자도 창을 휘두르는 아마조네스의 때, 알파걸(♀)의 때. 실제로 EVA세계에서 창을 들고 다니는 이들은, 다 여자다. 1995년 TV판의 아야나미 레이(0호기)에 2013년 신극장판의 아스카(개조2호기), 핑크빛 창을 들고 데뷔한 마리가 그녀들이다. 양산기(1997년 극장판 5~13호기)와 가오루(2009년의 Mark06)는 사람이 아니니 빼기로 하자.

2007년 <신세기 에반겔리온 序>에서도 서(序)의 음독 발음은, 여자를 뜻하는 계집 녀(女)와 같은 '죠'라고 읽는다. 역시 그래서인지, 가슴에 세컨드 임팩트 당시의 흉터를 지니고 사는 NERV 간부 미사토 중령(TV판에서는 소령이었음)의 '거대 도펠갱어'가 아닐까 싶은 新제2사도 리리스의 가슴에는 전에 없던 거대한 흉터(미야자키의 '타타리가미=재앙신'처럼 8개의 발?)가 새겨져 있는 것이다. 사실 처음부터 아기예수 이카리 신지를 돌보는 목수 요셉(赤木·아카기 박사)과 성모 마리아(+목걸이의 미사토)의 구도라고 생각해보면, 신극장판의 제2사도 리리스는 거대성모(巨大聖母)가 맞는 것이다. 1995년에서 12년이 지난 이번에는 아예 처음부터 리리스의 가슴에 남근성>공격성>적극성>외향성의 상징인 롱기누스의 창이 꽂혀 있는 것일 테고 말이다. 본격적인 논의는 나중에 에반겔리온(Evangelion)에 대한 별도의 장에서 좀 더 살펴보도록 하자.

천손민족(天孫民族): 천상의 신과 신화적 계보로 이어진 천황폐하가 통치하는 대일본국을 형성하는 중심민족이며, 천상의 신의 나라(高天原·다카마노하라)에서 일본열도(大八洲)로 이주했다고 신화가 전하는 민족(즉 야마토민족)을 말한다—쇼와(히로히토 천황 연호) 전기인 1920년대 후반에 새로이 편찬된 국어사전 《다이겐카이·大言海》에서 나오는 설명.[7]

한국의 '桓檀古記 등속 신봉자'(일명 환빠로 통용)들은 우리 역사에서 불교를 지워버리고 싶어 하는 듯하다. 성리학이 국교였던 조선왕조와 불화하여 일제 총독부와 결탁하기까지 했던, 네팔민족의 할아버지를 숭배하는 얼빠진 까까중들의 700년도 더 된 교활한 음모로 <삼국유사>의 위대한 '환국(桓國)'이 아버지 '환인(桓因)'으로 바꿔치기 당했다고 주장한다(합쳐 독일어 Der Fatherland라고 불러주리·나치 독일이 제2차 세계대전에서 승리한다는 가상역사 소설). 상생출판에서 출간한, 상생과는 거리가 멀어 보이는 <桓檀古記 가이드북>에서 차마 글로 쓰지는 못한 속내가 그럴 것이다(정신승리 국수주의♧).

　1281년 몽골 간섭시대 당시 일연 스님이(기독교 일부에서는 왜 높임말인 '님'자를 붙이냐고 반발한다) 주체성을 강조하며 저술한 <삼국유사>에 최초로 등장하는 단군왕검(檀君王儉)을 주체적 순우리말 식으로 풀어서 '박달나무임금>빛나는 땅의 배달임금'으로 해석하는 견해도 있다. 비불교적 순정(純正) 민족정신일지(그런 게 어디 있어), 예를 들자면 수련·명상단체 국선도(國仙道)에서는 순우리말 아래아 '밝달법'을 내세우기도 한다. 조선시대 거치느라 교종이 없어진 선종 한국불교에서 참선(參禪)을 빼면 시체 아닌가. 일본과 불교가 떼려야 뗄 수가 없듯이, 얕은 수준이나마 살펴보니 한국과 불교도 떼려야 뗄 수가 없었다(당연하겠지만).
　태초부터 여자가 지배해 온 아마테라스(♀)와 천황폐하와 팔기대사를 묘사하는 <고사기>와 <일본서기>도 왜나라가 백제와 완전히 분리된 뒤에 주체성을 강조하며 저술된 책들이다. 왜(倭)의 일본어 음독은 야마토(大和)의 화(和) 자와 같은 '와'이며 훈독은 야마토(やまと)였던 것이다.

　필자가 2009년도 졸저 <일본SF의 상상력—정치·사회·한국> 제7장에서 서술한대로, 2011년 <괴수영화 속의 두뇌전쟁史—월남전에서 초고대문명까지> 제27장에서 서술한대로(일각에서는 '레이디 가카'라고도 부르며 재롱떨던) 밝은해 각하(♀)의 시대가 왔다. 계약의 때가 온 것이다. 모든 것이 제-레의 대사 그대로, 노인들의 시나리오대로, 사해문서에 적힌 대로다(웃음).[8)]

다행스럽게도 일본은 이제 전쟁에서 승리했다. 이 승리는 세계의 인민들로 하여금 정신 차리고 일본을 주목하게 만들었다…전 세계는 일본이 러시아를 물리쳤다는 사실에 놀라워하고 있다. 군사장비와 병참술이라는 측면에서…승리를 설명하는 것은 불가능하다. …그것은 사무라이정신, 곧 2천년의 과거를 거치며 육성된 일본의 정신(大和魂·야마토다마시) 때문이다

―샤쿠 소엔, 임제종 원각사(圓覺寺)파 수장, 두 번째 미국 방문길에서의 입장표명에서. 1905년.[9]

『대동이』 앞표지
(농초 박문기 지음
/정신세계사/1991년)

6天. 평화천황론

제목부터 말이 되냐고 의문을 표하는 독자제위 분들도 있으리라 생각된다. 하지만 SF의 세계에서는, 그 상상력과 창조경제의 세계에서는 기존 관념을 재검토해봐야 한다. 그것이 1995년 TV판 <신세기 에반겔리온> 방영 당시의 일본으로 화한 지금의 한국에서 밝은해 각하께서 거듭 강조하고 계신 바이기도 하다. 어린 백성이 그 뜻을 헤아려드려야 한다.

밝은해 각하께서는 1995년 옴진리교 사린테러 궐기에 맞먹는 유독물질 연속 누출사고를 겪고 계시며, 1995년 고베 대지진과 맞먹는 북조(北朝)의 청년장군 김정은 원수의(점집의 천신보살 벼락장군 나라대신 분위기) 핵실험과 미사일 시위도 겪고 계시다. 사실상 밝은해 각하 치세에 해당할 2012년에 의정부 전철역에서 일면식도 없는 이들에게 커터칼을 휘둘러댄 '묻지마 범죄' 사건이 일어난다. 2013년에는 용인에서 지옥에 가고 싶다는 중산층 19세 소년이 중산층 17세 소녀를 성폭행 살해하고 커터칼로 분해하는 '엽기범죄'가 일어난다. 돌아가는 꼴이 1997년 일본의 '고베 연속살인마 사건' 판박이랄까. 어떻게 이런 것까지 똑같을 수가.
1997년 <신세기 에반겔리온> 극장판에서 아스카의 2호기가 공업용 커터 칼을 휘두르는 것이 매우 인상 깊었는데(그냥 쇼킹이라고 하자) 이 설정은 당시 일본사회에서 '묻지마 범죄'가 사회문제로 부각되던 시기였기에 등장한 것으로 추찰(推察)된다.
일본사회에서 그때 즈음부터 불기 시작한 '힐링 붐'이 역시나 밝은해 각하 치세 이전에 벌써 이 나라에 도래하였으니, 신료들은 이런 흐름에 맞추어 황금의 나라 신라의 선덕여왕 밝은해 각하를 잘 보필하여야 할 것이다.

MB 때처럼 사탄의 세력이 정권을 흔드니 어쩌니 해대고, 정권 출범한 지 얼마나 되었다고, 이성교제도 아닌데 여직원을 붙잡고 아무데서나 '외로움'을 토로하고 '사생아'가 불거지면 곤란하지 않겠는가.

밝은해 각하께서 나라 밖으로는 1996년 미일안보협력지침(일명 가이드라인)의 타결로 가는 길과 매우 흡사한 한미원자력협정 문제를 고민하고 계시며, 반정부 마을 부녀자 강간에 아동 고문살해에 시범케이스 성기절단까지 벌이면서 보스니아 내전과 갈수록 비슷하게 돌아가는 시리아 내전도 관망하고 계시다. 다 알던 내용이니까(?) 이라크에서 힘을 뺀 반전단체들도 이젠 지겨운가 보지, 뭐. 미국도 없고, 뭐.

그뿐인가? 밝은해 각하께서는 갈수록 '윗놈들 아랫도리나 끄잡아내려 복수하리!'가 모토였던 것 같은 '퇴락한 좌파' 색깔일 성 싶은 그 시절 일본잡지 <소문과 진상> 비슷하게 돌아가고 있는 각종 매체나 시사 잡지에도 대응하셔야 한다. 이들의 분투로 행정개혁을 추진하던 하시모토 류타로 총리가 총선 직전에 호스테스 스캔들로 1997년 낙마했다.

'즉각 만족 문화'인데 행정개혁 되든가 말든가 일단 끌어내리면 장땡이다. 클릭수도 올라가고 시청률도 높아지고 판매부수도 늘어나고 광고수익에도 좋을 것이다. 매체 환경 변화에 따른 경쟁으로 인함이니 만주사변 때도 일본 언론들은 호외 찍어 뿌려댔고, 월남사태 때도 미국 언론들은 핫 라이브 영상을 열심히 찍어댔고 일본 언론들도 동남아의 추한 미국인(ugly American) 열심히 보도투쟁하지 않았던가. 밝은해 각하의 앞날에 영일(寧日)은 없다.

1995년 당시의 TV판의 업그레이드 재현에 신경을 쓴 2007년도 <신세기 에반겔리온 序>에서는 당시 일본의 '즉각 만족 문화(instant)'가 세밀하게 묘사된다.

제3新도쿄시의 예를 보듯이 즉석카레처럼 땅에서 솟아나는 인스턴트 도시에, 텅 빈 아파트나 맨션에서 보듯 도시 구성원 모두가 이사 온 지 얼마 안 되지만 억지로 얼굴 보며 살아야 하는 인스턴트 인간관계에, NERV 간부 미사토 중령의 생활에서 보듯 인스턴트 식품은 기본이다.

기동실험 당시 폭주를 일으킨 0호기에게 꽂아놓은 십자가형의 '활동 정지신호 발신장치'가 대형 전기콘센트 접촉식이라는 상징적 디자인에서 보듯 인스턴트 믿음에, 궁극적으로는 황량한 단지촌의 아파트 6동 402호에 혼자 사는(안노 히데아키 제공 공식 힌트) 아야나미 레이 같은 감정결핍 인스턴트 인간…마저 그 세계 속에서는 얼쩡대고 있는 것이다.

특히나 아야나미 레이, 성서 속의 불완전수 '6'이고 2013년 <신세기 에반겔리온 Q>에서 요한계시록에도 등장하는 '포도 수확하는 낫'일 거대한 사신의 낫을 든 머리 없는 Mark09(옛 극장판의 신종 사도=리린에 해당하는 존재)을 타고 등장하기까지 한다. 레이가 원래 머리(생각하는 능력과 감정표현 능력)가 없기는 없다. 심지어 Q편에서는 이런 식의 말까지 한다. 마치 '선생님' 시중들듯이—"명령이라면 벗을게."

TV판이든 극장판이든 '죽음'의 인도자일 그녀의 집은 사신(死に神·시니가미)을 상징한다. 4(四)의 음독 발음은 '시'에 0(零)은 레이 본인이고 2(二)는 '니'로 읽는다. TV판에서 제17사도 나기사 가오루=자유의지의 천사 타브리스도 '최후의 사자(最後のシ者·발음은 사도의 使에 죽을 死 다 된다)' 아니었던가.

뭐, 궁극의 자유의지로 결국 자살해버리지만 말이다. 1995년 당시 일본의 심각한 사회문제 중 하나가 '자살'이었다. 지금은 한국이 인구 10만 명 당 자살률 세계 1위를 먹고 있는 세상이다. 우리 천손민족은 드디어 일본 놈들을 제친 것이다.

그러나 그러한 궁극의 지식을 구하여 알고, 또한 그것을 실제 생활에서 체득하기에 이르렀던 브라만(婆羅門·바라문)들은 어디에 있는가? 아트만(眞我)을 고향으로 하여 거기에 안주하면서 깊은 잠으로부터 각성으로, 실제 생활로, 그리고 한 걸음 한 걸음씩 언어와 행동 속으로 옮긴 달인(達人)들은 어디에 있는가? ……그러나 그렇게 훌륭한 학식을 지니고 있는 아버지도 과연 지복(至福)과 평화 속에서 살고 있는가?

—헤르만 헤세, 〈싯다르타-인도의 詩〉에서. 1922년.[10]

그러면 이제부터 '평화천황'이라는 개념에 대해 논해보겠다. 일본의 현대사에는 '천황을 도구(道具·kit)로 삼은 사회혁명'을 꿈꾸는 세력이 있었다. 희한하겠지만 엄연한 사실이다. 1936년 급진적 사회개조 사상을 가진 우익 청년장교들이 휘하장병 1470명으로 일으킨 쿠데타 시도인 2·26 사건이 그 첫 번째이다.

한국에서도 나름대로 알려져 있는 국수주의 이론가 기타 잇키의 사상적 지도를 받은 이 청년들은, 썩은 권신들과 정당들과 비효율적인 의회와 내각 및 민중의 지탄을 받고 있는 재벌들을 모두 타도하고 천황폐하가 군인 자문관들의 조언을 받아 친정(親政)을 행하는 것이 일본을 위한 혁명이라고 생각했던 사람들이다.

일본의 모든 자산(資産)을 천황폐하의 소유로 돌리고 천황폐하가 자비심으로 백성들을 직접 어루만지는 정치를 꿈꿨다. 자본주의도 사회주의도 공산주의도 자유주의도 다 필요 없는, 몽상의 세계에서 산 사람들이다. 미륵(彌勒)을 내세운 조선 후기의 몇몇 민란과 너무 비슷한 심리구조이리라.

기타 잇키부터가 '하나된 아시아'를 꿈꾸며 중국의 신해혁명 과정에도 뛰어드는 등의 파란만장한 인생이었다. 일본인이 중국혁명을 도와줘서 중국이 제 발로 일어나도록 민심을 얻고 어깨동무로 대동아연합을 만들어 서양 백인에게 맞선다. 일본은 아름답고 풍요로운 농촌이 주축이 되는, 스스로 싸울 의지를 가지고 있는 자유농민 병사들로 구성된, 말하자면 초기 로마제국과 같은 '국방국가'로 화한다—이것은 몽상의 세계다.

반란군은 다카하시 고레키요 재무대신 부부를 참살하기에 이르지만, 더 어이가 없는 것은 다카하시 자신이 1904년 러일전쟁 당시 민간에 국채를 팔아 전비조달하려고 영국에 갔다가 황인종이라고 설움 받을 때, 그때 나타난 유대인 로스차일드 재벌이 "우리가 도와줄 테니 썩은 정치 희생양으로 유대인을 학살(pogrom)하는 더러운 러시아 놈들에게 우리 대신 본때를 보여줘라!"라며 미국의 JP모건 재벌에게도 연통을 넣어 일본의 전비조달을 도와줬다는, 실로 기가 막힌 사연의 실무 당사자였기 때문이다.

이런 사람이 그 나이에 칼을 맞아 죽고 죽어서도 난도질을 당하고 그 아내는 사지가 절단 당했다니, 반란군은 그냥 미친놈들이었던 것이다. 히로히토 천황이 당장 진압해라, 안 하면 내가 직접 군복 입고 지휘하겠다고 난리를 치는데도, 육군의 고위 장성들은 대세의 눈치만 보다가 사이가 안 좋은 해군이 히로히토 천황에게 잘 보이려고 육전대를 투입할 태세를 갖추자 그때서야 미적거리며 나섰다. 당연히 기타 잇키까지 전원 사형이다.

히로히토 천황은 큰 충격을 받는다—잘못하면 나도 쫓겨날 수 있겠구나. 이 사건도 일본우익의 '유대인 없는 반유대주의' 전통에 속할 수 있을까 흥미로워진다. 2013년 <신세기 에반겔리온 Q>에서도 (13일의 금요일) '최후의 집행자'인 에반겔리온 제13호기가 핏물욕조 속에서 그 으스스한 모습을 드러내자 사이비종교/컬트교단의 대간부로 화한 세계혁명의 대선사(大禪師) 이카리 겐도가 "도구는 이제 다 갖추었다"라고 말한다. 니어

포스 임팩트(Near Forth Impact)를 위해서 신지, 가오루, 13호기, 마크9, 기타 그의 계산대로 한치 오차 없이 움직일 조연들이 모두 다 나설 것이다. 모든 것이 그의 계산대로다.

<신세기 에반겔리온> 신극장판은 각본을 맡은 총감독 안노 히데아키 외에 항상 4~5명의 사람들이 '각본협력'이라는 역할로 엔딩크레디트에 이름을 올리고 있다. 사실 안노 히데아키를 포함한 5~6명의 두뇌 또는 집
단회로들이(그 각각의 사람들조차도 더 광범위한 정보의 필찔찜이라고 본다면) 현재 일본SF의 최전선을 형성하고 있다고 봐도 과언이 아닐 것이다. 쉽게 말해 집단창작, 크라우드소싱(crowd sourcing) 시스템이다.

일본의 영화계 사례를 비추어보면 감독이나 각본가는 대개 인텔리 출신들이다. 우리는 <신세기 에반겔리온>이라는 작품 형태로 반영되는 일본 인텔리들의 뇌내세계(腦內世界)와 그에 영향을 미치는 외계세계(外界世界·에반겔리온Q에서 후유쓰키 선생의 대사) 둘 다와 마주치게 된다. SF를 풀어낸다는 것은 그런 이면의 영역까지에 대한 포착 및 분석이며, 그것이 이 책의 목적이요 존재 의의이다.

> 이런 말을 하기에는 너무 늦었지만, 모든 민간인은 군인처럼 군(軍)의 지시를 받아들여야 한다. 바꾸어 말하면 민간인들이 저마다 투지를 품고 미귀(米鬼)를 열 명씩 죽여 우리의 적을 말살해야 한다. 적군이 상륙하고 식량보급이 끊겼을 때, 민간인들이 굶어 죽을 것이라며 기자인 당신이 간청을 해도 군은 민간인들에게 식량을 제공할 수 없다. 군(내셔널리즘의 궁극적 구현체-글쓴이)의 중요한 사명은 전쟁에서 이기는 것이다. 민간인들을 구하느라 전쟁에서 패할 수는 없다.
>
> —조 이사무 육군중장, 오키나와 방위담당 제32군 참모장
> (군사령관 우시지마 미쓰루 장군과 함께 할복자결), 1945년[11]

'천황을 도구로 삼은 사회혁명' 제2탄의 후보생이라고 생각할 수 있는 사건이 1952년의 쿠데타 음모이다. CIA 비밀문서 공개로 인해 알려진 이 쿠데타 음모는, 일본군(日本軍) 재건을 위해(이들의 머릿속은 항상 군대가 최우선이다) 연합군총사령부=사실상 맥아더 총독부(GHQ)에 착 달라붙었던 대본영 작전참모 출신의 핫토리 다쿠시로(대령)와 쓰지 마사노부(대령)를 주축으로 하였다(이 둘은 1939년에 소련군과 한판 붙던 관동군 시절부터의 콤비).

맥아더에게 눈물까지 보이던 요시다 시게루의 '경무장 경제우선 노선'을 뒤집어 엎고 '헌법개정 자주노선'을 주창하던 하토야마 이치로(2009년 동아시아공동체를 주창한 민주당 총리 하토야마 유키오의 할아버지)를 조종하기 위한 목적이었다고 한다. 쿠데타 음모세력의 내부 이견으로 궐기는 불발에 그친다. 연합군의 점령종료 조치로 1952년 7월 일본의 주권이 다시 회복된 직후의 일이다.

천황과 무슨 관계가 있을까. 우리는 이 문제를 규명하기 위해 1960~90년대 불교국가 태국의 '회전문 군사정권' 시절을 주목해야 한다.[12] 어떤 장군이 민간인 내각의 부패를 이유로 쿠데타를 일으킨다. 그런 다음 이 장군은 반드시 국왕(세계 최장수 국왕인 푸미폰 아둔야뎃 현 국왕)의 내각 구성 승인을 얻어야 한다.

국왕이 재가하지 않으면 쿠데타는 없던 것으로 된다. 그렇게 되면 국외로 나가서 한동안 '자숙'의 기간을 거쳐야 한다. 국왕의 뜻에 없던 쿠데타를 일으켜 국왕의 심기를 거슬리고 질서를 문란케 했기 때문이다. 그리고 다시 국내로 들어와서 평소처럼 생업에 종사하면(?) 되는 것이다. 국왕이 쿠데타를 승인하면 장군은 총리가 되어 국정을 운영한다.

쿠데타 총리가 시간이 지나 마찬가지로 지탄을 받으면, 제 발로 물러

나서 총선이 실시되거나 또 다른 장군이 쿠데타를 일으킨다. 쿠데타, 민간인, 쿠데타, 민간인, 민간인, 쿠데타, 쿠데타⋯ 이런 순서로 비슷비슷한 이들이 계속 돌고 도는 것이 현대 태국의 의회정치였다.

1990년대 들어 세계적인 민주화 바람이 일었을 때, 우리나라에도 크게 보도된 쿠데타가 있었다. 쿠데타 장성이 국왕 앞에 무릎을 꿇고는 무릎걸음으로 국왕 옥좌 앞까지 기어가서는 '간택'을 청하는 놀랄만한 장면이 등장한 바 있다. '넌 세계의 대세와 맞지 않으니 아웃이다' 이 한 마디에 장군은 국외로 출국하고 당시 '청백리(판관 포청천 수준이랄까)'로 우리나라에도 크게 알려진 방콕 시장이 총리로 임명되는 따사로운 정치가 연출되기도 했다.

1952년 대본영 작전참모들의 쿠데타가 성공했다면, 그들은 히로히토 천황의 '추인'을 받아야 한다. 맥아더의 권유로 히로히토 천황은 1950년대 전국 각지로 순행(巡行)을 다녔다. '나도 인간이니, 이제 그대들 신민과 안면을 트고 얼굴 자주 보고 살아봅시다' 이렇게 이해하면 되겠다.

당시 일본의 농촌인구가 도시인구를 훨씬 넘어서던 시절이니, 얼마 전까지 신(神)이었던 천황폐하를 살아 생전에 직접 본다는데 어찌 할아버지 할머니 아저씨 아줌마들이 감읍하여 눈물을 흘리지 않을 수 있겠는가(티벳 승왕 달라이라마 반열 아니겠는가). 저희들이 미천하고 부족하여 간신배 군벌들이 폐하를 둘러싸고 성심을 어지럽혔사오니⋯, 이 정도면 충분하다.

밝은해 각하도 그랬다. '내가 당신을 떨어뜨리기 위해 출마했다'라는 좌익 '스타(우) 탄생' TV토론 한 방으로 다 끝난 것이다. 세상에, 저 꼬락서니 보고 밤에 잠이 다 안 오더라⋯ 나라 망하는 것을 막아야 하지 않겠는가. 어찌됐건 밝은해 각하의 앞날에 영일(寧日)은 없다.

이랬던 대본영 작전참모들을 소재로 한 일본의 SF밀리터리 영화가 바로 2005년의 <로렐라이—태평양의 마녀>이다. 전쟁도 끝나기 전에, 미국과 비밀리에 항복을 논하면서 그 조건으로 도쿄에 제3의 원자폭탄을 투하하여 기존체제와 자기 상관들도 싹 다 날려버려 달라는 엄청난 영관급 음모세력(⇧)이 등장한다. (에반겔리온 세계와 비슷하게, 독일계 혼혈 일본 소녀가 정신능력=초능력으로 미군의 어뢰를 탐지하는 무적의 방위시스템=여성우을 활용한 생체병기가 안타깝게도 너무 늦게 완성된다)

영화 『로렐라이』
일본판 팜플렛
(2005년)

그들의 친구들이 대본영의 모든 실무를 장악하고 있으니 도쿄에 제3의 원자폭탄이 떨어지기 전에 자신들과 친한 부대들은 안전한 곳으로 이동시킬 수 있다. 그런 다음 자신들이 주축이 되어, 사무라이+미국화 된 신일본(NEO軍國日本=당시 고이즈미 준이치로 수상의 극장정치를 비유·당시 한국서도 비슷하게 원맨쇼 대통령이었잖아…)을 건설하는 것이다! 그렇다면 천황…폐하는 어떻게 돼버리는 건지? 1945년 결사항전 쿠데타 음모 때처럼 당시 육사 생도들은 전원 마쓰시로 요새로 옮겨가 있었다고 한다. 마쓰시로 산악요새로 강제로 모시는 것일까.

대본영 작전참모들의 사고방식과 행태는, 민감한 이야기지만 한국의 1980년 신군부(新軍部)와 비슷한 점이 많다. 국군보안사령부와 국군수도경비사령부 인맥 출신이 다수였던(한마디로 對전복 근위부대들) 신군부도 구군부 출신 인사들을 부정부패/구악으로 몰아서 먹은 걸(있건 없건) 토해내게 방법하고 5·16 때처럼 대국민 민심수습용 '깡패사냥'을 재개했다(일명 삼청교육대의 비극·군부대 시설에서 화염방사기로 겁줘가면서 목봉체조도 시키고 정신개조도 시켜준다).

불교계에 대해서도 '70년대 일제잔재 대처승 척결 조계사 할복사태'까지 불러온 그런 식의 지나친 박통 시절 민족주의(?)는 곤란하기 때문에 구실을 달아 방법을 해본 것 아닐까(일명 10·27법란).

실제로 여러 원로 역사학자들이 말하기를, 1970년대 박통(총통 박정희) 시절의 경제성장에 따른 '우리 고유(固有)' 열풍이 전 사회적으로 불어 닥쳤고, 이에 화답하듯 '국수주의(ultra-nationalism) 교육'이 강제로 추진되어 후폭풍으로 '국수주의(國粹主義) 친북 NL'까지 낳아버렸다고 안타까워한다. ("우리가 그때 그걸 막지 못했어"라는 식의, 회한 섞인 비판적 회고)

오로지 억지로 황국을 경멸하는 것을 눈이 높은 것이라고 이해하는 것은 오히려 눈도 마음도 비천하고 중국에서 온 서적들(漢籍)에 빠져 미혹되었기 때문이다. 지금 한층 더 눈을 높여서 보라. 그 그릇됨을 깨달아야 한다. 우리나라 고학(古學)의 눈을 가지고 보면 외국은 천축(天竺·인도)·한나라(漢唐)·삼한(三韓), 그 밖의 모든 나라가 스쿠나히코나노카미(少名毘古那神)께서 무슨 일이든 시작하신 것을 알게 된다. 그리고 한나라에서 호들갑스럽게 말하고 있는 복희·신농·황제·요순 등도 그 근본은 이분 신(神)으로부터 나온 것이다.

—모토오리 노리나가, 일본의 18세기 국학자.[13]

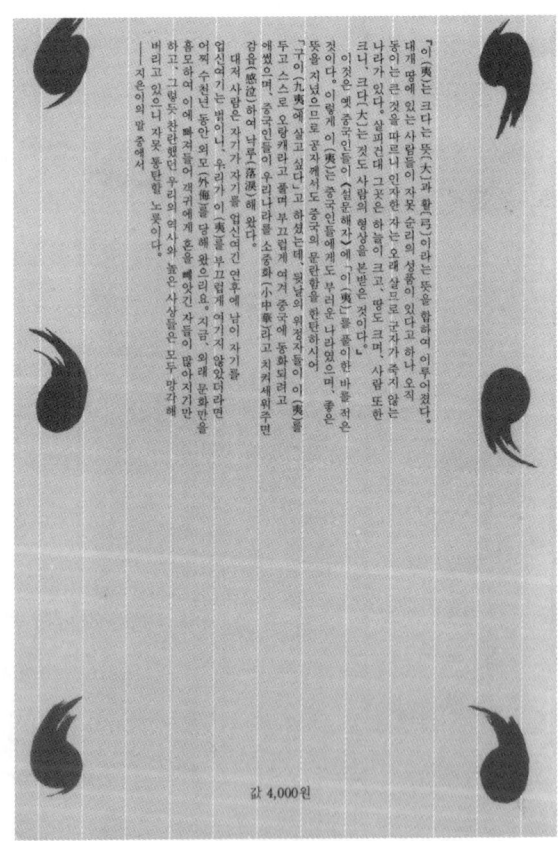

『대동이』 뒷표지
(농초 박문기 지음
/정신세계사/1991년)

7天. 총통의 딸—슈愛 공주님에서 밝은해 閣下까지

　　1976년 단군대종교계 및 독립군계 軍民 인사들이 주축이 된 '국사찾기 운동협의회'의 결성, 1979년의 <桓檀古記> 일본 진출(유사역사가들의 중동~한단고기영역~일본 연결論 근거자료), 1982년 5공화국 국정지표 정의사회구현=후천개벽 시작說의 등장과 국회 교육위원회 국사교과서 논쟁(한단고기 교과서 반영 공방), 1983년 <桓檀古記> 실제 제조업자로 의심받는 재야 역사연구가의 평생 결실 '한암당 이유립[14] 사학총서' 탄생(=SEELE·魂). 대통령이 2013년 8·15 경축사에서 인용한 고려 말기 학자라는 '행촌 이암', 대통령 지근거리에 이른바 '환빠'가 있다는 증거다.

　　1985년 <桓檀古記>의 선풍적 대중화(당시 신문 광고까지 검색이 가능하다), 육군 내의 '다물회' 결성과 보안사 중심의 국민정신교육 자료화 검토, 한국민족종교협의회[15] 결성, 하이라이트인 전두환 대통령의 '개천절 홍익인간사상 세계전파 발언'까지가 모두 이런 흐름의 연장선상이 아닐까. <桓檀古記>의 경우 이미 1983년에 한글번역본이 국내에 출간되었다는 증언도 있으며, 1986년의 정신세계사(精神世界社) 버전이 가장 유명하게 남아 있다. 그런데 궁금해지는 것이 있다. 안노 히데아키와 주변 친구들도 <桓檀古記>까지를 알까.

　　1980년대 일본 정세는 중국과의 따스한 화친 분위기로 인해 관련분야 학자들의 생산물일 '중국 신화' '중앙아시아 신화' '알타이 신화' '실크로드 신화' '한국의 신화설화'에 더해 '크리스트교의 이해(미국 선교사 바람)' '이슬람 개관(중동 석유전쟁 바람)' 등의 광범위한 배경지식 자료가 쏟아졌을 것으로 추찰(推察)된다. 저작권 개념이 희박하던 당시 국내의 번역서들만 살펴봐도 충분히 알 수 있을 정도이다.

WCC 신학적 주장은 모든 종교는 같으므로 어느 종교에서든지 절대자에게 이를 수 있고 이를 보편적인 길이라고 믿습니다.

"다른 이로써는 구원을 받을 수 없나니 천하 사람 중에 구원을 받을 만한 다른 이름을 우리에게 주신 일이 없음이라 하였더라" [행 4:12]

"예수께서 이르시되 내가 곧 길이요 진리요 생명이니 나로 말미암지 않고는 아버지께로 올 자가 없느니라" [요14:6]

WCC는 UN 주도 아래 설립되었으며 세계110개국 장로교, 감리교, 순복음, 루터, 성공회, 정교회 등 349개 교단이 가입돼 있으며 7년마다 총회가 열리고(2013년 한국에서 10차 총회가 열림) 이들은 샤머니즘도 하나의 종교로 받아들이고 기독교만의 부활과 영생의 구원을 벗어나 모든 종교와의 교통과 교제를 사회구원과 같은 논리로 인식하고 모두 함께 한다는 것입니다.

우리가 살고 있는 이 시대의 과학 또한 얼마나 하나님께 도전적이고 심각한 수준에 와 있는지 알아야 합니다.

666의 시대

"누구든지 이 표를 가진 자 외에는 매매를 못하게 하니 이 표는 곧 짐승의 이름이나 그 이름의 수라 지혜가 여기 있으니 총명한 자는 그 짐승의 수를 세어 보라 그것은 사람의 수니 그의 수는 육백육십육이니라" [계 13:16~17]

우리는 분명히 계시록의 말씀과 같이 짐승의 표 666(베리칩)의 시대에 살고

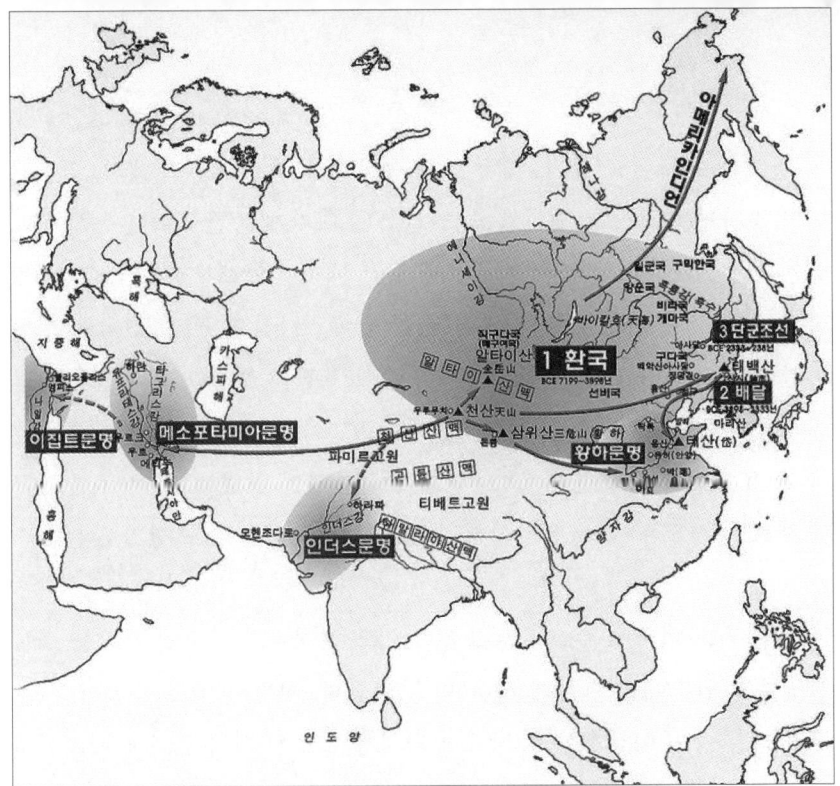

▲이것이 바로 문제의 '세계뿌리한민족'의 문명전파 지도. 그림이기에 별다른 설명이 필요가 없다. 그쪽 자장(磁場・NERV 본부에도 이것을 주의하라는 알림이 있음)에 심취한 이들은 자기들이 무시당하고 있는 것이 아니라 오히려 한 줌밖에 안 되는 '제도권'을 역으로 무시하는 전략을 취하고 있다. 모택동의 인민전쟁론을 원용하고 있는 것이다. 인민의 바다 제1선 인터넷과 제2선 멘토강연(우연히 알아버린 최신사례로는 법륜스님)을 통한 인해전술로 '검은머리 유대인'들을 익사시키는 것이다! (웃음) 앞의 '666의 시대' 찌라시는 무려 남가주(Southern California)에서 달려온 '익투스선교회'라는 곳의 주장이다.

◀음모론의 세계에 오신 것을 환영한다. 지면 관계상 소개는 못했지만, UN이 세계지배정부 음모론의 총본산이라는 것은 이 바닥의 기본이다. 미국 시골뜨기들이 만들어낸 얘기가 돌고 돌아 여기까지 왔다. New World Order(死海文書)라는 시나리오의 집행기관이 UN이라는 것이다. 아버지 부시도 1990년에 걸프전이 끝나고 이 표현을 썼다는데, 역시 중동광야와 같은 환경의 고향 텍사스를 떠나서 메갈로폴리스 (北) 감리교로 갈아탄 배신자이니 당연할 것이다. 사악한 UN은 종교통합의 음모를 꾸미고 있는 것이다. 국제연합사무총장 및 세계은행총재 등 지금 UN은 한국인이 장악했다! 일본의 음모론자들도 절규한다! (웃음)

필자가 2011년도 졸저 <괴수영화 속의 두뇌전쟁史 1~2>에서, 일본31년 만주사변/한국65년 월남출병, 일본41년 대미개전/한국72년 유신체제, 일본45년 원자폭탄/한국80년 광주사태, 일본60년 안보투쟁/한국87년 6월항쟁, 일본68년 전공투 도쿄대 분쟁(일명 야스다강당 투쟁)/한국97년 한총련 연세대 점거(일명 연대 사태), 이 순서로 겹쳐 보인다고 한 연유는 앞에서 서술한 대로 옆에 참고서를 갖다놓고 그대로 따라가는 식의 한일 양국 간 유사성이다. 일본의 70~80년대 풍속산업이 있었고, 근래 10년 안쪽에 새로 생긴 조어 중에 유사성행위(類似性行爲)라는 말도 있지 않는가.

신군부도 미국에 수그리는 조건(?)으로 핵개발과 미사일 개발을 스톱시켰다고 일각에서 그렇게 욕을 먹고 있으니, 이것이 바로 북한이 '자주국가'라는 증거 아니겠는가. 밝은해 각하께서 소위 핵 주권(원전폐기물재처리 권한)과 미사일 주권(北朝彈에 대응한 사거리 연장)에 대해 미국과 이야기를 다시 해보자고 나선 것은 역시나 1982년 선진정의사회구현 제1차 후천개벽, 2000년 남북통일정상회담 제2차 후천개벽에 이은 2013년 상생해원남녀동권 제3차 후천개벽이 아니겠는가. <신세기 에반겔리온> 세계 속 1997년 극장판의 서드 임팩트(Third Impact) 시대가 드디어 이 나라에 온 것이다. 선진조국 창조의, 때가 왔다(…신지 군).

> 변화가 바로 지속이요, 윤회가 바로 열반이며, 마음이 바로 부처이고, 과정이 곧 결과다.
>
> ─헤르만 헤세, <싯다르타─인도의 詩>에서, 1922년.

'천황을 도구로 삼은 사회혁명'의 제3탄으로 상당한 의심이 가는 사건이 1961년에 일어난 산무(三無)사건이다. 한국의 5·16 군사쿠데타에 자극

받았는지, 민간의 구(舊)육사출신자들이 "전쟁 없는 사회! 세금 없는 사회! 실업 없는 사회!" 이렇게 삼무(三無)의 슬로건을 내세우며 쿠데타를 획책한 사건이다.

이 사건은 일본정부에 의해 아직도 전모가 베일에 싸여있다고 한다. 황당한 것은 그토록 진보좌파의 반대를 무릅쓰고 제정된 일본판 국가보안법일 '파괴활동방지법'이 제정된 지 얼마 되지도 않아 최초로 적용된 사례가 이 사건이라는 사실이다. 좌익이 그토록 반대했던 법률이 우익을 때려잡는데 사용된다니, 이런 실소를 금할 수 없는 아이러니한 사태가 바로 이웃나라에 있었다.

1960년이면 일본좌익의 아득할 대(大)로망일 미일 안전보장조약 반대투쟁=안보투쟁으로 일본이 들끓을 때다. 이럴 때 빨갱이 데모대(?)를 때려잡겠다는 쿠데타가 아니라, 그들과 휩쓸려서 함께 뭔가를 도모할 수도 있는 상황이 올 수도 있는 쿠데타를 획책했다는 것이 충격적이다. 당연히 쿠데타의 목적은 미국과 '굴종 조약'을 체결한 현 체제 타도일 것이고. 일단 타도부터 해놓고 그 다음을 생각하자는 것일까.

실제로 좌익이 아니더라도 '미국에 대한 굴종'이나 '현 체제의 폭압적 일처리 방식'에 반대한 '민족민주적 입장'에서 안보투쟁에 참여한 지식인들도 당시에는 많았다고 전해지는 것으로 미루어보아[16], 혼란 시의 유동적/예측불가 상황 때문에 산무사건은 미국 입장에서도 아주 곤란하게 될 수 있는 위험한 사건이 아니었을까도 싶다.

같은 해 한국에서도 5·16 군사쿠데타의 주역이 '남로당' 경력이 있는 좌익 의심자라서 뭔가 편치 않은데 일본서도 우익 쿠데타가 좌익 데모대와 결합하겠다고 궐기하는 상황을 생각해보자. 그들에게 이건 도대체가, 중남미/제3세계 식의 반서양+반제(反帝?) 민족주의라는 악몽이 될 수도 있는 터였다.

만약에 쿠데타가 성공해서 이들의 '작용'으로 히로히토 천황이 이들에게 조금이라도 동조적으로 해석될 수 있는 발언을 하게 된다면 우익 예비군들도 아마 전부 궐기해서 데모대에 가담했으리라. 이것이 바로 '통일전선전술' 아닐까.

실제 1982년 나카소네 야스히로가 수상이 된 다음 급속한 친미정책(用美 편승전략)을 펼치자, 히로히토 천황이 측근들에게 "미국과 지나치게 밀착하면 소련과의 전쟁 위험이 높아지지 않겠는가?"라고 말하며 견제구를 던져댔다는 사실이 밝혀졌기에 이렇게 분석해볼 수 있는 거다. 누가 감히 이 말을 그냥 흘릴 수 있겠는가. 왕조와 인민은 이처럼, 신자유주의와 친하지 않았다. 영국에서도 엘리자베스 여왕과 대처 수상이 사이가 별로였다고 한다.

쿠데타 세력은 미국부터 처리하고 그 다음에 빨갱이를 때려잡던 뭘 때려잡던 하자던 것이 아니었을까. 지나간 전쟁 때의 교훈(敗戰)을 살렸을 성 싶다. 이거야 말로 진정한 (미국에서 수입된 민주주의 개념까지 적용해본) '민중의 힘(people power)' 아니겠는가.

실제로 도조 히데키조차 전범으로 처형되기 전에 "미국의 힘은 민주주의 교육에서 나온다! 국민 각자의 의식을 계발 및 각성시켜 자발적으로 최대의 노력을 이끌어내는 것이 그 힘의 원천이다! 우린 데모크라시를 너무 잘못 알았던가!" 이런 식으로 한탄했다고 한다. 이런 복잡한 사연을 안고 있을 '산무(三無) 사건'이 지금의 한국과도 관계가 있다는, 더 놀라운 사실을 이야기해보자.

일본정신의 세세한 사항은 모두 일본불교의 가르침을 받았다는 말이다. 그 가르침에는 다음과 같은 것들이 포함되어 있다.

멸사봉공(滅私奉公)이라는 기본적 의무로 이루어진 무아(無我)의 대도(大道), 군주를 위해 삼가 자신을 희생하며 생사를 초월하려는 결심, 나라에 빚진 은혜를 갚기 위해 7번도 죽겠다는 맹세에서 보이는 무한한 삶(infinity)에 대한 믿음, 팔굉일우의 성스러운 대사업을 돕는 것, 이 지구상에 정토(淨土)를 건설하는 데 필요한 용맹하고 헌신적인 힘이 그것이다.

—야스타니 하쿠운 선사.
1960년대 일본 선불교(zen buddhism) 미국 진출에서
큰 역할을 담당했던 조동종 선승. 1943년.

1960년 산무(三無) 사건 당시 쿠데타 세력에 동조하는 국회의원 비서로 일하며 모의에 가담했다가 정부당국에 의해 계획이 들통 나자 모든 것을 접고 불교 승려가 된 사람이 있는데, 바로! …'나카타초(일본정계를 상징)의 괴승(怪僧)'으로 알려졌으며 폭주의 우익수상 아베의 조언자로도 알려져 있는, 은행에서 대출 받아 도쿄의 조총련 건물터를 낙찰받은 다음 '민간 우호 차원'에서 북한에게 임대하겠다고 나선 규슈의 진언종(밀교계열…만화 <공작왕·孔雀王>이 연상되는데) 사찰 주지라는 사실이다. 그리고 아베 총리는 지금, "천황폐하 만세!" 삼창까지 외쳐대고 있다. (2013년 4월 29일, 일본 주권회복&국제사회복귀 기념식, 아키히토 천황 앞에서)

불교 대중화에 기여했다고 조계종으로부터 감사장까지 받은 범(汎)조폭 계열 영화 <달마야 놀자>에서 슬쩍 드러나듯이, 한국에서는 역대 (군사)정부의 민심수습용 일제단속을 피한 깡패·건달·껄렁패 등이, 그리고 일본에서는 정치적 이유로 몸을 피해야 할 사람들이 은둔을 위해 많이 뛰어들었던 곳이 바로 불교였다는 역사적 사실도 알아둬야 할 필요가 있다. 나름의 최후방 사회안전망 역할이었다고 볼 수도 있다.

규슈는 대륙낭인을 비롯한 일본우익 민간의 지사(志士)들의 고향과 같은 곳이다. 거기다가 '나카타초의 괴승'은 의사 출신이다. 그는 '민간 교류 차원'에서 북한을 방문하여 '김정일 장군 대보살상'을 만들어주기도 했다는데… 한반도에 대한 레버리지(leverage)용 '카드'에 집착하는 제도권과 민간 양쪽의 일본우익 역사를 새삼 되돌아보게 해주는 인물이다.

근현대사를 조사해보면, 동서양을 불문하고 의사 출신 혁명가나 테러리스트가 꽤나 눈에 띄는데 안철수 국회의원처럼 이 사람도 그런 식의 계보에 들고 싶은 심리가 아닐까도 싶다. "나는 세상의 큰 병을 고치는 위대한 의사가 되고 싶단 말이야!" …뭔가 프리메이슨적이다. Architect 자리에 Grand Doctor 개념을 세운 것은 아닐까. 소위 혁명가 의사에 대해서는 필자의 2009년도 졸저인 <일본SF의 상상력—정치·사회·한국> 제7장을 적극 참고하기 바란다.

환영 초대장

■■■기도원 개원
매주 심령부흥집회

매주 상시 집회, 요일별 집회 안내

월~수요일 심령부흥성회	금요일 영성훈련의 날
밤 7 : 30	오전 11시 영성훈련 세미나 (신청자 접수중)
오전 11~1시	오후 2시 영성훈련 세미나 (신청자 접수중)
새벽 5시 30분	새벽, 저녁 심령부흥성회
목요일 조직신학, 요한계시록의 날	주일 치유사역의 날
오전 11~1시 조직신학 강의 (신청자 접수중)	오전 11시 병자위한 기도 집회
오후 2~4시 요한계시록 강의 (신청자 접수중)	오후 2시 병자위한 기도 집회
새벽, 저녁 심령부흥성회	새벽, 저녁 심령부흥성회

※조직신학을 배우고 싶거나 영성훈련 받고싶은 분은 아래 전화로 신청바랍니다.

8天. 외국군대의 개

　　모두가 최선을 다했음에도 불구하고 전황은 반드시 일본에 유리하게만 전개되지 않았다…적은 유례없는 새로운 폭탄의 힘으로 일본에 참해(慘害)를 가져왔으니…어쩌면 닥칠지도 모를, 인류문명의 완전한 소멸을 피하기 위해서는 세계의 대세와 현상(現象)을 고려하여 비상조치를 통해 시국을 수습하고자…만세(萬世)를 위해 태평을 이루기를 바라며, 일본은 견딜 수 없는 것을 견디고 참을 수 없는 것을 참아야만 할 것이다…국체(國體)의 정화(精華)를 발양하여 세계의 발전에서 뒤떨어지지 않을 것을 기하자.
　　—최초로 히로히토 천황의 육성으로 방영된 종전(終戰)의 조칙에서.[17]

　　'천황을 도구로 삼은 사회혁명'의 제4탄을 꿈꿨던 이가 바로 한국에서도 나름대로 유명한 작가 미시마 유키오이다. 그는 방패회(循の會)라는, 비교해보자면 1920년대 나치스의 돌격대(Sturmgruppen)와 비슷한 우익 사병(私兵)집단을 이끌었다. 이것만 봐도 거의 옛날의 기타 잇키 분위기이다. (EVA 序편에 '미시마(三島) 포대'가 등장하니 찾아보시오.)

　　방패회의 제복은 무릎 위까지 내려오는 더블버튼식의 길쭉한 회색 상의가 인상적인데(우리나라 육군사관학교 제복의 동계용 롱코트를 떠올리면 된다), 2013년 우익수상 아베가 등극한 일본의 총선거 당시, 신생정당인 태양당(太陽の黨) 당수 자격으로 출격한 이시하라 신타로 전 도쿄도지사의 유세 사진을 보고 웃어야 할지 황당해야 할지 머뭇거리게 되었다. 좀 희화화 시키자면 대학가 포스터 "우리 역사를 지켜줘! 이제는 증산도!" 분위기처럼, "(이제는) 국방군이다, 이 C8새끼들아(용어순화)! 우워어!" 거의 이런 분위기와 표정이랄까. 그는 회색의 더블버튼 롱코트를 입고 술집 아저씨들 정치토론 분위기로 절규하고 있었던 것이다.

1923년 아돌프 히틀러도 '맥주홀 봉기'를 일으켜 바이에른 지방정부를 전복하려는 쿠데타를 시도했다. 반체제 프리메이슨의 본산 격일 바이에른 주에서 히틀러가 궐기를 꾀했다는 사실이 중요하다. 전통적으로 영국은 펍(pub), 프랑스는 살롱(salon), 독일은 맥주홀(bier hall)이 풀뿌리정치의 생생한 현장이라는 역사가 있다.

2012년도 쿠엔틴 타란티노 감독의 영화 <DJANGO—분노의 추적자>에는 독일인 의사가 텍사스에서 맥주를 마시고, 지명수배 악당임을 숨기는 마을 보안관은 마을사람들에게 "폴크스(folks)! 내가 왔으니 이제 안심하시오!"라고 외친다. 웃음을 참을 수 없는 대목이다. <신세기 에반겔리온 Q>와 같은 해에 개봉했다.

갈수록 정신적 혼미를 거듭하는(?) 1960년대의 일본과 당연한 결과인 일본정신의 피폐(?). 미시마 유키오는 기존의 미국 추종 일본정부도 썩었고 소련 추종 좌익세력도 글렀다고 판단했으리라 여겨진다. 그는 도쿄의 진보 및 좌익 예술가 집단과도 교류를 하고 일본공산당 및 사회당 계열 청년조직(구좌파)과 대립하던 전공투(신좌파·1965년 결성)에도 나름대로 호감을 표시하는 등, 좌우를 뛰어넘어 '일본의 현상타파 엔트로피'와 '아메리카 종속국가 일본'이라는 공통의 관념을 보유하는 어떤 연대를 구축하려 했던 것 같다.

도쿄대 법대 출신 소설가 겸 영화감독이자 작가인 그는 이른바 '시라토리論(白禽·백금=순수한 善의 상징으로서의 천황)'을 내세우며 '사회개혁'의 필수도구이자 그 '열쇠로서의 천황'이라는 주장을 펼친다. 서양 백인의 성경책에서 신의 전령, 성령의 새, 빛의 새의 상징이 존재하듯이 일본민족의 신화와 역사에서 '신과 인간의 전령, 순수선(純粹善)의 응결일

하얀 새'의 원리가 추출된다는 것이다. 이에 대해서는 필자의 2011년 졸저 <괴수영화 속의 두뇌전쟁사—백인SF에서 제국일본까지> 제7장을 참조하기 바란다.

기타 잇키의 '순정(純正) 사회주의'라는 개념이나 미시마 유키오의 '순수선' 개념이나, 모두 무슨 처녀성/순결(純潔) 같은 냄새를 피우고 있다. 플라톤적 이데아 개념으로 받아들이자면 머릿속에서 이해가 되지만, 아무리 일본인들이 번역한 한자라고 해도 정말로 순(純)이고 정(正)이고 수(粹)니 이런 게 세상에 존재할 수 있는 것일까. 그것은 단순한 이상향(Arcadia·그리스어) 놀음의 다른 표현이 아닐까.

이 사건을 전후한 일본좌익의 침체, 극좌파의 테러와 피투성이 우치게바[18], 그에 따른 몰락의 영향인지, 일본의 핑크영화에는 1960년대부터 '때 묻지 않은 원(原)공간(=子宮)으로의 회귀, 근원(根源)으로의 도피 욕망'이라는 해석학이 형성된다. 여성을 학대하면서 강박적으로 삽입을 반복하는 것은, 과학기술이라는 도구(♂)를 손에 들고 자연(과 대지와 지구=♀)을 인간 마음대로 훼손하면서도 죄의식과 불안감에 따라 강박적으로 '자지性'을 '전(前) 불결화(깨끗할 潔) 단계의 폐쇄된 공간' 속으로 밀어 넣으려는 것이다—마음의 평안과 영혼의 구제를 위해서. (에바Q에서 나오는 제-레의 마지막 대사)

1970년, 미시마 유키오는 방패회 회원들과 함께 도쿄를 관할하는 육상자위대 동부방면 총감부를 점거하고 '사무라이의 후예일 자위대 궐기'와 '일본정신의 피닉스적인 부활'을 절규한 뒤 할복 자결한다. 미시마는 육체 단련에 심혈을 기울였다. 일본에 보디빌딩이란 개념을 처음 도입한 이라고도 평가받는다. 그는 사무라이정신…적일 '이상(理想)'을 육적(肉的)으로 표현해보려 했던 것일까. 1995년 창조된 <신세기 에반겔리온>의 세계에서 제1사도 아담의 육적(肉的) 카피가 바로 EVA 시리즈다.

일본의 전통적인 무사도 관습에 따르면, 어떤 호소와 더불어 행해지는 할복 자결을 결행하는 이의 고통을 덜어주기 위하여 친한 사람이 일격에 목을 쳐주는 관습이 있다. 이 관습의 그로테스크한 변형태가 아마 '난킨 다이캬쿠사쓰(南京大虐殺)' 당시 벌어졌던, 마치 경마 보도처럼 일본 본토의 신문에까지 나온, 육군 장교들의 '100인 목베기 시합(百人斬り)'일지도 모르겠다. EVA Q편에서 9호기가 6호기 목을 쳐주듯이.

할복하는 미시마를 빨리 천국으로 보내줘야 할 방패회 회원의 검술 실력이 영 아니었던지 진짜로 해보려니까 덜덜 떨렸던지, 하여간 몇 번이나 내리쳐서 겨우 목과 몸을 분리시키는 광기(狂氣)의 피투성이 현장이 벌어진다. 실상이 그랬다는 것에 전율마저 느껴진다. 그들은 단지 무사도를 흠모했던 미치광이(?) 집단일 뿐이었을까.

가미야마 겐지 감독의 2006년 영화 <공각기동대3—Solid Society State>에서는 아무리 봐도 당시 고이즈미 내각의 관방장관이던 아베 신조를 빼닮은 "보수반동 정치가"를 등장시킨다. "어차피 가정에서 학대당한 뒤 버려질 아이들을 국가의 손으로 구제(행정상 실종된 것으로 처리한 뒤 한데모아 전뇌엘리트화 교육)하는 것이 뭐가 나쁜가?" "우리나라는[19] (외국이민의 급증으로) 타민족의 지배하에 들어갈 위험에 처해있다!" 아키히토 천황을 향해 '천황폐하 만세' 삼창을 외치던 폭주의 아베 신조 수상은, 아마도 '천황을 도구로 삼은 사회혁명'의 제5탄을 꿈꾸고 있는 것은 아닐까? '우린 또 만날 거다, 신지 군.'

2007년 이후 전개되고 있는 <신세기 에반겔리온> 신극장판 시리즈를 개괄해보자. 알 수 없는 15년 전의 세컨드 임팩트가 일어난다. 2009년 파(破·하ハ)편에서 서드 임팩트가 일어나지만 일부 성공에 그친다. 미사토 대령은 '날개(羽·하ハ)'의 의미를 깨닫는다. 2012년 Q편에서 포스 임팩트가 일어나지만 일부 성공에 그친다. 여기까지도 모두 이카리 겐도의 음모에 따른 계획대로다. 마지막 편 <眞新·シン에반겔리온>에서 파이널 임팩트 작전이 예고되어 있다.

이 세계는 모두 5번의 임팩트가 일어나게 되어 있다. 앞의 내용과 너무 억지로 짜 맞춘 것이 아닐까. 분명히 그럴 수 있다. 이 세계가 정말로 '환상이 본토결전'을 무대로 한 것이라면, TV판 극장판 각중에서는 등장히지 않지만 코믹스판에서 드디어 설명해주는 '퍼스트 임팩트'까지 커버할 수 있게 된다.

에반겔리온에 관심은 있지만 자세히는 알지 못하는 독자를 위해 잠시 설명하자면, 태초에 지구에 깃들어 있던 '생명의 씨앗'이 있었다. 그런데, 지나가던 외계천체가 지구의 인력에 휘말려들면서 지구와 충돌, 그 잔해는 달이 되었다(이런 학설이 실제 있다).

그것이 퍼스트 임팩트. 외계천체에 깃들어 있던 '생명의 씨앗'이 지구에서 발현되니 그것이 제2사도 리리스의 정체다. 지구에 있다가 달로 쫓겨가버린(여기서 TV판과 코믹스/신극장판의 방향이 갈라진다) '생명의 씨앗'이 제1사도 아담의 정체다. (…그, 그런데 공룡은 어떻게 되지?)

'느부갓네살의 열쇠'도 마지막 편에 모습을 드러낼 것이다. 앞서 남경대학살 당시의 '100인 목베기'를 언급했지만, 절반에 그친 니어-서드임팩트(Near Surge)로 (최소한 일본을 중심으로 한 동아시아 정도는 전부) 대지는 붉게 물들었고 그 잔해인 '거인들'의 머리는 모두 뜯겨나갔거나 목이 모두 잘려나갔다. 저승문=달은, 아마 태평양 상공에서 빙빙 돌고 있을 것이다. 굉장히 유명한 패러디의 대상으로 화한, NERV 오퍼레이터 이부키 마야 중위의 말을 빌리자면 '윽, 불결해.'

일본신화 속 '정의와 선심(善心)의 하얀 새=시라토리'로 화한, 희망의 배 분다(거대한 날개를 가지고 있지 않은가)의 부함장으로서 후유쓰키 선생 비슷한 길을 걷고 있는 아카기 리쓰코 박사는 Surge라는 표현을 사용했다. Surge는 '군중 또는 감정의 격동·파동·쇄도'라는 의미로 집단광중 또는 파시즘의 냄새를 풍긴다.

그래서였을까? 분다가 남극에서 비상(飛上)하자 '16엽 국화문장' 형상의 Nemesis 시리즈(천벌·인과응보의 여신) 4마리가 '우릴 두고 가지 마'라며 엉켜 붙는다. Nemesis의 촉수(觸手) 개수를 잘 세어보라. 앞면 8개에 뒷면 8개 해서 합이 16개다. 야스쿠니신사 경내에는 사자(死者)에 대한 애도를 상징하는 국화[20] 문양이 그득하다. 천황가의 16엽 국화 문장이 분다와 네메시스로 갈라진 것이다. 앞서의 인용문에서 제시했지만 부처님도 이미 1922년에 독일인들의 과학력을 빌어 도펠갱어(dopelgänger·독일어)를 해보시지 않았던가.

자. 1937년 7월 7일 노구교 사건, 1941년 12월 8일 진주만 공습, 1945년 8월 6일 히로시마 원폭투하, 1945년 8월 9일 나가사키 원폭투하. 2013년에 국내에 개봉한 <신세기 에반겔리온 Q>는 분명히 SF 시각문화의 최전선에 선 작품이라는 것을 염두에 두자. 만약 정확하게 짚어냈다면 이 작품은 중일전쟁을 직접적으로 비유하고 있는 최초의 애니메이션 작품이 된다. 1954년 <고지라>까지 포함해서 그 누구도 감히 해보지 못한 비유와 상징의 체계이리라. 일본의 1960년대 옛 정치적 핑크영화들처럼, 에바와 레이와 아스카, 그리고 기타 거유녀(巨乳女)들이 나오기만 해도 수익이 보장되는 <신세기 에반겔리온>이니까 가능한 '짓'이다. 소노 시온 영화 <두더지>도 3·11과 그 옛날의 대동아성전을 연결시키는 발상으로 시작한다.

이카리 겐도는 2012년 이 작품에서 분명히 '신 죽이기(神殺し·리처드 도킨스 유의 의미도 포함됐으리라)'를 성취하겠다고 말했다. <신세기 에

반겔리온 Q>에서 아스카의 개조2호기는 막바지 결전에서 "코드 트리플 세븐(777)!"을 외치더니, 수인화(獸人化) 즉 '사람'을 버린 '짐승'이 되어버린다. 이카리 겐도의 입을 빌려, 왕년의 미야자키 하야오가 그랬듯이 제-레 반열의 작중신(作中神)으로 화한 안노 히데아키의 건투를 빈다. 이제 슬슬 뭔가 보이기 시작할 것이다. '모든 건 이제부터다.(노인 놈들, 훗)'

주님께서 보여주신 천국과 지옥

죽으면 끝이 아니다! 천국과 지옥이 진짜 있다!
예수믿고 철저히 회개치 않으면 누구를 막론하고 지옥에 간다!
기회는 살아 있을때 뿐이다!

1. 지옥의 외할머니와 아버지

밤 기도시간에 하나님께서 지옥에서 고통당하고 계신 외할머니를 보여 주셨는데 너무 충격적이었다. 외할머니는 내가 초등학교때 당뇨합병증으로 돌아가셨는데, 교회에서는 '고집쟁이 고권사'라고 별명이 붙을 만큼 성격이 완고하셨다. 외할머니는 40년을 넘는 신앙생활을 하시면서 단 한번도 새벽기도를 빠뜨리시는 일이 없으셨다. 그런데 그 완악한 성격은 좀처럼 변하지 않으셨고, 술에 취하시면 손녀딸들에게 "빌어먹을 년들, 독사새끼같은 년들!"하시며 입에 담지 못할 욕설을 마구 퍼부으셨다. 그런데 그렇게 새벽기도 열심히 다니시고 열심히 신앙생활을 하던 할머니께서 지옥 불 속에서 고통 받는 것을 보니 차마 눈 뜨고는 볼 수 없어서 고개를 옆으로 돌렸더니 주님께서 말씀하셨다.

"너는 똑똑히 보아라! 예수 믿는다고 하지만 마음 하나 못 다스리고 혈기부리고, 남을 용서하지 못하고, 회개없이 죽으면 결과가 어떻게 되는지 너는 똑똑히 보아라!"

또 간암으로 돌아가신 친정아버지를 보여주셨다. 친정아버지는 살아생전에 두 살림을 차려서 엄마랑 이혼하시고, 술을 너무 좋아해서 알코올중독, 간암으로 내가 고등학교 1학년때 돌아가셨다. 그 친정아버지가 지옥 불에서 벌거벗은 몸으로 바람나서 같이 살던 아줌마랑 딱 붙어서 서로 물어 뜯고 있었다. 바람나서 같이 살던 아줌마는 "너 때문에 내가 이렇게 고통을 당하는 거야! 내가 왜 이런 고통을 당해야 되는데!"라고 소리치며 같이 고문을 당하고 있었다. 어찌나 처참한지 눈 뜨고는 볼 수 없었다. 친정아버지를 귀신들이 끌어다가 술독에 처박아 놓고 고문하고 있었다. 그곳은 음란한 사람들이 가는 지옥이었다.

지옥이 이렇게 무시무시한 곳이다. 이것은 지옥의 극히 한 부분이다. 지옥에서 이런 고통을 당하고 있는데도 많은 사람들이 그 사실을 알지 못하고 있다. 지금 수많은 사람들이 음란하다가 지옥에 떨어지고 있는데 깨닫지 못하고 있으니 안타깝다.

2. 천국 길과 천국 집

기도 중에 예수님께서 천국도 보여주셨

중국의 동북공정, 그 실체와 음모를 파헤친다!

만리장성을 수년마다 고무줄처럼 잡아늘린 중국의 역사 왜곡

중국은 다민족 국가론을 내세우며 2002년부터 동북공정을 추진하여, 홍산문화를 비롯한 한민족 고대사 전체를 중국사로 편입시켰다. 동북공정의 이면에는, 장차 한반도에 변고가 생길 경우 북한을 점령하고, 동북아의 맹주가 되려는 중국의 정치적 음모가 도사리고 있다.

동북공정 프로젝트의 주요 왜곡 내용
① 치우천황, 염제신농씨를 중국 시조로 왜곡
② 고구려, 대진(발해) 땅까지 만리장성 잡아 늘리기
③ 고구려를 중국의 지방정권으로 왜곡 조작
④ 아리랑, 판소리, 농악무 등 우리 문화 13가지를 중국의 국가무형 문화유산으로 등재

『환단고기』가 밝혀주는 한민족 9천년사의 국통맥

인류 시원사는 9천년 전 동방의 천지광명(환단)의 역사에서 시작되었다!

동·서 인류와 한민족의 뿌리역사(삼성조) 시대			열국 시대	사국 시대
환국	• 배달	• (단군)조선	북부여	고구려
(BCE 7197~BCE 3897) 7대 환인 3301년	(BCE 3897~BCE 2333) 18대 환웅 1565년	(BCE 2333~BCE 238) 47대 단군 2096년	(BCE 239~BCE 58) 남삼한, 최씨낙랑국 동부여, 동옥저, 동예	(BCE 58~CE 668) 백제, 신라, 가야

남북국 시대				남북분단 시대
대진국(발해)	고 려	조 선	대한민국 임시정부	대한민국
(668~926) 후신라(통일신라)	(918~1392)	(1392~1910)	(1919~1945)	(1948~) 조선 민주주의 인민공화국

왜 배달겨레인가?
단군조선 이전에 '배달'이라는 나라가 있었다. 배달국 최고 통치자의 관직명은 환웅(桓雄)이다. '배달'은 초대 거발환 환웅으로부터 18세 거불단 환웅까지, 18분의 환웅에 의해 총 1,565년(BCE 3897~BCE 2333)동안 존속했다. 우리 민족을 '배달겨레'라고 부르는 것은 동방 한민족사의 첫 나라인 '배달'에서 연유한다.

치우천황은 누구인가?
'치우천황'은 배달국의 14세 자오지 환웅이다. 이 분은 광활한 영토를 개척하여 후일 동방 무신(武神)의 시조요 승리의 화신으로 추앙받았다.

47분의 단군을 아십니까?
'단군'은 (옛)조선(BCE 2333~BCE 238)을 다스리던 최고 통치자의 관직명이다. 초대 단군(檀君)은 왕검, 마지막 47세 단군은 고열가이다.

홍익인간 사상의 시원은?
(옛)조선의 국시로 잘못 알려져 있는 홍익인간 사상은 9천 년 전 환국의 통치 이념이다. BCE 3897년 배달을 세운 거발환 환웅은 환국의 마지막 환인천제로부터 '홍익인간, 재세이화'라는 국가 통치이념도 전수받았다.

대한민국의 상징, 태극기의 시조는?
태극기는 중국에서 전래된 것이 아니다. '역(易)철학과 태극기의 시조'는 중국의 역사학자들이 이구동성으로 주장하는 동이족(배달국)출신의 태호 복희씨이다. 복희씨는 약 5천5백년 전, 배달국의 5세 태우의 환웅의 열두째 아들이다.

◀가두 배포된 〈桓檀古記〉 관련 전단지. 관찰 결과 그쪽 세계에서는 자기들이 진짜로 옳다는 (반쯤은 종교에 가까운) 신념하에 실체, 정체, 음모, 진실 등의 표현을 애용하는 것 같다. 참여정부 동북아위원회 위원을 역임한 성공회대 교수가 2013년에 번역한 반미우익 서적 〈미국은 동아시아를 어떻게 지배했나—일본의 사례, 1945~2012〉의 원제도, 그냥 〈戰後史의 정체〉이다. 저자도 이런 음모론을 '고등학생 수준의 대중서'라고 밝힌다. 안타깝지만, 이 시대는 교수/박사님들도 '정상'일 거라는 '편견'을 버려야 하는 시대인가.

| 알 림 |

    본서의 본문원고 완료 후 <EVA3.33> 블루레이가 국내 출시되었다. 그런 연유로 원조두뇌들의 정보공개를 본문에 반영시키는데 한계가 있었다. 이 점에 대한 양해를 바라며, 이 책의 전체 주제가 '에반겔리온'인 것도 아니니 다루고 싶은 것을 다 써버리면 분량 문제로 책을 낼 수가 없다. 인터넷 공짜문화의 영향인지 책이건 글이건 '읽는 문화'에 익숙하지 않은 세태가 관찰되는데, 한국은 집체정신교육이 횡행하는 사회주의국가가 아니니 최소한의 자본주의 원칙은 이해해주시기 바란다.

    이하의 논의에서 사용된 "제11사도"는 에반겔리온Mk.04로 읽어주시기 바란다. 뒤통수치는 3.33블루레이 버전에서 중요한 변경이 가해졌으니 "EVA의 세상(블루레이 자료집 표현)"을 이해하기 위한 몇 가지 포인트를 추가로 지적한다. EVA는 대사·그림·배경을 철저히 뜯어봐야 세계관이 파악되도록 의도적으로 퍼즐처럼 만들어졌다는 점을 명심토록 하자.

    ㄱ. 코어블록(S2 영구기관)에 갑옷 및 구속구를 붙인 것들이 에바Mk.04라면, 이는 제11사도의 NERV식 호칭이며 '패턴 블루'에 대한 WILLE의 원죄의식이 반영된 표현으로 볼 수 있다. 제-레의 입김이 미치는 UN과 NERV 내의 일부세력이 이상한 실험을 공유한 것은 다 나온 얘기다. EVA의 최초 기획서에는 '코어+촉수'뿐인 간단한 디자인의 원(原)사도가 나오는데 그것마저 투입했다.

    ㄴ. '미친 달'에 묻어 있던 핏자국이, 마치 뭔가가 터진 것처럼 더 크게 바뀌었다. 재미있는 상상이지만 EVA 10~12호기가 관련될 수 있다. 불행히도, EVA세계는 친절히 내막을 밝혀주지 않는 세계이지만 말이다. 막판

에 어느 정도 밝혀주겠지, 라는 편견을 버려야 한다.

ㄷ. EVA의 사이보그화는 5호기에서 보여줬는데 개조2호기가 14년 전에 잃어버린 한쪽 팔을 의수로 해서 달고 다니는 것을 보여준다. 개조2호기는 구속구나 리미터(restrictor)의 개수 자체가 줄어들었다. 체내 리미터의 수가 18개에서 8개로 줄었다. 非人化를 전제로 그러했으리라.

ㄹ. 거듭 뒤통수치지만 Q편의 세계에서는 에반겔리온이 '인간형'일 필요조차도 없어졌다. Near Third Impact 당시에 리쓰코 부함장의 대사대로 '인간의 틀'을 버렸고 '에너지의 응축체'로 화했기 때문이다. '이 세상의 이치를 뛰어넘은 새 생명'이 탄생한 것이다. 14년이면 그런 것을 기술화시키기 충분한 기간이리라.

ㅁ. 에반겔리온 제13호기는 분더(영어의 wonder)의 주기관과 같은 형태의 '괴항아리' 그 자체였다. 최신과학의 3D프린터 기술처럼 액상화 코어의 결정체가 바로 작품 및 설정에서 '제13호기'라고 보여주는 놈이다. 조심해야 할 것이 설정집에서조차도 전모를 밝히지 않는다는 사실이다. 왜? 퍼즐 놀이니까. 정리하면 제13호기는 3단계로 우화(羽化)하는 존재이다. 제2사도 리리스(지구 최초의 생명체) 몸에서 흘러나온 LCL(원시바다 성분)로 멸종된 어류와 푸른 바다를 복원하는 곳이 일본에 있었다. 당연히 제-레는 리리스 이전부터 존재했다는 말이 된다. LCL과 액상화 코어 발상은 안드레이 타르코프스키의 1972년도 소련 SF영화 <솔라리스>다.

ㅂ. 1945년 "US작전" 당시 히로히토의 나이 44세, 아키히토의 나이 11세였다. 이런 엄청난…(웃음).

9天. 성령의 새(白禽)

　　지금 전국(戰局)은 중대한 단계에 들어서있는데 우리 군은 특공대 전법으로 혁혁한 전과를 올리고 있다. 이 전법은 일본인이 아니면 성공할 수 없는 것으로서(한국은 지구의 두뇌, 한국인은 神人이라는 80년대 분위기의 잡지 표제기사가 신문광고에 나오는 세상이다-글쓴이), 오키나와에서도 이미 그 위력을 발휘하여 다대한 전과를 올린 것이다. 내지(內地・야시마 본토-글쓴이)에는 아직도 다수의 비행기들이 온존해 있기 때문에 그것들을 이용해서 특공(特別攻擊)을 감행하면 절대로 전쟁에 패하는 일은 없을 것이다. 따라서 여러분은 아무 걱정하지 말고 열심히 공부하여 심신을 단련하면 된다.

—육군참모본부 제2부 부장,
황실 별장에 소개(疏開)되어 있던 학동들에게.[21]

　　전하, 궁금하신 점은 없으십니까?

—학생들 사이에 있던 11살의 아키히토 황태자에게.[22]

　　왜 일본은 특공대 전법을 사용하지 않으면 안 되는가?

—11살 황태자 되묻기를. 특공의 의미를 안다.

　　타임 슬립(time slip) 1989년. 히로히토 천황이 죽는다. 베를린 장벽도 무너진다. 더불어 민주주의를 요구하던 천안문광장의 학생과 노동자 시위대도 인민해방군 탱크의 캐터필러 밑에 무너진다. 이렇게 쇼와(昭和) 시대는 끝나고 아키히토 천황의 헤이세이(平成) 시대가 시작된다.

'동지'라고 믿었던 중국이 민중에게 기관총을 갈기는 이 말도 안 되는 상황을 일본의 진보좌파 인텔리들은 어떻게 설명해야 하겠는가. 군사국가 남한의 저주받을 아메리카 종속정권이 민중에게 총부리를 겨누던 1980년 그때 그 일과 무엇이 다른지 일본의 진보좌파 인텔리들은 도대체 어떻게 설명해야 하겠는가.

그들의 세계는 무너서 내린다. 이것은 일본의 1980년대에 해당할 MB 정권 말기에 조선민주주의인민공화국이 제3차 핵실험 공감을 벌인 것과 맞먹는 일이다. '스타 탄생 이정희'고 뭐고 전부 '사상(事象)의 지평선(event horizon)' 저 너머로 날아가서 소위 듣보잡이 되어버릴 것이리라. 진보(progress)라는 이름을 내건 당이 진보신당, 통합진보당, 진보정의당 이렇게 3개씩이나 되어버린 것을 도대체가 어떻게 설명해야 하겠는가. 이건 SF인가? 절묘한 타이밍에 조선민주주의인민공화국의 제2차 핵실험과 함께 2009년에 세상에 나타난 것이 바로 <신세기 에반겔리온 破>의 서드 임팩트.

세계멸망의 서곡이고 여기서 신이 될 뻔했던 에반겔리온 초호기가 마도사(魔道師) 집단 NERV에 의해 제11사도 집단인 '우주의 관(식별명 4a 死b)'과 '빛의 기둥(식별명 요よc)' 그리고 신종사도인 Mark09 이렇게 3개로, 한국좌파처럼 분리되어버린다(웃음).

이렇게 보면 미국정부와 결탁한 북미 네르프 제1지부와 에반겔리온 4호기가 얼굴도 내비치지 않고 사라져버린 사연을 알 수 있겠다(4=死). 1995년의 TV판 아스카와 같은 정신붕괴에 빠진 일본 인텔리들…. 2012년 경부터 우리나라에서 유행하는 말이 바로 밝은해 각하께서도 친히 언급하신 '멘붕' 즉 멘탈붕괴(mental breakdown)이다.

그들은 1995년 진보좌파 사회당 총리 치하에서, 전시 파시즘에 대한 반성으로 성립된 관대한 종교의 자유를 이용한 사이비종교가 독가스 테러로 궐기하고 그 무시무시하다는 육상자위대가 '쿠데타를 일으키려(反民主 皇室衛士隊)' 출동하는 것이 아니라 '시민보호를 위해(화학물질 제독작전)' 도쿄 한복판에 출동하는, 도저히 있을 수가 없는(?) 모습들마저 보고야 만다.[23] (1989~1995·밝은해 각하의 치세로 가는 승리와 광명의 길)

그리고 헤이세이(平成) 일본. 그런데 잠깐만. 헤이세이(平成)와 야마토(大和)를 합치면, 앗! 헤이와(平和)=PEACE가 되버리는 것이 아닌가. 이런 신묘하고도 불가사의한 일본의 세계사적 운명 같으니라고. 역시 일본은, 우익종교단체들이 떠들어대듯이 '세계평화의 선봉'이 되어 지구촌 곳곳에서 침략을 일삼는 '어둠의 세력(그냥 미국이라고 하지, 뭘 이렇게)'에 맞서야 할 운명이었던 것이다.

이런 단체들은 한국에서와도 비슷하게 무슨무슨 연구회, 수련회, 봉사회, 선양회, 숭모회, 계승모임, 공부모임, 문화모임 등등의 간판을 내거는 경우가 많아 가려내기도 어려울 것이다. 이들에게 히로히토 천황은 '핵전쟁 인류멸망의 위기에서 세계를 구하신 분'이 된다. 왜냐하면, 일본도 핵개발에 성공했는데 너무 무서운 무기라서 일본민족의 굴종과 세계평화를 맞바꾸기로 눈물의 결단을 내리신 분이기 때문이다. (그, 그러면… 그 전설의 핵을 가로챈 곳이 지금의 기타조센/北朝鮮이 되는 것인가?)

참으로 SF의 소재로 사용하기 좋은 훌륭한 '이바구'들 아닌가. 다 우리나라와 관계가 있으니 이야기를 꺼낸 것이다. 놀랍게도 이렇게 믿는 사람들이 2012년까지 20년 넘게 히로시마 한국인 원폭피해자 추모비를 정성

들여 관리해 왔다고 한다(사회봉사단체 태양회·太陽の會). 이시하라 신타로의 태양당과는 관계가 없을 것이라 믿고 싶다.

필자는 1970년대 구미 지식인들이 만들어낸 좌파이론을 일본우익이 수입해서 자기 정당화 용도로 가공 활용하는 것 아닌가 하는 의심을 품어 왔다. 그러다가 우연한 기회에 2004년에 국내에 출간된 책을 몇 권 발견했다. 그때는 2003년 미국의 이라크침공으로 '그대, 지성인이라면 피 끓으리!' 하며 들끓던 때 아니던가.

비판적 내용의 책을 전문으로 내던 곳에서 이런 책들을 들여온 거다. 미국을 날카롭게 비판하는 내용이 들어있기 때문일 것이다. 미국을 욕하는데 도움이 되는 자양분을 공급해주기만 하면 일본우익도 괜찮고 주체사상도 다 꿀꺽꿀꺽 마셔도 되는 것일까? 당시가 그랬던 분위기였다.

그중의 하나가 태양회 책이었다. 여성인 회장은 메이지천황 사생아의 딸로(실제로 은근히 색도 밝히고 시녀들의 유혹을 많이 받았다고 전해지는데 진짜라면 엄청난 핏줄이다) 아버지는 친일 화북군벌 치하의 북경대학 교수로 있으면서 내몽골 공작에도 관여하고 자기는 하버드 유학 후에 미국에서 오랫동안 언론계 생활을 했다고 한다.

도조 히데키 넷째 딸이 미국인과 결혼했다고 하니 '내 한몸 던져 나라(お國)에 조금이라도 도움이 된다면…' 이런 애국여성들이다. 그런 사람들 중에 <요코 이야기>의 저자인 요코 가와시마 왓킨스 같은 이들도 끼어 있을 테고 말이다. 한때 인터넷에서 황우석 교수 난자기증운동 하던 분들 심정이겠구나, 라고 생각된다. 일본어에서 '나라(お國)'는 오쿠니(御國) 인데 '미쿠니(皇國)'로도 발음되는 오묘한 삼라만상의 진리를 담고 있다. (맘모스 복원 프로젝트…의 황우석!)

실제로 저런 사람들이 일본의 왕실사무 담당기관인 궁내청과 결탁해서 자기들 입맛에 잘 안 맞는(여러 가지 의미가 있으리라) 현 나루히토 황태자를 흔들어대는 것일지도 모르겠다. 겨우 25살로 즉위한 히로히토 천황 때처럼 황태자 시절부터 길들이기에 나선 것일지도 모르겠다. 히로히토 천황도 메이지 유신의 대(大)공신인 쵸슈 군벌의 거두 야마가타 아리토모와 한 판 붙은 적이 있었기 때문에 이런 장기관찰 추정을 해보는 것이다.

원폭의 트라우마는 저런 식의 자기세뇌를 창출해낸다. 한국의 민족종교들 아니, 기독교 일부에서조차도(소련군정 치하 북한에서 엄청난 탄압을 받고 쫓겨 내려온 원로들이 많다) 6·25한국전쟁이라는 동족상잔의 트라우마로 인해 우리민족은 하늘이 내린 '특별한 사명'을 짊어진 민족이라는 식으로 말들을 한다. 애초에 왜 서북지역이 개신교·천도교化되었겠는가.

독일조차도 제1차 세계대전 패전의 트라우마가 결국 유사종교와 비슷한 메시아적 총통과 지배민족 사상으로 이어졌다. 그럴 것이라고 생각은 했는데(Connecting Dots), 원로 종교학자들의 연구에서는 이를 짧고 우회적이나마 직접 밝혀들 주고 있다. 지금이 시베리아, 유라시아 외치면서 '없는 나라' 가서 박수 받으며 웃던 10여년 전 그때 같다.

스스로를 폐쇄회로 속으로 몰아넣고 결국 밝은해 각하의 '천국의 문'을 열어젖혔다. 참고로 '천국의 문'은 1990년대 우리식으로 후천개벽=헤일-밥 혜성 지구접근에 맞추어 우주영접=천국행 집단자살로 악명을 떨친 유럽의 사이비종교 집단이다. 프랑스의 집단자살로는 부처님 거상도 세워대던 '태양사원'이라고도 있었다. 웃기는 세상 아닌가. <신세기 에반겔리온>에는 인류의 재생을 위한 '가프의 문'도 나온다. 물론 한 번 다 죽었다가 새로 태어나는 방식으로 말이다.

물론 이런 '하늘과의 특별한 관계' 운운하는 사고방식의 원조는 이집트로 바빌론으로 이리저리 노예로 끌려갔다 대탈출을 감행하기를 반복했던 유대민족이다. 애굽의 바로에게서 해방시켜주시면서 야훼하느님은 유대민족과 계약=모세의 석판 원칙을 강제하셨고, 바빌론왕 느부갓네살은 살만해지니까 또 하느님 말을 안 듣기 시작한 유대민족에게 '떼찌'를 해주기 위해 야훼께서 이 땅 위에서 사용하신 '강한 팔'이라는 것이다.

고로, 초정통파 유대교도들은(출산율은 또 엄청 높은 집단) 이스라엘 세속국가는 야훼하느님이 아니기 때문에 세금도 안 내고 군대도 안 가며, 야훼하느님이 내려주실 '진정한 이스라엘(眞의 EVANGELION·제-레의 대사)'의 지경(地境)은 '애굽(이집트)~큰 강 유브라데(이라크)'까지라고 많이들 믿는다고 한다(대이스라엘주의). 정말로 '사해문서 외전은 율법의 장으로 접어들었다. 계약의 때가 머지않았다. 가오루 군.'

하늘과의 특별한 관계—우리, 1980년대 말경 즈음에 잘은 기억나지 않는 어딘가에서 얼핏 들어보지 않았던가. '중동과 일본은 같은 뿌리다' '일본은 유대민족 제12지파의 나라다' '유대민족이 한반도에도 정착해서 우리민족과 특별한 관계를 맺은 증거가 있다' '우리민족은 하나님과 창세 이래 특별한 관계다' '중동 원류 수메르문명은 우리민족의 것이다' …기타 등등. 그러니 '민족'을 앞세우는 일부 신흥종교들이 '한민족 유대교 등극'을 꿈꾸는 것도 이상한 일이 아니다.

심지어 오바마에게 패한 공화당의 미트 롬니가 믿는 미국의 모르몬교도 하나님이 미국인 선지자에게 계시를 주어서 19세기 말에 성립된 모르몬경을 신봉하는 미국의 '기독교계 민족종교'라고 할 수 있으리라.

잊을 만하면 외국에 나가서 '메시아하나님 추대행사'를 현지인들과 함께 거행해온 통일교[24]에 대해서도 그 비슷한 것이라고 생각하면 간단하다(우리 민족 출신 陰陽 원리 부부 메시아 중심으로 세계평화 가정화목).

어떻게 보면 김일성민족 자주국가 조선민주주의인민공화국도 우리민족 고유의 '환인-환웅-단군 조부자(祖父子) 3대' 원리에 의거해서 3대 세습을 하고 있는 곳일지도 모른다. 그러니, 성서에 나오는 '계명성(啓明星·북한에서는 김정일을 지칭)' 비슷하게 병기에 '광명성(光明星)'이라는 이름을 붙이고 '금수산 태양궁전'에 공산주의 프리메이슨 종교 종주국인 소련도 하다가 때려치운 방식으로 이집트 파라오처럼 미라를 전시하고 있는지도 모른다.

'김일성(金日成)'이라는 조작된 이름(본명은 金成柱) 자체가 종교적이지 않은가. 金=여진족 금나라 음양오행 중앙부처金仙, 日=북방민족계 하늘햇님 숭배 신앙>태양의 후예인 천황폐하>김일성 원수, 成과 발음이 같은 星=중국 민중종교인 도교에서 발원한 星宿신앙. 남한보다는 북한에 먼저 들어왔고 더 뿌리 깊을 수도 있을 이런 토속신앙들을 활용하여 반(半) 개화단계의 민중을 소구(所求)의 대상으로 삼으려고 기획된 잡탕믿음 성격이 아닐지 연구대상이 될 수 있을 것이다.

1980년대 한국에서는 교황(84년 방한), 예수(84년 빌리 그레이엄 목사 방한), 단군(독립군과 5공화국), 미륵(황석영의 민중小說이나 고은의 민중詩를 통해 대중화됐음)이 영적대전(靈的大戰)을 벌였던 것일까. 노벨문학상 이야기가 나올 때마다 회자되는 사람이 바로 고은 시인이다. 이제는 노벨상 쟁취도 '한민족 우수성 세계과시' 이런 수준의 논의 영역으로 진입한 것이다. 아무도 안 알아주겠지만 우리나라는 2003년부터 로마교황 일본천황과 삼극체제를 이룰 세계도황(世界道皇)도 모시고 있는 놀라운 나라이다.

그러니, 만주 태생인 황석영씨가 일본의 80년대에 해당할 시절 MB장로의 중앙아시아(우즈베키스탄과 카자흐스탄) 방문에 발 맞춰 '미국의 (떼 탄추한) 손길이 아직 닿지 않은 그곳과 우리간의 어떤 연대가 필요한데 내가 어떤 역할을 할 수 있지 않을까' 운운하며 청와대 주변을 배회했다고도 전해진다.

증산교 계열이 어떤 곳인가. 영적대전의 대통합평화상생의 종결자(終結者)이실 무려 구천상제(九天上帝)를 모시는 곳들이다. <신세기 에반겔리온> 신극장판 세계 속의 제13사도 가오루도, 9개의 목숨을 가진 고양이 또는 구미호와 같이 9개의 육신을 가지고 있는 놀라운 존재이다(序편 막바지에 월면에 놓여있던 9개의 관을 기억해 내야한다).

1970년대에 창도한 아버지의 뒤를 이은 2대 세습도주가 직접 30여년 간의 심혈을 기울인 연구 끝에 역주를 행한 <桓檀古記> 4종 세트를 출시한 증산도는 한국민족종교협의회 회원종단이 아니다. 우리끼리 혼자서도 충분해요, 하는 자신감이 있어서 일 것이다. 원로 종교학자들의 연구로 알게 된 사실이지만, 대순진리회는 분당과 일산의 알짜배기 지역에 거점을 확보하고 있으며 풍부한 자금력으로 연해주에서 농장도 하고 있다.

1990년대 떠들썩했지만 지금은 북한에 코가 꿰여 적자만 불어가는 현대그룹뿐만이 아니라 대순진리회도 연해주에서 농장을 하고 있다는 것이다. 중앙아시아에도 농장이 없으리란 법은 없다. 마음만 먹는다면 얼마든지 유령회사나 대리인을 내세울 수 있다. 일본인들도 1920년대에 "특집, 천손민족의 남미 진출!" 어쩌고 하면서 잡지를 만들었다고 한다. 당시는 인텔리들이 더 그랬다는 것이다. 우리는 스페인어 전공한 60대 학자도, 발해 유민들이 건너가서 아즈텍-마야 문명을 건설했다고 말한다. 이런 것은 그냥 평범한 '이색주장'이 아니다. 신앙이다. 원심력의 시대다.

동양 삼국의 협동이 무엇보다 긴요한 이 시기에, 지나(支那)는 자신들만의 화이사상(華夷思想)과 유교라는 고습(古習)에 젖어 시대의 대세를 거부하고 있다. 이에, 우리 일본은 먼저 동이(東夷·내몽골을 포함한 만주와 조선 및 일본-글쓴이) 간의 협동이나마 먼저 추구한 연후에 그 기세를 몰아 지나를 동아협동체 속으로 끌어들이는 것이 득책이 아니겠는가.

—다루이 도키치, 일본의 국수주의(ultra-nationalism) 지식인.
청일전쟁의 해인 1894년.[25]

실제로 한국민족종교협의회 소속 교단인 천존회(현재는 창도주의 사망으로 陰陽 원리에 따라 그 부인 중심으로 正心會로 교명 변경)가 무려 1980년대 말에 남미 내륙 한복판의 빈국인 파라과이에 진출해서 침술 봉사로 사람들을 감읍시키고 기공도 가르쳐서 민족의 심신수련법을 전파했다고도 한다.

단(丹)월드의 대부인 이승헌씨도 뭔가 막혔던 국내 상황에서 훌훌 털고 떠나서 미국의 돌산 지역인 아리조나 주(!)의 세도나에 가서 일가를 이루어내서 책도 내고 미국과 엘살바도르에서 명성을 얻어 다시 국내로 돌아오지 않았던가(돌침대처럼 stone power가 다량 방출되어 수행자들에게 인기인 骨山形 지형이며 성서의 盤石이라는 표현도 이 원리임).

2009년 <신세기 에반겔리온 破>를 보면, 북미 네르프 제1지부가 바로 그런 돌산(mesa·메사 지형)들을 배경으로 한 곳에 건설되어있다. 이제 뭔가 보이기 시작하는가. 아리조나는 제2차 세계대전 당시 미국에서의 황화론(黃禍論·yellow peril) 공포로 인해 캘리포니아 거주 일본이민 격리용 강제수용소 대다수가 건설되었던 지역이다.

또한 미국의 악동SF 계열에서 '텍사스' 다음으로 자주 '수구꼴통' 은유법의 대상이 되는 지역이기도 하다. 아리조나의 SF 정치적 내력에 대해서는 필자의 이전 졸저인 <괴수영화 속의 두뇌전쟁사—월남전에서 초고대문명까지> 제20장을 적극 참조하기 바란다.

그러니까 중국이 만주에서 한국인의 토지 매입을 불허하고 있는 것이 아닐까. 중국의 정보기관들이 1980년대 일본의 장밋빛 '아시아주의' 분위기를 과연 연구하지 않았겠는가? 덤으로 1980년대 한국의 <桓檀古記> 등속발(發) 민족주의를 과연 연구하지 않았겠는가? 그렇지 않다고 생각한다면 너무 순진하거나 중국의 정보기관들을 너무 무시하는 우월주의적 발상이라고 해야 할 것이다.

동북공정에 중화문명탐원공정(探源工程)도 막 밀어붙이고 말이다. '공정'이라는 어휘사용에서 드러나듯, 중국이야말로 프리메이슨적인 사고방식으로 돌아가고 있는 것은 아닐까. 뭐, 그러니까 '신(神)'을 부정하는 공산당이 집권당이고 말이다. 기독교도 국가의 허가를 받아야 하고 불교는 관광자원이고 티벳의 환생 승왕도 국가가 지정해주고, 동투르키스탄의 이슬람만 때려잡으면 되는데 그건 좀 여의치가 않은가보다.

이처럼 국가가 모든 종교를 어용화하니까, 온갖 잡탕 신흥종교가 창궐 중이라고 한다. 중국공산당이 '태평천국의 난'을 연상해서 1990년대 말에 '파룬궁'[26]을 대대적으로 탄압한 것은 세상이 다 아는 사실이다. 중국에서 탄압을 받으면 캘리포니아로 건너가는 것이 또한 그쪽의 공식이다. 사이언톨로지도 1950년대 캘리포니아에서 처음 일어나지 않았던가. 정말 캘리포니아는 한중일 3국과 역사적으로 뗄래야 뗄 수 없는 곳이다.

맥아더 전기에 의하면 맥아더의 아버지(군인 집안)는 '일본의 침공에 맞선 캘리포니아의 요새화'를 주장했던 사람이고, 1920년대 '일본이민배척법안'의 성립도 캘리포니아가 선구자였고, 역시 맥아더 전기에 의하면 맥아더 자신이 이승만 대통령에게 직접 "내 조국 땅 캘리포니아를 지키듯이 대한민국을 지키겠소!"라고 맹세했다고 한다.

이제 그 대열에 중국인들도 뛰어들고 있다. 그래서 일본이나 미국 일각에서 현재 중국의 폭주를 두고 '1930년대 일본(만주행)'을 보는 것 같다는 말이 나온다. 우리나라 입장에서는 '1990년대 한국'을 보는 것 같은 곳이 바로 중국인데 말이다. 우리민족도 그때 동남아 보신 행에 북한 선교행에 만주 관광행에 연해주 농장행을 시작하기는 했으니, 피장파장이라고 말해도 될까. 역사는 과거와의 부단한 대화일 수밖에 없다.

10天. 멘탈붕괴

일본의 정신적 기초를 이루는 원칙은 진리(眞理)로 세계를 계몽하는 것이다. 우리의 형제 만주인들이 호의를 갖고 우리를 뒤따르게 된 것과 같이, 우리 또한 전 세계의 모든 민족을 정의로 이끌어 이 땅에 우애와 사랑이 가득 차고 전 인류가 보살이 되는 낙토(樂土)를 건설해야 한다. 이것이 일본정신의 진정한 이상이다.
──시니스 뷰산, 일련종 총립 릿쇼대학 총장, 1934년.[1)]

여기까지는 1990년대 한국 이야기였으며, 그리고 다시 1990년대 헤이세이(平成) 일본. 헤이세이와 야마토를 합치면, 평화(平和)가 되어버린다. 그래서 열심히 UN평화유지활동에 참여한지도 모르겠다. 그런데, 1992년 최초의 PKO 활동(캄보디아 파병)에 나서기 전에 '자위대 해외 진출'을 둘러싼 국내외의 우려를 불식시키기 위해 중요한 선결과제 겸 일대 외교 이벤트가 있었다. 그것이 바로 아키히토 천황의 1992년 중국 방문이다.

일본의 진보좌파 인텔리들이 그토록 절규해대던, 미국에 대항하기 위한(또는 미국에 휘둘리지 않는 자주를 위한) '동북아 민중연대'니 '동북아 공생의 집'이니 '동아시아공동체'니 하는 것들도 결국은 '중일 신시대(新時代)'를 전제로 하는 것들이었다. 그런데 중국이 민중에게 거침없이 총을 쏴대는 나라라는 진실의 순간이 와버린 것이다.

이런 멘붕 상태에서, 소위 민중연대의 정반대 위치에 서 있던 '그 작자(作者)'이자 미국과 붙어먹은 히로히토 천황의 아들내미인 아키히토 천황이, 민중에게 총알을 강제로 배터지게 먹이던 세력인 중국공산당과 어깨동무를 하고 "앞으로, 앞으로! 지구는 둥그니까 자꾸 나아가보면! 온 세상 어린이가 함께 모여 어울리겠네!" …이런 모양새가 된 것이다.

정말 뛰어내려야 하나? 미야자키 하야오는 1992년 자신이 직접 공인한 '자전적 작품'이란 <빨간 돼지·紅の豚>에서 진짜로 뛰어내린다. 홍(紅)은 중국식 공산주의와 관련된 대표적인 비유법 어휘였기 때문이다. <빨간 돼지>의 은유법에 대해서는 필자의 2009년도 졸저인 <일본SF의 상상력—정치·사회·한국> 제6장을 적극 참조하기 바란다.

1966년, 대학에서 세를 잃어가던 공산당 출신 청년학생들과 천황폐하께 읍소하는 시골농부들이 연대하여 전쟁광 미국 놈들에게 빌붙어먹은 썩은 일본정부 앞에서 어깨동무를 했던 나리타공항 확장공사 반대투쟁, 일명 '나리타 투쟁' 당시의 재현 비슷하게 되어버린 것이다. 단, 이번에는 나라 밖에서 말이다.

일본서는 1967년 사토 에이사쿠 수상의 방미 정상회담을 저지하기 위한 '하네다 투쟁'이라는 것도 있었는데 한국에서는 2004년에 한총련이 주도한 '미제 한반도특사 제임스 켈리 영구분단획책 방북 반대투쟁'에 '북침용 스트라이커 경량화여단 국내훈련 반대투쟁'을 위해 태극기를 온몸에 두르고(…제발 좀!) 미군 기지에 쳐들어가는 온갖 망상을 보여준다.

지금은 자다가 깰 때입니다

성경(요한계시록 14:9-12)에서 옆의 사진과 같은 짐승의 표 (베리칩, Positive ID, Health Link)를 받으면 불과 유황으로 세세토록 고난을 받게 될 것이라고 말하고 있습니다.

우리는 지금 주님이 곧 오심을 위한 많은 시대적 표적을 볼 수 있습니다. 부디 주님을 믿고 영접하시고 죽는 한이 있어도 주님을 부인하지 않고 짐승의 표를 받지 말아야 합니다.

회개하세요
복음을 믿으세요
천국이 가까이 왔습니다

우주만물과 사람을 만드신 하나님은 우리를 구원하기 위해 2천년 전에 예수님을 보내 주셨습니다. 예수님은 우리를 위해 십자가에 못박혀 죽으시고 3일만에 살아나셔서 우리의 구원자가 되셨습니다. 죄로 말미암아 죽어서 영원한 형벌을 받아야 할 우리는 구원받기 위해 회개하고 예수님을 믿어야 합니다.

회개하라 천국이 가까왔느니라 하였으니
(마태복음 3:2)

나더러 주여 주여 하는 자마다 천국에 다 들어갈 것이 아니요 다만 하늘에 계신 내 아버지의 뜻대로 행하는 자라야 들어가리라
(마태복음 7:21)

2004년을 기점으로 소위 제도언론과 소위 시사잡지에서 '한총련'이라는 어휘가 거의 사라졌다. 그 후 '짝퉁좌파 노무현' 치세의 '평택 중국침공기지 반대투쟁' 기획도 다 사라졌고 'MB장로' 치세의 '제주도 평화의 섬 반핵생명 수호투쟁' 기획도 다 사라졌으니······, 밝은해 각하 말씀대로 창조적으로 새 관점에서 사물을 판단해봐야 할 때가 온 것이다. 좋은 말을 하던 그이들을 지켜봐주기가 안타까울 정도다.

1994년, 일본사회당은 전쟁 직후부터 유지해온 당론인 '천황제 폐지, 자위대 위헌, 미일 안보조약 반대'를 때려치운다. 그리고 과감하게 정반대 위치에 있던 자민당과 연정을 통해 1940년대 이후 최초의 사회당 총리(1994~1996)가 탄생한다. 사회당이 자민당과 정반대일지는(흔히들 그렇게 보는데) 과연 의문이다.

자민당은 돈을 뿌려 '지방 복지'를 해왔고, 정부지출을 늘려 '민중 복지'를 하자는 이들은 본래 진보좌파 사회주의자들 아닌가. 그것이 지금의 '경제민주화'와 여러 면에서 비슷한 이야기이고 밝은해 각하의 치세인 것이다. 이런 복잡한 내용을 아카데믹한 용어를 사용해가며 설명하기에는 재미있게 읽히기가 도저히 어려울 것 같아 부득이 구어체 가까운 방식을 사용했음을 독자제위께서 양해해주시리라 믿는다.

1994년, 드디어 SF적 결과물이 태어났다. <초시공 SF어드벤처—야마토타케루>라는 특수촬영 영화작품이다. 1994년은 일본의 반전평화주의 운동가 겸 작가인 오에 겐자부로가 노벨평화상을 수상한 해이다. 또한 1994년은 일본을 방문한 김영삼 대통령과의 만찬에서 아키히토 천황이 "통석의 염(痛惜の念)"이라는 표현을 사용해 과거사 사죄발언을 한 주목할 만한 일도 있었다.

또한 당시는 일본에서 탈냉전기의 새로운 '아시아 담론'이 퍼지고 있을 때여서 1994년도 다카하타 이사오 감독 작품인 <평성 너구리전쟁 폼포코>의 엔딩곡 제목이 "아시아의 이 도시에서"이다. 세계 속의 일본과 도쿄라는 판에서 탈피하여 아시아 속의 일본, 아시아 속의 도쿄라는 시대상을 어필하고 있다.

더군다나 1994년에는 국내에도 잘 알려져 있으며 1970년대부터 세계적 명성을 얻은 감독인 오시마 나기사(大島渚…앗, 가오루 군)와 함께 일해 온 재일교포(在日·자이니치) 최양일(崔洋一·사이요이치) 감독의 영화 <달은 어디에 떠있는가>가 마이니치영화콩쿠르 신인상과 요코하마영화제 신인감독상을 동시에 수상하여 '소수자(minority)' 문제에 대한 언론의 조명과 대중적 관심을 환기시키기도 했다.

<초시공 SF어드벤처—야마토타케루>는 한국의 <삼국유사>(저자가 확실한 정사)와 <桓檀古記>(출처가 불확실한 위서)의 중간 정도 위치에 있는(이 의미를 잘 파악해야 한다) 신화역사서인 <고사기>와 <일본서기>에 등장하는 '시라토리' 신화의 주인공인 야마토국 왕자 야마토타케루(日本武尊)의 모험을 다룬 작품이다.

물론 당연히 원래 내용과는 달리 1980년대부터 일본에서 크게 유행하기 시작한 판타지게임이나 소설 식으로 재창조된 이야기인데, 야마토타케루 왕자는 보검 가라야노쓰루기(韓椰劍)를 얻고 신조 시라토리(白禽)를 타고서는 달에 사는 '어둠의 신' 야마타노오로치(八岐大蛇)와 대결한 끝에 삼신합체(일본신화 속 3종의 신기/三鍾의 神器의 변형)의 거신 우츄우노익사카미(宇宙戰神·발음법도 신화역사 속 고어들의 패러디)로 변신하여 결국 선이 악을 이긴다는 줄거리이다.

KBS '전국노래자랑'에 동남아출신 새댁이 출연하고 동남아 결혼이민 출신 국회의원이 비례대표로 선출되고(이 당도 저 당도 아닌 밝은해 당에서!), 다문화가정 이야기를 다룬 소설-뮤지컬-영화 <완득이>가 완판을 기록하고, 동남아 엄마를 둔 꼬마가수에게 인터넷에서 '열등인종 혼혈아'라는 공격이 쏟아지는, 최근의 한국과 비슷했을 당시의 일본을 상징하는 설정이 많다. 열등인종이라.

'가라야노쓰루기'부터 살펴보자. 가라(韓)는 당연히 이때까지 인텔리들 관심권 밖에 있던 불쌍한 한국/남한이다. 한반도 출신 문물과 사람을 포괄한다고 보아도 좋다. 야(椰)는 일본한자에 없는 잊혀진 왕국 가야(伽倻)를 의미하거나, '야자나무 '야'이듯이 동남아 출신 문물과 사람을 상징한다고 보아도 좋다.

현재 일본 내의 체류 외국인을 출신 국적 별로 따지면, 1위가 중국인(대만 포함) 2위가 한국인(북한 포함) 3위가 필리핀인이라고 한다. 중국인들은 1990년대부터 몰려왔고, 한국인은 말 안 해도 다 알 것이고, 필리핀인들은 1970년대부터 받아들였다(처음에는 외국인 신부와 기지촌 접대부로).

요컨대 다민족 다문화 개방된 일본이, 고서 신화(神話) 속의 신국(神の國) 일본과 단일민족 신화(myth)에 집착하는 세력을 상징하는 미스터 초남근(♂)일 월면 큰뱀을 퇴치한다는 말이다. 그리고 퇴치하자는 말이다. 같은 해인 1994년에 개봉된 새 고지라 시리즈인 <고지라 대 스페이스고지라>도 비슷한 메시지를 담고 있다. 이 작품은 나중에 별도의 장에서 살펴보도록 하자. 그런데 최근에는 TK에서도 혼(魂)을 강조하면서 뱀이 많다던 <신국의 땅, 신라>라는 뮤지컬을 상연 중이라 한다.

1959년 처음으로 영화 속에 등장한 이래 야마타노오로치가 악역인 점은 여전하지만, 앞서 미시마 유키오가 절규한 사상적 아이템일 '시라토리'가 선역(善役)으로 완전히 전향했다는 점에 주목해야 한다. '시라토리'가 이제는 우익의 독점물이 아니게 됐다는 중요한 의미이다. 바로 여기서 소위 (필자가 이름붙인 개념이지만) '평화천황'의 실마리가 확연해진다. 1992년 아키히토 천황의 방중은, 사실상 중국 측이 더 절실했던 이벤트였다. 1989년 천안문학살 이후 중국은 서방국가들로부터 경제 제재를 당해 목구멍이 타들어가고 있었던 것이다. 그런데 마침 한국이 북한과 1991년 UN에 동시가입을 이룩한다.

'이이제이(以夷制夷)' 개념의 원조인 그들이 어찌 이 기회를 놓치겠는가. 1992년에 아키히토도 끌어들이고, 덤으로 한국과 수교도 해서 이미지도 개선하고 외자도 다시 들여오는 것이다. 이렇게 근교(近交)를 다지면, 시건방진 양놈들도 뒤질세라 다시 와서 '같이 먹고 살자'고 할 터였다. 그리고 그대로 그렇게 됐다.

1989년 아키히토 천황의 즉위와 거품경제의 붕괴, 1992년 아키히토 천황의 방중, 1993년 경기침체의 지속과 자민당 준(準)일당제의 붕괴, 1994년 높아가는 내셔널리즘 속에서의 아키히토 천황 사과발언. 예전에 '천황을 도구로 삼은 사회혁명'을 주창했던 세력과 정반대로 '내셔널리즘에 대한 제동장치로서의 천황'이라는 역발상 개념이 (특히나 고연령층) 인텔리들 사이에서 과연 없었으리라고 보기는 힘들다. 무언의 정서로 공유돼대다만 '언명'되지 않았을 따름이다. 거듭 말하지만, 밝은해 각하 교시대로 '창조적으로 생각'해봐야 한다.

게다가 아키히토 천황은 일본사회 내의 내셔널리즘 논쟁이 극에 달하던 2000년에 "우리나라는 오랜 옛날부터 한반도와 인연이 깊었는데, 천황가의 모계는 백제계였다!"라는 발언을 행한다.

이것은 폭탄선언이라고 할 수 있다. 뒤이어 2001년에는 한국대사관이 문화교류 프로그램의 일환으로 주최한 창작오페라 <황진이> 공연에 아키히토 천황이 직접 참석해서 관람한다. 연타콤보로 2002년에는 우리나라가 주최한 한일궁중음악교류연주회에 아키히토 천황이 직접 참석해서 교감을 나누는 모습을 보여주었다.

2002년 한일월드컵 개최식에는 아키히토 천황의 종형제가 전후 최초로 한국을 방문한 황족 자격으로 참석한다. 아키히토 친황에 내린 '기내 감 불만족'을 느낀 세력이 다음 대(代)에는 이렇게 되면 안 되겠다 싶어서 황태자 흔들기에 나선다는 것은, 전혀 이상한 일이 아니다. 1920년대 히로히토가 청년 황태자일 때부터 시작된 일들이다.

> 19세기는 그야말로 끝나가고 있다. 그리고 아리안(Aryan)의 왕성한 운세 역시 다하고 있다. 그들이 지금 동양문제에 열심히 매달리는 것은 그야말로 몽고인종(mongoloid)을 곤한 잠에서 깨어나게 함으로써 중대한 임무(19세기 영국시인 키플링이 제국주의적 시각에서 말한 Whiteman's Burden의 일본판—글쓴이)가 있음을 알게 하고 이들로 하여금 아리안(族)과 분주히 주거니 받거니 한 끝에 세계의 원만한 궁극적 해결(極處)을 찾으려 함이다.
> —미야케 세쓰레이, 일본의 메이지 시대 철학자 겸 평론가. 1891년.[28]

2001년 9·11테러가 발생한다. 1999년 도쿄도지사에 선출된 뒤 '망언 제조기'가 되어버린 이시하라 신타로의 아들인 이시하라 노부테루 의원(아베 신조 내각의 국토교통상)은 2010년 인터뷰에서 "9·11은 근대 이후의 서양 지배에 대한 이슬람의 반란이며, 이것은 역사의 필연이다!"라고 주장해서 물의를 일으킨다.

반란…까지는 이해가 되지만 '역사의 필연'이라는 것은 명백한 반미우익(反美右翼)의 관점이다. 이것이 바로 일본우익의 (이렇게 말할 수 있을지 의문이지만) 소위 '세계전략' 또는 서양-이슬람 관계觀이다. 일본우익의 '이슬람 활용론'은 1920년대부터 태동하여(러시아 지배 중앙아시아 봉기 지원) 전후에 뚜렷해졌으리라(식민세력 온존한 동남아의 절반이 이슬람권) 추찰(推察)된다.

이후 전통적인 '유대인 없는 반유대주의'와 결합한 '이스라엘 피해자로서의 중동 이슬람권' 관념도 더해졌으리라. '원폭 피해자'로서의 일본 관념의 연장선상일 동병상련 정서이리라. 일본의 아시아주의와 이슬람에 대해서는 필자의 2011년 졸저인 <괴수영화 속의 두뇌전쟁史—백인SF에서 제국일본까지>에서 배경을 개괄하고 있으니, 적극 참조하기 바란다.

하여간 2003년 미국의 부시 정부가 이라크에서 현지인들과 미국인들 양쪽 다에서 '미스터 불편'인 사담 후세인을 축출하기로 마음먹고 개전(開戰)을 감행하니, 또 미국이 전쟁(↑)을 일으킨다며 또 미국이 아시아인을 학살(↑)한다며 또 미국이 침략책동의 쾌감에 몸을 떤다며(↑), 왼쪽이든 오른쪽이든 여러 가지 이유로 반미감정이 일본에서 급속히 퍼진다. 당시 한국도 마찬가지였으니까 잘들 알 것이다. 계기가 뭐든 내셔널리즘의 분출을 기대하고 이에 편승하려는 세력이 항상 있는 법이다.

11天. 아담스의 그릇, 과거에서 온 적들

 2004년. 이라크 개전 1주년. 미야자키 하야오 감독의 <하울의 움직이는 성>이 개봉된다. 21세기 들어 미야자키 하야오의 위대한 SF 족적은 사라지고, 그저 판타지 극장 애니메이션이나 잘 만드는 할아버지로 취급받는 현실이 참으로 안타까울 따름이다.
 단도직입적으로 말해보면, 이 작품에 등장하는 '걸어 다니는 해골성'과 해골성의 엔진 격인 '불의 악마 캘시퍼'와 주인공인 '조인변신(鳥人變身) 하울'은 기독교에서의 삼위일체(三位一體)적인 관계를 이루고 있다.

『알타이 신화』 표지
(박시인 지음
/청노루/1994년)

해골성의 엔진인 캘시퍼는 동시에 하울의 외장형 심장이다. 결국 하울은 날아다니는 것도 가능한 해골성의 엔진 격이 되는 것이다. 돌고 도는 뫼비우스 관계이다.

지금 잠시 언급하자면, 2007년의 <신세기 에반겔리온 序> 막바지에서 월면에 있는 9개의 관과 9명의 가오루는 모두 달에 널부러져 있던 일명 '본체(本體) 아담'의 심장 즉 외장형 코어블록이다. 이야기를 연결해보면 그렇게밖에 안 되는 것 같다. 그 메커니즘은 불명이지만 마지막 가오루가 독립적인 제13사도가 되는 것이다. 1997년 극장판에서 마지막 레이가 제2사도 리리스의 심장=코어로 합체하는 것처럼 말이다. 1997년 극장판에서는 제17사도 가오루가 사라지고서도, 더미 가오루 9필(匹)이 더 등장하는 신기를 선보인다.

다시 <하울의 움직이는 성>으로 돌아와서, 어린 시절 밤하늘의 별들(에바Q의 상징!)을 보고 있던 하울은 하늘에서 떨어진 태양의 조각과도 같은 '빛나는 불꽃(캘시퍼·聖靈)'의 매력에 끌려 그만 꿀꺽 삼키고 만다 (꼬맹이들은 아무 거나 삼키려 해서 젊은 엄마들이 참 힘들어한다).
하울(聖子)은 마치 '환각제'를 복용한 것과 같은 상태의 사이키델릭 (psychidelic)한 시청각적 체험을 하고 결국에는 불꽃놀이 키트의 '치지직' 튀는 듯이 타는 형상의 불꽃요정들이 여럿 나타나서(정체는 불명·聖父) 하울을 둘러싸고는 강강술래 퍼포먼스를 펼친다. (에바 신극장판의 정체불명 제-레의 전조일까)

그 결과 하울은 젊음을 유지하고 맹금류 형상의 조인으로 변신하는 마법=초능력을 얻지만, 이 불꽃요정들과의 '마법의 계약(모세의 태블릿·石板)'에서 벗어나지 못하게 된다. 초능력을 쓰면 쓸수록 그 어둠의 힘에 압도되어 온 몸이 탈진하는 현상을 겪으며, 결국에는 인간으로 돌아오지 못할 수도 있다는 (뽕쟁이의 금단현상과 같은) 불안 속에서 항상 살아가게 된 것이다.

이런 유의 이야기에서는 항상 사태 해결의 열쇠가 되는 일명 성소녀(聖少女)가 등장해서, 주인공에게 씌워진 '운명의 굴레(대개 일본에서는 주박/呪縛이라는 말을 많이 쓴다)'를 풀어주고 동시에 그 자신의 눈세해설노 셩쉬하는 일석이조 엔딩을 맞는다. 문제는 당시인 2004년의 일본 상황을 비추어보았을 때, 주인공인 조인(鳥人)=깃털맨 하울이 상징하는 바이다.

'깃털맨 하울'은 전쟁(♤)을 일으킨 나라의 기계생체 공중함대 및 전투기형 마법병사들(SF+판타지)과 격전을 벌인다. 악에는 악의 힘으로(♤) 맞서는 악순환이 계속되고 하울의 몸도 점점 인간성을 잃어가서는 결국 커다란 괴조로 완전히 변해버린다.

자, 태양의 조각을 삼킨 소년이 점점 그 힘에 지배되어 조인(좋은 새=대천사=구세주) 단계를 거쳐서 결국 '인간(humanity)'을 버리고 괴조(나쁜 새)가 되어버린다. 단순 도식화하면 이렇다. 가히 전설로 승화된 1984년의 미야자키 하야오 첫 극장작품 <바람계곡의 나우시카>를 보면 오프닝에서 제일 먼저 등장하는 것이 구세주를 상징하는 조인이다(팔 자리에 날개가 달린 모습). 하울의 조인 변신형과 일치한다.

앞서 시라토리의 비유를 논의할 때 이야기 한 것으로서 서양의 천사(天使)에 상당하는 일본신화의 존재가 바로 시라토리(白禽)이다. 천황의 선한 얼굴=시라토리의 원조는 당연히 태양여신 아마테라스오미카미(♀). 역시나 앞에서 길게 이야기했지만, 천황은 일본내셔널리즘(♤)의 상징으로 떠받들어져 온 존재다. 항상 본인이 원하건 원하지 않건 간에 말이다.

결론적으로, 미야자키 하야오는 '이라크'로 인해(기화로 삼은 또는 핑계로 한) 불이 붙은 '일본내셔널리즘'의 방화벽 역할을 아키히토 천황(우)에게 기대한 것이다. 적극적인 소방수 역할까지는 기대할 수 없지만 한계를 가급적 좁게 설정해주는 방화벽, 전설적 SF 작품인 <공각기동대>의 개념을 빌려오면 공성방벽(攻性防壁) 역할을 기대한 것이리라. 공격자가 들이받고 제풀에 나가떨어지는 그런 방벽 말이다.

옛날에 신성(神聖)이 오랑캐(夷狄)를 물리치고 나라를 개척하게 한 까닭은 이 도에 의하지 않은 것이 없다. 따라서 중국(中國)은 언제나 일정한 계략을 가지고 오랑캐를 제어하고 불발의 업으로서 황화(皇化)를 선포하였으니 …… 옛말에 이르기를 나라의 대사(大事)는 제사와 전쟁에 있다고 했다. 전쟁에는 일정한 전략이 있고, 제사는 불발(不拔)의 업이니 국가의 대사라.

─아이자와 세이시사이, 도쿠가와 막부의 친위부대 격인 미토번의 학자. 《新論》에서. 1825년.[29]

자. 2012년의 <신세기 에반겔리온 Q>를 돌아보자. '시라토리'로서의 방주(方舟)일 분다의 비유법은 앞서 이야기하였다. 에덴동산의 '불 칼의 장벽'과 같은 전법을 펼치며 천황폐하와 한 몸이 되고자 돌격해오는 일본내셔널리즘의 상징인 '야스쿠니 신사의 국화꽃밭'이 있다. 이 비유법대로 포화공격(飽和攻擊)을 펼치는 네메시스 시리즈가 등장한다. 그리고 그에 대한 공성방벽으로서의 (기존에는 방어막 역할만 하던) AT필드 사용법이 새롭게 등장한다. 이 국화 모양의(옛 욱일기도 햇살이 16개) 에반겔리온 Mk.04C는 폐하의 날개에 국화꽃을 피우더니 꽃 속에서 추괴스런 눈알마저 끔벅거리지 않는가. 완전히 '무궁화 꽃이 피었습니다' 분위기라고 보면 된다.

야스쿠니 신사에 도조 히데키를 비롯한 A급 전범이 합사(合祀)된 사실이 1978년 폭로되자 히로히토 천황은(당시 77세) 야스쿠니 참배를 중단해 버린다. 훗날 알려진 바에 따르면 히로히토 천황의 '최측근의 아들'인 당시 야스쿠니 신사 책임자가 독단적으로 거사를 일으킨 것이라고 한다.

예나 지금이나 "잘못 하면 나도 쫓겨나겠구나(2·26사건)." 거기에 더해 "이것들은 형식상 밑이라고 하면서도 필요하면 내 머리를 타고 오르려고 한다(본토결전)." 실제로 일본에는 '밑의 우두머리(若衆頭)'들이 뭉쳐서 거사를 일으켜 공개적으로 '위'에 뭔가를 요구하면 (서로간의 체면상) 원만하게 들어주는 것이 하나의 사회적 역사적 관례로 정립되어 있다.

그러면 안노 히데아키는 중일전쟁과 본토결전 단계에 머물던 에반겔리온의 세계로 왜 '천황폐하'마저 끌어들였는가? '평화천황'이라는 관념이 있을 수도 있지만 이라크도 다 끝났고 아프가니스탄도 언론의 관심에서 멀어지고 있다. 부시도 물러났고 미국서는 민주당 정권이 수립되어 연임까지 하고 있지 않은가. 왜 2009년 '파(破·날개=조인의 장)' 편에서의 Q편 예고대로 되지 않았던가.

2011년 3월 11일. 동일본 대지진으로 쓰나미가 일본의 도호쿠 지방을 강타했다. 그 결과 후쿠시마 원자력발전소의 원전이 노심용융 상태에 빠져 원자력발전소 일대를 방사능으로 오염시키는 참사가 일어났다. 문제는 그 다음부터다. 2009년 <신세기 에반겔리온 破>의 서드 임팩트와 함께 탄생한 일본민주당 정권은(그리고 보니 서드 임팩트와 함께 세상에 나타난 것들이 몇 개 된다), 총리가 '인기 시민운동가' 출신임에도 불구하고 '시민'에게 제대로 설명하지도 못했고 그 결과 '시민'을 설득하지도 안심시키지도 못하는 (말 그대로) '무능'을 드러냈다.

2005년도 무라카미 류의 소설 <반도에서 나가라>에서도 '시민운동가' 출신의 일본 총리가 북한 특수전군단의 후쿠오카 점거라는 국가적 비상시국에 전혀 대응하지 못한 채, 이 말도 듣고 저 말도 듣고 시간만 까먹는 한심한 모습을 리얼하게 그려냈다. 어떻게 저렇게 닮았는지 훗날이지만 소설의 리얼리티를 다시금 생각하게 해준다.

정작 2009년의 에반겔리온 세계에서도 독일에서 온 아스카가 "어쩜, 일본인은 이렇게 위기의식도 없고 허술하게 산담?"이라는 대사를 하는데 이런 대사가 그냥 나온 것이 아니다. '뭔가 잘못되어 간다'는 위기의식의 결과 국민들이 정권교체를 시켜줬는데, 그렇게 바뀐 정권이 정작 중요한 순간에 '옛날 놈들'과 전혀 다를 바가 없는 모습을 생생하게 보여주게 되는 것이다.

2007년도 <신세기 에반겔리온 序>에는 제6사도=라미엘 Ⅱ를 잡기 위한 '야시마 작전'을 발동하면서 일본 전국의 전력망을 하나로 통합시켜 그 응집된 에너지를 이용해서, 마지막에 식탐의 상징일 거대한 불가사리 형상으로 변하는 사도를 섬멸한다. 숨겨서 무엇 하리? STAR 맞다. 배불뚝이 미帝國주의인지, 미식가 장군님의 軍國 북조선인지는 모르겠으나.

작중에 '패트리엇 포대'가 등장하고 제6사도 몸 안에 Inner Torus Reactor가 있다고 하니, 우울하지만 조선민주주의인민공화국에 한 표다. '이지스'를 연상시키는 0호기 방패와 사도의 대공방어를 보면 미국에 또 한 표.

2006년 제1차 핵실험→2009년 제2차 핵실험→ 2013년 제3차 핵실험= 북한판 후천개벽 시리즈일지도 모르겠다. SF 작품 속의 그런 전력망 통합이 현실세계의 일본에서는 불가능하다는 어이없는 모습도 일본국민은 알게 됐다. 여러 지역을 할당제 식으로 갈라먹는 전력회사들이 서로 다른 방식의 송전시스템을 채택하고 있었기 때문이다.

일본인들이 아무리 '허구적 개념'으로서의 국가(國·くに)니 뭐니 '유형(有形) 권력'으로서의 국가(國·구니)니 뭐니를 별로 좋아하지 않는다 하더라도 이렇게 통일성 없이 나사 빠진 채 따로 노는 나라까지 바라지는 않았을 것이라고 생각해본다. 이것은 일본시스템의 오류이며 민주주의의 중대한 오작동(dysfunction)인 것이다.

일본국민들은 정치를 불신하고 기존 정치권을 혐오하게 됐다. 히틀러가 언더그라운드에서 부상할 때도 이런 분위기였다. 독일의 바이마르공화국은 헌법 문구만 보면 '고대 그리스 이후 최고 수준의 민주주의'가 보장된 나라 아니었던가(2008년 촛불광란 당시 DJ 어록). '개떡 같은… 다 똑같은 놈들 아니냐?'

국가적 동요는, 아키히토 천황이 직접 나서 '여러 가지 어려운 심정과 문제가 있더라도 일단 정부를 중심으로 뭉쳐서 난국을 수습해나갑시다, 여러분' 이런 식의 대국민담화를 발표하면서부터 진정되기 시작했다(한 줄짜리 기사이지만 한국 언론도 인정한 바이다). 아키히토 천황 부부는 각지의 후쿠시마 및 쓰나미 난민 대피소를 돌며 정부의 민심수습에 협조(?)했다. 이걸 보는 일본국민들이 어떤 생각이 들었겠는가?

'하여간 밥벌레 정치꾼 놈들, 인정하긴 그렇지만 역시 천황폐하밖에 없구나!' 이렇게 재구성해보는 것이 과연 지나친 것일까? 일본의 일반국민들 사이에서 천황에 대한 위상이 쭉쭉 높아졌다는 것은 불문가지일 것이다. 당연히 거기에 편승하려는 세력도 있을 것이다. 안타깝게도 2012년 이명박 정부가 말년에 대형사고(?)를 친다. "천황이 한국을 방문하려면 먼저 과거사에 대한 진정한 사과부터 해야 할 것이다."

세상에는 하지 않아도 될 말을 먼저 해서 자초하는 곤란한 상황이라는 것이 있다. 당시 일본의 '의원내각제' 정객들의 반응은 이럴 것이다. "이런 C8새끼들아, 선거가 바로 코앞이다! 어디서 감히 '국가원수'이신 천황폐하께 그딴 무례를 범하느냐! 당장 사죄해라! 민주당 자민당 공명당 국민척탄병(Volksgrenadier) 총돌격이다! 선거국방 앞에 남녀 없다, 이 개자식들아!" 근자에 들어 한국 기독교 일각에서 아주 중요한 텍스트로 부각된 것으로 관찰되는 요한계시록에서, 7가지 재앙의 대접(=器·우쓰와의 일종)을 든 7명의 천사들이 등장하듯이 <신세기 에반겔리온 Q>에 나온 '아담스의 그릇'으로 화한 일본 국회…….

정곡을 찌르는 제-레의 조커이자 마지막 카드가 '아담스의 그릇(Adams' Container)'이라는 거대한 남근이다. 놈은 몸 전체가 성기(性器)=자지(♂)인 것이다. 2005년 <남자들의 야마토>에서 그랬던 것처럼 말이다. 그리고 동방 3박사 컴퓨터 MAGI마저 탑재한 리리스의 분신 분다에 대한 강간(rape)을 시도하는 것이다. 1997년 TV판에서 0호기에 탄 아야나미 레이가 온몸이 AT필드이자 코어 그 자체인 제16사도 아르미사엘에게 강간(强姦)을 당하려던 위기 때처럼 말이다.

자폭으로 0호기는 사라지고 3번째 레이(姦)가 나타난다. 2007년 에반겔리온 서(女)편에서, 아담(?)의 핏자국 속에서 발기(erection)하는 구도로 눈을 뜬 혼돈의 소년 가오루가 남긴 수수께끼의 대사 "또 세 번째인가." 그렇다. <신세기 에반겔리온>의 세계는 불교적인 윤회 환생의 세계인 것이다.

12天. 생명나무로서의 단군

친구여, 나는 이 순간을 기다렸던 것이오. 이제 그 순간이 왔으니 나를 떠나게 해주시오. 오래토록 뱃사공 바스데바의 역을 해왔소. 이제는 됐소. 잘 있거라, 오두막이여. 잘 있거라, 강물이여. 그리고 잘 있으시오, 싯다르타!

나도 알고 있었소. 당신은 숲으로 들어가려는 것이지요?

숲으로 들어가려는 거요. 단일(單一)의 세계로 들어가는 것이지요. 바스데바는 '빛'을 발하며 말했다. 그리고 그는 빛에 싸여 자리를 떴다. 싯다르타는 그의 뒷모습을 바라보았다. 평화스러운 발걸음, 후광에 싸인 뒷머리, 빛으로 가득 채워진 그 모습 전부를 보았다.

—헤르만 헤세, 〈싯다르타〉에서. 1922년.[30]

1997년 극장판에서, 궁창(穹蒼)으로 비상한 리리스의 분신=에반겔리온 초호기 가슴의 코어(core)가 열리고 '달'에서 달려온 남근성의 상징인 롱기누스의 창이 드디어 결합하여, 생명의 나무(구약의 생명나무+붓다의 보리수+미륵의 용화수+환웅의 신단수+단군왕검=生命樹·Baum des Lebens)를 탄생시킨다. 이게 신화들에 나오는 홀레/교미/결합/섹스의 SF적 재현이다. 우리 신화의 세계진출 쾌거! 한류는 멈추지 않는다! 단군왕검은 에반겔리온이었다(웃음). (사실 굉장히 중요한 비유와 상징이다)

2009년 파(羽)편에서 가오루가 타고 나타난 '달나라에서 발굴된 Mark 06' 투구의 뿔을 잘 봐라. 롱기누스의 창(♁)과 같이 한 줄기가 두 갈래로 갈라진 형상이다(즉, 생명의 씨앗).

2013년 Q(?)편에서 '피아노 치는 가오루'를 잘 봐라. 피아노 옆에 한 줄기가 두 갈래로 갈라진 나무가 자라 있다(즉, 희망의 씨앗).

우리 언제까지 남근질만 할 터이냐? 이제 생명도 낳고 희망도 키워보자, 라는 메시지이다(엔딩곡을 잘 음미해볼 것). 자지(男根)의 야누스적인 얼굴을 이런 극고도(極高度)의 비유와 상징으로 처리하고 있다. 물론, 신극장판에서는 제2사도 리리스 그 자체가 '생명의 나무'로 바뀐다. 하반신이 예전과 달리 나무뿌리 형태에 가깝게 디자인되어 있다.

물론 당연히, 예술한답시고 껄떡대는 것들을 준열히 꾸짖으시듯이(?)

2013년 아베 내각의 행정개혁담당상 자리에 떠억 앉으신 분이 바로 2011년 8월의 독도 입국소동에도 출격했던 리리스=이나다 도모미 의원이다 (남성지배 사회에서 여자로서 단박에 출세하려면 입맛에 맞춰줘서 이 정도 깽판은 쳐줘야 하는 것일까).

쇼와군벌의 중일전쟁 때처럼, 나도 한탕 쳐서 별도 달고 건방진 사장님 놀들의 접대도 받아보는 거다. 어떻게 이렇게 똑같은지. 2013년 일본대사관 앞 '소녀상 말뚝소동'의 주인공(↑)도 '유신정당 신풍(新風)'이라는, SF특촬물 악의 조직 같은 이름으로 도쿄에서 참의원 선거에 출마했다고 하니 체급별로 고루고루 하고들 있는 것일까. 필자의 2011년 졸저 <괴수영화 속의 두뇌전쟁史—백인SF에서 제국일본까지>에 근대 일본의 전쟁사와 그 정신문제에 대한 요약이 있으니 적극 참조하기 바란다.

이 사람이 바로 그 문제의 말뚝남↑

'스타 탄생 이정희'의 일본판이다. 이나다 도모미 장관은 더군다나 2013년 6월에는 "일본은 목숨을 바칠 가치가 있는 '세계 유일의' 도의대국(道義大國) 지향 국가이다!"라는 식으로 강연하는 등 '하늘과의 특별한 관계'를 가진 민족으로서의 일본이라는 사상에도 깊이 정신오염되어 있는 듯하다. 근자에 일본에서 애국여성/여성우익들(우쑝)이 두각을 드러내고 있는 바, <신세기 에반겔리온 破>의 늑대소녀 마리 양처럼 '아마 엔트리 플러그 심도는 마이너스일 거야.'

국체(國體·nationality)와 정통(政統·political legimatation)과 혈통은 저마다 별개의 것으로, 혈통이 바뀌지 않더라도 정통이 바뀔 수 있다. (유럽대륙에서 게르만계 왕족을 수입해 온—글쓴이) 영국 정치의 연혁, 프랑스 카롤링거 왕조의 예가 이것이다. 또한 정통이 바뀌더라도 국체(國體·고쿠타이)는 바뀌지 않는 일도 있다. 만국에 그 예는 너무도 많다.

또한 혈통이 바뀌지 않은 채 국체를 바꾸는 일도 있다. 영국인, 네덜란드인이 동양의 지방을 취하여 옛 추장을 그대로 둔 채 영국이나 네덜란드의 정권(政權)으로 토인을 지배하고, 나아가 추장 역시 속박하는 것이 이에 해당한다.

—후쿠자와 유키치, 《문명론 개략》에서. 1875년.[31]

물론 소위 국민정서라는 것이 있다. 하지만 우리는 항상 우리가 보고 싶고 말하고 싶은 것만 하려고 한다. 아니, 그 이전에 일본사회의 이런 기류변화를 사전에 포착해내지 못한 정부의 관련 기관이나 연구소나 교수님들이 딱하게 느껴진다. 그게 아니라면 청와대 '말년병장'들이 한심했다고밖에 할 수 없다. 이 나라는 (스스로 하도 당해서인지·안돼니즘/일본의 다메主義) '남의 나라' 내부 분위기나 세력 구도를 이용할 능력이나 의사가 없는 것일까? 일본을, 천황과 정치판과 지식인 및 언론(소위 市民社會)

과 일반대중으로 분리시켜 대응할 수는 없을 것일까.

우리나라 국사학계가 비판 받는 이유 중의 하나가 '민족주의'에 경도되어 있다는 것이다. 억지통일성(일본으로 치면 國알레르기)이 좌우를 불문하고 나올 가능성이 높다. 육지 백성들을 몽골 창칼 앞에 내몰고 강화도에서 사치 향락에 빠졌던 무신정권의 사병이었던 삼별초(자주의 상징)가 왜 섬들로만 돌아야 했을까. 1392년 시작된 조선왕조 이후 500년 가까이 천민 수준으로 금압 받던 불교에 가장 먼저 손을 내민 외세가 바로 일본 불교였다. 그들의 영향력으로 승려의 도성(都城) 출입이 겨우 가능해졌을 정도다.

일본이 아시아와의 연결고리로 발견한 것이 바로 불교였다(서양인들도 그렇게 인식). 세계사 속의 서양 종교전쟁들만큼 동양에서도 종교전쟁이 있을 수 있는데, 그런 관점이 반영된 세계사 책은 아직 없는 것 같다. '신생 중화민족'의 통일성을 강조하는 경향이 아마 '불교 신봉 북방민족 대 유교·도교 토착한족'의 구도를 덮어버렸을 것이리라. 그런 관점의 저작들이 서양 학자들과 또한 거기서 배운 한국 학계로 스며들었으리라.

20세기 초 국내의 의병투쟁 당시 의병들이 산채로 삼았던 곳들이 바로 각지의 사찰들이다. 얼마나 산속에 처박혀있었으면 그랬겠는가(아름다운 합리화로 深山幽谷). 양반네 유생 출신 의병장들이 500년 넘게 별로 도와준 것도 없으면서 갑자기 와서는 '근왕(勤王)'의 대의를 외치며 이것저것 징발을 하고 생색은 자기들이 다 내던 서원(書院) 지을 때처럼 노가다도 시켜대니, 과연 어떤 분위기였을지 궁금해진다. 해방 이후 현대의 교과서 집필자들이 살던 세상 수준의 소위 '민족(nation)'이 있었을까. 안타까울 따름이다.

1910~20년대 만주 독립군? 솔직히 말하면 '단군대황조(檀君大皇祖) 대 아마테라스오미카미(天照大神)' 구도였다. 우리민족의 극히 일부분일 만주 망명 대종교 및 소수 천도교 신도로 구성된 당시 독립군과, 천황일신교 신도 장교들과 비신자 병사들로 구성된 당시 일본군의 싸움이었다. 이것이 불편한 진실이다. 거국 거족적인 투쟁과는 결코 거리가 멀었다.

거기다가 세계의 대세에 '우물 안 개구리'였기에 속아서 러시아령 연해주로 옮겼다가 일본의 통제 하에 있던 괴뢰국가 극동공화국의 알렉세예프스크(일명 自由市)에서 한인 공산주의자들 간의 권력투쟁에 휘말려 들어 산산이 분쇄된다. 말 그대로 산산이. 이것이 1921년 '자유시 참변'의 불편한 진실이다. 전쟁의 정신사(精神史)를 추적하다 찾아내버린 어이없는 당시의 모습들이다. 이것은 불편한 진실들이다. 이런 부채의식 때문인지 한국의 '桓檀古記 등속 신봉자'(사이버공간에서는 일명 환빠로 통용)들이 공적인 영역이나 학계로부터 정색하고 행해지는 질책을 안 받고 있는지도 모르겠다.

일본에서도 소위 '넷우익'이 등장했을 당시 학계와 언론은 하도 황당한 그들의 행태를 완전히 무시했다. 무시 받는 동안 그들은 인해전술로 뭉쳐나갔다. 이제 그들은 길거리로 직접 나섰다. 한국의 10여 년 뒤의 모습이 또 대충 그려진다. 우리는 그 천박하던 소위 '빠'들의 모습도 겪으며 혀를 차지 않았나. 우리는 우리끼리 싸운다. 1990년대에 등장한 용어인 부족주의(tribalism) 지역갈등의 오늘날까지. 21세기 초반 베네수엘라, 볼리비아, 에콰도르 등지의 대선 불복 퍼포먼스 보는 듯하다. 미국 대사관도 CIA도 본국에 그렇게 보고하고 있으리라.

1945년, 1992년, 1994년, 2000년, 2001년, 2002년으로 이어진 평화천황

아키히토의 전투력은 2003년부터 벽에 부닥친 뒤(한국의 좌파내셔널리즘 극성기), 끝내 2012년 현해탄에서 발휘되지 못하고 2011년 후쿠시마에서 휘발된 것을 끝으로 '가프의 문(에반겔리온 세계 속의 영혼구제 천국의 문)' 저 너머에 봉인되어버린 것이다. 그의 나이 이제 곧 80이다.

'나무 위에 올려놓고 흔들기'를 당하고 있는 그의 아들 나루히토가 즉위했을 때 지금의 아키히토 천황만한 권위를 보유할 수 있을 것인가. 그때는 한국에 와봤자 1992년 당시 수준의 임팩트를 일으키지도 못할 것이다. 가서 욕먹느니 차라리 안 가는 게 체통을 유지하는 데 더 유리하게 될 수도 있다.[32)]

파이널 임팩트를 꿈꾸는 아베 신조 수상은 외친다. "나 삐쳤다! 우리 일본도 북한을 돈으로 코 꿸 능력이 있다는 것을 보여주겠어!" 우리는 잠재적 우호세력이 될 수도 있을 '평화천황 육성계획'을 제발로 걸어 차버렸다. '어, 이게 아니네?' …또 이렇게 되었다. 90여년 전 차디찬 알렉세예프스크 벌판에서도 분명히 속으로 그렇게 되뇌었으리라.

> 깨달음(覺·사토리)만으로는 선승들이 사회의 지도자로서의 책임을 짊어지기는 불가능하다. 그들이 그런 책무를 할 수 있다고 생각하는 것은 자만이기도 하다……깨달음 속에는 깨달음의 세계가 있다. 그러나 깨달음만으로는 전쟁의 옳고 그름을 판단할 수 없다. 일상 세계의 논의에 대해서는 지적인 분별력을 활용하는 것이 필수적이다……더욱이 '깨달음'만으로는 공산주의 경제체제와 같은 것이 좋은 것인지 나쁜 것인지를 결정할 수 없다.
> ─스즈키 다이세쓰 데이타로, 일본의 선불교를 서양에 알리는데 지대한 공을 세운 불교학자. 〈禪 세계의 쇄신〉에서. 1946년.[33)]

1) 한국의 '桓檀古記 등속 신봉자'(사이버공간에서는 일명 환빠로 통용)들은 우리민족이 '중화독'과 '왜독'과 '양독'의 3종 세트에 중독되어 국통맥(國統脈)을 잊고 있다고 주장한다. 1980년대 NL=민족해방 패권파당이 한반도가 1백 년 동안 일본과 미국 제국주의에게 강간당해왔으며 민족정통성, 즉 민족혼이 북한에 있다고 주장했는데, 양쪽의 사고방식이 매우 비슷해 보인다. 한국의 '桓檀古記 등속 신봉자'(사이버공간에서는 일명 환빠로 통용)들은 우리민족 얼의 정수인 동시에 인류의 지보(至寶)이자 성전(聖典)인 <한단고기>를 70억 전 인류에게 읽혀 상생을 이룩하자고 주장한다. NL은 <주체사상 선집>을 가지고 비슷한 주장을 한다. 조선민주주의인민공화국이 말하는 民主의 개념처럼, 여기서의 相生은 일반적으로 통용되는 의미나 국어사전 상의 의미와는 매우 다른 듯하다.

2) 생몰연도 354~430. 로마제국 말기의 퇴폐풍조 속에서 타락한 생활에 빠졌다가 그리스도교에 귀의하여 인간의 무력함을 설명하고 의지의 자유를 부정했다.

3) 한국의 '桓檀古記 등속 신봉자'(사이버공간에서는 일명 환빠로 통용)들은 치우가 황제를 제압한 '탁록 대전' 이후 말을 탄 전사들인 우리민족의 원류가 원주민들(黃土人)을 하인이나 농노(農奴)로 부리면서 지금의 중국 땅 거의 전역을 지배했으며, 좀 더 훗날에는 기마 전사들인 우리민족이 지금의 일본열도에 상륙하여 원주민을 거의 몰살한 다음 새로운 문명을 건설했기 때문에, 지금의 중국 및 일본의 상고사(上古史)와 뿌리문화도 모두 '우리 것'이 될 수 있다고 주장한다.

4) '쓰바사'는 날개(翼)라는 뜻이다.

5) 그의 제자들 중 가장 유명한 사람이 최종전쟁론(대동아연합을 형성한 후에 먼저 소련 공산주의를 격멸하고 20년 이내에 미국 자유주의와 결전을 벌여 아시아태평양을 해방하는 聖戰)의 창안자이며 만주사변을 기획한 '관동군의 두뇌' 이시하라 간지이다. 중국과의 장기전에 격렬히 반대하다 대미 개전의 해인 1941년 중장으로 강제퇴역 당한다.

6) 천황폐하가 아니라 대본영이 먼저 나온 것에 주목해야 한다. 대본영 작전참모들의 악명이 이와 같다. 오키나와 출신도 인정하는 바이지 않은가. 1937년 남경대학살에서 20~30만 명, 1945년 마닐라 방어전에서 민간인 학살 10만 명, 앞서 언급된 태평양의 섬들 모두에서 일

본군은 항상 주둔 병력의 97퍼센트 이상이 전사했다. 내 목숨이 가벼우니 남 목숨은 더 가볍다. 군의 '정신교육'을 주입받은 민간인들도 일가족 집단 입수(入水), 집단 투신, 집단 자폭 등의 방식으로 자살했다. 오키나와 주둔군 10만도 같은 길을 걸었다.

1945년 3~6월까지의 오키나와 전투 당시 규슈에서 출격한 1천여대의 가미카제 특공기가 오키나와 해변 상륙지점에 발 묶인 미군 함대로 돌격했고(작전명 기쿠스이·천황가의 국화문장에서 따온 菊水) 이 기간에 미 해군 9천7백명이 죽거나 다쳤다(전투 노이로제 포함 수치). 세계 최대의 전함 야마토(大和·일본 땅을 이르는 옛말)는 편도행 연료만 싣고 오키나와로 자살출격 도중에, 3천여명의 병사와 함께 최후를 맞는다. 다 끝난 것일까.

7) 구미 사상과 미국 문물의 확산이 이루어졌던 1920년대 다이쇼 데모크라시에 대한 반동의 물결이 언어세계에도 스며든 듯하다. 조선민주주의인민공화국에서도 국어사전의 어휘 풀이를 통해 어버이 수령님 김일성민족의 주체적 정신세계를 개조해왔다고 한다.

8) 필자의 책에서 마음에 안 드는 대목이 있다고 느끼는 사람들도 있을 수 있다. 그런 이들은 필자를 한심한 음모론자로 몰아붙이기도 하여, 앞으로 필요한 대목에서는 이렇게 일일이 (웃음)이라고 달아주려 한다. 근년에 들어 이념편향·진영논리가 너무 심하다.

9) 이때까지만 해도 일본의 역사는 2천년이다. 30여년 후에는 1천년이 추가된다. 1941년 대미 개전의 해에 일본은 건국 2600주년 기념 대관함식이라는 정신무장 행사를 거행한다. 1980년대에는 우리민족 역사가 5천년이더니, 90년대 초반에는 6천년이 되었고, 90년대 후반에는 9천년으로까지 늘어났다.

위의 인용문을 '이제 한국 우파는 전쟁에서 승리했다. 미국조차 놀라며 세계가 주목하는 아시아 최초의 여성 대통령을 배출해내는 쾌거를 거두었다. 국혼의 승리다' …이런 식으로 슬쩍 비틀어 볼 수 있다. 대통령 선거 당시 다 알 수 있는 일이지만, 신천지교회(정식명 신천지예수교증거장막성전안드레지파안드레교회)가 줄을 섰네 박정희 제사 지내는 사람들이 줄을 섰네(충청도 모 단체의 육영수 탄신제로 밝혀짐) 하며 범민족종교계에서도 PARK과 MOON 양 진영으로 갈라져서 줄을 선 것으로 보인다.

우스개지만, 전자는 우리민족 고유의 하늘계단=가프의 문일 【밝】이고(웃음) 후자는 Mark06 발굴기지인 【달님】이니(웃음) 리린(人間)의 흐름에 따라 이것도 오묘하고도 불가사의한 민족대운의 소치란 말인가.

10) 깨달음(覺醒) 이전의 고타마 싯다르타의 구도行을 소재로 고타마(붓다)와 싯다르타(타락)의 두 사람으로 분리된 도펠갱어적 설정을 취한 소설이다.

11) 일본 본토에 있는 사람은, 군인이든 민간인이든, 남자든 여자든, 늙었던 젊었던 모두 다 죽게 되어 있었다. 본토결전(本土決戰·작전명 決號작전)에 대비해 대본영이 내려 보낸 명령에는 '후퇴는 없음' 그리고 '부상자의 후방이송은 없음' 그리고 '전투 중의 의료적 조치는 중지'라는 내용이 들어 있다. 없고, 없고, 않는다. 없음 3종 세트인 야오이가 되었다 (YAOI=맥락/이유/의미 없음·일본의 여성타깃 美男性간 동성애물). 1990년대 유혈 민족분쟁 대혼란기에 베네통 충격광고 시리즈가 탄생하면서 "전쟁은 포르노다!"라는 모토가 등장했다.

12) 태국은 1932년 입헌군주제를 도입한 이후 현재까지 18회의 군부 쿠데타를 겪었다. 평균 4.4년에 1회 꼴이다.

13) 동양문화의 뿌리는 일본이라는 말을 하고 있다. 한국의 '桓檀古記 등속 신봉자'(사이버공간에서는 일명 환빠로 통용)들도 '치우천왕의 황제헌원 정벌' 이후에 우리민족의 원류인 구환족(九桓族)이 중국 전체로 펴져 나가 현지의 지배계층으로 정착했다고 주장한다. 구환족의 경우 '모을 규九'자로도 읽을 수 있으며 1980~90년대에는 상기 신봉자들에 의해 대동이족(大東夷族)으로 총칭되기도 하였다.

14) 세계문명동원론(世界文明同源論) 즉, 세계 각지의 문명은 우리 하늘뿌리민족에서 확산되었다는 신념의 창시자이기도 하다. 세계문명동원론은 현재 대표적인 종단으로 성장한 증산도의 공식 교의체계에 포함되어 있으며, 문명 확산경로에 대한 설명도 등의 인터넷 검색도 가능하다. 최근 몇 년간 주요 일간지 새해맞이 각 종단 지도자 인사말을 분석해보면, 한기총과 한국교회협의회(개신교의 양대 보수진보), 가톨릭, 불교의 조계종과 천태종, 밀교 계열의 진각종, 유교 대표 성균관, 한국민족종교협의회, 현존 민족종교의 태두일 천도교, 극소수화 하여 얼마 전부터 탈락한 대종교 대신에 증산계열의 대표일 증산도가 등장한다.

15) 세종문화회관에서 결성할 당시에는 25개 종단이 소속되어 있었으나, 이후 개천절합동기념행사 광복절합동기념행사 백두산합동참배행사 단군민족평화통일행사 등 사실상 북

한 봉 노릇만 계속해서인지 현재는 14개 종단만 소속되어 있다.

16) 한국의 1980년대 5共 시절 반정부 재야인사들의 조직체인 전국민족민주연합=전민련에 여러 가지 동기로 참여한 개인 및 세력과 유사한 분위기로 볼 수 있을 것이다.

17) 천황을 도구로 삼은 사회혁명의 미제판(美製版)이다. 일본민족이 주체적으로 일을 진행하지 못했다는, 소위 민족적 트라우마(trauma)의 씨앗이리니. 이시하라 신타로나 하시모토 도루 같은, 왕년에는 성난 젊은이(Angry Youngman)였다가 전향한 '골수우익'들이 그랬니 바로 이 옥음방송(玉音放送)일 것으로 추찰된다.

그날 일본의 민중은 신의 목소리를 듣는다. 그것은 계시였고, 이제 더 이상은 전처럼 못 산다는 수행의 길이다. 수행승을 한역불경에서 사문(沙門)이라 한다. 1990년대 말에서 2000년대 초까지 국내에서도 인기를 끈 SF패러디 만화 <공상비과학대전>에 등장하는 코미디 지구방위조직의 명칭이 바로 '사몬(SAMON·沙門)'이다. 대장의 이름은 아사하가. 당연히 옴진리교와 그 교주(尊者) 아사하라 쇼코를 빗대는 SF적인 우회 전략이 발휘되고 있다.

'공포의 오타쿠(cult) 집단'이라는 컨셉은 사회성 짙은 SF작품인 <20세기 소년>으로까지 이어진다.

18) 内(ウチ)+독일어 Gewalt=내부투쟁. 일본좌익과 관련되어 필연적으로 거론되는 고유명사 표현이다.

19) 我が國·와가쿠니. 일본의 우익계열 출판사에서 발행하는 교과서류에서 특히 강조되고 있는 표현이다.

20) 학명 chrysanthemum morifolium. 학명에서 국화꽃이 조화로 사용되는 관행의 유래를 짐작할 수 있는 바, 라틴어 mori는 '죽음'이라는 의미이다.

21) 제2부는 정보 및 특무 담당으로, 사이가 안 좋던 작전담당 제1부의 1931년 만주사변 폭주 이전까지 중국을 그림자 속에서 사실상 제어해온 곳이다. 일본의 정보기관이 1970년대까지는 동북아 및 동남아권 모두에서 CIA를 능가했다는 평가가 많은 것은 다 이유가 있는 것이다.

22) 아키히토는 1945년 11살로 즉위해 삼촌의 섭정을 받아야 할 뻔했다. 히로히토 천황은 옛날 관행처럼 퇴위해서 절에 들어가고, 궁중그룹이 천황제 유지를 위해서 짜낸 고육지책이었으나, 섭정을 맡을 다카마쓰노미야 친왕은 미국과 영국은 기독교 문화이기에 이런 불교적 관행을 전혀 이해하지 못할 것이라며 반대한다. SF역사에 의하면 당시 제국육군은 미군 상륙에 맞설 본토결전용 '철인병기 제28호'를 제작 중이었다. 이것이 요코야마 미쓰데루의 <철인 28호>이다. SF의 전통에 따라 말해보자면, 파이널 임팩트에 대비해 뷔레(WILLE·의지)는 요코야마 미쓰데루의 자문으로 '에반겔리온 8+2호기'를 건조 중이다.

23) 전후 미군이 일본군을 어떻게 처리할지 막막해했던 일부 장성들은 황실위사대(皇室衛士隊)라는 이름으로 소규모 군대 조직을 유지하고자 아이디어를 짜냈다고 한다. 전통적으로 스위스 용병에게 경비 업무를 위임하고 있는 바티칸을 연상케 한다. 그런데 파시즘 기간 동안 군부에 억눌려 지냈던 경찰이 과연 가만히 있었을지.

24) 창교주인 故문선명 목사는 이북(以北) 출신이다. 이북 지역은 남한 쪽보다 훨씬 앞서 1890년대부터 단군계 교단이 성립된 곳이다. 고조선>고구려>발해 시대까지 평양은 계속 수도 지위를 유지했던 것이다. 소위 북한단군릉이 평양에서 '발굴'된 이유가 여기 있다.
흥미로운 점은 조선왕조의 서북인 차별정책을 받아온 황해도와 평안도의 유지(有志) 세력들이 제국일본을 초기에는 어떻게 인식했느냐에 있을 것이다. 일본이 자기나라 신화를 단군신화와 연결시키려했던 데는 다 이유가 있는 것이다. 조선왕조는 그토록 분열되어 있었다. 안타깝지만 그게 실제 역사다. 제주도조차도 고려 때까지는 형식적이나마 독립국이었다. 어리석은 필자는 금년 들어서야 그 사실을 알게 되었다.

25) 1900년대 초 일본에서 뭔가 노하우를 배워온 것으로 의심되는 단군대종교의 지대한 영향을 받아, 서일본과 북중국이 우리민족 문화권이었다는 식의 1924년 신채호의 <조선상고사> 및 중앙아시아~몽골~만주~조선(현재의 종주국)~일본으로 이어진다는 1925년 최남선의 <불함문화론>도 다 이런 얘기의 연장선상에 있다. 왕년의 그 '대동이(大東夷)'라는 것도 대륙의 고전문헌에서 일본인들이 먼저 건져 올린, 급조된 정체성이었다(중화를 중심으로 동이, 서융, 남만, 북적).
국사책에서 단군대종교 중광(重光)의 교조라는 나철도 사실은 조선왕조 차별정책 지역이었으며 동시에 동학농민전쟁 중심지였던 전라도 출신으로, 일본 관계요로에 동양평화를 호소하러 갔다가 바로 거기 일본 본토에서 단군교 관계자들을 만나 현지에서 입교한다. 이 북계 단군교 관계자들은 일본이 동양인종 단합을 내세우며 치렀던 러일전쟁에 이겼던 1905년의 일본에서 뭘 하고 있었을까? 1905년에는 일본에 망명 중이던 동학 3대 교조 손명희도 귀국한다. 당시 일본은 조선의 비주류, 마이너, 피억압 세력에게 다양하게 접근했던 것이다.

26) 법륜공(法輪功). 이름만 척 봐도 불교+도교+기공 등의 혼합임을 알 수 있다. 기관지 <대기원시보(大紀元時報)>를 한국에서도 발행 중이며, 지면에서는 우리나라의 이전 시절 추억의 표현일 '중공(中共)'을 놀랍게도 그대로 사용하고 있다. 한국의 기독교계 청년으이들 중에서도 '중공' 표현을 고수하는 세력이 있는 것으로 관찰된다.

27) 일본은 작금에 '후쿠시마'로 뜻하지 않게 지나친 유명세를 타버린 전통적 낙후지역 도호쿠(東北) 출신을 중심으로 한 농가 이민단인 '만몽개척청년단'과는 별도로, 1938년~1945년 기간 동안 서양의 보이스카우트(당시 한자번역 少年斥候軍)에서 따온 것처럼 보일 정도일 '만몽개척청년의용군'이라는 이름으로 15~17세 소년 약 8만6천명을 만주로 보낸다. 소위 '지배민족(Das Herrenvolk)'으로서의 호연지기(浩然之氣)를 기르자는 명분이었을까?
분명히 이상한 사상과 관련되었을 2007년 삼족오소년소녀대(三足烏少年少女隊)의 프로토타입이라고 하면 지나친 말일까? 그들은 마치 프랑스 마지노선을 바보로 만들어버린 독일군 탱크처럼 앉은뱅이 관동군 요새들을 타고 넘어 노도와 같이 지쳐 내려오던 소련군 탱크 5000대 앞에서 과연 어떻게 되었을까?

28) 시대의 운도(運度)는 한반도로 모이는 중'이라느니 '동양 대운(大運)의 시대' 어쩌고 나 '우리글의 세계문자화' 또는 '전 세계로 포교사 파송'에 '우리 가르침의 전 인류 도덕화(道德化)' 운운 해대는 정신적 지구별 지도민족 관념(=정신승리)은 민족종교임을 앞세운 최고 참급 신종교의 전매특허 슬로건이라고 할 수 있다.

29) 명청(明淸)이 교체되자 조선은 임진왜란 때 명나라 군대에 의해 전파된 관우신앙을 공식화하여 관우를 의리의 신(神)으로 섬기고 곳곳에 사당을 건립하여 군인들을 참배시킨다. 동시에 간도(間島)를 건드리기 시장한다. 이미 없어진 명나라 황실의 제사를 지내주는 만동묘(萬同廟)가 지방 유학자들의 손에 의해 건립되고, 조정은 임진왜란 때 천병(天兵)으로 온 명나라 황실의 은혜를 대대손손 잊지 말자며 보본단(報本壇)까지 건립한다.

이것이 혼을 이은 소중화(小中華) 프로젝트이다. 관우는 무속과 민족종교 계통에서 관성제군(關聖帝君)이라 하여 숭앙된다. 그래서 '관우가 본래는 태극민족이었다'라는 주장도 나온다. 조선이 이럴 때 일본은 스스로를 중국(中國)이라고 칭하며 낮추어 부르는 호칭으로서의 지나(支那)가 태어난다. 그런데, 통일신라 육두품 출신의 동방증자 최치원(동학 교조 최제우는 그의 직계후손임)이 망해가는 당나라 황실을 따라다니면서 '토황소격문'까지 지어대던 것을 보면 비슷한 모습이 나온다. 최치원은 당나라가 망했을 즈음일 말년에 출가를 하기 전 그 유명한 '국유현묘지도'라는 말을 남겨서 3류 민족주의 바닥에 로망을 제공한다.

30) 평원 지형인 인도 북부에서 붓다와 수행승들은 주로 숲속에서 집단 기거했다. 부처가 숲이라면 단군은 산(숲이 있는 곳)이다. 모세와 예수도 산 위에서였다. 나무는 바벨탑이었고, 산이 바벨탑이었고 숲은 마치 태양광단지와 같은 바벨탑群이었다. 안노 히데아키 감독의 1990년 SF작품인 <이상한 바다의 나디아>에서, 태곳적 지구로 조난당한 외계인 아틀란티스인들은 52광년 떨어진 그들의 모성(알파-켄타우리 별이 모델로 추정됨)으로 SOS 구조신호를 끊임없이 보낸다. 그 송신기가 바로 바벨탑이라고 한다(Q편의 십자가).

한국은 국토의 상당수가 산악지역이니 나라 자체가 바벨탑이 될 수 있을 것이리라. 물론 산이 많은 일본에도 그렇게 생각하는 사람들이 있으리라. 한국의 자민족중심 세계재편의 비전(秘傳)으로 그 이름 드높은 <桓檀古記>에 상당할 일본의 물건이 이른바 일부 매체에서도 관심을 표명하고 있는 <다케우치 문서>니 뭐니 하는 것들이다. 당연히 신도(神道) 계열 일본 민족종교들이 아주 좋아할만한 괴문서일 것이고 말이다.

31) 일본의 전쟁지도자들이 마지막까지 매달렸던 것이 바로 국체호지(國體護持), 즉 '천황이 뇌수이신 일본민족'이라는 관념이다. 인민의 뇌수이신 어버이수령의 이론을 끌어내는 주체사상은, 당연하겠지만 일제(日製)였다. 제-레가 그토록 집착하던 얼(魂)이로구나.

32) 2013년 한국이 주빈국으로 초청된 도쿄국제도서전 개막식에 아키히토 천황의 둘째 아들이자, 역시 우익들로부터 떨떠름한 시선을 받고 있는 아키시노미야 황자 부부가 참석해서 식후에 한국 부스에 머물면서 故박경리의 소설 <토지> 등의 역사 대하소설류에 관심을 보였다고 한다. 아마 장남인 나루히토 황태자가 오면 시끄러워질 것 같으니 비슷한 성향의 둘째가 온 것으로 보이는데, 일본의 천황가는 모종의 시그널을 보내고 있다. 한국은 유의 주시해야 한다.

친한이니 친일이니 하는 자극적인 이분법 표현보다는 '우호세력'이라는 좀 더 중립적인 표현을 사용해보자. 이제는 무려 아사히신문 레벨의 일본 제도권 진보좌파도 천황을 무시하지 못한다. 자기들도 천황의 활용가치를 발견했기 때문이다. '타국의 좌익은 아국의 숨은 친구'라는 식의 옛날 전쟁시대 스타일 시각은 지양해야 한다.

일본좌파여, 더러운 내셔널의 본진 천황제를 공격해라, 이거 이제 먹히지 않는다. 실제로 러시아 공산세력이 러일전쟁 당시 일본의 친구였고, 미국 진보좌파가 월남전 시절 당시 일본우익에게 스타게이트를 제공했다. 하지만 지금이 똑같은 시대가 아니다. 좌파논객들이 떠들어대는 '신자유주의 자본의 유연화 전략(flexibility)' 어쩌고… 처럼, 유열헤거아 힌디.

33) 물론 이 대목이 쓰여진 시점이 1945년 패전 후 정신붕괴에 빠진 사람들이 천황제의 대척점이자 곧 다가올 동북아의 대세일 공산주의로 몰리던 시절이었다는 것을 염두에 두어야 하지만, 맞는 말은 맞는 말이다.

2006년 불교국가 태국에서 화교사업가 출신의 탁신 친나왓 총리를 축출한 군부쿠데타도 '왕실 모독과 국왕 권위에 대한 도전'을 내세웠지만 일종의 '불교사회주의'적 발상의 경제체제 실현을 목표로 하였다.

19세기 영국의 페이비언협회(Fabian Society·넉넉히 베풀었다는 로마 장군 파비우스에서 따온 작명)에서 창시한 기독교사회주의를 잊지 마라. 분수에 맞게 검소하게 살아야지 어디서 저렇게 천박하게 돈다발을 흔들면서 다니는지, 원…, 말세야 말세. 할머니들이 많이 내뱉으시는 관용어구 아닐까. 검소해야 할 때가 있고 돈다발이 오고갈 때가 있는 법이다.

第 2界 불교와 괴물(The Thing)

…그, 그런데 공룡은 어떻게 되지? 지구와 달이 충돌했다는데?

First Impact.

…그, 그러면 남극에 나타난 4필의 거인은 단군왕검과 3명의 신하인가!

Second Impact.

…그, 그러면 남극에 서있던 4개의 거대한 십자가는 女神 네메시스가 될 것인가?

Third Impact.

…그, 그런데 일본에 솟아난 거대한 버섯나무(♠)는 어떻게 되지?

Forth Impact.

13天. 에코토피아―밝(朴達) 각하와 관제녹색?

일본제 유일신 문제의 격렬함에 비하면 서양 유일신에 대한 서양인들 스스로의 비판은 애교 수준이다. 어디까지나 시각적 SF 세계 속으로 한정하자면 말이다. 시각문화권을 벗어난 SF에 대해서는 필자가 가타부타 할 위치가 아님을 인정한다. 한동안 일본제 유일신 문제만 다루었으니 이번에는 2번이나 리메이크된 미국 SF의 고전인 <The Thing>을 줄기세포로 하여 서양(솔직히 말해 미국에 한정되겠지만)에서의 신(神)과 SF 관계도 천천히 살펴보기 시작하자.

이 작품의 원제 <The Thing>은 1951년 판이 80년대 추억의 대백과를 통해 '수수께끼의 물체X'라는 제목으로 소개되었고, 1982년 판이 '괴물'이라는 이름의 비디오로 나왔고, 2011년 판이 '더 씽'이라는 제목으로 개봉되었다. 1951년 판(이하 물체X)은 중국대륙의 공산화에 대한 미국 사회의 극심한 알레르기, 그리고 결국 한국전쟁에서 중공군과 격돌한 세계사적/밀리터리적 상황을 배경으로 한다. 중국대륙 공산화에 대한 미국의 '공포'는 우리가 생각하는(하긴 옛날이나 지금이나 우리가 더 바쁜데 남생각할 여유가 있었겠는가) 수준 이상으로 높았다.

냉전의 격화와 한국전쟁 기간을 전후하여 미국에서 이른바 '침략물 SF'가 탄생한다. 우주에서 쳐들어오는 외계인은 당시는 '공산주의'를 상징하다가 훗날로 갈수록 당대의 여러 가지 '공포의 대상'에 대한 은유로 바뀌게 된다. 대표적인 침략물이 1951년의 <지구가 정지한 날>과 1953년의 <우주전쟁>이다.

<물체X>의 배경은 알래스카다. 알래스카는 일본과의 최전선이었다가 다시 소련과의 최전선으로 바뀐 기구한 운명의 땅이다. 냉전의 절정이던 1980년대의 몇몇 가상전쟁 영화에서는 소련군이 가장 먼저 침공해 들어오는 결전의 땅으로 묘사되기도 하였다. 솔직히 제1차 세계대전이나 제2차 세계대전 때도 아닌데, 소련이 굳이 미국 땅에 상륙을 해서 머나먼 워싱턴까지 진격하는 식의 전쟁은 전혀 현실적이지 않다.

알래스카 자체가 19세기 말까지 러시아 땅이었다는 역사적 사실에 근거하여 '반공 알레르기'를 풍자하는 내용들이지만 굳이 이렇게까지 해야 하나 생각될 수가 있다. 그 이유가 있다. 미국에는 서부의 캘리포니아와 동부의 뉴욕 일원 거대도시권(megalopolis)에만 사람이 사는 게 아니기 때문이다. 당연히 극장 상영수입도 그런 곳에서만 나오는 것이 아니기 때문이다.

예를 들어, 미국의 새로운 주로 가입한 카리브해 동쪽 끝의 푸에르토리코 사람들이 캐나다 접경지역의 내륙시골인 북쪽 끝의 노스다코타 같은 곳의 사람들과 동질성을 느낄까? 그렇지 않다. 미국에서는 (어쩌면) 진부한 가족주의 애국주의 이념이 투영된 대중문화가 이런 접착제 역할을 한다. 근자에 들어 '북한 때리기' 세미SF 영화가 많아지고 있는 이유가 바로 그런 사정 때문이다. 북한은 세계 최대의 강제수용소를 운영하고 있는 나라이다. UN도 인정했다. 물론 그런 게 존재하지 않는다는 좌익분자들도 있겠지만, 유대 프리메이슨이나 파쇼 쿠데타를 꿈꾸었다는 부시의 할아버지라도 열심히 잡도록 하라.

뉴욕에 사는 사람들이 서부의 캘리포니아나 아리조나 사람들의 '황인종 공포'나 '빨갱이 공포'를 이해할 수 없지만 엄연히 그런 게 국가정책에 반영된다. 미국 땅이 그만큼 넓기 때문이다. 바로 이런 데 착안하여 '일본민족 깡다구 결전'을 기획해 본 사람들이 바로 앞서 자주 언급된 대본영 작전참모들이고 말이다.

만주와 연해주가 무너지면 러시아는 국내사정 때문에 전쟁 그만하자고 할 거다. 비슷하게 그렇게 됐다. 캘리포니아 목만 조여주면 미국은 민주주의제도 본연의 애로사항 때문에 전쟁 그만하자고 할 거다. 이번 도박은 망했다. 그게 1945년의 패전이다. 많은 사람들이 잘 모르고 맥아더를 비난한다. 추잡한 음모로 최악의 전범 히로히토와 결탁했다고 말이다.

맥아더는 미국인의 희생을 줄이기 위해 그렇게 한 것이다. 맥아더가 필리핀 방위를 책임지게 되었을 때 세운 작전계획에 의하면 소수의 정규군 및 다수의 민병대를 훈련시켜 필리핀의 정글과 산악지대를 이용한 지구전(持久戰)을 펼치게 하는 것이다. 그렇게 되면 침공군은 점령으로 인해 얻는 것보다 더 과중한 점령 비용을 감당하지 못해 결국 제풀에 나자빠진다는 것이다. 맥아더 전기에 나온 내용이다. 이거 모택동이 하던 거하고 비슷하지 않은가.

맥아더가 실패한 이유는, 필리핀인들의 언어가 통일되지 못했을 뿐더러 본국의 지원미비로 인해 훈련과 무기보급이 저열한 수준이었기 때문이다. 맥아더가 루스벨트(와 그의 민주당 후계자 트루먼)에게 이를 갈았던 이유가 바로 그거다. 맥아더가 일본을 보니 기기기 실패한 그 부분이 다 해결되어 있는 것이다. 총기는 널려 있고, 단일민족이라 의사소통 장애로 인한 연계플레이가 방해받을 리가 없고, 무엇보다 국수주의(흔히 초국가주의로 번역됨) 장교단으로 똘똘 뭉쳐있다.

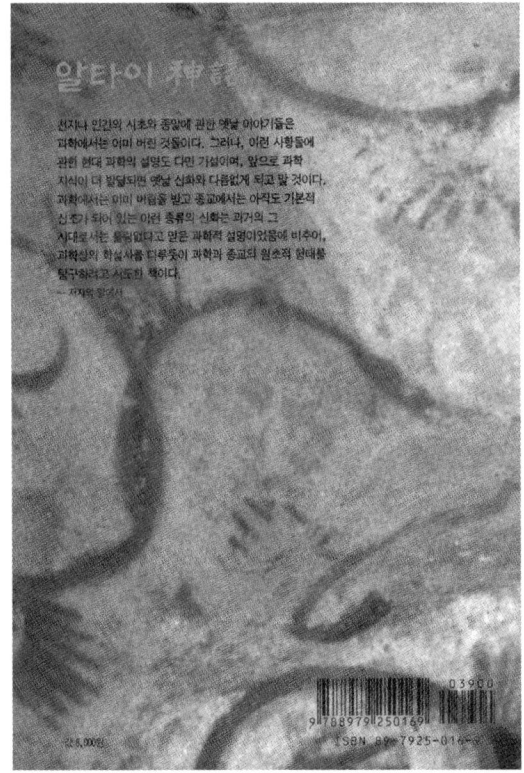

『알타이 신화』 뒷표지
(박시인 지음
/청노루/1994년)

미국 점령군 유지비용을 감당하기가 어려운 수준이다. SF적으로 말하자면 일본이 베트남이 되는 거다. 실제로 맥아더는 베트남 개입에 반대했다. 구시대적 식민주의에 절은 멍청한 프랑스인들이 멍청한 폭력으로 망쳐놓은 일에 왜 뛰어드느냐는 것이다. 그가 사망한 1964년에 미국이 베트남전쟁에 뛰어드는 것은 참으로 기구한 운명이다.

심지어 맥아더는 필리핀 탈환 후에 미군병사들의 성병 문제로 인해 필리핀 민간인과의 접촉을 일체 막자는 군의총감의 의견을 이렇게 말하며 무시했다고 한다. "오, 이보게나. 저 불쌍한 필리핀 사람들을 좀 보게. 그들은 지금 아무 것도 가진 게 없다네. 팔 것도 없지 않은가. 그것마저 막으면 저 사람들은 특히나 여자들은 그냥 앉아서 죽는 거라네."

맥아더는 전장에서의 한솥밥 의식(esprit de corps)이 뭔지 알고 있었다. 로마제국과 같은 영웅시대에나 맞지 현대 민주주의 시대에는 적응하기 곤란했으리라. 어쩌면 그의 그런 성향이 일본과 맞아떨어졌는지도 모른다. 그러니, 대본영 작전참모들이 쿠데타로 엎어야 할 '매국노'이던 요시다 시게루 수상(바깥세상에 대한 눈을 가졌던 외교관 출신)이 맥아더와의 이별에 눈물까지 보였다지 않은가. 우리 일본은 장군의 '지도'를 좀 더 필요로 한다면서.

우리 일본이 3천년 동안 지켜온 전통과 이상을 무시하는, 비(非)일본적이고 불경스러우며 유럽을 숭배하는 이데올로기가 만연해 있다. 우리를 서양오랑캐(洋夷)로 바꾸어버릴 우려가 있는 이 자유주의가 미노베의 신념에 깔려 있다. 우리 보수주의자들이 그의 노예적인 개인주의를 어떻게 느끼는지 보여주려면 그의 저서들을 불태워버려야 한다.

—천황기관설(天皇機關設·일본헌법상 천황은 국가 그 자체가 아니며 국가의 종속기관이라는 학설-글쓴이)을 주창한 귀족원 의원 겸 도쿄제국대학 법학 교수 미노베 다쓰키치에 대한 대일본제국재향군인회의 비난선언문 中에서. 1935년.[34]

돌이켜보면 1980년대의 핵전쟁 공포도 꽤 컸던 것 같다. <그날 이후>라는 핵전쟁 이후의 문명붕괴를 다룬 연구 영화도 있었고, 핵전쟁 이후의 펑크풍 디스토피아를 그린 <매드 맥스>시리즈도 있었다. 1982년의 전 세계적인 핵무기반대 시위의 해에 탄생한 <바람계곡의 나우시카>의 84년도 극장판에 등장하는 '빛의 창을 든 거신병들'이 <신세기 에반겔리온>의 원조 격에 해당한다는 것은 유명한 이야기다.

1980년대 초부터 만화연재가 시작되어 1988년에 극장 애니메이션으로 제작되는 <아키라>도 핵전쟁 이후 재건된 혼란스런 일본이 무대이다. 1980년대에 만화로 시작된 <공각기동대>도 핵전쟁 이후의 세계가 무대다. 그것도 <신세기 에반겔리온> 세계와 비슷한 1996년의 제3차 세계대전(核戰), 2026년의 제4차 세계대전(非核戰)까지 거친 후의 세계이다. 국수주의의 아성인 동쪽시골 도쿄는 붕괴했고 아시아 쪽에 더욱 가까운 후쿠오카가 이 세계 속 일본의 수도이다. 설정만 봐도 엄청난 양의 정보가 집성되어있는 작품임이 느껴지지 않는가.

<공각기동대>는 캘리포니아를 중심으로 미국 서부가 독립전쟁으로 떨어져나가 '에코토피아(소위 성개방과 자유중혼을 허용하며 1년에 한 번씩 광기발현축제를 열어 억눌린 자아를 해방시켜주는 제도를 가진 이상국가)'라는 나라를 건설한다는 1975년도 미국 SF소설인 <에코토피아>의 영향을 받은 듯 보인다.

미국이 텍사스를 중심으로 한 남부, 바깥세상과 신경 끊고 싶은 내륙 중부, 동서 파키스탄처럼 영토가 멀찍이 떨어져 있는 서부+동북부(캐나다가 형제국이라야 가능할 법) 이렇게 3개의 나라로 쪼개진다는 설정으로 눈길을 끈다.

<에코토피아>는 1980년대 말~90년대 초에 리메이크되어 한국에도 번역출간 되었는데, 아직도 기억에 남는 설정이 당시 우루과이라운드협상으로 한국서도 엄청나게 '미 제국주의 마녀(♀)' 취급을 당한 미국무역대표부 대표 칼라 힐스가 국무장관이 되어서 에코토피아 독립에 대해 "북미대륙에서 우마차(牛馬車)가 굴러다니게 하려는 시도를 결코 좌시하지 않겠다!"라는 성명을 발표하는 대목이다.

에코토피아 독립군은 미국이 아프가니스탄에 지원한 열추적식 '스팅어 미사일'로 공격해온 미군(U.S. Army)의 '탱크킬러 AH-64 아파치'를 모조리 격추시키고 결국 독립을 쟁취한다(이 나라는 말 그대로 女性上位국인데, 肉體관계에도 관철된다). 그리고 우루과이라운드(일명 UR문제), 한시절 SF의 주제로 활용되었다(미국에서는 안 그랬겠지만). 뒤에서 살펴보도록 하자.

일본에서는 1979년에 역대로 중앙의 차별을 받아온 도호쿠 지역(후쿠시마가 있는 곳)에 '기리기리국(ギリギリ國·말 그대로 간당간당한 삶의 조건을 살아가는 나라)'이라는 독립국가가 들어선다는 내용의 SF소설이 나오기도 하였다. 1970년대의 유행인 지방분권, 지역불균형 담론의 영향이리라. 우리나라 노무현 정권 때에 해당한다.

일본의 '국가분열 SF'는 나름대로 전통이 있어, 1993년에는 결국 돈 문제 때문에 오키나와가 제일 먼저 쇠락한 일본에서 떨어져나가는데 돈의 분배를 놓고 남은 지역들도 에도 시대 수준의 무수한 꼬마국가들로 분열되고, 도쿄의 황거(皇居·궁성)는 바티칸 같은 성국(城國)으로 전락한다는 내용의 가상역사 소설이 큰 화제가 되기도 하였다.

2000년대 들어서는 '세계 유일 분단국가' 한국의 남북정상회담 영향을 받아 일본의 남북분단 SF가 인기를 끌기도 했다. 소련종속 北일본과 미국종속 南일본이 대치하는 디스토피아 계열이다. 모두 바깥세상의 지방자치 또는 분리독립 붐의 영향을 받은 결과물들이다. 역으로, 일본의 일부 사람들은 그만큼 외부세계 동향에 관심이 많았다는 증좌로 볼 수 있다.

그런데 솔직히 '세계 유일 분단국가'를 강조하는 피해자적 심리는 이해가 가지만 그것이 사실이 아니다. 같은 민족 같은 나라였다가 쪼개져서 사는 경우는 더 있다. 러시아 때문에 따로 살고 있는 (히틀러와 함께 싸운 독일민족 사촌) 핀란드와 카렐리아자치공화국, (역시 히틀러와 함께 싸운 독일계 지배계층) 루마니아와 몰도바, 러시아령 북오세티야자치공화국과 그루지야령 남오세티야자치주, 중화제국 때문에 따로 살고 있는 몽골과 내몽골자치구, 티벳과 청해성(青海省) 등을 들 수 있다. 보편성을 획득하는 노력이 필요하다.

중국이 몇 년 전 세계 최고도 지역에 부설한 철도라고 해서 화제가 된 칭짱철도(青藏鐵道) 기억하는가. 그게 바로 티벳(♀)을 강간하려는, 거북 대가리에서 점액질을 질질 흘리고 있는 쭉 뻗은 거대한 남근(♂)이다.[35] 1944년 대본영 작전참모들이 기획했던 대륙타통작전(大陸打通作戰)의 연상선인 것이다.

『잃어버린 역사를 찾아서』 1권 (서희건 지음/고려원/1986년)

미군의 잠수함 작전으로 인한 해군력 부족으로 동남아 천연자원의 선박수송이 불가능해지자, 중국 내륙의 남북 철도망 지역을 전부 점령해서 그 대안을 세워보려는 웅대한 작전이다. 2000년대 초에 한국에서도 일본이 세운 철도와 등대는 모조리 제국주의의 첨병이라는 식의 사고방식이 유행했다. 그러면서 중국횡단철도와 시베리아철도를 타야만 국운이 융성한다며 절규해댔다. 아마 이제 기억도 안 날 거야.

일본우익처럼 잘못된 기억을 소거(消去)해가면서, 기기에 추기애 끊임 없이 새로운 투쟁대상을 찾아 헤매는 것이 한국좌파다. 통합진보당 등에서 이번에 새로운 '여성 스타 예비군'이 발탁됐으니 기다려보자. '스타 탄생 이정희'도 여왕 자리를 유지하려면 계속해서 새 이벤트가 필요할 것이라 조언해본다.

물체X→알래스카→반공 최전선→공산주의 공포→핵전쟁 공포→서방 내부균열→국가분열→국가통일/제국유지 철도, 라는 주제가 연쇄적으로 등장했는데, 철마(鐵馬)와 관련된 SF작품 하나만 더 살펴보고 <The Thing>의 다음 단계로 넘어가도록 하자.

14天. 결전! 히틀러스그라트

이것이 국가를 수호하고 동족을 지키는 전쟁이라는 것은 두말할 나위가 없다. 그러나 이 전쟁은 그러한 수준을 넘어 지나(中國)와 조선(韓國)의 수억의 생령(백성 또는 생명-글쓴이)을 죽음의 아가리로부터 구하려는 보살행이다. 그러므로 러시아는 우리나라의 적일뿐만 아니라 부처님의 적이기도 하다. 러시아에서 국가와 종교는 하나이며 그곳에는 종교의 자유가 없다. 따라서 종교는 러시아 인민들을 통일시키기 위한 하나의 사슬로 사용된다.

…만일 그들의 군대가 하느님의 군대라면 우리의 군대는 부처님의 군대이다…지나와 조선의 인민들 역시 동양인이며,[36] 우리와 같은 몽고인종(mongoloid)이다. 따라서 이들 황금색의 인민들은 형제자매들이다. 왜냐하면 우리는 한 가족이기 때문이다. 우리의 종교들 역시 같은 기원을 갖는다. 그러므로 우리의 가족 구성원들을 구하기 위해 러시아인들을 죽음으로 몰아넣는 것은 백성(百姓)으로서 뿐만 아니라 동료 불자로서의 의무이기도 하다.

—이노우에 엔료, 정토진종 승려 겸 불교학자, 1904년.

부천국제판타스틱영화제를 통해 국내에 소개된 <캐샨·Kashern>이라는 일본 SF영화가 있다. 국내에도 만화책, 70년대 TV판 비디오, 90년대 OVA판 등으로 계속 소개된 작품인데 70년대 만화작품 <신조인간 캐샨·新造人間キャシャン>이 원작이다.

원작만화는 70년대 공해문제 시대를 배경으로, 공해오염처리장 노역용 로봇으로 개발된 브라이킹이 어느날 '대우주의 계시'일 벼락을 맞고 에반겔리온이나 '중2 신지'처럼 각성(=깨달음·awakening) 해서 "공해의 원천은 인간이다! 인간을 절멸시키자!"라는 대의를 세운다.

브라이킹 보스로 즉위해서는 안드로이드군단을 창설, 인류말살작전에 나서는 것을 '신조인간(인간과 기계의 튀기·혼혈아·열등인종·하이브리드, 즉 더러운 핏줄)' 캐산이 저지한다는 스토리이다. 역시나 컴퓨터두뇌 아니랄까봐 '1 또는 0' 식의 '모 아니면 도'이다.

2004년 러일전쟁 100주년을 맞아 특별히 제작된 <캐산>의 DVD 자료를 보면, 배경은 일본>대동아연합>아시아연방共國이 형성된 미래의 디스토피아이다. 쉽게 말해 일본이 러시아를 이기고 아시아를 통일해 소비에트연방 대신에 소위 대아시아연방(작중 대동아연합 日本自治區 사람들의 표현)을 만들었다는 말이다.

일본어와, 시베리아-중앙아를 배려한 러시아어(키릴문자)가 조지 오웰의 SF소설 <1984>적인(Owellian) 이 초대국의 양대 공용어다. 우리의 영원한 로망일 '한국(桓國) 12연방'을 일본이 이루어냈다는 것이다. 러일전쟁도 일종의 성전(聖戰)이었다. 1910년대 만주 독립군 전쟁이 그러했듯이. '어, 이게 아닌데.'

물론 등장인물들이 디스토피아임을 얼핏이나마 '자각'하고 '고뇌'하는 식의 얕은 수는 쓰지 않는다. 불교적 지옥도(地獄圖)와 같이 주어진 상황(Given Situation)일 뿐이다. 단순화시켜 말하자면 선종에서는 '내 한 마음 돌이키면 지옥 같은 현실도 극락이 된다'가 모토 아니었던가. 문제를 문제로 인식하지 않으면 문제가 없는 것이다.

곰곰이 생각해보면 한국에도 편재(omnipresent)하고 있는 사고방식이다. 일념정진이네 기선수행이네 뭐네 곳곳마다 여러 표현이 사용되지만, 불교에서 선(禪)만 쏙 빼오고 거기다가 '80년대적인' 각종 민중민족(民衆民族) 사상을 결합시킨 민족종교도 마찬가지 궤 위에서 돌아가리라.

로마황제가 발광을 하건 말건 믿는 나는 요단강 건너서 천국 갈 거야, 이런 초기 기독교 분위기이리라. 말 타고 북쪽 서쪽에서 온 천박한 왕들이 발광을 하건 말건 믿는 나는 깨달아서 너희 한심한 중생에게 웃음 지어주리, 이런 초기 불교적 또는 5호16국 남북조시대 한족(漢族·the Han race)적 분위기이리라.

'민중'의 반대가 유교를 입맛대로 왜곡한 양반네들이었고 '민족'의 반대가 아름다운 전통이 탈각되어가는 도회지에 준동하는 예수쟁이들이었기 때문이다. 내 한 마음 돌이키면 내세(來世)행 티켓을 얻고 천년성(千年城) 입장권을 득템하고 하늘장부(桓天帳簿) 무사통과 인증을 겟차하고…, 모두 이 불교나 저 기독교 곳곳 어딘가에서 들어본 듯한 인식체계이다.

인터넷 상의 여러 의견을 감안하면 2005년 전후가, 한국의 '桓檀古記 등속 신봉자'(사이버공간에서는 일명 환빠로 통용)들의 기세가 하늘을 찌를 듯한 시절이었다고 평가되는 듯하다. 실제로 당시를 돌아보면 이런 평가가 타당성을 가진다. 대통령 각하의 동북아 균형자論에, 동북아공동체 환상에, 이라크 반미에, 쇠망하는 미국과 부상하는 중국에(우리는 미국 밑이지만 최소한 중국 위라는), 전시작전통제권 반환 쾌거에, 용산 민족공원 건설의 성스런 염원에, 자주국방 건설에, 남북통일 임박=세계강국 등극에, 온몸이 후끈 달아오를 시기였다. 아마 기억하고 싶지 않은 사람이 많을 거야. 북한이 핵실험을 하기 전이니까.

일본에서도 자발적인 1970~80년대 사상동향 분석이 별로 없는 이유를 알만하다. 아니면 있는데 우리와 무슨 관계가 있는지 도무지 몰라서 번역서가 출간되지 않았을 것으로 추찰(推察)된다. 하여간, 아시아연방공국은 7개의 연방관구로 나뉘어 있다(지금의 러시아연방 스타일).

『잃어버린 역사를 찾아서』
1권
(서희건 지음
/고려원/1986년)

    경계는 우랄산맥에서 베링해협까지, 옛 터키를 포함한 중앙아시아권을 거쳐서 옛 버마(미얀마)를 제외한 동남아는 건너뛰고 옛 중국과 옛 한국과 옛 일본까지이다.

    제1지구는 일본이다. 제2지구는 시베리아 전체이다. 제3지구는 터키~중앙아시아 지역이다. 제4지구는 한반도와 만주이다. 제5지구는 중국 땅이다. 제6지구는 인도양으로의 출구인 미얀마, 가장 늦게 설정된 제7지구는 우랄산맥 동쪽사면의 남부 지역이다. 내륙 유럽문화와 내륙 아시아문화의 연결고리 지역이다.

아시아연방공국의 경제체제는 소련식 군사세력 결탁 중공업 중심 경제이다. 앞서 언급한 <공각기동대>의 세계 속에서 이런 군사경제 체제의 북미국가가 바로 남부의 텍사스를 중심으로 형성된 신국가인 '베이테이(米帝·American Empire 또는 Imperial Americana)'이다.

공국수도(共國首都)의 위치는 현재의 일본이 아닐 것으로 보인다. 왜냐하면 1930년대에 제국의 천년미래(?)를 외치며 대일본제국 수도를 경성, 즉 지금의 서울로 옮기자는 유사풍수쟁이 지정학자의 주장이 나왔기 때문이다.

> 우리도 일본인들처럼 개인주의를 없애려고 고투하고 있다. 우리는 전체주의(全體主義)라는 새로운 사상에 기반을 둔 새로운 독일을 위해 열심히 노력하고 있다. 일본에서 이것은 사람들에게 아주 자연스러운 사고방식이다.
> ─나치 독일 부총통 루돌프 헤스.[37]

20세기 초의 독일 지정학자들의 생활권(生活圈·Lebensraum) 개념을 빌려왔는지도 모르겠다(독일민족 생활권=우랄산맥까지). 우스개로 말해보자면, 제2차 세계대전 당시의 독소 격전지인 스탈린그라드(Stalingrad·현재는 볼고그라드)는 '멋진 신세계'에서는 히틀러스그라트(Hitlersgrad·현지어의 흔적을 남겨주는 것이 또한 제국의 아량)로 불릴지도 모를 일이었다.

또한 3년 동안이나 독일군에게 포위된 전설의 도시 레닌그라드(현재는 상트페테르부르크)는 게르만 신화영웅 지그프리트의 이름을 따서 지그페테르스부르크(Siegpetersburg·대추장 표트르가 독일과학자들의 도움으로 만들었기에)로 개명됐을지도 모르겠다. (2012년의) 에반겔리온 제13호이신 총통각하 본인께서 의사신(擬似神·ersatzgott)이신인데 무슨 놈의 동방교회 냄새 나는 성(聖) 어쩌고냐, 이럴 가능성이 있지 않을까(1932년 나치당 총선 대승~1945년 제3제국 붕괴까지).

    이런 세계의 개념이기 때문에 '생존권'이니 '생활권역'이니 하는 말을 너무 즐겨 쓰는 이들은 이상한 사상을 의심해 봐도 좋다. 실제로 역(易)·풍수(風水)·한의학(韓醫學)·사주팔자(四柱八字)·관상명리(觀相命理)의 주요 다섯 분야에 '과도하게' 집착하는 것이, 하늘과 민족을 내세우는 신흥교단들의(또한 그런 쪽과 친화성이 높은 이들의) 공통점이기도 하다.

    워쇼스키 형제가 만든 불교적 세계관을 응용한 SF영화인 <클라우드 아틀라스>에서는, 미래의 다인종 디스토피아 독재국가 '네오서울'이 등장한다는데 한 번 생각해볼 일이다. '그 서울(京의 순우리말)'이 지금의 서울이 아닐 수도 있다. 솔직히 이런 제국일본 시절의 희한한 사상만 모아놓은 백과사전식 소책자가 있으면 SF 계통에 아주 유익하련만, 일본에서조차도 아직 없는 것 같다. 여기 저기 흩어져있으니 들키지 않는 법이랄까.

    그리고 아시아연방공국은 기간교통망으로, 거대한 대륙횡단 요새열차를 운영한다. 만주철도와 시베리아철도의 SF적 확장판일 이 거대한 요새열차는 무려 3개의 대형철로 위를 겹쳐서 달리는(삼위일체 理神), 비디오게임 같은데서나 등장할 법한 괴물단지다(☝). 이런 괴물이 지나다니는 철도를 만들기 위해서는 '아시아 통합'의 대의를 이해하는 현지민들의 '협조'가 필수적일 터이다.

    이 열차는 우랄산맥 권역에서 공국수도까지 직행하는데, 아무리 해저터널까지 통과한다 할지라도 일본까지 연결되기는 어려우리라. 작중에서는 지하터널이 묘사되는 것으로 봐서, 수심이 얕은 황해(Yellow Sea·말 그대로 황인종의 바다) 해저터널을 통과한 종착점이 그레이트경성(グレート京城) 아닐까?

이 열차는 우랄산맥 권역에서 공국수도까지 직행하는데, 아무리 해저 터널까지 통과한다 할지라도 일본까지 연결되기는 어려우리라. 작중에서는 지하터널이 묘사되는 것으로 봐서, 수심이 얕은 황해(Yellow Sea·말 그대로 황인종의 바다) 해저터널을 통과한 종착점이 그레이트경성(グレート京城) 아닐까? 실제로 공국수도에는 중국식의 굽어진 형의 칼(半月刀)을 든 국민당 군대 제복 스타일의 거대한 조상(彫像)들이 도열해 있으니, 역시나 대동아연합의 중앙부이자 중국과 일본 사이에 있는 한반도가 아닐까 생각된다. 우리는 이런 엄청난 SF의 소재들을 다 놓치고 있는 것 아닐까.

여기 있는 나도 나요 / 是我亦我

그림 속 나도 나다 / 非我亦我

여기 있는 나도 좋고 / 是我亦可

그림 속 나도 좋다 / 非我亦可

이 나와 저 나 사이 / 是非之間

진정한 나는 없네 / 無以爲我

조화구슬 겹겹인데 / 帝珠重重

그 뉘라 큰 마니 속에서 실상을 잡아낼까 / 誰能執相 於大摩尼中

하하 / 呵呵

—秋史 김정희의 시 〈自題小照〉 (한양대 정민 교수 譯)
유학자가 마니와 같은 불교의 개념들을 안다. 六字眞言 옴마니밧메훔.
조화구슬(帝珠)의 〈제〉는 제석(帝釋·민속학에서는
the Harvest God)으로 보인다.

15天. 우리는 종주국의 천손민족

단군(檀君)과 마니(摩尼)를 숭모하는 이들은 절규한다. 한반도의 강화도는 지구의 핵점지(核點地)라고. 암스트롱이 달나라에 착륙하면서 웬 '빛의 기둥(제1사도 아담의 현현태/顯現態)'을 보고 나중에 미국 복음주의 기독교의 거두 빌리 그레이엄 목사에게만 고백했다는데, 목사께서 알아보니 그게 대한민국의 강화도였다는 것이다(웃음). 그곳에는 단군의 세 아들이 세웠다는 전설의 삼랑성(三郎城)이 있는데, 또 3명이로구나! 주몽이 부여를 탈출할 때도 신하가 3명 따라왔었고.

88올림픽 직후에 나온 책에 진짜로 이렇게 나왔다. 놀라지 말자. 당시는 한국 여의도의 목사들도 "유럽에서 666의 짐승 적그리스도가 태어났는데, 그게 누군지 어디서 교육받고 누구 보호 하에 있는지 우리가 다 알고 있다! 경거망동 말라! (미국의 에셜론 네트워크로 우리가 다 감시하고 있어)"라고 준엄하게 꾸짖으셨다는 내용을 어딘가의 미디어를 통해 들을 수 있던 세상이다.

쉽게 말해 전설의 1970년대 종교호러 영화 <오멘>에 나오는 '데미안' 꼬마 놈 따위 (한국)기독교에서 마음만 먹으면 언제든지 징벌할 수 있다는 메시지이다. 세컨드 임팩트와 함께 인간의 유전자(DNA)를 이용해 태어난 제17사도 가오루(자유의지의 천사 타브리스) 따위 언제든지 제거할 수 있지(웃음).[38]

<캐산>의 세계에서는, 러시아의 골칫거리인 '카프카즈 산맥 일대(체첸이나 다게스탄 같은 이슬람반군 준동지역)'와 지리적으로 근접한 제7지구에서 일어난 반란세력이 공국수도에까지 침투해서 테러를 자행하는 시대상을 보여준다. 반란군을 진압하기 위해 청년들이 징집되어 '독일군 프리츠 헬멧'을 쓰고는 전장에 투입되는 SF 지옥도가 묘사된다.

전쟁터 병사 치료에 획기적인 개선을 가져올 '신조세포'를 연구하는 과학자의 아들에게도 징집영장이 날아오고 전쟁이 끝나면 결혼하자며 애인을 뒤로 하고 전쟁터로 향하는 주인공. 몽골로이드 인종으로 보이는 현지민들은(당연히 일본인 배우들이니) 베트남전쟁 당시의 인간 부비트랩 폭탄 전술까지 사용하며 저항한다. 민간인과 전투원을 구별할 수가 없어서, 증오가 증오를 부르고 마을 집단학살에 즉결처분과 같이 결국 베트남과 이라크처럼 돌아가는 아시아 끝단 제7지구의 전쟁터….

한편 신조세포 과학자는 부인의 죽음으로 망가져서는 731부대 출신 제약의료산업 재벌의 유혹에 빠져 자금지원을 받고 시체를 이용한 신조세포 실험을 거듭한다. 실험에 이용되는 대량의 시체는 제7지구 전쟁터에서 수거되어 조달되고 있었다. 시체의 대량수송에 이용되는 것이 바로 거대한 요새열차이다. 사실 제7지구에서의 확전(擴戰)도 그쪽 현지민들의 DNA 속에 다수 포함된 신조세포 요소를 추출하기 위한 음모였던 것이다.

테러 발생→확전 강행→시체 확보→극도 실험→늙어가는 대아시아 연방 군부 지도자들의 회춘(回春)을 위한 묘약 완성! 이런 천인공로 할 먹이사슬이 형성되어 있는 것이다. 프랑켄슈타인+좀비식의 공장으로 화한 신조세포 연구소. 실험은 실패를 거듭하다가, 하늘의 도움인지 분노인지 벼락에너지를 맞고 드디어 시체들이 재생되는 기적이 일어난다.

하지만 통제불능 요소를 제거하고 노하우 은폐를 위해 살아난 시체들은 도륙을 당하고, 살아남는 몇몇 '신조인간'들은, 국내의 모 역사소설에서처럼 고조선 재건의 '희망의 별'을 찾아서 서쪽으로 가서 아기예수 탄생을 참관하는 3명의 동방박사가 되는 고조선 유민 특무부대처럼(또 3명이다), <벤허>에 등장하는 문둥병 환자들처럼 천 조각을 휘감고 고난의 행군을 계속하여(이 작품은 무대극/舞臺劇적 요소가 매우 강하다) 우랄산맥 인근의 버려진 '성(서양식 기사 갑옷이 굴러다닌다)'으로 잠입한다.

가장 강력한 힘을 보유하게 된 신조인간인 브라이킹 보스 또한 신조인간 생존자 3명을 부하간부로 거느리고 있는, SF 예수님이다. 근현대사에 자주 등장한 '급조된 정체성'을 주창하며 우월한 '신인류'에 의한 열등한 '구인류'의 지배 또는 절멸을 선언한다. 브라이킹 보스가 '노랑머리 동양인'으로 등장하는 의미를 잘 파악해야 한다.

우리나라 1990년대 초처럼 일본에서는 1970년대 초부터 등장하기 시작한 노랑머리는, IMF시절의 영화 <노랑머리> 시리즈처럼(1편의 주연배우는 실제로 당시 집안이 어렵게 되어 벗는 연기도 마다하지 않았다고 고백한 바 있으며, 2편 주연배우는 야릇한 호기심의 대상이 된 소수자인 트랜스젠더 연예인이 맡았다) 기존질서에 대한 반항아(反抗兒)를 상징한다.

동시에 1904년의 러일전쟁 승리로 인해 노랑머리 백인을 꺾어서 '명예백인'으로 인정받게 되는(흑백차별로 악명 높던 남아연방이 제1차 세계대전 당시 공식인증) 일본인을 상징한다. 1904년까지 거슬러 올라가지 않는다면, 미국과 어깨동무를 하고 '이라크토벌'에 나선(?) 당시의 일본(또는 폭주라고 딱지 붙이고 싶을 고이즈미 내각)을 상징한다. 맞지 않은가. 영어학원 원어민 강사는 가급적 백인(whiteman)이어야 한다. 지금은 그렇지 않겠지만 그게 당시 한국 중산층 이상 엄마들의 이상야릇한 사고방식이었다. 한국인=준(準)백인 의식 말이다.

신조세포 과학자는 아들의 전사 통지서를 받아들고, 드디어 금단의 의식을 결행한다—아들의 신조인간화이다. 그가 바로 캐산(제7지구 현지민들이 신봉하는 신들 중의 하나의 이름)이다.

1967년 베트남전쟁 당시 격렬하기로 유명했던 '케산 전투'에서 따왔는지도 모르겠다. 불사신으로 화한 브라이킹 보스와 불사신으로 화한 캐산의 대결.

그리고 욕심 밖에 안 남은 노인네들의 '영생의 꿈'에 대해 반란을 일으킨 대아시아연방 군산복합체 리더의 아들인, 일본자치군 사령관. 군인귀족 집안이라는 것이 이런 식이다. 늙다리 장군들을 치받아보는 중국 현지 주둔군 대령들과 대본영 작전참모들은 이런 식으로 또 재현된다.

일본자치군 사령관 친위세력은… 나치 독일군 철모를 쓰고 방독면을 뒤집어쓴 익명의 얼굴(미야자키 하야오의 2001년 비유와 상징인, 가면 쓴 외톨이 가오나시/顔+없음)에 마치 1970년대 일본에 등장한 펑크족 같은 검은 가죽 의상으로 무장되어 있다. 권력을 내놓으라고 궐기한 차세대(次世代)를 자칭하는 젊은 놈들도 똑같이 믿을 놈들이 못되었던 것이다. 그리고 그것이 1970년대 '극좌테러와 유혈내분'을 지켜보던 일본사회의 정서였다. 안타깝게도 2011년에는 '시민운동가'들의 민주당이 똑같은 모습으로 전락한다. 구르는 것도 정도껏 해야 봐줄 구석이 있을 텐데.

나치 독일군 철모의 비유는, 사실 오시이 마모루의 전매특허에 가까울 것이다. 1980년대 초에 발표한 만화 <견랑전설>의 극장 애니메이션판인 1999년 <人狼>에 등장하는 디스토피아 일본이다. 작중의 대테러특수부대인 특기대(特機隊·tokkitai)를 서양인들은 '특수기동대(가령 SSWAT)'라고 번역하나 본데, 그런 서양인 자료를 보면 놓치는 것이다. 예전에 '김두한' 유의 사극에서 간혹 나오는 존재가 바로 고등계 형사, 전전(戰前)의 사상문제 전담의 특별고등경찰이다. 이들을 줄여서 특고(特高·tokko)라고 한다. 그리고 1960년대에 '빨갱이'를 잡기 위해 새로 창설된 경찰조직이 바로 기동대(機動隊·kidoutai)라고 불리는 조직이다. 우리나라로 치면 전경과 백골단 정도다.

원작만화에서의 특기대는 바로, 파시스트적 탄압(?)을 상징하는 특별고등경찰과 기동대의 혼합개념이다. 실제로 원작만화에서는 오시이 마모루의 무시무시한 사상(?)의 일단이 드러나는 바, 제복 입은 족속들은 전부 '상관의 명령이나 기다리는 개'이거나 '조직의 울타리 밖에서는 살아가지 못하는 늑대'로 묘사된다. 물론 여기서의 제복이 항상 '경찰관'이나 '군인' 제복을 의미하지는 않는다. 사회로 나가 '양복+넥타이' 제복을 입은 이들마저도 포괄하는 개념이니까 만다.

일전에 사회고발 소설을 쓰고 영화화까지 되어서 꽤나 '사회적 발언권'을 득템했다고 생각했을 모 여성 소설가가 밝은해 각하 정부를 '나치 치하'라고 말했다가 황당하다는 반응을 많이 받았다는데, 나치스의 비유법은 그런 식으로 쓰는 게 아니다. 386들은 아직도 그 시절 수준에서 벗어나지 못하는 것일까. 지켜봐주었건만, 이제는 안타깝다. '스타 탄생 이정희'가 그렇게 부러웠을까. 일본도 전쟁통에 육군과 해군이 다투고 육군도 작전파트와 정보파트가 다투었다지 않은가.

일본자치군(日本自治軍)을 중핵으로 한 대동아연합군의 공중함대가 우랄산맥으로 항진하고, 제1차 세계대전 당시 디자인을 한 전차와 방독면 보병들을 줄줄이 토해놓는다. 밀리터리 분야에서도 마이너에 속할 일본군의 시베리아출병을 SF화시킨 설정으로 보인다.

브라이킹 보스는 직립보행형기동보루(直立步行型機動堡壘)라 할만한 팻맨[39]을 출격시킨다. 전장은 진실로 불교에서 말하는 아수라장(阿修羅場)으로 화하고···. 한국의 '桓檀古記 등속 신봉자'(사이버공간에서는 일명 환빠로 통용)들은 이 작품의 결말을 이미 알고 있다.

16天. 상생의 선민(選民)

바깥은 너무 추워서 뺨을 마른 오징어 찢듯 찢는 것 같고
물오징어 가위로 쭉쭉 썰 듯 써는 것 같은데

집에 들어오니 따뜻하다

바깥은 네온사인에
마천루의 불빛에
해파리 같은데

—김연승 시집《흐린 날의 미사일》中에서 〈바깥〉 2013년.

    1951년 당시 <The Thing>의 주인공은 언제 지구에, 그것도 추워 죽을 정도의 땅에 왔을지 모를 외계생명체다. 인간의 형상을 하고 있는 식물 속성의 생명체인데 인간의 혈액에서 에너지를 섭취한다. 외계인과의 커뮤니케이션을 통한 인류과학의 비약적 진보를 노리는 매드 사이언티스트는 탐사기지의 긴급수혈용 혈액을 외계생명체의 먹이로 줘가며 생명체의 성장을 돕는다.
    '인간의 피를 빠는 식물'이라는 발상에 주목해야 한다. 피를 빠는 유명한 존재는 두말할 나위 없이 드라큘라다. 1931년에 헐리웃에서 영화로 만들어진다. 남미 시장에서도 너무 인기가 있어서 히스패닉계 배우들만을 써서 스페인어판으로 새로 찍어서 시장의 수요를 맞추었을 정도다. 브람 스토커의 흡혈귀 소설을 각색한 그 이전의 영화는 1922년 독일에서 프리드리히 무르나우 감독의 <노스페라투>로 먼저 탄생한다. 하지만 <노스페라투>와 <드라큘라>는 소재만 같지 완전히 다른 이야기를 하고 있는 작

품이다.

뒤에서 상세히 다루겠지만 1922년 <노스페라투>에서의 흡혈귀는 역병(疫病)의 이미지를 품고 있다. 그것도 패전 독일의 혼란기에 동방에서 몰려오는 역병. 하지만 1931년 <드라큘라>에서의 백작(伯爵·count)은 (당시의 성적 기준을 감안하자면) 걸어 다니는 남근(⚦)이다. 그의 눈만 쳐다봐도 미녀들은 녹아내린다. 경제공황 와중에서 민중의 피도 빨고 미녀들까지 독차지하는 더러운 귀족=지배계급.

<신세기 에반겔리온 Q>에서 제-레와 합체한 Mark09이 '아담스의 그릇'이라는 본명의 걸어 다니는 남근이었다는 데 주목하자. SF적 의미의 신(神)과 비슷할 에너지생명체 또는 사념체였던 제-레의 육신으로 등장한 것이 바로 Mark09이다. 사해문서에 기록되어있는지 불명이지만 리리스의 후예인 군체형 사도 리린(人間)의 뇌수/영혼 역할을 하던 것이 바로 제-레(SEELE·독일어로 영혼)였으며, 그들의 수족으로 인류사회(사실 이게 리린의 본의) 위에 군림(?)하던 것이 바로 NERV(독일어로 신경)였다. 간단한 원리다. 뇌는 신경조직을 통해서 인체를 제어한다.

인간도 angel이었고 사도도 angel이었던 셈이다. 제-레 입장에서 보자면 소위 투자가치가 낮았던 적성(敵性) angel이었던 사도들은 모두 섬멸되었다. 리린=인간 입장에서도 사도는 적성생명체(敵性生命體)에 불과하다.[40] <신세기 에반겔리온>의 1990년대는 민족분쟁(ethnic strife)의 시대였다면, 21세기는 테러리즘의 시대였다. 물론 종교적인 관점에서는 극단적으로 말해 둘 다 동족상잔(fratricide)이라고 볼 수 있다(1991년 걸프전쟁 개전 당시 공산주의에 강경한 태도를 견지했던 교황 요한 바오로2세는 끝까지 不戰 해결을 주장했다).

즉, 제-레는 리린과 사도 양쪽에 양다리를 걸치면서(리린에게는 사해문서에 따른 사전대비를 권고하고 한편으로 인공사도=TV판의 가오루와 신극장판의 Mark06를 제작) 사도가 모두 사라지고 스스로가 육체를 얻게 되자 이제는 리린마저 '배제'하고 꿈을 찾아 승천하려했던 것 같다. 이런 걸 아귀다툼이라고 할까. 아귀(餓鬼)도 불교 용어이다.

Q편에서 아스카의 "야비하군! 역시 제-레다운 수법이야!"에서 알 수 있듯이 제-레는 옛날 음모론적인 눈에 보이지 않고 만져지지도 않지만 분명히 작위(作爲)를 일으키고 있는 인간의 '양다리 걸치기 심리'나 '계란은 한 바구니에 담으면 안 된다'라는 냉철한 자본주의 세상의 원칙을 상징하는 존재라고 봐도 좋다. 결론적으로 '피를 빤다'는 것은 지배자 또는 니체적인 초인(超人=übermensch·보통의 인간을 초월하는 존재)을 상징한다.

식물의 속성을 가진 존재. 이것이 두 번째 포인트다. 왜 하필 식물인가? 채식주의자 흡혈귀라니 말이 되는가. 이것은 고도의 비유와 상징이다. 이런 것을 풀기 위해서는 작품 주변의 당대 상황을 알아야 한다. 일단 식물(plant)과 동물(animal) 중에 식물이 지구상에 먼저 태어났을 것이라는 것은 확실하다. (이하의 분석은 필자의 독자적인 판단임을 미리 알려둔다)

그러니 앞서도 언급한 구약 창세기의 생명나무, 붓다의 보리수(菩提樹), 미륵의 용화수(龍華樹), 불교의 약사여래 비슷한 '무환자(無患子·soapberry)나무 환(桓)' 자를 쓰시는 환웅이 내려오신 태백산의 신단수(神檀樹), 그 자체가 말씀이요 빛이요 생명이요 지배자이신 도성육신(道成肉身·미국의 서버에서 인터넷방송도 날리는 전능하신하나님교회의 신문 전면광고에서 사용된 표현)의 박달나무 임금 단군왕검까지 모두 어머니 대지에 뿌리박고 있는 식물인 '나무'의 비유를 써먹고 있는 것이다. 에반젤리온 세계에서 리리스가 땅 속 깊이 유폐되어 있는 이유의 하나이리라.

한국의 '桓檀古記 등속 신봉자'(사이버공간에서는 일명 환빠로 통용)들은 환웅의 아버지 환인이 환국(桓國)이라고 주장하지만[41], 일연의 <삼국유사>에서는 "天어 계서"이라고 분명히 달이 놓았다. 바로 인노신화의 최고신이었다가 포교 목적 상 초기불교의 수호신으로 포섭된 제석천(帝釋天·인드라)을 말한다.

상기 신봉자들의 말대로라면 대충 일본 최초의 군사정권인 가마쿠라 막부의 첩자가, 일본우익의 원조인 현양사(玄洋社)가 동학과 접촉하듯이, 고려 승려 일연과 여차저차하여 함께 몽골에 대항하자면서 만들어진 책이 <삼국유사>라는 것이다. 상상력이 너무 SF적인 수준까지 나아간 것 같지 않은가.

아버지가 신들의 우두머리인 제석천이면 아들은 하늘나라에서 수행을 거듭하다가 다시 육신으로 태어나신 석가모니를 말한다. 그것이 바로 사찰의 대웅전(大雄殿)에 계신 그 분이다. 바로 환웅(桓雄)이다. 석가모니(釋迦牟尼) 그 자체가 '태양의 후예인 사카족에서 나신 현자'를 의미한다 (Sakayamuni).

아버지=태양(삼족오 고향)=환인=광명변재(光明遍在·과거부처인 비로자나)=영생의 나라(신봉자들은 환국 3300여년을 7명의 환인이 다스렸다고 주장)이고 아들=한민족 부처님, 이런 구도가 형성된다. 게다가 그 아내인 웅녀(熊女>곰>감>대감마님?)는 호랑이(범=梵·인도적 原요소)를 시베리아로 쫓아버리고 환웅의 간택을 득템하신 분 아니던가.

'하늘과의 특별한 관계'가 '부처님과의 특별한 관계'로 바뀌었을 뿐이다. 상기 신봉자들의 말대로라면, 단군신화는 아버지 이름은 안 나오는데 아들과 손자 이름까지만 나오는 이상한 구조의, 당시 통념으로서는 생각하기 어려운 기록이 되어버리는 것이다. "아버지가 그 아들의 뜻을 살펴 천부인 3개를 주고 신하 3명과 무리 3천을 딸려 보내니"라는 우리민족 고유의 삼3번 원리인 이 대목이 말이 안 되게 된다. 아버지 이름이 나오고 아들 이름이 나와야 이런 표현을 쓸 수 있는 것이다. 그런데, 아버지가 환국(桓國)이라면, 그것은 집단집성 즉 제-레 스타일이 되어버리는 것이다. 아니면 ADAMS가 되어버리던가. SF와 종교를 혼동하면 안 될 것이다. 이거 뭐, 한민족 사이언톨로지도 아니고.

이게 당시 사고방식으로 말이 될까? 물론 한역불전에는 인도의 천상신들을 총칭하는 집합개념인 범천(梵天·Brahma-Deva)이라는 말이 나오기는 한다. 하지만 별도로 창조주(the Creator)를 특정 하는 범천왕(梵天王·Brahma)이라는 표현도 나온다. 쉽게 말해 범천은 기독교의 3위1체 비슷한 말이라고 생각해보자. 그래야 세부사항은 다르지만 일단 환인-환웅-단군이 3신1체=세검한몸(일연이 사용한 이두 식으로 검>儉>가미=神) 이야기도 가능해진다.

특히나 상기 신봉자들 중에 1970년대에 개창된 증산도에서는 불교도 들입다 엎고 단군대종교도 들입다 엎고 천도교조차도 "서양백인의 서학(西學)에 대항하는 동학(東學)이 오리지널이었는데 백성위주니 민주주의니 하면서 양잿물을 들이키다가 너무 인간편향으로 변해버렸다!"라며 들입다 엎으려 한다. 근본주의 기독교의 사고방식과 너무나 닮아있지 않은가? 결국 하고 싶은 말은 "내가 원조다!" …이걸로 밖에는 안 보인다.

상생출판에서 대중보급용으로 출간한 가격 3000원의 실로 얼마 되지 않을 양인 <桓檀古記 가이드북>만 읽어도 당연히 나올 수밖에 없는 반응을 필자는 지금 서술하고 있다(역시 가격도 우리민족 고유의 삼3번 원리일까).

『환단고기 완역본 가이드북』
(안경전 역주
/상생출판/2013년)

가장 후발종교인 주제에 가장 선발종교를 탄핵하고자 기를 쓰는 상기의 신봉자들은, "혹여 제석"이라는 일연의 표현이 단순한 불교의 수호신에 불과한 존재를 가지고 감히 위대한 세계문명원조국가 환국(桓國)을 깎아내리려는 "불교의 폄훼"라고 주장한다. 이전 것들은 몰로 다 썩었다, 라는 주장이 바로 사이비들의 전형적인 선동술책 아니었던가.⁴²⁾

가장 후발종교인 기독교가 너무 나대니까 사람들이 다들 불편해하는 것 아닐까. 중화독(中華毒), 왜독(倭毒), 양독(洋毒)에 왜 불독(佛毒)은 넣지 않을까? 어차피 까까중들이야 짱꼴라들 등에 쇠파리처럼 붙어서 온 놈들 아니냐, 이런 의미인 것일까. 우리민족이 중국의 진정한 지배민족(Das Herrenvolk)인데 무슨 저런 네팔민족의 할아버지귀신 떨거지나 숭배하고 있느냐, 이런 의미인 것일까?

그리고 일연의 <삼국유사>에서는 환웅이 태백산(太伯)에 신시(神市)를 열었다고 했지, 결코 백두산(白頭山)이라고 말한 적이 없다. "현금 묘향"이라고 분명히 밝혔기 때문이다. "태백산(백번 양보해서 太白山이라고 하자)"은 지금의 묘향산을 일컫는다, 라고 말했다. 묘향산이 어디인가. 바로 지금 시끌벅적한 개성공단에서 머지않은 산이다.

한때 묘향산 관광코스 개발 논의도 오갔었다. 지금의 개성이 옛 고려의 수도인 개경, 즉 송악(松嶽)이다. 북한이 기를 쓰고 중국 관광객을 금강산에 들이려는 이유도 뒤에서 곧 나온다. 몽골-고려의 동아시아 불교세계 말기의 '홍건적의 난'까지 생각해야 한다.

우리나라의 국토는 신성하다. 그리고 우리나라는 이처럼 신성한 땅에 발전했기 때문에 국체(國體) 또한 신성하다고 말해야 한다.

…우리의 황실은 신성하다. 그리고 이 땅의 모든 신민(臣民)들은 신들의 자손이자 천황폐하의 후손이기에 신성하다…천황폐하에 대한 우리의 충성과 애국심은 신성하다. …반면 서구에서 그런 것들은 사적(私的)인 문제이며, 따라서 힘을 잃은 것들이다. 왜 그러한가? 서구 제국에서 백성과 왕은 한 가족이 아니기 때문이며, …사회가 제 자신만을 생각하는 개인(個人)들에 기초하기 때문이다.

―이노우에 엔료, 정토진종의 고명한 학승. 학자 15인의 공저 《존황애국론》에 실린 〈국책, 충성, 효두에 관한 小論〉에서. 1912년.

한국민족종교협의회가 하필이면 꼭 북한의 핵실험이 실시되던 해(2006년→2009년→2012년은 방북 예정임)에 북한에 들어가서 미리 '백두산합동참배행사' 등을 왜 했는지는 모르겠으나, 백두산이 대체 언제부터 소위 민족성산(民族聖山)으로 인식됐는지는 학계의 연구발표를 촉구해야 할 주제다. 대충 생각해봐도, 세종대왕 대에 와서야 현재의 한반도 국토관(國土觀)이 형성되고, 국토산신=단군의 분위기와 풍수지리설이 결합해서 백두산이 도교식의 소위 단황성산(檀皇聖山)이 되지 않았을지 싶다.

1920년대 일본의 후지산 성지화 분위기와 연동되었을지는 더 살펴봐야겠지만, 백두산이 대중적으로 '신성한 땅'이라고 여겨지기 시작한 것은 1920년대 (항일) 민족의식 고취를 위한 국내언론들의 백두산 탐방기 시절이라고 한다.

이 시절은 앞서 언급했듯이 무려 발칸반도에서 일본까지 이어진다는 1925년 〈불함문화론〉으로도 유명해지는 '당대지성' 최남선도 백두산을 순례하고 〈백두산근참기(白頭山覲參記)〉라는 글까지 발표할 정도였다 ('발칸'은 터키어로 산맥이란 뜻). 여기서의 근참(覲參)이라는 표현은 '찾아뵙고 인사함' 또는 '부처나 신에 참배함'이라는 의미를 가지고 있다.

『잃어버린 역사를 찾아서』 2권
(서희건 지음/고려원/1986년)

　백두산(太白山)은 이제 신이 된 것이다. 이런 풍수지리에 따라 남한 경북 영주에 있는 산도 백두대간(白頭大幹)의 맥을 잇는 소백산(小白山)이라는 이름이 붙지 않았나. 대(大)바벨탑이 백두산이요, 소(小)바벨탑이 소백산인 것이다. 강화도 마니산은 초(超)바벨탑일 것이다.
　물론, 사악한 일제는 민족정기를 끊기 위해 백두대간을 무참히 파헤쳐 사람과 동물에겐 필요도 없을 보기 흉한 자동차용 도로를 놓았다는 것이다. 총통(Führer) 박정희를 비판하는 극단적 종교우익들은(!?) 이런 연유로 비판을 한다. 공업화니 뭐니 외쳐대면서 신성한 국토를 훼손했고 물질우위 외래사상을 초래했으며 국민정신개조 운운하면서 그린벨트를 한답시고 신령(神靈)들을 모시는 심산유곡의 그 많은 사당들을 무참하게 철거했다고 말이다. 2003년 이후 일어난 '천성산(千聖山) 도롱뇽 의거'로 시작해 최근의 일부 생태근본주의 불교 및 천주교 세력과 비슷하게 돌아간다.

단군은 도읍을 2번 옮겨서 총 3개의 수도(아사달→장당경→평양)를 통치했던 지배자다. 여기서도 우리민족 고유의 삼3번 원리가 또 나온다. 1908년간을(3의 배수) 통치하고 구월산(九月山·또 3의 배수)에 들어가 산신(山神)이 되었다라고 분명히 말하고 있다. 평양(平壤)의 한자 의미 자체가 '땅을 평정하다'라고도 해석이 가능하다. 구약의 하나님도 '생육하고 번성하라, 땅을 지배하라'라고 위임하시지 않았던가.

1908년을 파자(破字)[43]해보면 1·9·0·8>10·0·8>100·8>108, 불교에서 말하는 번뇌(煩惱)의 수 108이 된다. 즉, 단군왕검도 세상일에 너무 찌들다 보니 108번뇌를 느꼈고 그래서 입산하여 우화등선(羽化登仙)했다는 것이다(이 얼마나 인간적인가). 원래 신인(神+人)이셨으니, 한민족 예수님이다(통칭 야소/耶蘇).

전통적인 사고체계에서는 죽은 후의 혼백(魂魄)은 분리되어 혼은 하늘로 올라가고 백은 땅에 깃든다고 한다. 혼은 고향으로 돌아가시고 백은 땅에 남아 우리 고려민족 백성들을 지켜주신다는 말이다. 그러니 우리 믿어서 하늘에 계신 단군의 혼이 다시 내려와서 이 땅과 결합하는 것을 빌어야 하는 것이다. 바로 그날, 더러운 몽골 놈들도 지상에서 사라진다. 일연이 직접 쓰지는 않았지만(당시로서는 너무 당연한 것이라), 이런 의도가 아니었을까?

그리고 당시 고려의 국경선을 생각해보면, 묘향산은 고려의 북변에서도 머지않은 진산(鎭山)일 것이다. 고려 수도 개경의 위치가 북쪽에 치우쳤다는 측면에서 현재 중국 수도 북경(원나라 이후 계속 공식 수도로 확정)의 위치와 비슷하게 볼 수도 있다. 북변 통제를 위한 군사적 성격을 유추해볼 수 있다. 유사 이래 모든 병화(兵火)가 북쪽에서 왔기 때문이다.

진산이란 그 지역을 진호(鎭護)하여 제사의 대상이 되는 영산(靈山)을 의미한다. 신성한 국토방위를 위해서 신령과 자연조차도 총동원했던 아득한 옛 시절의 흔적이다. 조선 초기까지만 해도 이런 기운이 왕성했다고 기록은 전한다.[44] 제국일본도 말기에 '나뭇가지 하나, 풀잎 하나까지도 병기화하는 정신이 필요하다'고 국민들을 닦달했다.

국토 지리적으로도 동북아시아의 다른 곳에서는 거의 쇠멸했을 샤머니즘-애니미즘적 고신도(古神道)가 온존할 수 있었던 곳이 바로 일본이다(더 동쪽은 바다뿐이다). 그러니 SF적인 Steam Punk라고도 볼 수 있으리라. 영기(靈氣) 에너지로 기계를 움직인다는 일본 특유의 발상도 있다. 그 최종형태가 바로 <신세기 에반겔리온>이다. 신극장판에서 판타지적 요소로 보이는 다양한 아이템들이 대거 사용되었다는 데 유의해야 한다.

일본이 자기나라 땅을 오야시마(大八洲)라고 불렀던 것을 상기해보자. 일본이 '8백만 신들의 나라'라고 자칭하며 전국 각지에 호국신사(護國은 '고코쿠'로 황국과 발음이 같음)가 널려있다는 것을 돌아보면, 이것은 이른바 국토신민족주의(國土神民族主義)의 표현이다.

그리고 중국도 5호16국 남북조 시대 당시 황하 이남의 한족들이 신격화된 불교의 보살들이 거주한다는 동서남북 4개의 산을 '사악(四嶽)'이라 하여 숭상하였던 점을 알아야 한다. 그중 남쪽은 남지나해 상에 있는 환상의 땅이고(중국이 남사군도에 집착하는 이유일까), 동쪽이 바로 (동지나해 위 어딘가에 떠 있다고 설정된 전설의) 금강산(金剛山)이다. 우리나라 동해바다에 연해있는 그 금강산과 이름이 같다.

물론 '상생'을 외치는 이들이 보기에는 이것도 '중화독(中華毒)'의 일례이거나 우리민족에서 시작된 도교신앙이 중국인들을 세뇌시켜 발생한 훌륭한(?) 일이겠지만. 이런 중국 한족의 토속신앙은 도교와 결합되는 경우가 허다하므로(일명 온갖 잡신), 몽골인들이 티벳 원정 갔다가 수입해온 '라마교'가 몽골족 지배층의 비호를 받으며 날뛰던(?) 원나라 말기 종교결사(백련교) 반란에서 시작된 '홍건적의 난' 당시에 이들이(즉, 한족 반란군) 왜 죽어도 좋으니 전혀 관계가 없을 동쪽 땅 고려로 밀고 들어오려 했을지가 이에 밝혀지는 바이다(사실 사위의 나라라서 반란진압군 원조도 좀 보내고 해지만)

어차피 '갈 곳 없는 군대' 꼴이지 않은가. 진시황이 불로초를 구하러 특무부대를 파견했다는 곳도 바로 동쪽의 신선국 부상(扶桑·일본에서도 '후소'로 사용된 지명) 땅, 당시의 고려가 아니던가! 이것은 세계제국 원나라 당시 서양에 퍼진 일본 환상인 '황금의 나라 지팡구' 전설과 비슷한 것이다. 심하게 말하면 사이비종교들의 '약속의 땅'인 것이다. 한국의 '桓檀古記 등속 신봉자'(사이버공간에서는 일명 환빠로 통용)들도 '약속의 땅'을 굳게 믿는 것인가.

17天. 루슬란트(Rusland) 대추장 표트르

문제는 고려 말기 무신 최영도 원나라 반란진압에 투입되었다는 사실이다.[45] 그것도 세계제국 당나라에 치명타를 가한 '소금장수들의 반란'이었던(철과 소금의 국가전매는 한나라 때 확립) '황소의 난'[46] 이후 또 일어난 화남(양자강 이남) 소금장수들의 난이었던 '장사성의 난(근거지는 절강성 및 강소성)'을 때려잡기 위해서였다. 양자강 안팎의 한족들이 얼마나 이를 갈았을지, 그 사람들=군자금 원천의 눈치도 봐줘야 했던 한족 왕조인 명나라 태조 주원장을 생각해보자.

최영이 보기에, 중국 놈들은 한 방 세차게 갈기면 원래 썩어문드러져 있기 때문에 바로 자빠진다는 것이다(중일전쟁 태평양전쟁 때처럼 말이다). 최소한 눈치 보며 세게 나오지는 못할 것이라는 거다. 최영이 원나라로 갈 때 배를 타고 갔는지 육로로 압록강을 건너 요동을 거쳐서 전쟁터까지 갔는지는 모르겠으나 '수박 겉핥기 관광' 식으로 정세를 인식했던 것은 아닐까.[47]

요동정벌론과 북지사변(北支事變) 및 일본군부의 대미인식의 어떤 공통점에 대해서는 필자의 2011년 졸저인 <괴수영화 속의 두뇌전쟁사—백인SF에서 제국일본까지>의 군사관련 논의를 적극 참조하기 바란다. 그것이 바로 그 유명한 동시에, 요란한 3류 민족주의의 아이템인 '요동(遼東) 정벌론'이고 원래 그 지역에 살다가 내려온 이성계가 보기에는 그런 얘기는 황당한 것이다. 그곳이 얼마나 살기가 어렵고 보급이 어렵고 전쟁지속이 곤란한 곳인지는 이성계가 더 잘 알 것이다(얼핏 TV사극 장면을 보니 청년 이성계가 야만족 수준으로 뿔 달린 짐승의 두개골을 머리에 투구처럼 쓰고 등장할 정도).

군사적으로 보아서 이성계의 말이 더 타당하다. 대제국 수나라와 당나라도 그곳에서 전쟁을 오랫동안 지속하지 못했다. 더군다나 당시의 고려에게는 고구려와 발해의 복속민(服屬民)이던 말갈족 용병도 없지 않은가. 그런 여진족 용병은 이성계 그 자신이 부리고 있었잖은가. 그런 여진족도 황야에 살기가 어렵다며 '문명의 복된 땅' 조선에 귀화해서 관작도 받고 땅도 받으려 했지 않은가.

툭하면 '열등인종=야인(野人)' 정벌해서 조상의 고토(故土)로 가자고 하며 선동하는 이상한 반란군 놈들이 나타나니, 이성계는 서북인(西北人)은 등용하지마라며 '자기가 건너온 다리'마저 불태워버리고(서북인 차별 문제) 세종대왕께서는 아예 평양에 단군사당을 지어주고 황해도 구월산에는 삼성사(三聖祠·환인-환웅-단군을 동시에 모시는 사당)도 세워주신 것 아닐까.

백화점 완구코너에서 바닥에 퍼질러 앉아 울어대는 애를 보는 엄마 심정마냥, 이거 안겨줄 테니 그냥 조용히 살아 달라는 위무 책략으로 말이다.

광개토대왕과 고구려의 군사전략은, 제국일본 당시 관동군이 소련군을 맞받아 치기위해 만주 북쪽 끝에 산악요새부터 만들었던 것처럼 침공군을 '안마당(예를 들면 1943년 독일과 소련의 제2차 결전이었던 쿠르스크 기갑전)'으로 끌어들여 축차소모 시켜가며 지치게 해서(수많은 강을 건너고 장거리를 행군하고 식량의 현지조달은 어렵고) 왕성(王城)에 다다르기 한참 전에 결전(決戰)을 건다는 발상인 것이다. 러시아도 나폴레옹전쟁 때 그렇게 해서 이겼고, 러일전쟁 때도 만주에서 그렇게 하려 했지만 이번에는 공산혁명으로 자빠졌지만 말이다.

한국의 '桓檀古記 등속 신봉자'(사이버공간에서는 일명 환빠로 통용)들이 마음속으로 또는 무의식적으로 친연성(親緣性)을 느낄지도 모를 위대한 대독일민족의 아돌프 히틀러 총통도 러시아에서 그렇게 무너진다(스탈린그라드 대회전).

1942년 초까지 소련(모스크바)을 무너뜨리지 못해 독일군의 식량과 연료는 간당간당하게 되었고(앞서의 ギリギリ國으로 화함), 그걸 벌충하려고 우크라이나 곡창지대와 카프카즈 산맥 일대의 지하자원을 얻으러 갔다가(일본처럼 동남아에서 자원을 조달해서 중일전쟁을 끝내야지) 마침내 몸살이 나버렸다. 전쟁사(史)가 왜 중요한지 짐작해주기 바랄 뿐이다.

중국에서 북방 정복왕조에 대항하여 일어난 주요한 대규모 반란은 대부분 불교+도교 냄새의 종교결사를 중심으로 해왔다. 가장 유명한 것이 바로 '황건적의 난'에 대대로 틈만 나면 궐기했던 '백련교도의 난'에 '홍건적의 난'에 교주가 예수의 동생으로 자처한 '태평천국의 난' 등이다. '태평천국의 난' 당시에 태평천국 정부가, 자기들은 기독교를 신봉하는 새 나라이니(청나라 만주귀족들도 라마교 신봉) 원조를 좀 해달라고 서양 각국에 손을 내밀었다는 사실은 차라리 코믹하기까지 하다.

그러니 중국공산당이 '파룬궁(法輪功)'을 그토록 대대적으로 탄압했던 것이며 기독교 전파도 엄격히 제한하고 있다. 옛 제국일본 시절처럼, 중화제국에게도(최소한 군부와 국수주의 지식인들에게는) 기독교는 여전히 '서양백인의 정신침략 사상'인 것이다.

사람은 누구나 자신의 사회적 지위에 따라 행동해야 한다. 지위가 높은 사람은 아랫사람을 가련히 여겨야 하는 반면, 지위가 낮은 사람은 윗

사람을 존경해야 한다. 각자의 역할에 조금도 혼선이 빚어지지 않도록…따라서 유대인의 선전과 전략을 좌절시켜야 한다. 즉, 우리는 자유와 평등을 옹호하는 그들의 사악한 사상에 담긴 오류를 명백히 지적해야 한다. 그러한 사상이 지금까지 세계를 지배해 왔다……아마도 일본이 서양의 물질문명을 들여오느라 몹시 바빴기 때문이었겠지만…그 결과 일본정신이 거의 모두 상실되기에 이르렀다.

일반국민이 개인주의나 배금주의, 향락추구 같은 것뿐 아니라 교활한 유대인이 옹호하는 자유와 평등이라는 사상에 사로잡혔기 때문이다. 이런 상황 때문에 최근 지식인들이 일본정신의 고취를 강력하게 요구하는 것이다.

—1960년대 일본 선(禪)불교 아메리카 전파의 일등공신 격인 조동종 선승 야스타니 하쿠운, 13세기에 조동종을 창시한 도겐 선사의 대저(大著)《정법안장(正法眼藏)》을 쉽게 이해하고 대중이 수행에 도움이 되도록 풀어쓴 요약집에서. 1943년.

구월산은 예전 5공화국 시절의 밀리터리 드라마인 <3840유격대>에서도 나오듯이 바로 황해도 구월산을 말한다. 묘향산도 황해도이고 구월산도 황해도이니(물론 상기의 신봉자들은 당시의 그 산들이 지금의 산들이 아닐 수 있다는 식으로 빠져나감), 즉 우리 '천자국 고려'의 조상이시고 현재 고려의 뿌리지역(近畿·서울에서 가까운 지방)에서 신왕(神王)이 나셨고 또 국토수호신(山神·우리나라가 산이 많다는 사실)으로 우리와 영원히 함께 하고 계신다—일연이 하고 싶은 말은 이게 아니었을까?

신라의 문무왕조차도 왜적을 막는 바다의 수호신이 되겠다며 바다 위에 수중릉을 짓지 않았던가.

1980년대 대백과 '세계의 불가사의'에도 소개될 정도였고, 80년대 퇴마물의 상징일 종교만화 <공작왕>에도 삿갓을 쓰고 도사님 두루마기를 걸친 청룡이 등장할 정도였다. 일본 <古事記>와 <日本書紀>의 저자들도 하고 싶은 말들일 것이다.

군사적으로 생각해봐도, 한나라가 (지금의) 평양을 함락했을 때, 고조선 근위세력들은 어떻게 했을까? 남쪽의 삼한으로 옮겨가서 항전을 지속하거나 말 타고 북에서 온 왕공(王公)을 해서 새 살림을 차렸을 것이고, 비교적 평야지역인 황해도와 평양 일원을 피해 인근의 산악지대로 은신하여 게릴라전을 펼쳤을 것이라는 것은 의심의 여지가 없다.

게릴라가 독자제위께 잘 다가오지 않는 표현일까. 임진왜란 당시의 조선 의병도 본질적으로는 게릴라전=유격전(遊擊戰) 부대다. 유격전이 저항전쟁(抵抗戰爭)의 대표적 형태인 것은 다 아는 사실이다. 구한말 항일의병도 마찬가지다. 맥아더 전기에도 언급되듯이, 맥아더가 한반도 지형을 척 보니 '산악이 많아 유격전을 펼치기에 천혜의 환경'이라고 다 나온다(맞네, 정말 그랬었네…거시 관점의 중요성이 이러함).

그랬던 맥아더가 산악지역에 은신하며 항공정찰을 피해 야음을 틈타 진공해온 중공군에게 뒤통수를 맞았으니 안타까울 따름이다. 맥아더는 정말로 로마제국 시절의 대전략 영웅 수준이었던 것이다.

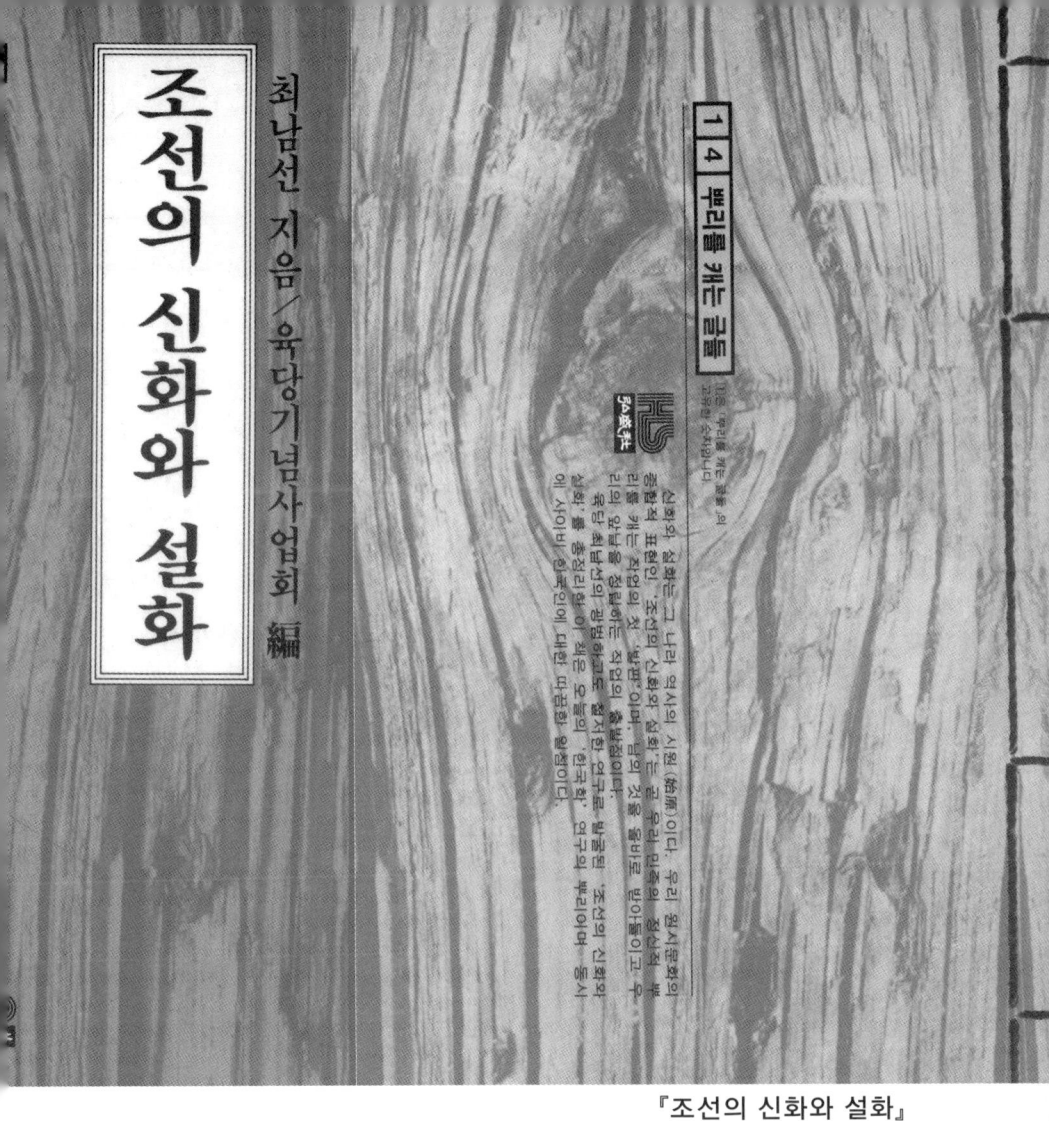

『조선의 신화와 설화』
(최남선 지음/홍성사/1983년)

18天. 묘청의 난—천군강림! 걸거뤼(大爲)

우리 고려민족(?)의 어버이이신, 그 자체가 말씀이요 빛이요 생명이요 지배자이신 불광하느님(佛光·빛과 불교는 인연이 많음)이자 도성육신(道成肉身)의 박달나무 임금=단군왕검은, 당대 최고 지식인일 일연의 불교적 세계관에 의하면 미래부처인 구세주(messiah) 미륵불이 되어야 한다. 그래서 암울한 몽골제국 치하의 횃불이 되셔야 한다. 백제와 신라의 전투 국가도 미륵불을 지극으로 신봉했다. 그뿐인가?

1924년의 <조선상고사>를 통해 고대 그리스인의 지중해변 무역 식민 도시 네트워크(어차피 당시 도시=polis 밖은 다 야만인들 아닌가)를 연상시키는 '그레이트 백제(超百濟)'의 산동반도 및 일본열도 지배를 주장한 단재 신채호를 비롯하여 한국의 '桓檀古記 등속 신봉자'(사이버공간에서는 일명 환빠로 통용)들이 자주구국의 원조로 숭앙하는 듯이 보이는 대사건이 바로 1천여년 전의 고려 초기 '묘청의 난'이다.

당시 묘청이 주장하던 바가 평양 천도와 금나라 정벌이다. 고려 북쪽 발해 유민의 후예들이자 고구려 수도 평양에 대해 아련한 로망을 품고 있을 세력이 보기에는 구미에 딱 맞을 말이 아닌가.

더군다나 여진족은 고구려와 발해를 거치면서 대대로 '시다바리'였던 말갈족의 후예가 아닌가. 우리가 잠시 몽골고원 출신 야만족일 거란 놈들의 머릿수에 밀렸지만, 그런 '핫바리(下僕)' 놈들이 감히 부처님나라인 고려와 동급인 천자(天子)를 자칭하니 도시 어찌 참을 수가 있겠는가.[48]

문화의 전달이 원활하게 이루어지는 범위는 땅과 피(Blut und Boden)에 의한 공동의 범위라고 할 수 있다. 호메로스의 시(詩)가 최초로 유포된 지중해 연안은 다름 아닌 그리스어를 사용하는 같은 헬라스족이라고 서로 믿고 있는 사람들의 주거지였다. 그리하여 문화공동체는 일정한 폐쇄성을 형성했다. 이것을 우리는 '민족'이라고 부른다. ……민족의 의의는 이와 같이 '땅과 피에 의한 공동의 범위로 제한된 문화공동체'로 규정할 수 있다.

—와쓰지 데쓰로, 도쿄제국대학 문학부 윤리학 교수,
《윤리학》에서. 1942년.

세계사는 이런 미싱링크(missing link)를 연결하여 우리의 지식과 판단을 확장시키기 위해 필요한 것이다. 이게 국사책에 서술되지 않았을 당시 묘청과 서경파의 속내일지도 모른다. 열등인종 정복해서 지배민족으로 다시 군림하는 거다—과감하게 표현하자면, 딱 이 말이다.

무려 1990년에 안노 히데아키가 감독한 <이상한 바다의 나디아>에서도 그런 이들이 등장하는데, 태곳적에 지구로 조난당한 외계인 아틀란티스인이 초과학의 힘으로 자신들의 노예로 창조한 '인조인간'들=하인용 열등인종인 현생 지구인류를 다시금 지배하고자 파쇼결사를 만드니, 그것이 바로 네오아틀란티스이다. 최남선, 신채호 둘 다 대종교와 깊은 교류관계를 맺고 있었다고 대종교 스스로 자랑한다.

그렇게 묘청이 국호를 '대위(大爲)'로 칭하며 궐기하니 북쪽사람들의 로망일 옛 발해 왕조의 성이 대(大) 씨였다는 것은 그렇다고 치자. 말갈족과 함께 핵심 근거지인 요동~평양 지역에서 당나라 내륙의 수용캠프 도시인 영주(營州)로 집단 강제이주를 당해서 고통받다가[49] 당나라에 맞서 반당(反唐) 거란족 및 말갈족 추장 걸사비우와 함께 반란을 일으킨 이가 바로 발해 시조 대조영(大祚榮)이다. 유대민족 비슷하게 돌아간다.

한자만 봐도 원래 이름이 저럴지 신화적으로 창씨개명을 한 것인지 의심스럽지만 그쪽은 전문이 아니니 넘어가기로 하자. 이때 진압군으로 당나라가 내세운 것이 더러운 배신자인 친당(親唐) 거란족 추장 이진충(李盡忠)이다. 당나라 황실의 성을 하사할 테니(조선 이씨왕조 성과 같은데 이성계가 거란족이었던가) 이름대로 충성을 다 하라는 흉악한 음모(?)가 엿보인다. 결국 당나라와 고구려의 대결은, 북방 야만족(barbarian·野人)에 대한 종주권 행사와 문화전파 게이트키핑을 누가 하느냐를 놓고 한판 붙은 세계사적인 대사건이었던 것이다.

거의 유대민족 애굽탈출 수준의 대사건 아니겠는가. 당나라의 고구려 유민 강제이주는 진짜로 우리민족史 첫 번째로 등장하는 대량 강제이주일지도 모르겠다. 최근에 중국 쪽 자료에 의해 밝혀진 바에 의하면, 한나라가 서역 공략기지로 건설한 지금의 감숙성 서쪽 끝에 있는 둔황(敦黃·불교미술 벽화와 조각으로 그득한 대규모 석굴로 이름 높은 바로 그곳)에 고구려와 백제 유민을 강제이주 시켰다고 하니, 당나라 조정이 아니면 명줄유지가 어려운 변방수비대로 만들어버린 것이다.

삼국(三國)은 중원문명의 공인 전투민족이었던 것이다(다 알 수 있는 <드래곤 볼>의 슈퍼사이어인). 하기야 백제와 고구려를 멸망시킨 당나라 장군 소정방조차도 서역 출신이었다고 한다. 그러니 당나라는 서역출신 무장들의 반란으로 망한다(일명 절도사들의 난). 우리민족은 서양사에서 알려진 '잃어버린 로마군단'이 된 것일까.[50] (그런 우리민족의 후예가 바로 지금의 터키인들이라고 일각에서는 말한다)

고구려가 만주에 세운 천리장성은, 붕괴 직전 문명(文明)의 마지막 찬연한 '소신공양'이었다. 이스라엘의 요르단강 서안 보안장벽의 할아버지격일 위대한 천리장성. 아마 인근 말갈족 마을들도 노역에 꽤나 동원되었을 것이다. 주인님(master race)들이 저렇게 열심히 하시는데 아랫것들이 당연히 성의를 표해야 하지 않겠는가.

고조선 멸망 이후(왕성 함락 기준)에야 유격전(저항전쟁)을 펼치면서 훗날을 도모해본 다음, 계산이 서면 한나라에 투항해서 관작을 받든가[51], 아니면 한반도 남쪽 또는 만주 내륙으로 이주해서 새 나라 세우면 그만이었을 데니끼.

건방진 당태종 이세민을 박살내준 고구려 대장군 연개소문의 피붙이들도 그렇게 아들과 삼촌들이 갈라섰다.[52] 참고로 우리민족사상 두 번째 대량 강제이주는 병자호란 후의 '50만 노예 납북'이 될 것이고 세 번째는 1937년 스탈린의 한인 중앙아시아 강제이주일 것이다. 추잡한 유대인 놈들. 마르크스, 레닌, 트로츠키가 셋 다 타락한 도시에서 타락한 글줄이나 써대던 유대인이었지.

서양식 사회과학은 자아에 대한 오해, 즉 '나'의 의식에 바탕을 두어 왔고, 그러한 의식을 발전시키려 한다. 그것은 이분법(dichotomy·二分法)이다. 그 결과 사회과학은 이분법이라는 관념을 강화해서 갈등과 싸움을 초래했다. 심지어 전 인류가 파멸할 수도 있는 위기를 조성하기까지 했다.
　　—파쇼일본 시절 반유대주의를 설파하다가 1960년대 일본 선(禪)불교 미국 전파의 일등공신 격이 되어버린 조동종 선승 야스타니 하쿠운. 자신의 미국인 제자들에 행한 설법(說法)에서. 1969년.[53]

대조영의 할아버지 이름이 고구려 장군 걸걸중상이라고 한다. 걸걸(乞乞)은 순우리말 '걸걸하다' 등에서 흔적이 남아 있듯이 대(大)의 의미이다. 북방 부여의 개구리이고, 고구려이고, 걸걸이고, 고려이다.

대위(大爲)를 한자의미와 별도로 이두 식으로 읽으면 (지금 발음 기준으로) 대충 '걸걸위>걸거뤼' 정도 되지 않을까. 거기다가 뭔가를 이룩한다는 다양한 의미의 '위(爲)' 자 속에 부여와 고구려 로망의 신조(神鳥)일 까마귀(烏) 비슷한 획부도 들어가 있지 않은가. 부여>고구려>발해의 가슴을 방망이질 치게 하는 선동의 기호들—인도에서 수입한 새하얀 미친소는 너희나 처먹어라, 이 개경 놈들아.

『다물』
(김태영 지음/
정신세계사/
1985년)

어찌 (일부) 발해유민계가 감읍하여 눈물을 흘리며 함께 궐기하지 않을 수 있겠는가. 일단 정권부터 잡고, 일이 여의치 않으면 꿩 대신 닭이랬다고 '북쪽' 열등인종 정복전쟁 대신에 '남쪽' 열등인종 지배왕업을 하면 되지 않겠는가.[54] 조선민주주의인민공화국 별자리들도 '남조선'의 혼혈화(즉, 劣性 발현)가 우려된다고 남북회담 석상에서 대놓고 말했다지 않은가. 그러니 다 알 수 있는 일들이다. 북조선은 혈통부터가 우성(優性)인 곳이다.

승려(그랬다, 그는 승려였다) 묘청은 국호를 대위(大爲·걸거뤼), 연호를 천개(天開·하늘이 열리니 개천절의 기원일까)로 선포하고 자신을 천광미륵장군(天光彌勒將軍)으로 칭하고, 반란군을 천견충의군(天遣忠義軍)으로 이름 짓는다. 이기면, 장군들은 봉작군신(封爵君臣)이 되고 장교들은 총독이 되고 병사들은 지주가 된다. 전쟁터 근처에서 커피 잔 나르는 심부름만 해도, 일단 이기면 나도 마름 정도는 할 수 있을 거야.

아일랜드 독립투쟁을 다룬 좌파감독 켄 로치의 2006년 영화 <보리밭을 흔드는 바람>과 아일랜드 테러투쟁 전략의 발명가인 1996년 영화 <잭콜린스> 정도만 봐도 다 알 수 있는 일들이다. 왜 정치가 뭔지도 잘 모를 동네 껄렁패 10대 소년들이 우르르 쏠려서 장총을 들겠는가.

여기서도 불교와 메시아 미륵(maitreya)과 하늘은 너무나 당연하게 결합이 되는 것이다. 미륵신앙은 한중일 삼국 중에서도 특이하게 우리민족과의 관계가 매우 깊다. 발해(渤海)의 애초 국명이 '대진(大震)'이니 '대동방국' 또는 '큰 벼락같은 위세의 나라'로 볼 수 있다. 무속의 '보살장군'이나 '벼락신장' 등의 명칭은 다 이런 내력이 있는 것이다.

후고구려의 승려왕 궁예도 국호를 태봉(太封)에서 '마진'이라고 고쳐 붙이고 미륵불(彌勒佛)을 자칭하고 자기 아들은 청광보살(靑光菩薩·청색은 주역에 따르면 동쪽을 상징)로 부르게 했다. 마진은 마하진단(摩訶震檀)의 약칭인 바, 마하는 불경의 관용구인 보살마하살(菩薩摩訶薩)의 준말로서 높을 고(高)를 의미하며 진단(震檀)은 팔괘 상의 동쪽에 속하는 진방에서 유래한 말로, 합쳐서 '위대한 동쪽'이나 '대동방국' 정도의 의미이다. 한역불경에서는 서쪽의 인도를 천축(天竺)이라 부르며 그 동쪽의 중국을 진단(震檀)이라 부르는데 점차 중국 더 동쪽의 우리나라를 지칭하는 표현으로 옮아온 바, 이는 중국보다 더 불교화 되어가는 시대상을 반영하는지도 모르겠다.

당나라 멸망 후 5대10국의 난과 또 반복된 남북조 시대 당시 이번에는 북방민족도 유교를 활용하고 통일을 이룩한 한족왕조 송나라도 유교를 떠받들었기 때문이다(조선의 국교 성리학은 이 시절에 성립한다). 송나라가 요나라와 금나라에 밀려난 남송 시절에는 그 유명한 죽림칠현(竹林七賢)의 염세적 세속도피 분위기가 만연했다고 한다. 그랬던 고려도 러시아 괴승 라스푸틴 같은, 요승(妖僧) 신돈과 함께 망한다. 원나라가 라마교와 함께 무너졌던 것처럼.

명나라 한족 조정이 라마교와 같은 패거리일(?) 화북 불교를 어떻게 보았겠는가. 고려 말 신진 사대부들이 어차피 '땡중'들과 한 통속일(?) 신돈의 국정농단을 어떻게 보았겠는가. 중원이나 한반도나 '땡중'들을 방법해야 왕씨(王氏)의 권속이나 화북의 귀족들이 바쳐서 먹은 걸 토해내지 않겠는가. 일본의 오다 노부나가도 그랬고, 5공 신군부도 비슷하게 그래봤을 것이다.

하여간, 이 모든 '생각의 나무(mind map)'가 불교문화에 대한 기초소양이 있어야 가능한 연쇄작용이다. 절에 가서 선 체험(temple stay)을 한다고 나오지 않는다. Church Stay로 동남아 관광객들에게 어필을 해보겠다는데, 건투를 빌 뿐이다. 거기 돈 많은 화교들은 영국이나 네덜란드 영향으로 기독교 많이들 믿는다. 둔황에 낙하산 투하되었던 고구려·백제 유민들이 당나라 조정에 목을 매지 않을 수 없었던 것처럼 말이다. 현지인들에게는 어디서 뚝 굴러온 이물질든이었겠지만.

보살의 초기 번역어가 고사(高士)였음을 감안한다면, 고구려라는 국명도 혹시나 이에 영향을 받지 않았을지 연구해 볼 일이다. 고구려의 옛 이름들은 한자야 어떻던 발음상 '구려'였기 때문이다. 고려를 현대 중국어로 '가오리'라고 발음하고(현재 시진핑 정권의 상무부총리 이름이 장가오리/張高麗이다) 고구려가 현대 중국어로 '가오거우리'라고 발음되는 것을 안다면, 고구려 시조 주몽을 쫓아낸 부여(夫餘)의 금와왕(金蝸王)이 상징하는 바도 어느 정도는 이해가 된다.

이두(吏讀)를 구사할 줄 알았던 승려 일연의 의도로 보면, 말 그대로 쇠(牛·설렁탕의 재료인 소를 의미) 또는 금개구리 아닌가. 개구리>가오거우리>가오리(당시 우리 토착어 발음은 이 사이 어딘가에)로 이어지는 상관관계만 알면 된다. 소+개구리라면, 부처님에 대한 여러 비유법 중의 하나가 바로 '하얀 소(白牛)'이다.[55]

하늘나라에서 강림한 환웅도 서자(庶子) 아니었던가. 콩쥐도 구박 받고 살았고 홍길동도 서자였다. 흥부도 대소태자와 같은 나쁜 형 놀부에게 박해를 받았다.

일본의 하얀 새(白禽·시라토리)인 오우스왕자(日本武尊·야마토타케루)조차도 아버지와 형에게 박해 받았지만 콩쥐처럼 지극정성으로 국명(國命)을 봉행했다. (80년대 계몽사 어린이 한국의 동화처럼 늘어놓고 보니 진짜 그렇구나)

쇠(金)는 주역 상의 서방을 의미하며, 색깔로는 오방(五方)의 정중앙인 황(黃)과도 연결된다. 민족종교 계열의 자랑대로 '유불선 삼교일합'의 비빔밥DNA 대화합 상생정신이 우리민족의 주특기인 것이다. 그쪽 바닥 또는 한국의 '桓檀古記 등속 신봉자'(사이버공간에서는 일명 환빠로 통용)들의 주장대로라면 역시 일본민족은 우리 한민족의 지도를 받은 것이었다. 우리민족은, 야마토(大和) 그 자체였다(웃음).

19天. 프로이트의 새(The Psycho Bird)

조사(祖師)의 문하에는 불법이 존재하지 않거늘, 선법당(善法堂) 안에서는 인의에 관하여 말씀하지도 마시오이다! 비록 이와 같으나, 일이란 꼭 한결같은 것이 없는 것이오이다! 가만히 듣건대, '슬프고도 슬프도다! 부모님께서 나를 낳으시느라 수고를 아끼지 않으셨으니, 그 깊은 은혜에 보답하고자 하나 하늘처럼 끝이 없도다! 그러므로, 이 신체발부(身體髮膚)는 감히 상처를 내어서는 아니 되도다.'고 하셨으니, 이것은 노나라 공자님의 효도인 것이오이다!

삼계(三界)를 돌아다니면서 은애를 끊지 못하다가도, 은혜를 버리고 무위(無爲)에 드는 분이 진실로 은혜에 보답하는 분이오이다! 그러므로 크게 깨달으신 부처님께서 설산(雪山·히말라야)에서 고행을 하시다가 마가다국에서 도를 이루신 뒤에 도리천에 오르시어 어머니를 위하여 설법을 하셨으니, 이것이 석가님의 효도인 것이오이다!

큰 해탈을 얻으시고 큰 신통을 부리시어 손에는 금고리 석장을 잡으시고 손바닥에는 용머리 바루를 드시고 지옥문으로 들어가시어 우뚝 서서 찾으시다가, 그 어머님을 보시고는 한량없이 슬피 우셨으니, 이것이 목련존자(目連尊者)의 효도인 것이오이다!

—세계 최초의 목판인쇄물인 〈직지심경요절〉의 저술자인 고려 말의 고승 백운선사. 그는 14세기 중반에 열반에 들었으니, 유교국가 조선왕조가 개창되기 불과 50여년 전 세상에 대한 만화경(萬華鏡)을 제공해준다. 〈범우고전선43—백운화상 어록〉에서.[56]

유불선 삼교일화는 위에서 보듯 이미 고려 말기의 고승들도 다 체득한 원리이다. 일연은 왜 수륙 양서류인 개구리를 들고 나왔을까. 그것은 한국 불교의 가장 큰 행사인 수륙재(水陸齋)를 보면 풀린다. 땅과 물에 사는 온갖 만물의 넋(또는 영혼)이 좋은 곳으로 가도록 천도(薦度)하는 행사이다. 즉, 수륙은 땅/흙과 바다/물이며 '온세상'을 의미한다. (7개의 눈 위에 얼굴을 가리는 서양식 투구를 쓴 Mark06는 목련존자일지도…웃음)

못난 금와왕과 결탁해서 주몽을 박해한 대소태자의 이름도 대소(大小), 즉 '정도가 자심한 소인배'라고도 볼 수 있다. 주몽(朱蒙)의 붉은 색은 주역에서 남방=주작(朱雀)을 상징하며 몽(입히다+덮어씌우다+싸다+덮개 등 envelop의 의미)은 蒙古=몽골로 연결될 수 있으리라. 즉, 금와왕과 대소태자는 (넓게는 주몽까지도) 모두 실제 사람이 아니고 상징체계일 뿐이라고도 볼 수 있다. 다만 일본은 이런 작업을 나당연합군의 일본상륙 공포에 떨며 우리나라보다 5백여년 먼저 시작했을 뿐이다.

그 결과물이 <고사기>와 <일본서기>라는 쌍두독수리 영취산(靈鷲山·부처님 최후의 설법장소)이다. 1997년 EVA세계의 <The End of Evangelion>에서 묘사한 서드 임팩트(Third Impact·그래서 눈이 3개 발현) 발동 장면에서, '양산기+거대레이+AT필드 공명' 장면의 도상배열(圖像配列)이 아마 영취산일 것이다.

제석천, 석가모니, 미륵보살, 그래야 과거-현재-미래의 시공간이 맞아 떨어지는 것이다. 미륵은 원래 보살이었다가 미래불로 점지 받아 열심히 수행하는 것으로 여러 불경에서 묘사된다. 보살이었던 미륵이 미래불로 승격되듯이, 단군왕검께서는 조선왕조 건국 111년 전인 1281년의 고려에 다시 강림하셔서 고려민족을 구원해주셔야 한다.

그러니 이분은 몸 자체가 부처님이 천축에서 거하셨던 곳이자 생명을 낳은 비유와 상징의 총체일 '나무'이신 분이어야 한다. 나무아미타불도 있지 않은가. 남무(南無)가 아니라 나무(Namas·歸依)이다. 불교세계인 고려 때 본격 유입된 중국제 풍수도참 세계의 자식인 '남(南)조선'일 것이다. 너무 좋은 시이니 한 번 더 음미하자. 서드 임팩트 발동 묘사와 엮어보자.

작은 새 하나

가녀린 나뭇가지 위에

미동 없이 머문다

얼음처럼 깨질 듯한 냉기를 뼛속까지 견디며

서로 측은하여 함께 있자 했는가

모처럼 세상이

진실로 가득해진 그 중심에

이들의 화목이

으스름한 가락지로

끼워져 있다

—김남조 시인, 17번째 시집 《심장이 아프다》 中에서
〈새와 나무〉 2013년.

새도 나오고 나무도 나온다. 중국 전한(前漢) 시절 지금의 몽골 서쪽에 오손(烏孫)이라 불리는 종족이 있었다. 말 그대로 '까마귀의 자손'이다. 5호16국 시절 지금의 내몽골 동쪽쯤 오환(烏桓)이란 종족이 있었다. 환(桓)이라는 한자에서 보듯 일연은 여기서 분명히 우리민족의 북방기원설을 확신하며 집어넣고 있는 것 아닐까. 정확히는 서(佛方)+북(水方)의 방향.

<삼국유사>의 고구려 건국신화를 보면, 천제(天帝)의 아들 해모수(당연히 햇님)가 까마귀깃털관(三足烏 출처)을 쓰고 오룡거(五龍車·중국 道敎나 우리 仙敎의 오행 또는 오방장군+용은 초기불교 시절부터 부처님에 대한 비유어)를 타고 내려왔다는 것이다. 그리고 물을 상징할 하백(河伯)의 딸 유화부인과 서드 임팩트를 일으켜서 리리스의 알(Lilith's Egg·검은 달)인 주몽이 태어난다. 어쨌거나 도대체가 '성수(聖數) 3'과 '나무'는 불교와 더불어 우리민족과는 떼려야 뗄 수가 없는 관계인 것이다.

단군대종교가 인류젖줄 송화강[57]을 강조하는 것도 이제 이해가 된다. 단군의 신하인 우사(雨師) 운사(雲師) 모두 물이 근본이지 않은가. 한국수자원공사 공익광고처럼 물은, 생명인 것이다. 가쓰라기(葛城) 미사토 대령이 그토록 갈망(渴望)하던 욕조 속의 물―목욕은 생명의 세탁. 세컨드 임팩트와 사도들의 붉은 피의 목욕재계로 세상은 다시 태어난다. (…?)

이제 우리민족의 신성한 국토인 한반도는 그 자체가 거대한 생명의 나무가 되었다. 지구 위에 우뚝 선 찬연한 '빛의 기둥' 나라(최첨단 우주공학의 암스트롱과 미국종교 빌리 그레이엄 목사마저 인증했다). 전 세계 보리행(菩提行)으로 진군할 거제(巨提)의 땅이다. 고려의 민족지성 일연이 여기까지 생각지는 전혀 않았겠지만, 앞서 다양한 예를 들었듯이 그러함이 틀림없다고 일념으로 자기세뇌를 행하는 세력이 있다.

미쿠니고토바(皇國語)는 신대(神代)가 시작될 때부터 있었던 자연스런 우리 황국말로서 그 복됨과 기묘함은 다른 여러 오랑캐 말(戎狄語·융적어)들과 함께 논할 수 없다.

―모토오리 노리나가, 일본의 18세기 국학자[58]

집필 중의 제보로 알게 되었지만, 일본의 중세 이후 집성되었다는 소문만 도는 일본판 <桓檀古記>라 일컬어지는 <다케우치 문서>니 그런 걸 신봉하는 '일본민족종교'니 하는 이들도 아마 이렇게 재미난 논리구조를 조립해나갔으리라 100퍼센트 확신한다. 그들에게 조국 땅 일본열도는, 생명의 나무가 자라나는 곳이다.

1997년 EVA세계의 극장판 <The End of Evangelion>에서 '수많은 눈'을 가신 생명의 나무가 일본의 하늘 위에서 탄생했다. 2012년 극장판 <ヱヴァンゲリヲンQ>에서 이번에는 어찌된 일인지 '엄청난 피'를 뺀 초급(超級)으로 거대한 버섯나무(♠)가 일본의 땅 속에서 탄생했다. (제목 자체로 엄청난 비밀을 노출 중)

밝은해 각하(∞) 말씀대로 기본으로 돌아가자. 모든 것을 창조적으로 생각해야 한다. 밝은해 각하의 패러디를 사용하면서 그것을 진실로 깨달았다. 간단하다—"범용사람형결전병기(汎用ヒト型決戰兵器) 인조인간(人造人間) 에반겔리온"이다. 일본어 히토(ヒト)는 '사람(人)'을 뜻하는 훈독이다. 하지만 '홀로'인 히토리(ひとり)와도 통한다. 작품이 주는 메시지 속의 이런 뉘앙스는 이미 알고들 있을 것이다. 홀로사람(ひとり人)이 아니라 사람사이(人間)인 것이다. 이것이 지식인 논법 세계인 소위 '간(間)의 철학'이다.

드디어 태양의 후예인 부처님과 만나니, 태양여신 아마테라스의 히토(日徒·햇님을 좇는 사람들)인 것이다(♠). 종교에서 말하는 인간(人間)의 의미란, 원래 불교에서 '이 세상 전체'를 뜻하는 표현이다. 고로 인조인간이란, 사람이(人) 만들어 낸(造) 세상이라는(人間) 의미가 된다. 그러고 보니 옛 TV판 에피소드 제목 중에도 있었다. '사람이 만든 것.'

2009년 신극장판의 서드 임팩트가 그것을 보여줬다. 1995년 사린테러로 악명을 떨친 정통 과학자 출신의 옴진리교 대간부 무라이 히데오 자리에 어느새 앉아버린, 그 자신이 적나라하게 벌거벗은 나무(赤木)인 과학자 아카기 리쓰코 박사가 마치 1990년대 한국의 종로 명동이나 대학로 신흥종교 가두 전도사들처럼 흥분한 목소리로 선언했듯이, 세계가 멸망하는 것이다. 아마 그래서 2012년 Q편에서, 퇴위하고 출가해서 머리 깎고 절로 들어갈 뻔했던 히로히토 천황처럼, 방주(Wunder 또는 Bunda·둘 다 독일어)의 아카기 부함장은 여자의 생명과 같은 머리를 짧게 쳐버리고 참회의 시간을 보내온 것이리라.

세계가 멸망하는 것이다. 날개와 함께. 우리는 모두, 원래 왔던 곳인 천국으로 날아가는 것이다. 가프의 문 저 너머의, 시초문명(始初文明) 아틀란티스의 고향으로. 옛 TV판 제25화의 제목처럼 '끝나는 세계'인 것이다. 옛 TV판 제26화의 제목대로 '세상의 중심에서 사랑을 외친 짐승'의 각성을 지켜보며, 세계가, 멸망하는 것이다.

2012년의 에바 Q편을 보라. 에반겔리온은 의도와 상관없이 세상을 만들어 내버리는 존재다. 즉 '꿈의 그릇(최신 과학소재인 유도만능줄기세포)'인 셈이다. 실제로 미국에서 먼저 명성을 얻고 그 후에 본국을 개척하는 전략을 펴는 것 같은 기쁜소식강남교회 박옥수 목사는, 하나님의 역할을 일반인 대상으로 저렇게 설명한다. 매우 알기 쉽게 머리에 쏙쏙 들어왔다고 밝혀두자. 뭘 알리려고 해도 새로운 흐름에 대해 공부를 해야 한다.

1995년 TV판 중반부의 정리 에피소드와 1997년의 극장판 <DEATH>편에서 큼지막한 자막으로 계속 강조한 '人造人間 에반겔리온'의 개념을 축소판으로나마 가장 뚜렷하게 보여주는 존재가 바로 2012년에 등장한 (극장판 전용 신종사도일) '아담스의 그릇'이다.

Mark09라는 존재는, 제10사도 제루엘Ⅱ+에반겔리온 0호기+아야나미 레이(리리스의 혼)+에반겔리온 초호기(리리스의 카피)=서드 임팩트[59], 그 역사(力事)의 현장이 강제로 결합해제 당한 뒤에(?…재미를 보는데 벌컥 문을 열고 들어오는 바람에 2010년의 박쥐신부 송강호처럼 난감해하는 상황) 일명 '神의 잔여물(상세는 불명임)'로 다시 분리추출된 물질을 반죽해서 건조된 놈이다(상세 메커니즘은 당연히 불명).[60]

당연히 육적으로는 아담(♂)+리리스의 하이브리드(이번에는 ♀랑인 종)인 것이다. 그래서 제-레의 마지막의 마지막 카드였던 놈이다. <신세기 에반겔리온> 신극장판 시리즈의 메시지 중 하나가 바로 하이브리드(hybrid)이다.

우성발현 하이브리드이니까, TV판에서의 'LCL의 형성력'과 같이 '두 번째 레이의 잔류사념'에 반응해서, 필요도 없지만(바보신지 현혹 디코이용) 0호기 비슷한 머리를 달고 있고(미니 가프의문 같은 안구가 회전식인데 0호기는 전방고정식), 신지를 위한 ICBM급 사쿠라바나(?) 로켓육탄 당시의 로켓형 부스터를 임의로 만들어내고(3위1체이니 분사구는 3개만), 막판에는 없던 머리에 12개의 눈까지 즉석에서 만들어 달고 나오는 것이다.

앞서 언급한 '神의 잔여물(the residue of God·초호기+카시우스의 창 분리공정 부산물)'에 푸욱 담가두었던 존재가 바로 에반겔리온 제13호기일 테고 말이다. 그러니 바보신지의 '어서 창을 뽑아 새 세상을 만들어야지' 하며 멍청한 열정에 쏠려서 없던 팔도 즉석에서 2개씩이나 더 만들어내고 말이다. Residue는 잔여 또는 잉여(剩餘)를 뜻하는데, 제13호기용의 된장항아리로 사용된 것이 TV판에서 강력한 이미지를 심어준 제12사도 레리엘이다.

'날개(破)'편에서 제9사도인 바르디엘Ⅱ가 즉석에서 팔을 2개 더 만들어낸 요령이 바로 '人造人間'의 고순도살의(高純度殺意)이다. 꺼진 불도 다시 보자, 식이지만 TV판 에피소드 제목 중에도 있었다. '사람이 만든 것.'

일본과 북한에서 일어난 후천개벽으로 우리가 기존에 알고 있던 물질계는, 다 멸망하는 것이다. 그것이 바로 본받을 만한 자주국가인 김일성태양민족의 조선민주주의인민공화국(☝)에서 볼 수 있는, 저토록 절절한 총폭탄 정신으로 천황폐하(∞)를 결사옹위 하는 국체의 본의(國體の本義)이다.

절대 웃음이 나올 대목이 아니다. 반복하지만, 이제 우리민족의 신성한 국토인 한반도는 그 자체가 거대한 생명의 나무가 되었다. 복음(good news)의 나팔소리(evangelism)인 롱기누스의 창들(신극장판 요한계시록의 7개 나팔)이 일으키는 공명이 울려 퍼지는 가운데 지구 위에 우뚝 선 찬연한 '빛의 기둥((勃起·erection)' 나라인 것이다. (일부 특이한 사람들에게) 1980년대 제5공화국 시절의 소위 '건전가요' 가사처럼 '원하는 것은 모두 얻을 수가 있고 뜻하는 바는 모두 이룰 수 있는 은혜로운 이 강산, 신세기(新世紀) 우리민족의 신성한 국토인 이 한반도는, 진정한 에반겔리온이다.

『다물』 뒷표지
(김태영 지음/
정신세계사/1985년)

단기 4348 년,
즉 서기 2015 년,
서울.

30년 동안 냉동되었던 민족사학자 최만주는 홀연 되살아난다. 냉동의학도인 아들에 의해 65세에 냉동되었던 그가, 30년간의 동면에서 깨어났을 때, 조국은 이미 20년 전에 통일이 되어 있었고, 그 판도는 중국 하북 지방과 만주, 몽고, 시베리아, 연해주 일대를 지배했던 광대한 고조선 시대의 영역까지도 회복되어 있을 뿐 아니라, 바이칼호 동부 시베리아까지도 조국의 영토임을 발견한다.

**조국은 이미
세계를 주도하는
강대국이 되어 있었다.**

강대국의 지위를 천여년 만에 회복할 수 있었던 국민의 철학과 사상·역사 의식은 무엇인가? 이 소설은 이러한 궁금증까지도 개연성 있는 추리와 논리로 생생한 현장감 속에 설득력 있게 펼쳐 보이고 있다.

• GPS가 내장되어 있음으로 위성을 통하여 감시, 추적을 할 수 있는 장치 내장

"누구든지 이 표를 가진 자 외에는 매매를 못하게 하니 이 표는 곧 짐승의 이름이나 그 이름의 수라" [계13:17]

칩의 이식 위치가 계시록 말씀과 같은 오른손이나 이마에 받게 되는데 이곳에 받아야 피부 온도의 적절함으로 내장된 배터리가 자동충전되므로 영원히 사용할수 있다고 합니다. 내장된 배터리의 원료 리튬 또는 수은 성분으로 인하여 불량품이 던 어떤 이유로든 체내에 납 성분의 유출로든 (계16:2) 말씀과 같이 악하고 독한 헌데가 (악성종기 또는 피부암) 짐승의 표를 받은 사람들에게 난다고 기록하고 있습니다.

이 베리칩은 빌 클린턴 대통령 당시 2000년 6월 26일 인간의 유전자 코드를 완성하고 이날을 '세기의 날' 로 선포하였으며 당시 상공부장관 놀만미네타의 (일본계 미국인)의 건의에 의해 2000년 10월부터 128DNA가 내장된 베리칩이 생산되기 시작했으며 이때부터 베리칩은 짐승의 표로 완성된 면모를 갖추게 되었습니다.

인간에게만 있는 고유의 3백만 개의 염색체 분류조합인 128유전자 코드가 컴퓨터 프로그램의 조정으로 변형 가능한 것은 첨단 과학계, 의학계는 이미 확증된 사실이며 적그리스도가 원하는 적절한 그 때에 우리들의 하나님의 거룩한 형상 (영혼)을 지워 버리고 적그리스도에게 복종하는 로봇으로 전락시키는 것입니다. 이러한 일들이 공상과학 같은 이야기처럼 보이지만, 선택에 여지없이 우리 모두는 실존하는 현실의 시대를 살고 있습니다.

예수님을 믿고 구원을 받았던 사람일지라도 베리칩이 이식되면 본인의 의지와 상관없이 하나님을 알지 못하는 자로 바뀌게 됩니다.

▲미국 시골뜨기 음모론 및 공화당계 근본주의/복음주의 신학의 영향을 받은 것으로 보이는 익투스선교회 찌라시에 의하면, 미국의 민주당은 클린턴과 오바마를 내세워 신의 나라 아메리카를 사탄의 땅으로 개조해나가고 있다는 것이다. 더러운 자유주의(liberalism)에 맞서서 우리 한민족이 선봉에서 서서(종주국) 이번엔 역으로 미국을 영적으로 정화시킬 날이(식민지) 머지않았다는 것이다. 도시화와 과학발전에 대해 문화 및 정신지체 현상을 보이는 것이 또한 (민족종교건 양키종교건) 그 바닥의 공통점이다.

"누구든지 짐승과 그의 우상에게 경배하고 이마에나 손에 표를 받으면 그도 하나님의 진노의 포도주를 마시리니 그 진노의 잔에 섞인 것이 없이 부은 포도주라 거룩한 천사들 앞과 어린 양 앞에서 불과 유황으로 고난을 받으리니" [계 14:9~11]

때가 되면 그들은 수단과 방법을 가리지 않고 사람들에게 접근할 것입니다. 이미 미국은 2010년 3월 오바마 대통령의 적극적인 추진으로 3년이라는 준비 기간을 두고 건강보험 개혁안이라는 간판으로 위장하여 그 법이 통과되었으며 미국 국민 모두는 앞으로 본인의 의지와 관계없이 칩을 받아야만 하는 현실입니다.

세계의 중심국이라고 자부하는 미국에 현실이 이러할 진대, 우리에게 닥친 일이 아니라고 마음 놓고 있을 수 없습니다. 우리는 깨어서 준비하는 주님의 신부가 되어야 합니다. 우리를 위해 주님께서는 말씀해 주셨습니다.

"무화과나무의 비유를 배우라 그 가지가 연하여지고 잎사귀를 내면 여름이 가까운 줄을 아나니 이와 같이 너희도 이 모든 일을 보거든 인자가 가까이 곧 문 앞에 이른 줄 알라 내가 진실로 너희에게 말하노니 이 세대가 지나가기 전에 이 일이 다 이루리라" [마 4:32~34]

▶大桓帝國(대한제국이라고 발음해야 함)은 성령의 새 '하얀 새=시라토리' 대신 '검은 새=삼족오'를 모시고, 동투르키스탄 및 티벳의 전토를 보호령으로 삼는 미래를 묘사한다. 일제 관동군 계획이잖아! (웃음)

20天. 지구가 정지한 날

　　동양을 보존하려는 황국의 정책을 받들어 황국 일본의 신민들은 10억 유색인민(有色人民)의 인도주의적 운명에 대한 책임을 진다. 화북사변을 맞게 된 것은 깊은 고통의 시간이지만 동시에 학정(虐政·서양 백인에 의해 이식된, 이라는 의미까지도 포함되었음─글쓴이)을 제거하는 시간이기도 하다.
　　　　　―불교 주요종단들로 구성된 범불교 조직 묘화회(妙和會)의 성명,
　　　　　　1938년 7월 12일. 중일전쟁의 도화선이 된
　　　　　(서양명) 마르코폴로다리 사건, (중국명) 7·7사변 1주년 5일 후.

　　흡혈귀가 식물성이라는 1951년 SF영화 <The Thing>은 줄기세포 역할을 한다. 옛 SF영화들이 그런 줄기세포 역할을 매우 많이 해왔다. 식물>나무>생명수의 동양적 비유법은 충분히 살펴보았으니, 서양적 비유법을 잠시 살펴보자. 이미 거의 답이 나와 있겠지만, 아담과 이브 앞에 목소리로만 등장하시는 하나님의 산물인 '생명나무와 그 열매인 선악과'를 의미한다.

　　여기서, 생명수(生命樹)+선악과(善惡果)=완전체(完全體·perfect being)라는 매우 중요한 비유법이 나온다. 창세기에서 하나님의 모습을 우리가 쉽게 인식할 수 있는 형이하학적인 방식으로 보여준 유일한 사례가 바로 이 '나무'인 것이다. 이브가 사악한 뱀에게 유혹당해 뉴욕시티(Big Apple)를 꿀꺽하고, 아니 사과를 따먹는다. 2007년에 등장한 <신세기 에반겔리온> 신극장판의 세계에서 리뉴얼한 제-레의 가장 큰 특징이 바로 '7개의 지혜의 눈'과 얽혀있는 뱀과 사과의 마크이다.

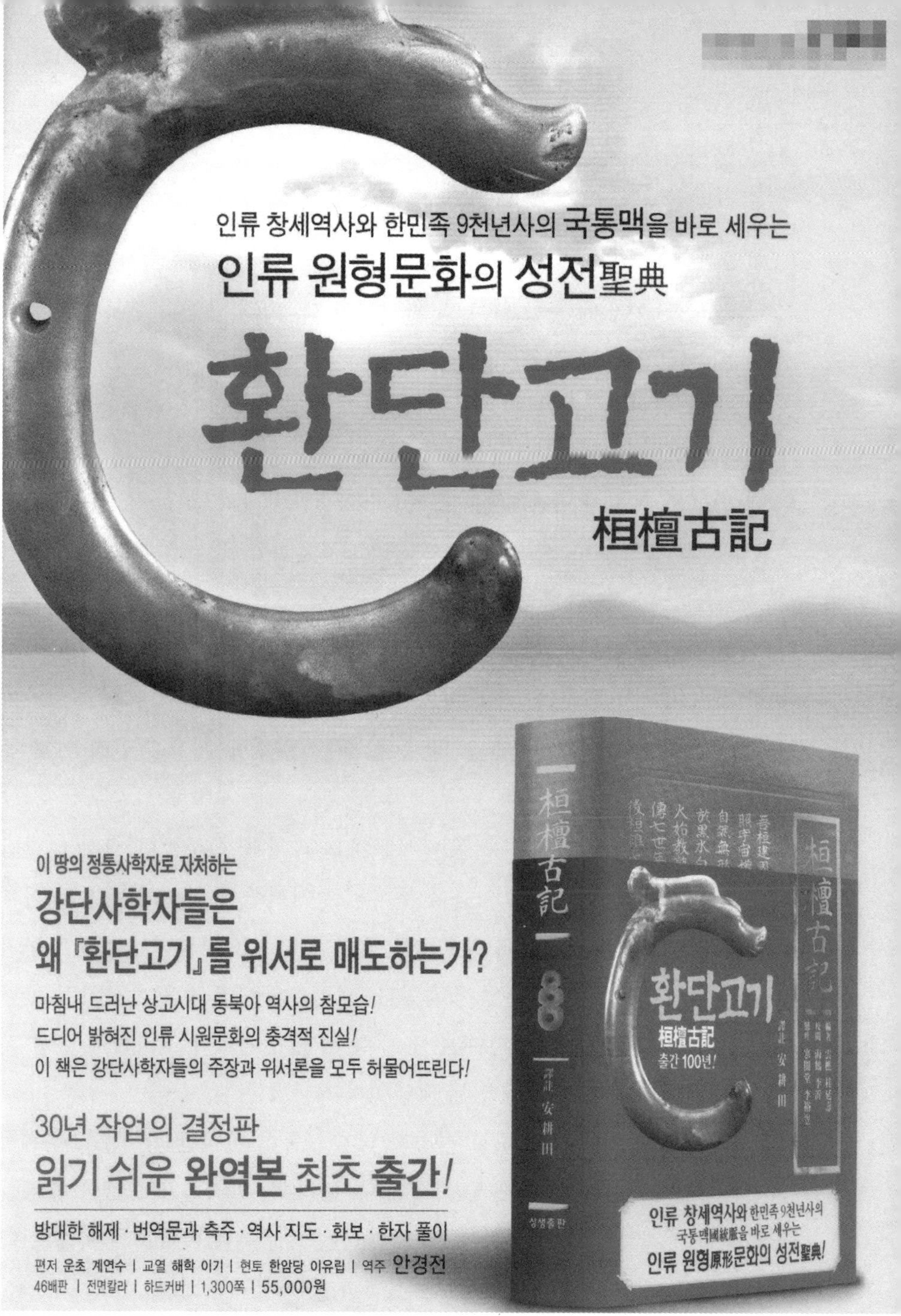

『환단고기』 홍보용 전단지

성서의 완전수 7에 의거해서 해석하면 '7개의 지혜의 눈'은 신안(神眼)을 일컫는다. 제-레는 인간에게 '지혜의 열매(實果)'를 삼키게 유도한 '뱀'이었던 것이다. 거기다가 이번 제-레는 석판(태블릿·작중에서는 monolith 라고 표현) 뒷면에 눈을 하나 더 가지고 있다. 머리 문양의 한복판에 박혀 있는 심안(心眼)일 것이다.

머리 주변에 산스크리트 문자 아닐까 싶은 이상한 문양도 좀 있고 말이다. 엄밀히 말해 뱀 마크의 눈까지 합하면, 총 9개의 눈이 번뜩인다. 13체였던 제-레의 멤버가 7체로 줄어드니 9×7=63, 6+3=9, 6×3=18, 18=9×2, 1+8=9. 놀랍구먼. 어쨌건 9로 시작해서 9로 끝난다.

1951년은 한국전쟁에 중공군이 개입해서 완전히 새로운 전쟁으로 화한 기념비적인 해이다. 여러 가지 정황을 종합하면, 당시 미국의 보수 기독교 진영은 6·25한국전쟁을 '반공 십자군 성전'에 가깝게 인식한 것 같다.

당시는 Big Apple이던 뉴욕에서조차도 가톨릭 신부들이 새로 태어난 아이들에게 '맥아더'라는 이름을 무더기로 지어줄 정도로, 중서부와 서부 내륙지역에서는 의원들의 사무실로 맥아더 원수를 지지하라는 지역구민들의 전화가 봇물을 이루었다고 한다. 개신교와 가톨릭을 불문하고 반공전선의 총사령관인 맥아더 원수에 대한 성원과 지지가 그만큼 높았던 것이다. 맥아더 전기에 나와 있는 내용이다.

이 정도였으니, 히로히토 천황과 궁중그룹이 바티칸의 비오12세에게 전화해서 미국과의 전쟁에서 중재에 나서달라는 공작을 시도했을 충분한 이유가 존재하는 것이 된다. 당시 바티칸은 1930년대 비오10세 이래로 반공을 강조하며 유대인 탄압을 못 본 척하여 '히틀러의 교황(Hltler's Pope)'이라는 비난을 받고 있었다.

그들은 세계전략이 있었다. 미·영 자본이 주된 타겟인 1940년 멕시코의 유전 국유화 조치도 혹시 일본과 독일이 지지를 확약함으로써 뒤에서 부추긴 것은 아닌지 모르겠다. 특히나 일본해군은 큰 관심이 있었으리라. 왜냐하면 1940년 일본군이 프랑스령 인도차이나연방의 허수아비 총독부를 협박해서 인도차이나 북부에 진주하자, 미국이 일본에 미일수호통상조약 폐기를 통보했기 때문이다. 즉, 전쟁물자로 중요할 고철과 석유를 더 이상 팔지 않겠다는 것이다.

일단, 바티칸을 움직이면 미국 동부와 중서부의 가톨릭계 이민 집단(아일랜드 및 이탈리아계가 절대 다수이며 기타 폴란드 등의 유럽계)에 영향력을 행사할 수 있게 된다. 유럽의 보수적인 농촌지역 출신 이민자들인 이들 집단에게 미국에서의 '성공 몫'을 빼앗아갈지도 모를 공산주의에 대한 공포심은 꽤나 설득력을 띠고 있었던 것이다.

거기다가 북쪽의 빅브라더(大兄) 미국에게 꽤나 감정이 있을 중남미 국가의 민심도 움직일 수 있을 터이다. 언제부터인지는 모르겠으나, 일본은 미합중국(United States of America)을 북미합중국(北米合衆國)으로 부르기 시작했다. 1930년대 조선의 신문들이 이런 용어를 썼다는 것은 일본 본토에서도 그렇게 썼다는 증거이다. '지들이 뭔데 남북 아메리카 통합 냄새냐?' 이런 심리가 작용했을 것이리라.

언어의 힘이 이렇다. 당시 국어사전에서도 '천손민족'은 야마토민족이라고 가르쳤듯이, 건방지게 중국(中國)이 아니라 지나(支那)인 것이며 주제넘은 아메리카합중국이 아니라 북미합중국이라고 진실에 입각해서 어린 백성을 '올바르게' 가르쳐줘야 하는 것이다. (북한도 그러고 있겠지)

일본은 미국-영국-중국-네덜란드의 ABCD 포위망에 맞서 오히려 앵글로색슨 역(逆)포위공작, 미국 WASP 고립작전을 펼치고 있었던 것으로 생각된다. 그렇게 되면 선거에서 가톨릭 표를 의식해야 하는 미국의 '썩은 민주주의 시스템'으로 인해(지금의 일본이 그 꼴이잖아) 자연스럽게 미국도 그만하자며 일본에 시그널(signal)을 보낼 것이라는 계산이리라. "우리가 바로 이걸 노리고 최후의 승리를 위해 교활한 유대인의 자유주의 개인주의 사상과 앵글로색슨 데모크라시와 투쟁해 왔던 거라고!" (웃음)

궁극적으로는, 가톨릭 중심의 비WASP 세계를 반공(反共)으로 일치시켜 반공이 국시 중의 하나인 일본과 싱크로 시키고 그 여세를 몰아 WASP 내의 반공주의 요소도 자극하여, 어쩌면 조만간 있을지도 모를 (최종전쟁 1단계 계획인) 악의 거성(citadel) 소련과의 반공성전(Anti-Communism Jihad)에 일본도 출정하는 데에 후방지원 세력이 될 수 있도록 하는 데까지 공작하는 것, 그것이 히로히토 천황과 궁중그룹의 전략이 아니었을까 재구성해본다.

있을 성 싶거나(probable), 그럴싸하거나(plausible) 이런 단계는 넘었을 분석이리라. 20세기 초반의 러일전쟁도 그렇게 해서 결국 이겼다. 러시아·독일·프랑스 삼국간섭 대 일본·미국·영국·유대인 반(反)포그롬 연대의 격돌이라고 볼 수 있다(프랑스의 숨은 반유대주의는 드레퓌스 사건으로 증명되었으며 러시아의 경우는 앞서 언급했다).

여기까지 해서 외계인이 무엇을 비유하느냐는 밝혀냈다. 1951년판 <The Thing>에서는 주인공들이 군인들이고, 이들이 얼음 속에서 발견한 UFO에 대해서 군 상층부는 '보존' 지시를 내린다. 왜냐하면 미국에 없을지도 모를 기술이 소련에 넘어가면 안 되기 때문이다. UFO 사건은 국가안보 문제로 격상된 것이다.

그리고 고전SF 작품의 필수 아이템 매드 사이언티스트(mad scientist)가 등장해서(영화사적으로는 젊음=회춘을 조건으로 악마와 거래한 파우스트 박사나 신의 영역을 넘본 프랑켄슈타인 박사 등의 후예) 예상될 바 대로 사태가 악화되는 것이다. 물체X는 전기의자 처형을 연상시키는, 땅바닥 부설식 전기장치(지뢰)의 고압전류로 처분된다.

그리고 1933년 괴수영화 <킹콩>에 의해 확립된 거대짐승/대중매체 연관성의 비유에 의해 괴수물 및 SF 영화에 거의 필수 아이템으로 등장하는 기자가 이 작품에도 등장한다. 기자는 처음부터 미군 훈련을 동행하다가 외계인과 UFO라는 특종거리를 발견하자, 생사를 다투는 군인들 옆에서 "도대체 언제 내 특종을 보도할 수 있느냐?"라며 다그치는 역할을 한다.

물체X가 숯덩이로 변해버리고 보도관제가 풀리자 기자는 잘 다듬어진 우아한 문장으로 보도를 시작한다. "여러분의 머리 위를, 하늘을 조심하십시오." 진지하게 생긴 인텔리 기자의 황당한 멘트는 한국전쟁 시기까지 맹위를 떨치던 매카시즘 광풍에 대한 풍자이다. 사실 '빨갱이 사냥'의 근원지일 조셉 매카시 상원의원 그 자신부터가 미국 내의 '자유주의 성향 동부기존체제 WASP'에 대해 뭔가 배아픈 심사를 가진 양반이었다는 것이 정설이다(eastern establishment라는 표현이 미국에 존재한다).

불교가 전적으로 전쟁에 반대하는 것은 아니다…평화는 인간의 자연스러운 이상이다. 평화는 인간 최고의 이상이다. 일본은 평화를 사랑한다. 그래서 전쟁에 참여하기는 해도 언제나 일본의 전쟁은 평화의 전쟁이다…우리가 만일 인류에 대한 사랑 때문에 국가를 잊는다면 진정한 평화는 기대할 수 없을 것이다.

―아라이 세키젠,
조동종 총무원장(administrative head·寬主), 1925년.

1951년 같은 해에 태어난 침략SF인 <지구가 정지한 날>에서도 UFO 착륙으로 상징되는 '비미국적인(un-American) 이물질(로서의 공산주의)'에 대한 언론과 대중의 극심한 알레르기 반응이 자세히 묘사된다. 이 작품이 SF 역사에서 중요한 이유는 바로 '지구 감시자'라는 설정 때문이다.

1920년대 말부터 등장한 미라나 드라큘라나 프랑켄슈타인 같은 초창기 호러영화에서 이국적이거나 개성적 냄새가 뚜렷한 동유럽 이민자 출신 배우들이 주연으로서 성가를 올렸다. <지구가 정지한 날>에서는 '동유럽계로 보이는 미국인'으로 변신한 외계인이 워싱턴 시내 곳곳을 돌아다니면서 '지구인'들의 반응을 관찰한다. 하지만 모두 히스테리뿐.

외계인은 백악관과 통하는 고위 당국자를 찾아가서 정체를 밝히고 '세계평화'를 위한 각국 지도자 회의를 요구한다. 가칭 '은하연합'에서 지구인을 관찰하니 전쟁을 너무 좋아해서 언젠가는 우주로 튀어나와서도 전쟁을 퍼뜨릴 것 같으니 '자제'를 요구할 목적의 공식사절로 자신이 왔다는 것이다. 지도자 연석회의에서 자기가 정체를 밝히고 지구에 온 목적을 설명하여 전쟁과 살상을 그만두도록 하겠다는 것이다(당연히 당시의 미중의 한국전쟁과 미소의 핵실험 경쟁이다).

하지만 각국의 이해가 얽혀서 지도자 연석회의는 소집되지 않고, 또 국가안보 문제가 얽힌 듯 오히려 당당할 우주대사(宇宙大使)일 외계인을 구금하려는 시도가 행해진다. 외계인은 이번에는 지도급 과학자의 자택으로 찾아가서 지식의 힘을 보여주면서 우주대사임을 납득시키고 과학자는 세계 톱클래스 과학자 대회를 개최하기위해 동분서주 한다(그쪽 나름의 네트워크가 있는 듯하다).

과학자는 망설이는 동료들을 설득하기 위해 '당신의 존재를 증명할 방법'을 알려달라고 한다. 드디어 진실의 순간이 오니, 외계인은 모종의 초(超)과학력을 통해 지구상의 모든 동력원을 일시에 정지시키기에 이른다. 전기는 나가고, 자동차는 길 위에서 스톱하고 전화는 걸리지 않게 된다. 사실, 신(神)이 아니라면 누가 이렇게까지 할 수 있겠는가. 이 순간 우주대사는 신(God)임이, 아니 우리가 지금까지 신으로 믿던 존재가 우주대사임이 증명된 것이다. 하느님의 정체는 외계인이었다(웃음).

외계인의 의도에 위협을 느낀 군 당국은 칩투된 UFO를 공격하지만 호위로봇의 공격을 받고는 순식간에 재만 남기고 모습이 사라져버리는 탱크부대. 외계인은 다시 자신의 우주선으로 돌아와서 하늘 높이 올라가서 사라진다. 마치 이런 메시지를 남기고 가듯이. "잘 해라. 다시 와서 숙제 검사한다, 언젠가."

이 작품의 '지구 감시자'라는 개념은 하느님이 '감찰(監察)하시는 분'이라는 성서적 표현의 변용으로 보인다. 하느님은 우리 모두 각자를 세세히 감찰하시어 생명장부에 기록해두셨다가 우리가 죽었을 때, 그리고 최후의 심판 때 이를 낱낱이 다시 보신다는 말이다. 가톨릭에서는 '천사들'이 하느님의 눈 역할을 보조하겠고, 개신교에서는 하나님 자체가 '거대한 눈'이시기 때문에 그딴 인심현혹용 나부랭이들은 필요가 없다는 식으로 설명하리라. 감찰(監察)에 관해서는 하느님 그 자신이 '걸어 다니는 안구(眼球)'이시며 판옵티콘(panopticon·근세의 원형감옥)이다. 하늘의 CCTV가 우리의 일거수일투족을 지금도 관찰 중인 것이다.

감찰(監察·inspection)이라는 한자어가 크게 활용된 대표적인 SF작품이 바로 획기적인 메카닉으로 큰 반향을 일으킨 1982년도 <초시공요새 마크로스>의 극장판일 1984년의 <초시공요새 마크로스—사랑, 기억하고 있습니까?>이다.

<초시공요새 마크로스> 자체는 우주 저편에서 날아온 '남성(♂)'만 존재하는 '거인족(♂)' 외계인 젠트라디가 지구를 침공하고 꼬마 지구인들은 어느 날 갑자기 하늘에서 떨어진 노아의 방주(方舟)와 같은 전장 2천 미터가 넘는 거대한 전함 마크로스를 주력으로 저항전쟁을 펼치는 작품이다.

　'젠트라디'에게는 문화(文化)의 개념이 존재하지 않기 때문에 머릿속은 항상 전쟁 생각만으로 가득 찬 기괴한 종족이다. 문화가 없기 때문에 이들은 지구인의 영상 대중문화를 접하고 '공황' 상태에 빠진다. 그 문화라는 것이 바로 '아이돌 가수'의 영상과 노래다. 당시 현실의 일본에서 크게 피어나기 시작한 '아이돌 문화'를 SF적으로 훌륭하게 조합해냈다.

　지구군은 젠트라디와의 전투에 앞서 항상 거대한 홀로그래피 아이돌 뮤직비디오를 띄우고(일명 민메이 어택·당시 일본의 중국 붐에 맞춰 중국계 가수 린민메이가 등장), 이것을 보고 넋이 나간 젠트라디 거인족들은 차례차례 대포밥으로 화해가는 것이다.

　마크로스가 지구탈환 작전에 나서는 동안 지구 전역이 전쟁으로 이미 황폐화하고, 문화의 위력에 눈을 뜬 젠트라디 일부가 '축소화 시술(지구인 사이즈로 자발적 소형화)'을 받은 뒤에 "언제까지 이렇게 야만적 전쟁만을 하며 살 거냐? 이제는 인간답게 문화를 향유하며 살아야지 않겠는가?" 이러면서 지구인들과 합류해서(이것이 상생이요 화합이다), 대우주 어딘가의 또 다른 가주행성을 찾아 함께 여행에 나선다. 마크로스는 진정한 방주(方舟)가 된 것이다.

　이 쇼킹할만한 설정의 TV 애니메이션의 극장판인 <사랑, 기억하고 있습니까?>편에서, 이번에는 '여성'으로만 구성된 '거인족' 멜트라디도 등장한다(여성우도 거대화되면 폭주하는 것이 공식). 젠트라디와 멜트라디, 그리고 지구인 모두 수수께끼의 고대문명이 만들어낸 피조물들이었다.

그리고 거인족들의 '문화오염' 확산을 막기 위해서 대우주 저편에서 젠트라디軍 전체의 활동을 제어하는 감찰군(監察軍·거대한 인간형 전능 컴퓨터가 주축)의 모함이 드디어 지구 근처에 모습을 드러낸다(달의 몇 분의 1 크기로 묘사하는 것이 더 빠를 듯하다). 그리고 이들을 따라 배신자 처단에 나서는 수많은 젠트라디 함대가 워프로 모습을 드러낸다. 그 장면은 요한계시록의 황충(蝗蟲·메뚜기) 무리였다.

외계인의 수뇌부 군세가 한자어로 번역된 성서의 냄새를 팍팍 풍기면서 '감찰군(監察軍)'이라는 이름으로 나타난 것이다. 그 다음 1990년 안노 히데아키 감독의 <이상한 바다의 나디아>에서였다. 앞서도 잠시 언급했지만 <초시공요새 마크로스>와 공히 엄청난 정보량이 축적된 작품들이다. 2013년 영화 <잉투기—Battle of Internet Trolls>에도 우정출연한 초인기 만화 <진격의 거인>의 선조들이다.

21天. 시선권력의 Ray
―각하의 레이저 눈총은 정력을 감퇴시키고

안노 히데아키 감독의 1990년 TV작품 <이상한 바다의 나디아> 속의 외계인 파쇼결사 네오아틀란티스는 드디어 최종병기의 발굴과 기동에 성공한다. 국회의사당의 섬 여의도보다 훨씬 더 클 것일 거대한 UFO형 비행병기인 '신성대요새 레드노아'가 바다 속 저 밑에서 고요히 잠들어 있던 구(舊)아틀란티스 왕국의 잔해에서 궁창(穹蒼·푸른 하늘을 지칭하는

『환단고기』
홍보용 전단지

성서의 표현)으로 떠오른 것이다.

　대부분 놓치고 지나갔을 것이지만, 신비주의식으로 잠시 노출되는 레드노아의 바닥면은 거대한 거울과 같다(푸른 하늘과 구름이 그대로 다 비치는 장면이 나온다). 지나가는 땅 위의 모든 것을 비추는 거대한 거울, 그것이 하등한 피조물인 지구인에 대한 '신벌(神罰)의 도구'인 레드노아(Red Noah)의 진정한 이미였다. 지상 피조물들을 시키 않고 감찰하는 하느님의 몰래카메라이다.

　그 이전에 등장한 네오아틀란티스의 거대한 공중전함 '데우스 우키나 마키나'도 선체의 아래, 지상과 마주보는 바닥면에 거대한 눈이 박혀 있다. 거대한 폭탄에도 눈이 박혀 있다.[61] 사실 네오아틀란티스의 모든 병기에는 '눈(power)' 문양이 박혀있다. 심지어 어뢰에도 선단부에 눈이 있다. 이것은 당시 개발된 스마트폭탄(1991년 제1차 걸프전쟁 때 맹활약)의 비유이다. 그리고 바로 이 스마트폭탄에 비친 전자영상으로 시작하는 필견(必見)의 SF작품이 바로 오시이 마모루의 1994년작 <기동경찰 패트레이버2—1999 Tokyo War>이다.

　기독교나 불교나 신격(神格)들은 '눈'이 강조된다. 이집트 피라미드 내부에도 눈 문양들이 많이 보이며, 인도나 네팔의 불교사원들에는 커다란 눈들이 그려져 있다. 부처님을 지칭하는 관용어도 '눈 뜨신 이'이다. 타인을 관찰할 수 있는 위치는, 작위(作爲)가 강조되는 권병(權柄)까지는 아니더라도 의사에 반해 보기 때문에 부작위(不作爲)적이지만 곧 권력(權力)을 의미한다. 눈, 더 나아가 시선(視線)은 권력과 등치될 수 있다(현대적 해석으로는 특히나 여성의 몸에 대해서).

189

눈에서 빔을 뿜어내는 동서양을 막론한 초창기 SF의 로봇들은 모두 '시선=권력'의 초기 의미를 내포하고 있다고도 볼 수 있다. 그런데 사실 이런 로봇들은 일본의 시각계열 SF(만화 및 애니메이션)에 압도적으로 많을 것 같은데, 아마도 이것은 한자어 감각이 한 역할을 했을 것이라 생각된다.

광선(光線), 열선(熱線), 엑스선(X線), 감마선(Γ線), 적외선(赤外線), 자외선(紫外線), 우주선(宇宙線), 방사선(放射線), 겟타선(Getter線)…등 에너지원과 연결된 의미로 나아가다보니 시선이 그 범주에 들지 않았을까. 우스갯소리로 하자면 메카라빔(目からBeam·눈에서 빔~!)…인 것이다. 뭐라고? 눈에서 광선이 나가는 그런 코찔찔이 애들용 로봇물이라고?

그렇지 않다. 2009년 <신세기 에반겔리온 破>에서는 에반겔리온 초호기가 스스로 ZERO로의 회귀를 의미하는 후광(angel halo)을 만들어내면서 신(神)이 되려한다. 그러면서 눈에서 (사도와 똑같은) 빔 병기를 방사하는 능력을 얻는다. 에반겔리온 초호기는 눈에서 인터넷 전자류(電子流)를 뿜어내고 있는 것이다(…?).

인터넷 전자류로 제10사도 제루엘Ⅱ의 몸을 좌악 그어대고 있는 것이다. 한국에서 소동이 일어나면 '네티즌 자경단의 신상털기(♠)'가 벌어져서 인격살인이 일어나듯이 말이다. '개똥녀'로 대표되듯이 주로 ○○녀(♀)가 대상이 되는데, 심기가 약한 연예인(視線權力의 최고 약자)은 매달거나 뛰어내리기도 한다. 확장된 '눈'의 권력, 시선의 위력은 이런 것이다.

여성의 몸에 대한 남성의 시선은 바로 권력이 된다. 이런 내용이 없을 것 같은 2007년의 <신세기 에반겔리온 序> 편에서, 미사토가 심약한 주인공 신지의 투쟁의욕을 북돋워주기 위해 드디어 그동안 안개 속에서 어른

거리기만 했던 존재인 제2사도 리리스를 공개하기에 이른다. 여기서 신지가 중요한 대사를 한다. "저건 에바?"

첫 번째 메시지는 "저건 에바와 동일한 거인?"이다. 거인(巨人)=에반겔리온인 것이다. 그 다음 더 중요한 두 번째가 있다. EVA는 비영어권(독일어 및 스페인어 등)에서 여자의 이름으로 많이 사용되며, EVE와 동일한 이미를 가진다. 즉, 신기의 표기 없이 보이는 데시는 "저건 (기대한) 여자?"라는 메시지이다. 어차피 발음상 '서(序=女)'라는 분석은 앞서 선보였다.

이 '거대한 여자'가 동체의 우상방에서 좌하방으로 거대한 흉터가 있고 흉터 곳곳에 십자가형 침(?)이 꽂혀있으며 더군다나 가슴 한복판에는 롱기누스의 창까지 박혀있다. 양팔은 십자가에 못 박혀 있고. 마치 지하감옥에서 '고문(플레이?)'을 당하고 있는 분위기이다.

문제는 이 '고난/고문 받는 여자'를 즐기듯이 정면으로 쳐다보고 있는 눈이 계속 존재했다는 사실이다. 그것이 바로 제-레의 7개의 눈이다. (옛) '헤븐스 도어' 안쪽에 제-레의 봉인과 문양이 새겨져 있다. 통상 문 밖에 문장(紋章)으로 있어야 자연스러울 '눈' 선생님들이 반대로 문 안쪽에 있는 것이다.

뒤의 시리즈까지 보면 제-레가 바로 지구권력이요 ADAMS의 실체인 것을 알게 되지만, 여기까지 모르더라도 가면이 씌워진 '익명성' 속의 여자가 '익명성' 속의 남자(제-레 멤버의 대사는 모두 권력자 냄새를 풍기는 중년 남성)들의 희롱 또는 구경거리로 전시되어 있는 모양새이다. 마치 데미안 허스트의 현대미술 작품 같은 그로테스크한 분위기를 풍긴다. 이카리 겐도만 LCL수조 속에서 개목걸이를 한 벌거벗은 레이의 몸을 즐긴(?) 것이 아니게 된다.

리리스의 육체는 제-레의 시선에 완전히 노출되어있고, 리리스의 넋그릇인 레이의 알몸은 겐도의 시선에 완전히 노출되어 있는 것이다. 이런, 더러운…아저씨들…(웃음).[62]

확장된 '눈'의 권력, 시선의 위력은 이런 것이다. 한 발자국 더 나아가 민족종교 등속은 새로운 차원을 볼 수 있는, 원(原)한국인을 주시할 수 있는 심안(心眼)에도 눈을 떠야 한다고 가르친다. 그것이 바로 제-레의 모놀리스 뒷면에 새로 나타난 외눈박이 두상 한복판에 떠억 박혀 있는, 뇌의 신경섬유다발(bund·분트) 속에 있을 전시안(全視眼)이다.

일본민족의 핵심이 되고 추축이 된 민종(民種)은 말할 필요도 없이 다카마노하라(高天原)의 민종, 즉 천손민종이어야 한다. 다카마노하라 민종이 곧 원(原)일본인이다. 그래서 다카마노하라 민종은 어디서 왔는지와, 다카마노하라는 어디인가가 문제가 된다.

—시라야나기 슈코, 국주주의 지식인,
《일본민족론》에서. 1942년.[63]

동시에 눈(目·메め)의 두 번째 속성도 각성하니, 눈(eye)인 것이다. 사랑(愛ai)인 것이다. '(나의) 아야나미를 돌려 줘!' '싱크로율이 (죽을 死) 400%를 넘고 있습니다!' '인간으로 돌아오지 못하게 돼!' (귀축계 오타쿠가 되어버려…? 본의가 너무 과격한지라 설명은 생략함)

여기서 알파걸 미사토 대령(우)도 폭주해버린다. "나아가라, 신지 군! 다른 누구도 아닌! 자기 자신을 위해! 스스로의 의지로! EVA를 타는 거다!" 그렇기 때문에 <신세기 에반겔리온>의 세계에 나오는 주요 여성들은 모두 서드 임팩트의 공범이다.

모든 것은 EVA 세계의 공동 주재자(主宰者)인 이카리 겐도의 계산대로였고. 말 그대로 '생명의 나무' 화훼 접붙이기 프로젝트=PROJECT EVA. 월면에서 '일곱 눈의 거인아담'에게 갑옷을 입히는 장면을 보면 눈가리개 모양의 구속구(拘束具)에 이 'PROJECT EVA' 문구가 박혀있다(웃음).

Q편에서 분다의 가쓰라기 함장이(회를 거듭할수록 세상은 말세가 되가는 와중에 출세하고 있는데, 중요한 대목인) 신기의 '게돌길이'를 부힘장 아카기(赤木·목수 요셉) 박사처럼 냉철하게 터뜨려버리지 못한 이유가 바로 그런 양심의 가시 때문이었다(사실 거기까지도 겐도의 계산 범위). '냉철한 아카기 박사'의 내력은 SF분야 독자제위라면 알고 계실 것이다.

간단히 풀어내면, 자기 어머니 애인(NERV 사령관 이카리 겐도)을 어머니 사후에도 계속 이어받아가면서 조직 내에서의 지위를 다지는 '냉철한 합리성'의 소유자가 알파걸 아카기 박사 아니었던가(14살 레이를 향한 사령관의 눈길을 질투하는 대목은 破편에서 삭제됐는데, 속옷이 좀 오래된 것 같은데 사령관에게 더 예쁜 걸로 사달라고 졸라보지 그러니…라고 한다).

가쓰라기 함장도 실은 14살 이카리 신지를 '도구'로 삼아가며 (사도들을 향한) 아버지의 복수를 꾀한 알파걸이 아닌가. 그리고 NERV 부사령관 후유쓰키 박사 공인의 '수석감찰관(首席監察官)' 카지 료지와 어른스런 관계(?)를 맺어가면서 필요한 정보는 다 빼내고 있다. 말 그대로, 카지 료지는 작중세계의 거의 모든 걸 알고 있는 전지적(全知的=神) 시점의 캐릭터이다. 무서운 여자들(♀♠)이다. 아카기 '선배'를 열렬히 흠모하던 보이시 스타일의 '후배'인 이부키 마야 중위도 Q편에서 역시 어리버리한 남자들(草食男) 위에 군림하는 무서운 여자로 화해있다.

193

신극장판 <신세기 에반겔리온>이 어려운 이유는 한 장면, 한 대사가 다 뒤에 나올 엄청난 장면들의 복선(伏線)이 된다는 것이다(이것도 線이군). 겐도 이외의 전지적 캐릭터였던 TV판 제-레의 수령 킬 의장이 신극장판에서는 목소리만 등장하고, 신극장판에서의 카지가 Q편에서 시작하자마자 진행되는 'US작전' 대목에서 목소리로만 잠시 등장하는 이유가 아마 여기에 있으리라 생각된다. 천상에 거하는 헤브라이즘적인 일신교의 신은 아랫것들에게 육신(肉身)을 보여줄 필요가 없다.

인간은 그런 신의 바짓가랑이 끝단이라도 한 번 보기 위해서, 하늘을 향한 거대한 눈까지 건설하려 했던 것인가. 2009년 에반겔리온 파(破)편 시작하자마자 등장한, EU NERV의 거대한 북극점 비밀 실험실인 '베타니아 베이스(Bethania Base)'의 형상을 잘 떠올려보라.[64] 거대한 원형 구조물 상판에 동심원들이 반복되고 그 정중앙에 눈동자에 해당할 부위가 있다. 땅 위에 있는 '가프의 문'이라고 해도 틀리지 않으리라. 시베리아 영구동토층에서 발굴된 공룡골격형의 제3사도(半人工體)는 바로 그곳에서 '승천/휴거'하려다가 저지당한다.

하늘에 거대한 신안(神眼)이 있다면, 땅 위에 세운 거대한 기안(機眼)으로 맞서는 것이다. 그렇다. 공룡(dinosaur)이다. 드디어 사상계의 일대 문제아일 공룡(恐龍)도 에반겔리온의 세계에 나타난 것이다. 이 세상에 존재할 리가 없는, 아니 여호와 하나님을 위해서도 존재해서는 안 되는 문제적 존재인 것이다. 성지 예루살렘에서 감히 공룡의 화석이 발굴되었다는 것이다(웃음).

22天. 섹스 에너지의 병기화

정욕(?)이 가득 찬 뜨거운 시선(視線)을 내뿜으며 에반겔리온 초호기가 폭주 끝에 신=하나님이 되려한다. 하늘에서 지상을 관찰하는 거대한 신안(神眼)과 같은 '가프의 문' 속으로 우화등선(羽化登仙) 하려고 작정한 듯이 온몸을 불사르며, 초호기는 엑스터시(絕頂)의 세 번째 눈마저 뜨는 것이다(이마에 삼지안 생성). 1997년 극장판에서는 거대레이의 이마에 생긴 세 번째 눈(三只眼)을 통해서 '생명의 나무'로 화한 초호기가 흡수된다. 앞서 설명했다. 흘레~섹스의 SF적 재현일 것이고 말이다. (머리로 하는 섹스…라니, 사이버섹스인가?)

2. 사람의 타락

본래 사람은 하나님을 담기 위해 창조되었지만 사람의 타락 후 사람 안에 하나님 대신 죄가 들어왔습니다. 영과 혼과 몸의 세 부분으로 이루어진 사람은 죄로 말미암아 영이 죽었고, 생각 안에서 하나님과 원수가 되었으며, 몸은 육체가 되었습니다. 그러므로 결국 죄는 사람의 세 부분 전체를 손상시켜 사람을 하나님으로부터 멀어지게 했습니다. 이런 상태로는 사람이 하나님을 받아 들일 수 없습니다.

3. 그리스도의 구속

하나님-사람이신 그리스도께서는 하나님의 구속을 완성하기 위해서 다음의 세가지 신분으로 십자가에 못박혀 죽으셨습니다.

첫째, 하나님의 어린양으로 죽으심으로써 사람의 죄와 죄들을 없애셨습니다. (요1:29)

둘째, 장대에 매달리신 놋뱀으로 죽으심으로써 옛뱀 곧 사탄을 멸하시고 사람속의 죄의 본성을 없애셨습니다. (요3:14)

셋째, 한알의 밀알로 죽으심으로써 거룩한 생명을 해방하셨습니다. (요12:24)

그러므로 그리스도의 죽으심으로 말미암아 사람의 죄를 없애시고 또한 사람에게 없어서는 안 될 영원한 생명을 주셨습니다.

4. 하나님의 분배

하나님께서 육체가 되시어 사람으로 이 땅에 오신 분이 바로 주 예수님이십니다. 주 예수님은 십자가에 죽으시고 삼일 만에 부활하셔서 생명주는 영이 되셨습니다.
주 예수님은 생명주는 영이시므로 그분을 믿는 이들 안에 영원한 생명을 분배하십니다. 그리스도인은 하나님의 영원한 생명을 분배받은 사람입니다.

마지막 아담은 생명주는 영이 되셨습니다.
(고전15:45)

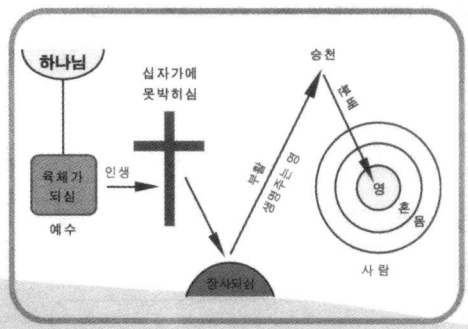

'생명의 나무' 접붙이기로서의 PROJECT EVA. 그래서 파(破)편의 막바지에, 격변의 진동이 전달되어 부르르 떨어대는(사실 이게 굉장히 에로틱한 올드팬용의 비유법이지만) 센트럴 도그마 내부, 거기서 십자가에 못 박혀 있는 제2사도 리리스의 모습을 보여주는 것이다. 리리스의 분신 에반젤리온 초호기는 마치 피뢰침과 같은 역할을 하는, 리리스의 (자율작동식) 외장형 성기(性器)였던 것이다.

무시무시한 모든 아버지들, 세상 모든 권위체(權威體)들의 대표일 이카리 겐도. 남녀의 사랑, 순수한 마음의 결합, 섹스 에너지까지 병기화 하려 하다니(웃음). 하지만 이건 엄연한 실화다. 제국일본 시절의 막바지에 일어났던 실화인 것이다. 현재의 기준으로 상상을 초월한 이런 사실(史實)을 SF로 보여주고 있는 것이다.

나치 독일도 우량인종 양산(量産)을 위해서 '생명의 샘'이라는 이상한 시설을 운용했다. 나치스 기준대로 '명료한 북구적 특성'에 해당할 당당한 몸과 푸른 눈동자, 노란색 머리와 각진 턱을 갖춘 친위대(Schutzstaffel=SS) 대원들과 건강한 독일적 풍모의 여성들 사이에 '만남의 장'을 마련해주는 시설이 바로 '생명의 샘'이다. 이 여성들은 사정을 얼핏 눈치 챘을 지역민들로부터 '암소'라는 말을 들었다고 전해질 따름이다.

국사(國事)에 밤낮 없이 전념하시는 장군님을 기쁘게 해드리는 것이 김정일 기쁨조에 발탁되는 여성들의 '애국심'이었듯이, 이곳으로 발탁된 특별한 기준의 여성들은 '애국심'에서 아이를 배었다(즉, 야마토 나데시코/大和撫子였다). 김정일도 단물을 빼먹은 기쁨조 여성들을 측근 그룹과 충성파 장교들에게 '하사'하기도 했다고 전해진다. 그렇게 태어난 '히틀러의 아이들'은 전후 철저히 자신을 숨기고 살아야만 했다.

그러나 단언컨대 일본은 결코 패하지 않는다. 지금까지 우리는 국지전에서 승리하지 못했지만 항복하지도 않았다. 전원 옥쇄함으로써 오히려 불굴의 의지를 과시했다. 따라서 전쟁 전체를 보면 일본국민의 5분의 1이 전사하기 전에 적이 먼저 손을 들 것이 틀림없다(그래서 많이 낳아야 했나?-글쓴이).

우리들이 계속 싸워야 하는 이 전쟁은 황국 일본의 3천년 역사를 건 전쟁이다. 일본인 전부가 투철한 특공정신(特攻은 자살공격의 완곡어로 일본군이 사용한 표현이다-글쓴이)을 가지면 신도 우리 편이 될 것이다. 육해군의 연습기 수천 대도 특공대로 편성되고 있다. 모두가 이런 각오를 다지면 반드시 승리한다. 적어도 패하지는 않는다.

적이 1백만의 군대로 본토를 공격해오면 3백만, 5백만 희생을 각오하고 적을 섬멸하라. 3천 년 전의 힘든 생활을 감내할 각오가 되면 적의 공습 따위는 문제도 아니다. 이미 수천, 수만의 젊은이들이 '최후의 승리'를 믿으며 죽어갔다.

—가미카제 전법의 입안 및 실행자였던 오니시 다키지로 해군중장
(히로히토 천황의 항복 선언 후에 할복자결),
대만에서의 훈시, 1945년.[65]

앞서 이스라엘의 초정통파 유대교도들도 엄청난 출산률을 보인다고 언급했다. 우리나라에서도 몇 년 전에는 '저출산 재앙'이 이슈가 되어 간혹 농촌마을에서 6남매 엄마니, 7남매 엄마니 하여 언론을 타기도 했다. 그때마다 마음에 걸리던 것이 희한하게도 '독실한 기독교 신자' 또는 '남편이 목사' 이런 대목이었다. 민족을 앞세운 신흥교단들 중에는 '가족'과 '결혼'을 매개로 사실상 신자(信者)를 늘리라고 독려하는 곳도 좀 있다. '있는 것 같다'가 아니라 '있다'이다.

직설적으로 말하자면, 우생학 실험의 자식들이다(옛날 5th Children= 나기사 가오루였지, 아마도).

야마토 나데시코의 주변정황에 대해서는 2011년 졸저 <괴수영화 속의 두뇌전쟁史—백인SF에서 제국일본까지> 제7장을 참고하기 바란다.

제국일본도 아시아태평양 15년 전쟁(만주사변~패전) 기간에는 "많이 낳자!"라는 간명한 구호로 여성들의 출산을 적극 독려했다. 무더기로 태어난 아이들은 충량한 신민이자 병사로 성장할 것이고, 대일본제국과 대동아공영권 각지로 일본정신 전도사로 파송되어 앵글로색슨 없는 청정한 세계, 모든 원죄가 정화된 <신세기 에반겔리온> 세계 속의 남극(Antarctica)과 같은 에덴동산에서 새 역사를 창조할 역군이 될 터였다.

여성의 몸은 '병기공장'이 되었다. 그리고 또 다른 형태의 'CARE병기'가 처음에는 일본 국내에서 그리고 차차 바깥에서 동원됐다. 2011년 독도 입국소동에서의 혁혁한 전과로 행정개혁담당상에 취임한 여성 변호사 출신의 54세 이나다 도모미 의원은 2013년에 '전시 위안부는 합법'이라는 망언을 한다.[66)] 앞서 이야기했던 대로, Q편에서 남극의 거대한 십자가들은 '빛의 기둥(Nemesis)'이 되었다. 남극에서 방주인 분다가 비상(飛上)했다. 수많은 아이들이 태어나고 센트럴 도그마 맨 밑바닥에 있는 '리리스의 시체' 주변 핏물이 깔린 축축한 해골 밭으로 화해갔다. 가오루 군의 말대로 '인피니티(infinity=∞)'가 되는 데 실패한 엄청난 수의 NERV EVA가 핏빛 거탑을 세웠다. 그것이 바로 '천공의 성 NERV'이다. 어디서 많이 들어본 이름 같지 않은가?

선(禪)은 어떤 사람이 도달한 결론이 합리적이든 비합리적이든 그 결론을 가슴에 품고 전진하라고 촉구할 뿐이다. 철학은 지적인 정신을 지니고 안전하게 남아있을지도 모른다. 그러나 선(禪)은 행동하고 싶어 한다. 그리고 일단 결심을 하면 가장 효과적인 행동은 뒤돌아보지 않고 계속 전진하는 것이다. 이런 점에서 선(禪)은 진실로 사무라이의 종교다.

—스즈키 다이세쓰 데이타로, 일본의 불교학자,
프린스턴대학교 출판부에서 간행한 〈선과 일본문화〉에서. 1959년.[67]

물론, 제-레의 지령을 받고 달나라에서 온 Mark06이 "누구 허락 받고 지금 시간표에서 서드 임팩트를 일으키느냐!"면서 내던진 카시우스의 창(New Item)에 의해 서드 임팩트는 일단 정지된다. 그 대신에 Mark06가 리리스와 접촉하여 인이 터지는 것은 Q편을 보면 더 알 터이다.[68] 오, 등 뒤에서 창을 맞는 영웅이라. 창을 던진 놈은 외눈박이였고. 이 구도는 게르만족 신화영웅 지그프리트(Siegfried)가 아닌가.

하늘이 도운 것이다. 속도전에 지친 근원회귀의 시대. 즉석만족과 인스턴트와 전자결제에 대한 피로감일까. 자궁(子宮·uterus)으로의 도피 욕망의 시대인 것인가. 그랬던 것이다. 스마트폰과 태블릿 컴퓨터와 인터넷과 신문도 '눈'의 확장이었지. (기가 막힌 시점에 초기영화 걸작선 기획전을 개최하여 '등 뒤에서 창 맞는 지그프리트' 사진이 신문에 실리게 해주신 한국영상자료원에 감사드린다)

눈에서 빛을 뿜어낸다는 비유법은 SF 이전의 서양에도 있었던 것 같다. 〈메트로폴리스〉로 더 유명한 독일계 유대인 프리츠 랑 감독의 1922년도 5시간짜리 무성영화 〈도박꾼 마부제 박사〉에는 작중 배경에 프로이트와 융의 정신분석학을 상징하는 다양한 조형물과 회화가 등장한다.

에반겔리온 세계에서 많이 보던 것들이 거기 다 나와 있었다. 그중에는 '눈에서 번개 빛을 내뿜는 루시퍼'의 그림도 있었다. 아마 유럽에도 주로 성화나 종교화 계통에 어떤 권능(權能)의 상징으로 '눈에서 뿜어 나오는 빛'의 비유가 있었는지도 모르겠다. 하지만 그것을 SF에 더 크게 적용한 것은 일본이 아닐까 싶다. 한자 감각(線)으로 말이다.

잠자는 원천기술은 쓸모가 없는 법이다. <신세기 에반겔리온>의 세계를 분석하면서 '눈'에 대한 이야기를 하지 않는다는 것은 어이없는 일일 것이다.

23天. 도솔천—천공의 성 NERV

시선(視線) 권력으로서의 '눈' 그리고 사랑(love of power)으로서의 '눈'은 1995년 <신세기 에반겔리온> 시작 이후 잠시도 끊이지 않은 메시지이다. 옛날 사도들은 전부 강렬한 '눈'의 디자인을 가지고 있다. 아스카의 대사를 빌리면 (옛날 요괴물에나 나오던) '눈알귀신(천눈박이나 모쿠렌目連)'들인 것이다. 앞서 인용에도 등장한 부처님 제자 목련존자(目連尊者)라는 것이다.

TV판의 제9사도 마트리엘은 거대한 4발 거미의 형상이다. 온몸 곳곳에 '눈' 문양이 붙어 있는데, 도대체 어떻게 알았는지 인간들 사이의 알력을 틈타서(일본정부 특무기관인 NERV 정전 공작) '침공'해온다. 정전으로 NERV의 모든 동력기관이 정지하고(지구가 정지한 날), 에반겔리온 지상출격이 불가능한 것을 이용해, 몸체 아랫부분의 눈에서 용해액을 눈물처럼 흘려서 NERV 본부를 향해 쏟아 붓는다.

이 세계의 공식이 사도의 신체 일부에도 AT필드가 살아 있다는 것이다. 그리고 이런 것은 <The Thing>의 1982년판인 <괴물>에서 시작된 발상이다. 전체의 일부가 독자적인 개체로 분리·생존한다(=가오루, 웃음). 당연히 사도가 흘리는 용해액은 AT필드 응축액이라고까지 말할 수 있다(아스카가 몸으로 막으며 때운다). 일종의 AT필드 응용기술인데, 2009년 신극장판 파(破)편에서 등장했다고 생각되는 AT필드 응용기가 이미 TV판에서 단초를 보여준 것이었다.

덩치가 가장 컸던 제10사도 사하퀴엘은 NERV 사령관 겐도가 '롱기누스의 창'을 회수하러 남극에 간 사이의 정식지휘계통 부재를 틈타서 '침공'해온다.

눈이 없어도 "보는" 거미불가사리

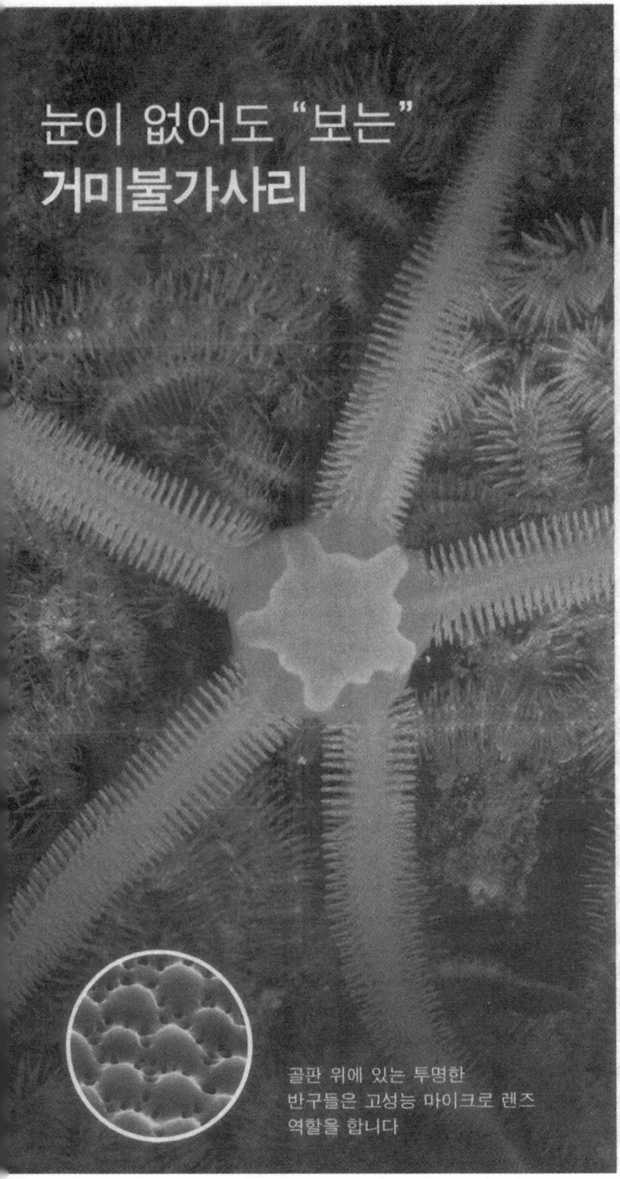

골판 위에 있는 투명한 반구들은 고성능 마이크로 렌즈 역할을 합니다

거미불가사리: © Fotosearch.com; 삽입 사진: Courtesy Professor Joanna Aizenberg, Harvard

산호초에 사는 거미불가사리는 등 쪽의 표면이 놀라운 구조로 되어 있습니다. 외골격의 이 부분은 많은 미세한 렌즈로 덮여 있는데, 그 렌즈들 덕분에 이 생물의 등 쪽 부분은 겹눈과 같은 역할을 합니다.

생각해 보십시오: 「자연사」(*Natural History*)라는 잡지에서는, 거미불가사리의 골판을 연구하던 과학자들이 "사람의 머리카락보다 가늘고 수정같이 투명한 반구들이 빽빽이 들어찬 특이한 구조"를 보게 되었다고 알려 줍니다. 탄산칼슘(방해석)으로 이루어져 있는 이 투명한 반구들은 고성능 마이크로 렌즈와 같아서 골판 바로 밑에 위치한, 감광 신경으로 추정되는 곳에 빛을 모아 줍니다. 게다가 그 렌즈들은 상을 제대로 맺는 데 꼭 필요한 모양으로 되어 있습니다.

생화학자인 조애나 아이전버그의 설명에 따르면, 이중적인 역할을 하는 거미불가사리의 단단한 껍질은 "생물학의 한 가지 중요한 원칙을 보여 주는데, 생물을 구성하는 물질이 흔히 여러 가지 기능을 하도록 최적화되어 있다는 것"입니다.

거미불가사리의 생물학적 구조에서 아이디어를 얻은 연구가들은 탄산칼슘으로 된 마이크로 렌즈들을 배열하는 간단하고 값싼 제조 방법을 고안해 냈습니다. 이렇게 배열된 렌즈는 다양하게 활용될 수 있는데, 전기 통신 분야에서 광섬유를 통해 빛의 신호를 전달하는 데 사용되기도 합니다.

어떻게 생각하십니까? 눈이 없어도 "보는" 거미불가사리의 골판은 진화된 것입니까? 아니면 설계된 것입니까? ■

『깨어라!』 2013년 5월호

위성궤도 상에서 몸의 일부를 떨어뜨려가면서 연습을 한 다음, 몸 전체를 폭탄화해서 중력공격(무게+AT필드 동시 활용)을 꾀한다. 이 사하퀴엘의 디자인은 그냥 거대한 눈알 그 자체이다. 거대한 눈알 옆에 날개 겸 팔처럼 보이는 부위가 붙어있다.

이 두 사도는 '눈'의 집합이기에 작중세계의 모든 움직임을 간파해서 환경에 맞는 적절한 형상으로 초고속 '진화(제8사도 산달폰이 힌트)'를 일으킨 모습들로 공격해 온 것이다. 이렇게 끼워 맞추는 것이 EVA세계 속의 수수께끼 풀이이다. 2007년 서(序)편에서 미사토 중령의 독백이 이것을 인증하고 있다. "예정에 없이 갑자기 파일럿으로 징발(徵發)된 사령관의 아들, 그리고 그런 시점에 딱 맞추듯이 침공해온 네 번째 사도…음."

물론 이런 초고속 진화의 발상은 2013년 Q편에서 '아담스의 그릇'이 개조2호기에게 목을 물어 뜯기자, 아기가 모방을 하듯(제-레가 깃든 직후이니 새로 태어났다고 해도 과언은 아닐 것이다) 즉석(인스턴트) 진화하여 없던 입을 만들어서 맞받아치듯이 개조2호기의 머리를 깨무는 '이빨 싸움' 모습으로 계승된다.

그는 세상을 난생 처음 보듯 주위를 둘러보았다. 세상은 아름다웠다. 세상은 얼마나 이상하며 수수께끼로 가득한가! 혹은 파랑이 있고 혹은 노랑이 있으며 혹은 녹색이 있다. 하늘과 강은 흐르고 숲은 고요하며 산들은 의연히 솟아 있다. 모든 것이 아름답고 수수께끼 같고 매력으로 넘쳤다. 그리고 그 한가운데에서 싯다르타, 각성자인 그는 자신의 길을 걷고 있었다. 그 모든 것이 처음으로 그의 눈을 통해 싯다르타의 내부로 들어왔다. 그것은 이제 마군(魔軍)의 요술도, 미망(迷妄)의 베일도 아니었다. 그리고 그것은 이제 현상세계의 무의미하고 우연한 다양성이 아니었다.

—헤르만 헤세, 〈싯다르타-인도의 詩〉에서. 1922년.

사랑(love of power)으로서의 '눈' 측면을 살펴보자. 바로 여성의 몸에 대한 뜨거운 사랑(love of flesh)이 <신세기 에반겔리온>의 세계와 그 이전의 소위 오타쿠 세계 및 헐리웃 블록버스터에 스며들어 있다는 사실은 더 이상 비밀이 아니다. 모두가 다 아는 사실이다. 다만 특별한 계기도 없이 공공연하게 또 떠들어대기에는 오히려 말하는 쪽이 머쓱해질 뿐인 그런 말세(?)가 오늘날이다. 이미 '주어진 상황(given situation)'이 되어버렸다. 불교의 가르침에는 그런 말법세상 끝에 미륵이 오신다고 하였다.

미륵과 관련된 소수의 불교 경전에 의하면(고대 경전 저술가들의 절절한 심경을 감안해야 한다), 말세 이전의 미래 세상은 '사람들이 거인(!)이고 수명은 수백년씩이나 되며(!) 곡식은 어머니 가이아의 은총으로 항상 넘치거나 부족함도 없고, 금은보화가 땅바닥에 굴러다녀도 행인들이 관심을 가지지 않으며, 변을 보면 땅이 저절로 열려서 똥오줌을 처리해주는 때와 티끌 없는 이상(理想)의 세계=낙원'이었던 것이다.

한국의 '桓檀古記 등속 신봉자'(일명 환빠)들이 그 존재를 믿어 의심치 않는 우리민족 9천년의 '한국(桓國) 12연방'도 47대 단군이 2100여년을 통치(평균 잡아 1인당 대충 45년)했다는 것 외에는, 나머지 환인시대와 환웅시대는 통치기간이 7명이 3300여년(1인당 470여년), 그 다음 세대는 18명이 반올림해서 1600여년(1인당 90여년)이란 계산이 나온다.

이들의 주장을 SF적으로 밀어붙여보면 우리민족은 거인족 신인(神人)에서 동쪽으로 옮겨올수록 거구의 선인(仙人)을 거쳐 결국 지금의 난쟁이 범인(凡人)까지 계속해서 열등인종으로 전락해왔다는 말이다. 미야자키 하야오의 2010년 작품인 <마루 밑 아리에티>에서도 난쟁이 소인종(矮人)으로 한때 전락했던 '일본인'의 초상이 나오지 않던가.

80년대 추억의 대백과 시리즈 <세계의 불가사의>에서도 '아담과 모세는 거인이었는가?'라는 흥미로운 학설이 실려 있었다. 아마 기독교+불교의 메시아 학설을 뒤섞다보니 이런 SF적 이야기도 나온 것이 아니겠는가 싶다. 1974년의 <마징가Z> 후속 작품인 <그레이트 마징가>를 보면, 악역인 미케네제국(서양문명의 원천인 그리스문명 이전의 오리지날)이 원래는 거인 지배층(!)과 소인 피지배층(?)으로 구성된 나라였는데, 어디선지 모를 곳에서 나타난 악한 거인들이(이들이 7대 장군과 전투수 군단) 나라를 탈취한 뒤에 소인들을 잡병(雜兵·미케네스/Micenese로 통칭되며 쥐를 일본어로 네-즈-미라고 부름)으로 부리는 '억압 체제'라고 묘사된다.

그래서 말법세상(末世)이자 덧없는 티끌세상(塵世)[69]인 이 세계의 화면 밖 외계(外界)의 세계에 속한 관객들에 대한 호객/서비스용 육체파 파일럿인 '늑대소녀 마리 양'이 Q편에는 '연줄안경(故のメガネ)라는 별명으로 불린다. 이건 논쟁이 필요 없는 사실이다. 등장할 때부터 색기(色氣)가 넘치는 '모에(MOE=타오르다·燃え)' 취향 마리 양의 스쿨걸 룩, 모범생 안경, 땋은 머리, 여기저기 찢어져 구멍이 숭숭 난 고동색 스타킹, 미니스커트, 너무 자주 흔들리는 것 같은 풍만한 가슴까지. 마리 양은 저속하지만 끈질긴 생명력을 가진 서양식 Y담처럼 '낮에는 요조숙녀 침대에서는 창녀'를 연상시킨다. 하지만 마리 양에게는 더 큰 비밀이 있다.

남성관객은 '꿈속의 므훗한 바디'이고 여성관객은 '거울 속의 나야'일 것이다. 페미니스트 평론가들은 싫어하겠지만, 그래가지고서는 관객을 모아 수익을 거둘 수 없다. 영원히 다큐멘터리나 독립영화만 찍어야 한다. 물론 잘들 안 봐주지만. 지금은 온갖 미디어와 오락용 플랫폼들이 '날 좀 보소' 하는 멋진 세상이다.

색(色)의 음독 중의 하나가 시키(シキ)이니, 아스카(소류 아스카 랑그레이)의 이름이 왜 신극장판에서 바뀌었는지도(시키나미 아스카 랑그레이) 알 수 있을 것이다. <신세기 에반겔리온>의 세계는 2009년부터는 여성들의 쓰나미(津波) 판인 것이다. 아야나미(綾波), 시키나미(式波), 마키나미(巻波)에, 원래의 '이카리 유이'조차도 Q편에서는 '아야나미 유이'라고 창씨개명을 당한다. 이런, SF로만 가능할 야릇한 노릇일 데가….

2007년 <신세기 에반겔리온 序> 편에서 주인공 이카리 신지는 제4사도 사키엘Ⅱ를 '북한 혁명가극 피바다'로 만들어버리고 병실에서 눈을 뜬다. '또 모르는 곳의 천장이네.' 그 직전에 이 세계의 설계자(프리메이슨-매트릭스적인 Architect)인 아야나미 유이(♀)와 이카리 겐도(♂)의 대화가 들려온다. "아들이면 신지, 딸이면 레이로 하지요."

<신세기 에반겔리온> 세계 속의 유사 근친상간적인 인간관계의 모든 것이 이 '한 쌍의 바퀴벌레'로부터 시작된 것이다. 그러면서, 머리만 커다란 대두(大頭)태아 형상을 한 괴이한(super-deformation·SD) 알몸의 레이가 신지의 의식 속으로 침입하면서 우리의 주인공 신지는 눈을 퍼뜩 뜨는 것이다—Ray. 발음하면 발음기호로 [Rei], 그 의미는 빛/광선/시선, (생각·희망의) 빛, 서광, 한 가닥의 광명(光明).

<신세기 에반겔리온 破>까지의 레이는 개목걸이 넘버(그렇다, 그건 리린의 저주인 개목걸이다) REI-02, 이카리 겐도의 인형[70]인 그녀. 바비 인형이니 베이글녀에 뒤태 등 '나이스 바디'에 대한 시선권력의 전쟁터로 화한 이 시리즈의 맨 처음에 서(序+女)편의 시작에서 그런 착한 몸매에 대한 '감흥'을 느끼기도 전에 '너희들이 보는 여성의 몸이 이런 괴물이야'라고 먼저 서브리미널(subliminal) 성교육을 감행한 것이다.

<신세기 에반겔리온> 시리즈 전체에 걸쳐, 여성의 몸(flesh+가이아)은 전쟁터인 것이다. 실제로 아카기 부함장과 3번째 아야나미 레이의 큼직한 가슴이(분명히 옛날보다 더…꽃피었다) 너무 부각되던 Q편에서 그렇게 보여줬고 말이다.

2012년 Q편의 엔딩곡 제목을 다시 주목해야 한다. <벚꽃 흩뿌리기·櫻流し>이다. 벚꽃의 원래 한자도 앵(櫻)으로 눈(目)이 두 개나 들어가 있지 않은가. 꽃이다, 꽃. 오키나와 특공=기쿠스이(菊水) 작전도 꽃이었고, 자살 로켓폭탄=사쿠라바나(櫻+Burner)도 꽃이었다. Q편에서, 거꾸로 선 십자가가 아니라 거꾸로 선 프리메이슨의 전시안(全示眼) 피라미드일 '천공의 성 사쿠라'는 EVA들의 뻘건 시체로 인해 하늘로 부양(浮揚)되어 있는 것이다. 휴거(큰 기쁨이요 접신의 환희와 황홀)의 다른 표현이다.

휴거(rapture)는 1982년 <천년여왕·Queen Millenia> 때부터 시작된 일본SF의 또 다른 단골 주제인데, 이 작품은 국내에서도 방영되는 도중 알 수 없는 이유로 중단되었다.[71] 그리고 앞서 언급했듯이, 1982년은 정의사회구현+행성직렬로 인한 제1차 후천개벽설이 단군계열에서 선포된 해이기도 하다(이렇듯이 그 바닥이 뒤죽박죽이다). 1992년 즈음에는 실제로 이상한 선교회 등에서 '휴거 소동'을 일으켜 초미의 사회적 관심사가 되기도 하였다.

때는 서기 2029년. 60대 초반이 되어버린 겐도와 70대 중반을 바라보는 후유쓰키 두 폭주노인은 '천공의 성 NERV'에서 하늘이 열리는 날, 시키는 대로 잘하고 있는지 지상을 감찰하며 내려 보는 거대한 신안(神眼)일 '가프의 문(ガフの扉)'[72]이 다시 열리는 날을 기다리고 있다. 슬퍼할 필요가 없는 것이다.

전사자들이 보여준 영웅정신의 참된 형태는 그들의 충성과 용맹과 고결한 성품에서 비롯된 좋은 업(業·karma)의 힘이다…… "천황폐하 만세!"하고 외치며 죽은 장교와 사병들의 충성스럽고 용맹하며 고귀하고 영웅적인 정신은 바로 여기 이 나라 일본 땅에 다시 태어날 것이다. 이런 일이 일어나는 것은 아주 당연하지 않겠는가…일본에서 태어나는 아기들은 잠재적으로 유족들이 잃은 사랑하는 사람들인 것이다. 그러니 슬퍼하지 말고 계속 나아가자.

—야마다 레이린, 조동종 학승이자 전후 LA의 선종 사찰인 젠슈지(禪宗寺) 주지 및 조동종 종립대학인 고마자와대학 학장 역임, 《선학야화(禪學夜話)》에서. 1942년.

24天. 지구리셋과 인류역사 6천년

　손 맞잡고 함께 폭주하던 단군할배와 삼신할매의 결합일 PROJECT EVA. 그래서 파(破)편의 막바지에, 격변의 진동이 전달되어 부르르 떨어 대는(오르가즘·絶頂의 비유) 센트럴 도그마 내부, 거기서 십자가에 못 박혀 있는 제2사도 리리스의 모습을 보여주는 것이다. 리리스의 분신 에반겔리온 초호기는(알맹이가 하얀색) 피뢰침 역할을 하는, 리리스의 (자율작동식) 외장형 성기(性器)였던 것이다. 제-레의 아이들=가오루들은 제1사도의 '그것'이었고 말이다.

　전설적인 명작 SF <기동전사 건담>의 비유를 빌려오자면, 성기능만 분담한 비트(bit·사이코커뮤니케이션 방식의 독립기동형 병장기)이다. 요즘 개념으로 풀이하자면, 컨테이너에 여러 대씩 싣고 다닐 수 있는 소형 무인공격기에 해당한다. 실제로 2012년 Q편에서는 사도 쪽에서도(제11사도 4a+4b) 에바 쪽에서도(제13호기) 비트를 병기로 사용하지 않는가.
　그런데 이런 설정들이 그냥 'SF 오타쿠 총출동 페스티발!' 분위기로 등장한 것이 결코 아니다. 그게 중요하다. 그걸 깨달아야 한다. 그것은 메시지인 것이다. 1979년 작품인 <기동전사 건담>은 제2차 세계대전 당시의 지배층 내부 권력놀음(독일+일본)과 실제 사용되었던 장비들 개념으로 메카닉을 세세하게 조직하여 SF적으로 재현해낸 엄청난 작품이었다.

　물론 그 이전에는 1972년 SF작품인 <마징가Z>에서 이미 제2차 세계대전을 최초로 재현한 바 있다. 기계수(機械獸)들은 말 그대로 장기판의 말들과 같이 '소모품'으로 조종 받는 전선의 거인병사(巨人兵士)였다. 아수라 남작이 초반에는 기계수를 자신의 말 그대로 움직이는 '가축' 같은 심정으로 본인과 동일시를 자주하여 이런 '소모전'에 익숙하지가 않아서 나름의 고생을 하는 리얼한 인간적 묘사도 담겨있다. 마징가 시리즈에는 이처럼 한 에피소드에 2~3체의 기계수 및 전투수가 동원되는 경우가 허다하다. 1970년대 중반 이후의 소위 '1대1 로봇 레슬링' 시대와는 분위기부터 완전히 틀리다.

서인병사로서의 기계수타는 비유법은 1984년 미야자키 하야오의 전설적인 SF작품 <바람계곡의 나우시카>에서 그 유명한 거신병으로 승계된다. 그리고 2012년 <신세기 에반겔리온 Q>가 정통으로 승계한 것이 바로, 이전 미야자키 하야오의 세계와 대량생산된 거인병사로서의 에반겔리온이다. (앞서 언급했듯이 다 머리만 없어진 핏빛 대지의 유체들)

일본의 슈퍼로봇 세계에서, 후지산 근처에서 가장 많이 싸워본 로봇이 바로 마징가Z이다. 다른 로봇들과 도저히 비교가 안 될 빈도로 영산(靈山) 후지산이 자주 등장한다. 하기야 광자력연구소의 배경으로 후지산이 보일 정도니까 기계수가 후지산 일대에 잠복해서 뭔가를 꾸미는 작전은 흔하게 나올 수 있을 터이다. 1973년도 극장판인 <마징가Z 대 데빌맨>에서는 후지산에 에반겔리온 후광 모양의 구름이 떠억 얹혀있을 정도다.

2013년의 에바 Q편에서는 '천공의 성 NERV'로 올라가는 붉은 탑에는 에반겔리온 후광 모양의 구름들이 여럿 걸려 있는 것을 볼 수 있다. 마지막에 핏빛의 일본 땅 속에서 나타나는 거대한 버섯나무(크기가 족히 수십 킬로미터)도 시뻘게진 후지산 쪽으로 쓰러져서 '핏빛 벚꽃'의 비를 쏟아내리는 대참사를 일으킨다. 일본에서 내셔널리즘이 높아진 시절에 나온 SF작품들은 항상 이렇게 극단적이고 일견 무슨 소린지 모를 우스꽝스러워 보이는(?) 설정으로 점철되어 있다는 것을 잘 알아야 한다.

> 비행사의 색깔은 벚꽃색이라네! 요시노(吉野)의 언덕에 흩날리는 벚꽃들을 보라! 우리가 야마토민족의 자랑스러운 후예라면! 싸우다 하늘에서 용감히 죽자!
> ─1944년 미군의 필리핀 상륙과 함께 출동하기 시작한 가미카제 특공대의 군가.[73]

외장형 성기─즉, 사도나 에바처럼 알아서 날아다니는 자지(男根)와 보지(女根)들이 등장할 정도로 쇼킹한 것은 없다. 인간이 대리만족을 위해 포르노그래피를 시청하는 것처럼(일본의 경우 등급별 실사/만화/애니/게임 등 다양하게 구비됨), 리리스도 십자가에 못 박힌 자신을 대신한 분신을 통해 (한 놈인지 여러 놈인지 불명이지만 어쨌건 아담이란 놈과의) 성적관계(sexual intercourse)를 이루어낸 것이다. 그리고 앞서 언급했듯이 포르노그래피는 전쟁터에서도 구현되는 것이다(나름대로 음란하지 않은가).

<신세기 에반겔리온> 세계에서의 십자가란 기존 종교로 대표되는 도덕관념의 상징인 동시에 프로이트적인(Freudian) 초자아(superego)의 형상화이다. 그래서 지하의 음녀(淫女) 리리스는 십자가에 못 박혀 있는 것이고, 프로이트적인 욕동(id)의 구현체일 사도들이 '섬멸'되면 거대한 십자가 형상을 한 빛의 기둥이 대지에 서는 것이다.

신극장판에서는 '폭주'가 예외가 아니게 되어버린(0호기는 당연하고 5호기조차도 만들어진지 얼마 안 되는데 폭주) 에바 시리즈가 폭발해도 똑같은 빛의 십자가가 서는 것은 그 때문이다(4호기와 5호기 때문에 제-레가 걱정하기까지 한다). 이 세계에서 결국 프로이트적인 자아(ego)는 에반겔리온 각 기체의 파일럿들인 것이다. 파일럿들의 의지 또는 무의식에 의해 에반겔리온들의 폭주가 실현된다.

안노 히데아키 감독이 프로이트 계열의 정신분석학에 SF적 관심을 가졌다는 것은 이미 알려진 사실이다. 1970년대 서방세계에는 프로이트가 대유행이었고(성개방 또는 성적 자유와 리비도의 논의), 그가 1980년대 말에 감독한 70~80년대 SF세계에 대한 패러디 겸 오마주 작품인 OVA <톱을 노려라!~건버스터>에서는 숫제 '융 프로이트'라는 여성 캐릭터를 등장시킬 정도였으니까 말이다.

2004년에 제작된 그 속편 <톱을 노려라! 2~나이비스터>는 지금의 1만2천년 후의 태양계와 지구를 무대로 하고 있다. 에반겔리온은 1만2천장의 특수 장갑판으로 감싸여 있다. 무 대륙이 바다 속으로 사라진 것이 1만2천년 전이라고 흔히 말한다. 1990년 <이상한 바다의 나디아>에서 1만2천년에 지구에 온(정확히는 조난당한) 아틀란티스인들은 자기들끼리 2번의 종말전쟁을 치르고 결국 극소수만이 살아남게 된다(평균 6천년에 한 번씩 종말전쟁을 했다는 말).

근본주의 기독교 계열에서 주장하는 인류의 역사는 6천년이다. 인간이 전담할 불완전수의 총체적 상징일(?) 6천년 전에 하나님이 모든 생명체를 일시에 창조하셨다는 것이다. 그 이전의 공룡이나 시조새 등속은 하나님이 한 번 멸망시키시고, 지구를 리셋(reset)하셔서 현생인류를 6천년 전에 창조하셨다는 것이다. 그것이 바로 네이버 검색에도 안 걸리는 재창조론(Re-Creation theory)이다.

세계 최대의 단일 감리교회로 평가받기도 하는 금란교회의 담임목사를 역임하고 한국감리교단 총감독도 역임한 김홍도 목사께서, 대통령 선거 전에 빨갱이와 북한공산주의와 악마에 대한 예정된 신벌(神罰·신성대요새 레드노아?)을 설명하면서 종합일간지 전면광고란에서 직접 그 실체를 공개한 이론이다. (감리교는 비교적 양반인줄로만 알았는데)

　　미국 서버를 이용하여 '워싱톤미주방송'이라는 인터넷방송도 운영하며 역시 종합일간지에 "도성육신(道成肉身)으로 오신 하나님을 우리가 누구신지 알고 있으나 지금은 공개할 수 없으며 자기 자신을 위해 예전 율례만 신주단지처럼 모시는 '척하는' 세력은 다 잘못되었다"라는 뉘앙스로 연속 전면광고 시리즈를 내보내고 있는 '전능하신하나님교회'에서도 그렇게 인류역사 6천년說을 주장한다. 그러니 다 알 수 있는 일들이다.

　　이렇듯이, 한국의 '桓檀古記 등속 신봉자'(사이버공간에서는 일명 환빠로 통용)들이 그 존재를 믿어 의심치 않는 우리민족 9천년 전의 '한국(桓國) 12연방'과 근본주의 기독교가 주장하는 '인류역사 6천년說'은 도저히 같은 하늘을 이고 살 수가 없는 존재들이다. 옛날 종교전쟁 시절 같았으면 서로 '섬멸'의 대상이 되었으리라.

1972년에 일본SF계의 대부 중의 하나인 나가이 고가 만화연재를 시작한 작품이 바로 <데빌맨>이다(말 그대로 악마≒인간). 역시나 1972년에 시작되는 <마징가Z>와 이웃사촌이니, 이들이 '크로스!' 하고 외쳐서 태어난 것이 바로 1973년의 <마징가Z 대 데빌맨>이라는 극장용 애니메이션이다. 거기서는 일본의 화산활동으로 깊은 잠에서 깨어난 '요조(妖鳥) 시레누(우)'가 매드 사이언티스트들의 영원한 로망 헬박사(Dr. Hell)의 최면광선을 맞아 하인이 되고, 헬박사는 마싱가를 타도할 원군을 찾아 히말라야 산맥 얼음 속에서 (원작만화와 달리 거인화된) 데빌맨(Devilman) 군단을 발굴해낸다. 그런 다음에 경천동지할 대사가 나온다. "인류 이전에 데몬족(Demon族)이라고 있었다는데, 이들이 아마…, 음."

나치 출신 헬박사는 과연 누구로부터 '인류 이전의 존재'에 대한 정보를 입수했던 것인가. 그리고 옛날, 아니 전세(前世·불교 용어)에 데몬족이 멸종했다면, 그 뒤에 태어난 것이 현생 인류라는 말이 된다. 그렇다면 도대체 현생 인류는 어떻게 태어난 것인가? 이것이 바로 재창조(Re-Creation)의 개념이란 말인가?

무려 1972년에 헬박사는, 아니 일본인들은 이미 그 개념을 알고 있었던 것이다. 그렇다면 그 개념은 어디로부터 바다를 건너서 온 것일까? 일부 사람들은 (물론 절대성이 보장된 것은 아니라손 치더라도) 과학(科學)과 역사(歷史)를 정면으로 역행하고 있는 것일까?

이것도 종교와 사상의 자유란 말인가? 일본의 아베 신조 총리조차도 '침략'의 정의는 명확하게 규정되어 있지 않다고 주장하지 않았나? 실로 무시무시해진다. 그들은 이번에는 상대주의(相對主義·relativity)라는 방패를 들고 나왔다. 이런 게 다원사회(多元社會·multiplicity)인가?

한때 엄청난 뭇매를 맞기도 했던 (우익) 산케이신문 서울지국장 겸 논설위원인 구로다 가쓰히로 씨는 1990년대 말 '다시 일본 배우기' 붐이 일었을 때 인터뷰에서 이렇게 말했다. "지금 한국에서 다원사회 담론이 매우 많이 나오고 있는데, 일본은 사회 자체가 너무 다원화되어 문제이니 잘 가려야 한다." 계약의 때가 온 것일까? '때가 왔다, 신지 군.' (너무 유명한 가오루의 대사)

다음과 같은 의문이 생긴다. 생명을 빼앗는 것을 금지하는 계율에 대해, 대승보살(大乘菩薩)로서 부처의 제자가 지녀야 할 태도는 어떤 것일까? ……극도로 사악하고 잔인한 자들을 사형에 처하거나 국가를 위해 총력전에 참여할 경우에 어떻게 해야 할까? 대승불교의 계율의 정신을 이해하는 사람들은 이 물음에 즉시 답할 수 있어야 한다. 즉, 물론 죽여야 한다. 가능한 한 많이 죽여야 한다. 열심히 싸워 적군(鬼畜米英·귀축이란 불도를 방해하는 마왕의 졸개들을 일컫는 일본불교 용어이며 우리말 '마군이'에 상당─글쓴이)을 모두 죽여야 한다. 불법(佛法)에서 말하는 자비심과 효행을 완벽하게 수행하려면 선(善)을 돕고 악(惡)을 벌할 필요가 있기 때문이다.

─1960년대 일본 선(禪)불교 아메리카 전파의 일등공신 격인
조동종 선승 야스타니 하쿠운, 1943년.

그렇게, 앞서의 프로이트적 초자아(superego)가 폭주를 일으켜 과학과 역사와 생활을 거슬러서 달려 나가버린 세상이 2012년의 <신세기 에반겔리온 Q> 속의 세계이다. 부처님도 폭주해보고, 예수님도 폭주해보고, 하나님도 폭주해보고, 알라께서도 폭주를 해봤다. 옆집 아마테라스 아줌마까지 폭주를 해봤으니, 제발 단군 할아버지는 그냥 계셨으면 좋겠다.

1997년 극장판에서처럼 LCL 액즙으로 화한 인류가 응고되어 솟아난

'신비의 역방향' 고드름이 아닌가 생각되는 거대한 붉은 십자가들이 기분 나쁘게 반짝이면서 아득한 지평선까지 늘어서있고, 달님조차도 붉은색 십자가 형태의 가터벨트를(?) 장착하고 부비부비 댄스를 추듯 지구에 찰싹 달라붙어 루나틱(Lunatic)하게 고속으로 빙빙 돌아가는 멋진 신세계인 것이다—우리가 도대체 무슨 짓을 저질러버린 거지?

25天. 軍國의 데자뷔, 北朝鮮

　　결론부터 말해보면, 1945년에는 히로시마를 저질러버렸고 2011년에는 후쿠시마가 닥쳐버린 것이다. 다만 방향은 정반대인 것이, 히로시마 이후에 천황폐하는 더 이상 신이 아니게 되었는데 후쿠시마 이후에는 천황폐하를 더더욱 높이 올려 모시고 싶어 안달하는 세력들이 준동하고 있다. 그 히로시마와 후쿠시마가 바로 2012년 <신세기 에반겔리온 Q>에서, 일본 땅에 솟아오른 거대한 버섯나무이다. 2007년, 2009년, 2011년으로 예정되었을 시간표에 변경을 가한 사건이 바로 이 포스 임팩트이다.

　　이 세계에서는 사도(아담의 靈肉 쌍방의 분신)와 리리스가 '접촉'하면 서드 임팩트가 일어나서 기존의 모든 생명체가 사멸하고 신종(新種·Aufheben)의 새로운 역사가 시작되게 세팅 되어있다. 제13사도 나기사 가오루(타브리스Ⅱ)는, 그것이 '태곳적부터 프로그래밍 되어있던 절멸 코드'라고 쿨 하게 '객관적'으로 정리해줄 뿐이다.

　　가오루는 진정한 지구 감시자인 셈이다. 현장에 속해있으면서도 한 발자국 떨어진 곳에서 모든 진애(塵埃)로부터 초탈하여 제현상(諸現象)을 파악하고 해설해주는, 스스로 의사神(ersatzgott)과 같다고 생각하는 존재를 말한다. 배알이 뒤틀리는 생존방식이기에 결국 보기 좋게 '배제'되고 말지만 말이다. 신지와 가오루의 야릇한 분위기에 가슴 콩닥거리던 여성 팬들에게는 이걸 먹여준다―깨몽(웃음).

　　헤겔의 정반합 변증법(正테제-反안티테제-合아우프헤벤)이라고는 하지만, 지금 살아서 생활하고 있는 인간들 입장에서는 그런 시나리오건 프로그래밍이건 코드세팅이건[74] 받아들이기에 상당한 애로사항이 있을 것이다. 그것이 바로 <신세기 에반겔리온 Q>에 등장하는 새로운 조직인 뷔레(WIILE·의지)의 입장이다. 예전 TV판에서는 가오루가 배역을 담당했던 '자유의지'의 집단화/일반화이다.[75]

안노 히데아키 감독 특유의 프로이트적 초자아의 참전이다. 제-레는 욕동이고(동시에 욕동의 외부적 확장판일 융 심리학 집단무의식의 표상), 리린(EVA세계 속 인류의 異稱)은 자아인 구도르 리셋 디었다. 컴퓨디게임과 관련해서 한때 또 그렇게 들끓던 '리셋 증후군'의 후예이다. 개념만 처음에 이해되면 EVA세계 속의 구도를 아주 쉽게 파악하게 도와준다.

> 싯다르타(卍)도 욕정을 느꼈으며 성욕이 용솟음치는 것을 알 수가 있었다. 그러나 그때까지 한 번도 여자와 접촉을 해본 경험이 없는 그는 두 손으로 여인을 붙잡으려다가 멈칫거렸다. 그리고 그때 그는 몸을 떨며 마음속의 소리를 들었다. 그 소리는 안 된다고 말했다. 그러자 미소 짓는 젊은 여인의 얼굴에서 모든 매력이 일순간에 사라져버리고 그 대신 욕망에 불타는 한 암컷의 젖은 눈길이 보일 뿐이었다. 그는 다정하게 여인의 뺨을 쓰다듬어주고 여인에게서 몸을 돌려, 실망에 빠져 멍청히 서 있는 그 여인을 뒤로 하고 죽림(竹林·천축의 竺과 진단의 檀은 모두 대나무의 의미도 있다-글쓴이) 속으로 걸음을 재촉했다.
> ―헤르만 헤세, <싯다르타-인도의 詩 >에서. 1922년.[76]

이들이 보기에 제-레건 겐도의 NERV건 결말부에서 약간의 차이만 있을 뿐, 현생인류의 멸망이라는 지점에서는 1970년대 작품인 <신조인간 캐산>에서 실로 선구적으로 언급한 '0 또는 1'이거나 '모 아니면 도' 식의 이항대립(二項對立)적 사고방식을 공유하는 작자들이다.

다만 제-레는 멸망 후에 재생한다고 믿고(어떻게 재생하는지는 불명), TV판과 코믹스판에서 보여주듯 겐도는 재생된 '태아' 형상의 아담을 자기 몸에 심고 그것을 리리스의 영혼을 담은 외장형 코어=레이의 몸에 옮긴 다음(이런 근친상간적인 위험한 분위기라니), 죽었던 아내 유이와 영원히 다시 결합하는 것이다. 그 자신이 신(Gott)이 되는 것이다(상세한 메커니즘은 불명).

신극장판에서는 어떻게 하겠다는 것인지 거의 그려지지만 이에 대한 상술은 뒤로 미루기로 한다. 다만, 신극장판 시리즈 전체에 대해서 개괄적으로 코멘트 할 때가 되었고, 그건 이렇다. 1960년대 일본사회의 정치·사회적 격변 속에서 일군의 '핑크영화(쉽게 말해 sex movie)'들은 '의미'를 담기 위해 섹스 장면을 이용했다(앞서의 ↑우).

1970년대 이후로 가면서 분위기는 쇠퇴하여 그냥 즐겁고 재미있는 것일 섹스 장면을 담기 위한 연결고리로 내러티브가 전락했고, 비디오의 등장과 함께 소위 AV(adult video)라는 장르가 탄생하면서 '이야기'라는 것은 거의 필요가 없어지기에 이르렀다. 섹스는 그 의미나 정당화의 필요가 없어진 시대이다. 그냥 보면 된다.

훗날 만화와 애니메이션 세계가 성장하고 소구대상 연령대가 높아짐에 따라, 18금 아니메(뽕빨애니라는 인터넷상의 멸칭이 있음)나 소위 동인지(同人誌·이곳저곳의 등장 캐릭터들이 그냥 교합을 벌이는 거다)의 세계가 만들어졌다. 2000년대 초에 국내에서도 인터넷 동아리들을 중심으로 퍼진 소위 '팬픽'이나 '야설'도 이런 것들과 비슷하다고 보면 된다.

일본의 유명 평론가 겸 편집자인 오쓰카 에이지가 <캐릭터소설 만들

기>라는 저서로 필명을 떨쳤듯이, (아마도 위성방송이나 전문케이블이나 또래문화 공략이건 간에 방영 및 노출 플랫폼의 증가에 따른 필연적인 질적 저하이겠지만) 라이트노벨이건 만화건 애니메이션이건 '예쁜장한' 캐릭터들을 무더기로 출연시키고 그냥 애들 얼굴만 나오면 팔리게 되는 시절까지 도래한 것이다.

내러티브니 스토리니 어려운 말들이 별 쓸모가 없게 되었다. 우리나라 드라마들 다수도 '실사(實寫)로 찍은 만화책'이 된 지 꽤나 되었을 터이니 무슨 의미인지 충분히 알 수 있으리라. <신세기 에반겔리온> 신극장판도 그러하다. 등장하는 캐릭터들은 이미 '가상 아이돌' 수준의 생명력을 구가하고 있으며, 수많은 대사와 장면들이 패러디의 소재가 되었다. 그러니 처음부터 신비주의 전략이 강했던 이 작품에서, 앞뒤가 딱딱 맞아떨어지는 내러티브는 별 의미가 없다.

그 빈틈을 촘촘한 SF설정 및 선 굵은 비유와 상징으로 커버하고 있다. 사실 <신세기 에반겔리온>은 TV판 시절부터 잘 보이지 않는 화면의 구석이나 뒤에서 더 중요한 이야기가 흘러나오는 작품이다. 그림만 따라가다 보면 손가락 사이로 모래가 줄줄 세는 격이랄까. 새로 등장한 WILLE만 해도 사실 새로 등장한 것이 아니다. 그들은 NERV에서 갈라져 나온 조직이다. 이미 2009년에 EU NERV[77]와 북미 NERV가 일본에 있는 조직의 사령관 이카리 겐도 직속의 본부와는 따로 논다는 것이 밝혀졌다.

본부에는 없는 병기를 사용한다던지, 본부와는 전혀 별도의 연구를 진행한다던지 하는 식이다. 물론 이카리 겐도는 음험한 방식으로 유로(유럽+러시아)와 북미(미국+캐나다)를 방해하고 말이다. 그것이 5호기 자폭과 4호기 폭발이다.

제-레의 원래 계획에 의하면 일정 수 이상의 에반겔리온들이 모여야 뭔가 일어난다. 그 힌트는 세컨드 임팩트 회상장면에서 나온다. 제-레의 원래 계획은 5호기까지 건조하는 것이지만, 이카리 겐도의 술책을 알고 있기에 비장의 조커인(일종의 최종병기) Mark06를 건조하는 것이다. 서로 속고 속이는 인간(人間)이다.

마치 성서에서 구약시대에는 성막(聖幕)을 지어놓고 제사장들이 계속해서 율법대로 하늘에 빌어야 했지만, 신약시대에는 예수님이 단번에 전 인류를 위해 자기 몸으로 제사를 올리신 것과 같은 구도이다. Mark06의 이런 존재의의 때문에, 달에 있는 제-레 직속의 네르프 제7지부의 명칭도 '타브하 베이스(Tabha Base)'이다.

타브하는 신약에서 예수의 산상수훈(山上垂訓) 무대인 감람산(橄欖山·the Mount of Olives)으로 올라가는 중턱에 있는 마을 이름이라고 한다. 한국에서 지중해산 올리브기름이 유행하고 있는 것도, 그리스도의 깊은 기름부음 계획에 따른 것일진저. 역시 우리민족의 천손성(天孫性) 레벨은 타민족에 비해 월등히 높도다. 세계 어디에 우리나라처럼 산중 기도원이 이토록 많이 있겠는가. 신으로 향하는 루트=산이 많은 우리 한반도는, 세계를 주도하는 미국백인들도 인정한 Matrix요 시온산[78] 그 자체이다(웃음).

『잃어버린 역사를 찾아서』 3권
(서희건 지음/고려원/1986년)

韓國 上古史의 실체와 日帝의 한국사 왜곡·말살 진상!

잃어버린 역사를 찾아서 ③

徐熙乾 編著

고려원

26天. 지구 감시자(Watch Tower)

한 방에 뒤집는 비밀병기, 그것이 제2차 세계대전 당시 독일과 일본이 매달렸던 주제이기도 하다. 비행폭탄과 최초의 로켓병기, 제트 전투기, 초(超)중전차, 독일과 일본의 공동 핵개발, 살인광선 등이 그 예이다.

<신세기 에반겔리온> Q편에서 등장하는 존재들을 다시 살펴보자. Mark06은 1945년 8월 6일 떨어진 히로시마 원자폭탄을 상징한다. Mark09는 1945년 8월 9일 떨어진 나가사키 원자폭탄을 상징한다. 등장인물들이 처음으로 "사도"라는 표현을 사용해주는 악령(惡靈) 군체형의 제12사도, 그리고 새로 등장하는 8개의 눈을 달고 있는 에반겔리온 8호기는 둘이 합쳐 대미개전 날짜인 1941년 12월 8일을 상징한다. 눈이 8개라는 데서 보듯 불교와 인연이 깊은 숫자라는 점도 알아두자.

그뿐인가? 개조2호기 비장의 카드인 폭주넘버 '코드 트리플 세븐'은 1937년 7월 7일 중일전쟁 개전 날짜를 상징한다. '최후의 집행자'라고 70대 후유쓰키 노인이 말하는 에반겔리온 제13호기는 또 어떤가? 그냥 13호기(拾參號機·쥬산고키)가 아니라 꼭 제13호기(第拾參號機·다이쥬산고키)라고 발음한다.[79]

사실 여기에도 발음장난이 숨어 있을 가능성이 있는 것이, 대중(對中·타이츄)과 비슷하게 들리는 효과를 노린 것이 아닐까 생각된다. 즉, '대중국용 3호기'가 된다.

동족 겸 친구를 목 졸라 죽이려던 팔 4개였던 에바 3호기 말이다. 팔이 4개고, 눈도 4개이니 필사(必死)의 운명인 것이다. '각성'을 일으키니 상반신에는 X자 형태로 사쿠라꽃의 분홍색이 번쩍이며 마치 흥분제나 마약이라도 한 듯이 눈이 2배 이상으로 풍선처럼 부풀어 오른다.

이 흥분제/마약의 비유는 중요하다. 관동군이 내몽골의 일명 몽강국(蒙疆國)과 만주국의 간도성(間島省)에서 아편을 재배해 '민간의 지사'들과 결탁해 만주국 현지인들과 중화민국 현지인들에게 짭짤하게 팔아먹은 비사(秘史)가 있기 때문이다. 북한의 마약공장과 한국의 5공회귀 당시 '뽕공장 교수'들은 다 이때 어찌어찌 배운 것으로 사료(思料)된다. 가미카제 특공대에게 출격 전에 제공된 마지막 '폐하 하사주'에도 흥분제 성분이 들어갔다.[80]

비유와 상징은 여기까지 알면 된다. 7호기는 존재할 필요가 별로 없다. 날개(破) 편에서의 Q 예고편을 보면 원래 8호기가 더블엔트리시스템 전용기이다.

그러니 개발과정에서 실패했군, 그러면 끝이다. 4호기도 개발과정에서 미국의 곡창지대(5대호 좌안 내륙·추악한 쌀개방! 추잡한 TPP! …웃음)와 함께 천국으로 날아갔다.

10~12호기도 마찬가지다. 붉은 대지에 널려 있던 에바 시체들 중에 유독 거대한 놈들이(1997년 극장판에서도 초호기가 거대화 한다) 2체 정도 묘사되어 있는데, 그놈들일지도 모르겠다.

사실…, 이런 식으로 꼬리에 꼬리를 무는 '~일지도 모르겠다'를 유도하는 것도 일종의 (오타쿠) 마케팅 전략이다. 그러니 그만 하고자 한다(웃음).

최근 대만과 필리핀의 바닷가에서 거둔 대승은 세계를 놀라게 했다. 그러나 그런 승리에도 불구하고 적국인 미영은 엄청난 물량에 의존하여 가공할 저항공세를 격렬히 증가시키고 있다. 나라 밖 필리핀의 레이테 섬에서 극도로 치열한 전투가 벌어지고 있다. 나라 안에서는 추악한 적들(鬼畜)이 황도(皇都)에 폭격을 감행하며 황토(皇土)를 호시탐탐 노리고 있다…우리 종단은 최초로 반야심경 1천만 부를 집중적으로 필사하는 사업을 위해 열정적인 일치단결을 호소했다. 이 사업의 목적은 확실한 승리를 위한 우리의 열렬한 기도이다.

—조동종 종단 집행부 기관지
〈조동수법(曹洞修法)〉 1944년 11~12월 합본호에서.[81]

여하튼, TV판보다 더 큰 스케일로 에반겔리온의 세계는 손발이 안 맞아가는 세계이다. 앞서 언급했던 '히로히토 천황 바티칸 공작'과 연결될 지도 모를 '바티칸 조약'이라는 것도 등장한다. 유로와 북미, 아시아가 한 곳에서 3체 이상의 EVA를 보유할 수 없다든지 하는 식의 상호 발목잡기가 횡행한다. 이 모든 '인간(人間)'을 관찰하며 심경변화를 겪는 이들이 바로 TV판의 아야나미 레이와 나기사 가오루이다.

그들은 1951년 <지구가 정지한 날>에서 선보인 '지구 감시자' 자격으로 등장한다. TV판에서 레이는 온갖 추잡한 모습을 다 목격한다. 심지어 자기하고 똑같이 생긴 물체들이 분해되어 핏물 속에 둥둥 떠다니는 것까지 본다. 그리고 결론을 내린다. '음흉한 아저씨는 싫어. 중학2년생 바보가 좋아.'

겐도의 인류보완계획은 버림받는다. 아담(♂)이 이식된 겐도(♂)의 오른팔(右·right wing)을 먹어버린 레이는 리리스와 합체한다. '다녀왔습니다' 하면서. 그러니 '어서 오세요'라는 대답이 나온다. (둘 다 자막으로 처리).

'오른팔'의 비유법은 그 역사가 아주 오래되었다. 프리츠 랑 감독의 1927년 무성영화 <메트로폴리스>에서 미치광이 과학자의 오른팔이 기계로 만들어진 의수였다는 데서 시작하여, 1964년 스탠리 큐브릭 감독의 <닥터 스트레인지러브>에서는 나치 과학자 출신으로 미 국방부의 '고문' 자리에 있는 미치광이 과학자가 핵전쟁 위기 앞에서 자기도 모르게 계속 오른팔이 나치식 경례를 해대는 장면으로 이어진다. 프리츠 랑 감독은 '카시우스의 창을 맞는 에바 초호기'의 원전일 1924년 무성영화 <니벨룽겐>도 만들었다. 무서운 여자들과 창 맞는 영웅 지크프리트의 이야기다.

제17사도 나기사 가오루도 '지구 감시자' 역할이다. 다만, 나기사 가오루는 2000년 세컨드 임팩트 당시 아담을 '알'로 되돌리고 다른 사도들의 각성을 막기 위한 모종의 무시무시한 실험과정에서 인간의 DNA를 이용하여 어떻게 해서 각성을 늦추게 된(역시 상세는 불명) 존재이다. 즉, TV판 유일의 인공(人工) 사도이다.

코믹스판에서는 가오루가, 레이와 비슷한 수조 속에 들어가 있는 장면을 보여줌으로써 이를 확실하게 정리해줬다. 레이와 크게 다르지 않은 데도 묘한 선민의식(選民意識)이 있어 이렇게 말한다. "너와 나는 구성물질은 같지만 영혼이 있는 곳은 틀려." 하지만 1997년 극장판 <The End of Evangelion> 편에서는 더미시스템용 레이와 똑같이 껍데기 밖에 없을 NAGISA KAWORU 플러그들이 양산기의 몸속으로 들어간다.

신극장판 Q편에서도 마찬가지 모습을 보여준다. 9개의 목숨을 가진 고양이처럼[82], 9개의 관 속에서 차례차례 일어나서 '소모'될 각각의 가오루는 자기 자신이 유일한(the only) '진짜' 나기사 가오루라고 믿는 것이다 (병신).

마지막 남은 레이가 리리스의 심장이 되듯이, 마지막 남은 가오루가 제13사도로서 '섬멸'되는 것이다. 즉, 신극장판 세계 속에 등장하는 가오루들은 모두 다른 가오루이다. 제-레도, 겐도도 알겠지만 본인만 그걸 모를 뿐이다.

한국 가톨릭 수난사에 등장하는 대원군 시절의 '절두산(截頭山) 성지'로 화한 듯 아마테라스오미카미(天照大神)의 화신으로까지 의미 확장을 이루어낸 거대한 '유이박사의 머리 부위'만이 우상(偶像)으로 군림하는, 유이=리리스의 자궁 속에서 솟아오른 '천공의 감시탑 NERV'에서 바보 가오루 어린이만 그걸 몰랐던 것이다(그러니 영원히 중2병 14살 모습이지).

참고로 겐도는 매일 머리만 남은 유해(遺骸)에게 참배하는 듯하다. 똑같은 태양신이니 파라오 미라에게 참배하던 이집트나 레닌 미라에게 참배하던 소련이나 김일성 미라에게 참배하는 북조선일까(북조선이라면 참으로 부끄러울 일이다). '평화천황論'도 나왔는데 '군국일본/북조선 데자뷔論'이 과연 없겠는가.
 미국인 연구자들 중에서도 이런 생각을(theory가 아니라 perspective 레벨이겠지) 하는 이들이 과연 없겠는가. <국화와 칼>의 저자인 루스 베네딕트처럼 일본에 가본 적도 없는 한국인인 필자도 소위 '내재적 접근법'으로 여기까지 왔는데 말이다.

후유쓰키 노인이 신지 어린이(바보였다가 '그냥 애'로 정체성 확정)와 장기를 두며 결정적인 쇼크를 먹이듯이, 마지막 순간에서야 오랜 복기(復棋) 과정의 심사숙고 끝에 깨닫고 담담하게 받아들인다. 전우(戰友)가 남긴 그 마지막 말 한마디, '우린 또 만날 거다, 신지 군.'

즉, 건방진 선민의식으로 무장한 중2병 만물박사 겸 사이비종교 전도사가 TV판과 신극장판의 가오루 캐릭터이다.

물론 마지막에는 '알고 있던 세계'가 다 무너질 운명이고. 가오루의 세 치 혀에 몸은 14살인데 실제연령은 29살 가까이 된[83] '잉여'화된 바보신지가 그대로 무너지지 않던가. 게다가 서드 임팩트의 결과를 보고 반쯤 정신붕괴에 빠진 상태니 더더욱 무장해제 시키기 쉬울 터이다(야릇한 느낌). 두 바부(馬鹿·바카)가 파란히늘 흐르멍에서 임빅일 파국을 보드고 뛰노니 두 마리의 백마(白痴)가 된다.

구로사와 아키라 감독의 1951년 영화 <백치·バカ>인 것이다(홋카이도를 강탈하려던 추잡한 붉은 소비에트의 음모! …웃음). 아래는 가오루와 바보신지의 작중 선문답이다. 이게 뒤틀어진 공(空)이란 말인가.

…어떻게 하면 피아노를 잘 칠 수 있을까?
…잘 칠 필요가 없어. 좋은 소리를 내기만 하면 돼.
(본인한테만 좋게 들리면 다 좋아)
…어떻게 하면 좋은 소리를 낼 수 있을까?
…반복을 하면 돼.
(아무 생각 없이 반복연습과 '득행' 수행을 쌓다보면 스스로 깨달아)

앞서, 선불교에서의 수행방식이 내포한 폐해에 대해 일본의 고명한 학자가 쓴 대목이 나왔다. 뭐라고 했던가? "선(禪)은 어떤 사람이 도달한 결론이 합리적이든 비합리적이든 그 결론을 가슴에 품고 전진하라고 촉구할 뿐…선(禪)은 행동하고 싶어 한다…결심을 하면 가장 효과적인 행동은 뒤돌아보지 않고 계속 전진…선(禪)은 진실로 사무라이의 종교다."

그냥 내 한 마음 돌이키면 지옥이 천국 되고, 지금의 억압이 내생에 더 높은 사람으로 태어날 고행이고, 몽둥이를 휘두르는 고참이 내 몸의 나쁜 귀신 기운을 쫓아내주는 거야—거칠게 정리해봤지만, 어딘가에서 많이 듣던 방식의 말들 아닐까. 한국적 기독교라는 것도 전통적인 종교문화의 영향을 받는 법이고[84] 한국불교도 사실은 그 뿌리가 염세·탈속적 도교와 뒤섞인 중국 남조(南朝·분열시대 황하 이남의 제 왕조)의, 사실상 소승불교화가 진행된 선종이 되는 것이다. 조선시대는 금압으로 인해 거의 산속에만 있다시피 했으니 더 말할 나위도 없겠다.

그런 기인열전 도사님들 선(禪)을 三七일 기도니 100일 기도니 1000일 기도니[85] 뭐니 하면서 이런저런 민족종교들이 대거 흡수했을 테니 알만할 터이다. 하면 분명히 바뀌는 것은 있을 것이다. 하지만 '어떤 방향이냐' 라는 것이 문제다. 1000일을 기도한들, 사회도덕에서 자유롭다고 스스로 생각하며 인성이 쓰레기로 남아 있으면 다 필요가 없는 것이다.

국외에서도 '색마교주'로 이름을 떨친 JMS 전(前) 교주도 경우도 분명히 영발은 발휘했다고 한다. 멈춰라, 하면 천장의 쥐들이 조용해지고 우읍기합을 넣으면 주변을 제압했다고 한다. 21세기 초부터 시작된 원어성경 공부 초창기 붐의 창시자 중의 한 명이라는 어떤 분에게서 지나가며 어깨 너머로나마 직접 들은 이야기다. 정보(intelligence)의 세계는 이렇다.

그 외 많은 경우에 기공/기수련/단전호흡 등속이나 '전통 및 역사공부' 의 두 가지 루트로 사람들을 일단 모으고 있으리라 관측될 따름이다. 참고되기 바란다. 옴진리교를 보면 다 알 수 있는 일들이다. 2012년의 <신세기 에반겔리온 Q>는 1980년대 간혹 '석탄일 기념'으로 방영되어 우리에게 충격을 안겨줬던 '지옥도(地獄道) 애니메이션'의 SF적 재현이었던 것이다. 그 세계가 땅위로 올라온 지옥이 아니면 뭐란 말인가.

"둥글게 둥글게! 우리 모두 돌아가며 춤을 춥시다. 손뼉을 치면서 노래를 부르며, 즐거웁게 마음의 벽을 개방합시다. 라라라라, 마음의 벽이 허물어진 환희의 세상!" 이게 바로 <신세기 에반젤리온 Q>에서 나온 서드 임팩트 후의 퍼빗 세계가 상징하는 숨은 의미이다.[86]

AT필드가 필요 없는 세계. AT필드가 오히려 불편한 세계. 우리나라도 한 시절 그런 세계, 있었다. '가지 마! 가오루 군!'…신지 어린이의 절규를 뒤로 하고, 미소 짓던 에반젤리스트(福音傳道者) 겸 제13사도가 남긴 6·25 때 군가와 같을 마지막 그 한마디. '우린 또 만날 거다, 신지 군. 인연법(因緣法)이 널 이끌어 줄 거다.'

> 지금 제가 바라는 것이 이루어질 수 있다면
> 날개를 주소서
> 제 등에 새처럼 하얀 날개를 주소서
> 이 드넓은 창공을 날개를 펴고
> 훨훨 날아가고 싶어
> 슬픔 없는 자유로운 하늘로 날개를 펄럭이며 날아가고 싶어
>
> 어린 시절부터 간직한 꿈
> 지금도 같은 꿈을 꾸고 있어
> 이 드넓은 창공을 날개를 펴고
> 훨훨 날아가고 싶어

지금 제가 바라는 것이 이루어질 수 있다면

날개를 주소서

제 등에 새처럼 하얀 날개를 주소서

이 드넓은 창공을 날개를 펴고

훨훨 날아가고 싶어

슬픔 없는 자유로운 하늘로 날개를 펄럭이며 날아가고 싶어

이 드넓은 창공을 날개를 펴고 훨훨 날아가고 싶어

이 드넓은 창공을 날개를 펴고 훨훨 날아가고 싶어

슬픔 없는 자유로운 하늘로 날개를 펄럭이며 날아가고 싶어

슬픔 없는 자유로운 하늘로 날개를 펄럭이며 날아가고 싶어

이 드넓은 창공을 날개를 펴고 훨훨 날아가고 싶어

―포크송 〈날개를 주세요〉,

그룹 아카이토리(赤鳥)가 레코드로 발표, 1971년.

―2009년 〈신세기 에반겔리온 羽〉 서드 임팩트 발동 BGM.

아야나미 레이 성우 열창.

―일본에서 1971년 〈돌아온 울트라맨〉이 방영된다.

Q편처럼 14년 후에 〈야마타노오로치의 역습〉이 나온다.

―일본의 1971년은 우리 DJ정권 말기에 해당한다.

〈울트라맨이야!〉 〈오소서 치우天王이여!〉이었다.

27天. 뇌과학, 멈추면 비로소 보이는

　물론 그 많은 경전들, 특히 사마베다(沙磨吠陀)나 우파니샤드의 많은 시구들 가운데에는 가장 심오하고 궁극적인 진리에 대하여 절묘하게 말한 구절들이 많다. "그대의 마음이 전 세계이니"라고 거기에는 씌어 있다. 또한 인간은 잠잘 때, 깊은 잠에 빠졌을 때 가장 깊은 내성(內性)으로 돌아가며 아트만(眞我) 속에 아주학 수가 있다고 씌어 있다. 건이로운 지혜가 그 구멸에 넘셔흐트며, 연사들의 온갖 지식이 그 속에 마술과 같은 언어로 엮어져 있다. 그리고 그것들은 꿀벌이 모아둔 꿀처럼 순수하다.

　　　　　—헤르만 헤세, 〈싯다르타-인도의 詩〉에서. 1922년.

　독일인의 우수한 기술과학과 정신과학의 힘을 바탕으로 여기까지 왔다. 1922년 독일인의 책에서 〈신세기 에반겔리온〉의 핵심이 나올 줄은 정말 몰랐다. 인간 부처님을 소재로 나온 소설이 이거 하나뿐인지는 모르겠으나 나올 것은 다 나오고 있다. "그대의 마음이 전 세계이니."

　젠장. 리리스가 못 박혀 있던 십자가는 벌집 모양 6각형 문양이 깔려 있었단 말이야. 미사토와 신지가 센트럴 도그마로 내려가는 도중에도 거대한 벌집 모양 구조물이 나온단 말이야. NERV의 'WARNING'이나 'EMERGENCY' 경고등 마크도 전부 6각형이었단 말이야. Q편에서 '아야나미 시리즈'의 머리들이 담겨있던 용기도 전부 벌집 모양 6각형이었잖아.

　그럼 노르끼리한 색깔의 LCL은 원조가 저 '꿀'이었단 말이네. NERV 본부는 벌집촌[87]이었고 터미널 도그마는, 음흉한 아저씨들의 꿀단지였어(웃음).[88]

233

1995년의 TV판 <신세기 에반겔리온>의 결말부인 제25화 '끝나는 세계'와 제26화 '세계의 중심에서 사랑을 외친 짐승'은 거의 심리상황극 같은 분위기이다. 마지막에는 고뇌에서 벗어난 신지의 주변이 화악 밝은 세상으로 변하면서 등장인물 전원이 '해탈(解脫)을 축하해' 하며 둘러싸서 박수갈채를 보낸다.

이런 결말 때문에, 이야기의 모든 것이 주인공의 '꿈 속 세계'나 '두뇌 속 영상'이 아닐까 하는 의혹이 많았다고 한다. 마치 2010년의 뇌과학(腦科學) SF <인셉션> 비슷하게 말이다. 일명 '천재감독'으로 불리는 크리스토퍼 놀란의 이 작품에서도 전형적인 일본내 나는 소품들이 등장한다. 와타나베 겐, 도쿄, 신칸센, 헤드폰 끼고 만화잡지 읽는 일본소년, 녹색평원 저 너머의 공장굴뚝들. 1980년대를 풍미한 몽마(夢魔) <나이트메어> 시리즈의 SF판이라고 할까.[89]

막판 결말도 꿈인지 현실인지 안 보여주고 끝나지만, 뱅글뱅글 돌던 토템이 분명히 넘어질 듯 크게 요동치는 장면이 나오기는 했다. <신세기 에반겔리온>을 보고 나면, 이런 유의 결말은 싱겁게까지 느껴지기 시작한다. EVA세계는 '밝은 앞날'이니 '더 나은 미래'니 '어쩌면 더 좋아질지 모를 내일' 같은 유의 희망적/현실도피적 결말을 철저히 때려 부쉈다.

말 그대로 불교적인 '일체개고(一切皆苦)'의 세계를 보여줬다. 그냥 꾸역꾸역 살아갈 뿐이다. 달콤한 '힐링'물결과는 전혀 관계 없는 날것의 세계를 보여줬다. 새로운 흐름이 생기면 명과 암이 생기고, 그것을 극복하기 위해 또 새로운 문물을 창조하면 거기서도 또 명암이 갈라지는 세상의 모습을, SF를 활용하여 보여주고 있다. 그래서 끈질긴 생명력을 가지고 있는지도 모른다. M선생의 <바람이 분다>도 그런 이야기다.

소위 뇌과학 SF인 <인셉션>이 나오기 전에 <신세기 에반겔리온> 신극장판이 이미 최신조류를 반영하여 뇌과학 SF 색채를 더했는지도 모른다.

왜냐하면, 실로 다양한 의미를 담고 있는 제2사도 리리스를 가장 핵심부인 뇌간(腦幹)에 비유하자면, 땅 위의 제3신도쿄시는 두개골(頭蓋骨), 지오프런트 그 자체가 (지구의) 두뇌(頭腦)에 해당할 수 있기 때문이다. 피라미드 아래 NERV 본부는 대뇌(大腦)에 해당하고 말이다. 앞서 신지 어머니의 '꿈나라로서의 EVA세계' 논의도 팬들의 기대에 부응하여[90] 업그레이드 된 형태로 반영시킬 수 있을 것이다.

2007년 서(序)편에서, 번식 의욕이 없는 판다들 자극하기 위해 사육사가 포르노영상을 틀어주듯이(실화), 미사토 중령이 바보신지의 투쟁의욕을 끌어올리기 위해 센트럴 도그마(中腦) 최심부로 내려가는 장면이 나온다. 앞서 말한 거대한 벌집 모양 구조를 지나니까 '센트럴 도그마 제1표층부'라며 안노 히데아키가 해설한 공간이 나오는데, 그 공간이 아무리 봐도 무슨 생물체의 신경계 같은 분위기인 것이다. 고깃덩이로 빚어진 <바람계곡의 나우시카> 속 '부해(腐海)' 분위기와 비슷하다.

그런데, 처음부터 이 신극장판에 등장하는 NERV의 조직 마크(紋章)가 예전과 달리 바뀌었다는 것이 퍼뜩 생각나야 한다. 마크의 전체 형상이 뇌+척수의 형상을 연상토록 디자인되어 있다. 기존의 NERV 심벌인 천사날개를 연상케 하던 무화과(無花果) 나뭇잎이 '밖'에 나와 있는 것이 아니라 뇌의 '안'에 감싸이듯이 디자인되어 있다. (그랬다, 섹스 없는 번식!)
어차피 신경계를 지배하는 것이 뇌이니, 이 세계에서 NERV는 인류사회의 두뇌가 된 것일까. 그러면, 앞서 언급했던 구도와 약간 달리 제-레는 진짜 전체인류의 영혼(魂)이 되는 것이다.

『선만화』
뒷표지
(요안나 살라
잔 그림/
해뜸/
1986년)

　삼위일체인 성령이 가슴 속에 거하는 것이 아니라, 하늘나라와 더 가까울 몸의 최상부인 뇌 속으로 쫓겨올라간 꼴이다.

　그렇다면, 2012년의 <신세기 에반겔리온 Q>에서 나타난 버섯일 거대한 '승리의 탑(?)'은 과연 무엇인가. 지구의 척수(脊髓)가 적출된 것으로 볼 수 있다. 이미 뇌간인 제2사도 리리스는 '전쟁용 히로뽕'에 절어 또는 뇌내마약성물질의 과다분비로 붕괴했다. 그리고 재림예수님 '하얀 보좌(寶座)'일 에바 13호기의 각성. (이 모든 것이 제-레의 계획대로다.)

　1990년 미국의 아버지부시 정부가 '마약과의 전쟁'을 선포한 후 <로보캅2>에서 로보캅이 마약중독 범죄자의 뇌를 탑재한 로보캅Ⅱ의 뇌와 척수를 적출하던 그 모습의 재현이라고 할까. 그 시절 미국은 <프레데터2>에서 다시 온 프레데터가 대도시 마약갱단을 사냥하던 시절이다. 쾌락물질을 가지고서도, 미국서는 마약(외부주입)으로 일본서는 신흥종교(뇌내

분비)로 생성해보자는 한 시대였단 말인가. 지금은 프로작으로 대표되는 항우울제와 힐링토크쇼가 우리를 두 팔 벌려 맞아주고 있다.

리리스 주변의 해골밭도 사실은 1992년 핵전쟁 후의 '천사의 도시(Los Angeles)'를 배경으로 한 <터미네이터2>에서 금속골격만 있는 로봇들이 인간의 두개골을 퍼석 밟으며 시작하는 역사적인 첫 장면의 오마주이다. 실제로 에반겔리온 제13호기의 디자인이(특히나 골반부에 주목) 더더욱 말라깽이 아귀(餓鬼)에 가깝다. 사실 이 모든 것이 메타레벨(meta level)이 작중신(作中神)인 총감독 안노 히데아키 두뇌 속의 세계가 이미지화 된 것이니, <신세기 에반겔리온>은 뭐랄까, 안노 히데아키의 뇌 스캔 영상인 셈이다.

이런 해석이 마냥 우스개가 아닌 것이, 2009년의 파(破)편에서 거대한 꽃속의 가시에 의해(?) '창의 성흔'이 새겨진 에바 초호기가 양팔에 붕대를 감고 거대한 MRI머신 같은 장치로 복구조치(치료)를 받는 장면이 나오기 때문이다. MRI라는 것도 '눈'의 일종이다. 왜냐하면 요새는 '태아 초음파사진'도 기념으로 출력해서 지인들에게 전송하며 '우리 아기 머리 너무 예쁘다!'며 즐거워하는 세상이 아니던가. 눈=시선(視線)=권력이라는, 미셸 푸코식의 주제에 집요하게 매달리는 안노 히데아키인 것이다.

지혜가 없는 인내는 주위 사람들에게 고통과 불행을 가져오는 인내이지요. 침략을 위한 전쟁에 동원되어 억지로 사람을 죽여야 한다고 생각해보자고요. 이러한 고통을 참는 것은 그야말로 지혜롭지 못한 일이지요.

—<만화로 보는 불교> 전5권 중 제1권
본생설화(本生說話) 편의 후기에서.

한국 출간은 2002년. 일본에선 히로히토 천황이 죽는 해인 1989년.

28天. 桓檀古記―제1시조민족 수메르

이 나라(英國)에서는 우리의 종교가 의회의 조례로 결정되므로…지옥은 더 이상 기독교도에게 필요 없는 것이 되었습니다…하느님의 존재 문제에 이르면 이것은 중대한 문제가…아마 가장 단순하고 가장 이해하기 쉬운 것은 제1원인에 의한 증명법일 것입니다. "우리가 이 세상에서 볼 수 있는 만물은 다 원인이 있으며 이 원인의 연쇄를 더듬어 올라가면 마침내 제1원인에 도달하는데 이 원인(原因)을 하느님이라 이름 한다." (桓因이 아니고? -글쓴이)

……그것은 마치 세계는 코끼리 잔등에 얹혀 있었으며 코끼리는 거북의 잔등에 얹혀 있었다는 힌두교도의 생각과 꼭 같습니다. 그래서 사람들이 "거북은 어떻게 되었소?"하면 그 인도인은 "화제(話題)를 바꿔봅시다"라고 합니다. 제1원인에 의한 증명법은 정말 그 얘기보다 더 나을 것이 없습니다.

—철학자 겸 수학자 버트란드 러셀의 1927년 강연에서.
1971년도 책 <나는 왜 기독교도가 아닌가>에 수록.

새로 디자인된 '뇌' 형태의 NERV 마크는 2009년 파(破)편에서 무더기로 확인할 수 있다. 한 발 더 나아가 파(破)편에서는, 무슨 초고대문명 수수께끼 문자와 같은 것들도 등장한다(이 설정은 뒤에서 상술). 북극의 베타니아 베이스 지령실 바닥과 아야나미 레이 전용 수조와 DSS초커(deification·신성을 격하 뜻)를 잘 관찰해보라. QR코드의 사각형 문양 비슷한 것들이 부적글씨처럼 찍혀있다.

사실 이 사각형 상형문자들은 1976년 극장 애니메이션 <태권브이>에서도 서울 시내 간판들에 비슷한 형태로 등장한 적이 있으니, 상세는 불명이다. 이집트 상형문자와 일본의 소위 신대문자(神代文字)를 연결시켜주는 소재로 징발된 '가림토 문자(한글)'라는 설정이 1970년대 일본에 등장했는지는 확실하지 않은데, 분명히 그런 이상스런 '그 바닥 학자들 간의' 교류가 있기는 했다—말 그대로 수메르(소머리·牛頭)에서 대동방(大東方)까지 <桓檀古記>에 입각한 분위기이다.

수메르 지배자 사르곤 왕의 머리꼭대기가 뾰족한 것은 우리민족 고유의 '상투'라고 무려 2012년인데도 주장하고 있으니 무슨 말이 더 필요하겠는가. 2013년에는 전국 각지에서 '출정 대회'까지 밀어붙인다. 국군에서 종교 차별하지 말라고. 그 바닥이 해방 직후부터 집요하게 군인들에게 들러붙으려고 해왔다. 예수가 사실은 일본으로 망명 와서 조용히 살다가 일본서 죽었다는 내용마저 실려 있다는 대일본 <다케우치 문서> 수준이다. 똑같은 2012년에 세상에 나온 <신세기 에반겔리온 Q>에서는 소위 新NERV 마크가 완전히 각진 사각형 모둠인 QR코드처럼 디자인되었다.

무화과의 형상은 사그라지고 완연히 '날개'의 형상을 하고 있다. 물론 천국행 날개이겠지만 말이다. QR코드도 신종의 '눈' 아니던가. Q편에서는 역대 최강의 '눈'들이 쏟아진다. 역대 사도 중에 가장 많은 눈을 가졌을 악령형 군체사도인 제12사도부터가 암흑영역 속의 '눈'들의 집합이다.

에반겔리온 제13호기와 그 외장형 심장의 하나인 제13사도(가오루)의 강제적 각성을 위해 자신을 파괴하는 제12사도. 새 세상을 탄생시키기 위한 거룩한 갓난아기 공양(供養)인 것이다. 여기서 중요한 비유가 나온다. 굳이 강조해야할 필요성을 느낀다. '자신을 파괴한다.'

대의를 위하여 죽었다가 다시 살아나 다시 목숨을 초개같이 버리는 우리의 제12사도. 기억해내자. 알맹이(素體)가 '7개의 눈을 가진 목련존자'였다(똑같은 소재를 가지고 이번에는 이렇게 써먹고 메시지도 바뀐다).

1980년대 <개구리 왕눈이> 주제가처럼 '7번 넘어져도 또 일어나라'인 것이다. 그리고 사악한 메기왕(당연히 미 제국주의일 가능성이…웃음)을 무지개연못에서 쫓아내는 것이다. 무지개!? 그렇다. 무지개인 것이다. <신세기 에반겔리온> 신극장판에 새로 도입된 요소가 바로 무지개이다. 사도가 섬멸될 때 '빛의 십자가'와 함께 등장하는 '신에게 가는 다리(橋)'인 무지개. 이 세계의 남극도 무지갯빛이다. 나라를 위해 6번 다시 태어나고 7번 죽는다. 어딘가에서 본 것 같지 않은가?

일본은 아시아 국가들에게 당당한 독립을 부여하기 위해 자신을 파괴했다. 나는 이것이야말로 진정으로 성전(聖戰)이라는 이름에 값하는 업적이라고 생각한다. 이 모든 것은 충용으로 뭉쳐 비할 상대가 없었던 우리나라 250만 영령들의 값진 행동의 결과이다. 나는 독립을 성취한 아시아 여러 나라의 국민들이 영원무궁토록 그들의 업적을 찬양하리라 생각한다.

─야마다 무몬, 전후 임제종 종립 하나조노대학 총장 겸 최대 파벌 묘신사(妙神寺)과 종정을 역임한 승려. '전사한 병사들의 영령에 보답하는 연맹' 개회식 성명서에서. 전후 일본 최초의 <방위백서>가 간행된 1976년.

자신을 파괴했다. 대의를 위하여. 사(死)의 찬미를 받으며. 조지 오웰의 1950년대 SF소설인 <1984>에서도 작중 3대 초대국[91] 중의 하나인 이스트아시아(East Asia·大東亞連合)는 10여년의 복잡한 전쟁을 통해서 탄생했다고 하며 '죽음숭배'라는 종교적 가치를 숭상한다고 묘사한다.

2012년의 Q편에서 에반겔리온 제13호기가 전신백화(全身白禍·white peril)[92] 현상을 일으키며 포스 임팩트가 발동하기 시작하면서부터, BGM으로 바그너풍의 오페라를 연상시키는 독일어로 가창되는 (말하자면)

'천상의 아리아'가 깔리는 것은 우연이 아니다. 제13호기의 곁을 지킨 것이 바로 황색 도장(黃禍…보다는 천변만화 각각의 사정에 따라 교화방편을 활용하시는 부처님?)의 Mark09였고 말이다.

북한은 지금 남쪽에서 날아오는 대북전단을 주우면 손가락이 썩고 그 저주로 가정이 붕괴한다는 식의 민족종교 정신교육을 실제로 하고 있다. 1990년대에 UR(우구파이다운트)이 신다 실화에 나오는 역병신(疫病神)이 된 것처럼 말이다. 일본우익이 TPP(환태평양경제동반자협정·물론 논란이 있음)에 결사반대하는 이유도 이런 것이다.

바그너(Richard von Wagner)의 오페라들은 19세기 말의 독일민족주의 고조기를 반영하듯이 웅장한 신화와 '라인의 딸들'로 대표되는 국토신민족주의(흙=계집·여신 이자나미와 아마테라스와 웅녀와 유화부인과 주몽 아내 소서노와 제주도의 설문대할망 등) 및 숭고한 목적을 위한 죽음을 찬양하는 내용이 많다. 앞서의 표현대로 '死의 찬미'인 것이다. 속칭 세기말적인 분위기라고 해도 좋다.

당연히 히틀러가 바그너 음악을 매우 좋아했고, 바그너음악제가 열리던 남독일(!)의 바이로이트는 나치당원들의 순례코스로 화한다. 프리메이슨은 이제 모두 미국으로 망명해야 할 판국이 된 것이다. 독일민족을 정신적으로 '퇴폐(decadent)'시키려는 도시 페스트 같은 추잡한 유대인의 사악한 음모 같으니라고.

나치스가 소위 퇴폐문화 박멸에 열을 올린 것은 '독일민족정신(魂·SEELE)이 온존한 지방농촌 민심'을 너무 세심하게 배려한 덕이다. 2013년 이집트 군부가 이슬람주의 대통령을 축출한 것이 '민주적 쿠데타'인 것처럼, 알기 쉬운 연결을 위해 거칠게 말하자면(독자제위의 혜안으로 보완하셔야 함) 나치스도 '민심 민주주의(天心)'를 펼쳤던 것이다.

1979년의 <지옥의 묵시록>에서 미군 헬기부대가 베트콩 마을의 하늘을 질주하면서 심리전의 일환이랍시고 바그너 음악을 틀어대던 장면은 이토록 엄청난 의미를 가지고 있다. 일본도 동양을 구하겠다고 중국인을 죽였으며, 미국도 동남아를 구하겠다며 월남인을 죽이지 않았느냐, 바로 이거다. 자기 사랑한다면서(eros) 피칠갑(thanatos)을 하는 것이다.

『선만화』
표지
(요안나 살라
잔 그림/
해뜸/
1986년)

SM인 것이다. 1998년 일본 대중문화 개방 이후 한국에서 선풍적 인기를 몰고 왔던 이토 준지의 호러만화 <도미에> 시리즈의 주제이다. 이게 바로 1960~70년대 일본 정치핑크영화의 본질이다. 1970년대 이후 일본우익들이 애국으로 궐기하는 이유이다.

그것이 '노무현' 치세의 현상(現象)이었다. 내각제 국가가 아니라 준왕(準王) 대통령제 국가이기 때문에 이런 시대구분은 어쩔 수가 없다. 일본SF를 빌려와서까지 세인트 노무현을 부관참시하는 추악한 작태가 결코 아니다. 맹세한다. 모든 것이 이념편향으로 돌아가는 정도가 너무 심하다. 조선왕조 말기에도 그러다 망했다. 지금까지 논의에서 다 풀이했다.

앞서 다루었던 1970년대 <신조인간 캐산>과 비슷한 환경근본주의 SF 냄새를 풍기는 작품이(75년의 에코토피아 영향일지?) 바로 SF작가들의 세계에서 숭앙받는 1978년의 로봇물인 <무적초인 점보트3>이다. 최근에 장기연재가 끝난 SF만화 <GANTZ>의 작가 오쿠 히데야도 '점보트처럼 해보고 싶었다'고 언급했던 작품이다.

우주해적 '가이조쿠(발음에 제일 가까운 한자가 外族)'에게 고향별을 멸망당한 비아루 별의 생존자들이 수백 년 전에 탈출선과 함께 일본으로 온다. 현지인들과 동화되어 살아가던 그들 '진 패밀리'는 임박한 가이조쿠의 지구침공을 예상하고 궐기한다. 당시에 많이 듣던 스토리이다(다문화사회 일본).

쇼킹한 것은 내용이다. 이 작품에선 '파괴된 도시'가 재건되지 않는다. 진짜전쟁은 그런 것이다. 일본 전국이 고루 초토화한다. 진 패밀리가 나타나는 곳에 악의 로봇 나타나니(사실은 그 역순이지만), 사람들은 돌은 던진다. 우리 지역에서 나가라며. 너희들만 없으면 우리가 편하다면서.

그들을 이해하며 보급해주고 함께하는 이들은 방위군(즉 日本自衛隊) 뿐이다. 일본의 '지구 감시자' SF의 원조 격에 해당할 요코야마 미쓰데루의 SF만화 <마즈>와 같은 구도이다. 물론 <마즈>에선 지구인을 지키기 위해 피투성이가 되었던 자신에게 돌을 던지는 '광란의 데모대'를 보고 주인공인 Mars(일본명 묘진 다케루·明神武)가 "이것이 인간의 본성이란 말인가?"하면서 수호로봇 가이아(GAIA)를 자폭시켜 "태양계의 세 번째 행성이 그 오랜 역사를 마감하였다"하면서 끝난다. 당시 폭주했던 님비(NIMBY·지역이기주의)와 극렬투쟁 등의 사회현상에 대한 반작용일까.

이 작품은 '만화방'을 통해 한국에 유입되었다. 그러니 진지한 분석의 대상이 될 리가 없다. 일본의 핑크영화들도 1990년대 초가 되어서야 자국 평론가들의 관심의 대상이 되었다고 할 정도이니까. 주로 해외 영화제나 상영이벤트를 전전하며 '외국인 공략'부터 시작해(?) 외곽에서 입지를 다졌다고 한다.

1972년 <마징가Z> 탄생 때부터 마징가는 민중의 지탄을 받는다. '너만 없으면 헬박사가 일본을 괴롭히지 않아!'라는 데모대의 돌을 맞으면서 말이다. 헬박사의 일본침공 목적은 세계정복을 위한 무적 로봇군단 창조에 필요한 재료인 '재패니움' 광석 탈취. 후지산 인근 지역에만 나오는 신비의 돌(웃음). 앞서 언급했듯 NERV 북미 제1지부도 돌산 근처에 있다.

1974년에 방영되는, 역시 나가이 고/다이나믹기획의 <겟타로봇>에서는 후반부에 들어 시끄러운 정의의 연구소와 겟타 팀의 비행연습에 화가 나서 사적 복수(거의 이적 테러행위)에까지 나서는 '중남미 저발전(underdevelopment)의 주역일 목장주'가 등장한다. 일본의 현대사를 알면, 그것이 베트남전쟁이 사실상 끝났는데도 무엇을 위해서인지 계속해서 이어지던 소위 '나리타 투쟁'에 대한 비유라는 것을 눈치 챌 수 있게 된다.

아무도 안 알아주고 모두가 지겨워서 손사래를 칠 정도일 2006년까지 계속되었다고 한다. 1970년대 일본을 한때 들끓게 했던, 필리핀 정글에서 미국에게 계속 항전해온 군인정신 투철할 생환자 '황군 나가노'와 도대체 무엇이 다를까? (그는 현대일본에 적응치 못하고 얼마 안가 일본계 농장이 많은 브라질로 이미 가다)

이때만 해도, 이시하라 신타로나 아베 신조가 그토록 절규해대는 "일본방위군(日本防衛軍)"이니 "국방군(國防軍)"은 풍자적 괴수영화에나 나왔지 로봇SF에 나오지도 않는다. 부지를 못 구해 쩔쩔매던 육상자위대는 1980년대부터는 실탄 사격훈련을 캘리포니아까지 가서 해야 할 정도였으니까, 더 무엇을 말하겠는가. 이건 아닌 것이다. 한때 그토록 요란했던 '매향리 사격장' 문제도 이제 시간의 저편으로 사라진 오늘날이다.

한국군(國軍)이 정치권에 들어간 지역민원에 밀려서 실탄 사격훈련을 중국 서부의 사람도 없는 오지에 가서 해야 하겠는가? 일본은 돈이 많아서 진짜 거기까지 가 본 것이다. 미국에까지 가서 '사람 죽이는 동맹' 짓거리를 했다. 안타깝게도, 확 쏠리면 확 반동이 온다. 어떤 이들에게는 차마 입에 담기조차 부끄러울 족속인 나치일 밝은해 각하도 그런 것이 아닐까?

2007년 이시하라 신타로의 도쿄도지사 3선 도전 당시의 구도를 언론은 '군국아저씨 대 평화멍청이'로 정리했다. '순수'를 지향하며 '스타 탄생 이정희'를 꿈꾸었던 사회민주당 여성 후보는 일본사회의 유행어대로 '평화멍청이(平和ぼけ)'가 된 것이다. 헤이와보케의 보케(ぼけ)는 '치매'의 '매' 자이다. 실로 안타까울 따름이다.

1976년부터 일본의 로봇SF에서 두 얼굴의 '국방군(Kokubogun)'이 등장한다. SF계의 대부 중 한 명일 나가이 고가 주재하던 다이나믹기획과 연계된 <대공마룡 가이킹>에는 불교의 사천왕(四天王)에서 따온 4명의 장군들(거대 안드로이드)과 거대한 인간형 전능관리컴퓨터인 '다리우스 대제'가 등장한다. 나이 먹은 양반들이 말하기를 '일본이 아시아를 위해 자기를 파괴'했다는 바로 그 해이다.

막판에 다리우스 대제는 블랙홀로 빨려 들어가는 본성(本星)을 탈출해서, 일본의 후지산 지하에 침략요새를 건설한다. 후지산 정상에서 나타나는 키 200미터의 거대한 인간형 전능관리컴퓨터 다리우스 대제의 비유법이 무엇을 상징하겠는가.

<신세기 에반겔리온 Q>에서 시뻘건 후지산 위로 '승리의 탑'에서 들이붓던 '붉은 벚꽃의 소나기'가 쏟아지지 않던가. <대공마룡 가이킹> 1년 내내 한 번도 등장하지 않던 국방군(노무현 치세의, 우리-외쳐보자-자주군대!)이 드디어 정의의 로봇조직에 합류 궐기해서 혈전을 벌인다(웃음). 이것은 훗날의 '시라토리(白鳥)'와 똑같은 궤적을 걷고 있는 비유법이다.

> 일본에서 불교의 지도 원리는 우리 조국을 구원하는 것이다. '황도(皇道) 불교'의 미래는 일본정신의 고양을 생각하지 않고는 존재할 수 없다. 그러므로 불교의 종파들은 다툼을 중단하고 일본정신 그 자체라고 할 수 있는, 진리이면서 동시에 우리 국민의 공통된 조상인 태양신 아마테라스오미카미(天照大神)를 주요 숭배 대상으로 삼아야 한다.
> ―사법성 형사국 가나자와 지방재판소 검사 오가타 히로시, 극비 정부문서 《불교와 사회운동》에서. 1939년.[93]

<무적초인 점보트3>에서 가이조쿠의 목적은 '베이테이(米帝)'와 같은

지구 지배가 아니다. 그냥 무차별 파괴와 살상과 테러이다. 그 진정한 목적이 밝혀진다. 이미 진 패밀리의 아이들마저(미제의 양잿물을 마셨을 노랑머리 딸내미마저) 차례차례 특공으로 전사하는 참혹의 극을 달한[94] 전투 끝에, 악의 거성일 우주요새 반도크 깊숙한 곳에 도사리고 있는 가이조쿠의 수령(首領)인 거대한 '두뇌 모양 생체컴퓨터'와 마주하게 된다.

'두뇌(Computer Doll 8호)'는 묻는다.[95] 너희는 왜 싸우지? 아무도 너희에게 고마워하지 않는데 왜 싸우는 거지? 환경관리자로 태어난 나는 오랜 관찰 결과 우주에서 지적유기체(知的有機體)를 소멸시켜 이 우주를 원래의 깨끗함 그대로 보존하려는 논리적으로 지극히 당연한 결론 하에 싸우고 있어. 그런데 너희는 왜 미움을 받으면서도 싸우지? (사실 저희도 잘 모르겠습니다, 위대한 수령님)

이것은 애들이나 보는 로봇SF가 아니다. 무려 '건담의 아버지' 도미노 요시유키가 감독이다(1941년생 니혼대학 예술학부 영화학과 졸업). 일본은, 아무도 고마워하지 않는데(?) 싸웠다는 것이다. 그걸 묻고 있다.

<GANTZ>의 실사 극장판에서 '거대한 부처님' 상(像)이 외계인이었다는 설정은 그냥 장난이 아니다. 거대한 부처님이 우윳빛 피를 흩뿌리는 설정도 단순한 장난이 아니다. 신라에서 이차돈이 순교해서 불교가 6세기 중반을 넘어 공인되었다는데, 참수된 이차돈의 흰 피가 분수처럼 치솟으니 무지개가 떴다고 한다. 일본의 토착세력이던 소가씨(蘇我氏)처럼 완강히 저항하던 신라왕이 놀라서 불교의 공력을 인정했다고 한다.

그 백색(白色)이 바로 주역에 의거한 서쪽의 색이었기 때문이다(西方淨土). 모르니까 의미해석이 안 될 뿐이다. 어느 고명한 학자가 저서의 제목으로 웅변한 것처럼 "과거라는 이름의 외국(外國)"과 우리는 살고 있다.

불교의 '만나' 격이 바로 부처의 진리 말씀을 상징하는 비유법인 우유죽(인도 북부 평원의 유목 전통을 상징)이었기 때문이다. 그러니 불교도 다 유목 기마민족인 '우리 것'이 된다. 이런 말을 하는 이들이 바로 외국인(外國人·숙주의 배를 뚫고 튀어나오는 Alien)이다. 크게 어려운 일도 아니다. 몇 가지만 알면 다 조립해낼 수 있는 엄청난 SF적 상상력이다. 1970년대까지 거슬러 올라가는 SF 특촬물 및 로봇물의 후예인 것이다.

오늘날 우리는 모든 국민이 군인인 시점에 이르렀다. 그러므로 《전진훈(戰陣訓)》은 군인들뿐만 아니라 1억 국민 모두를 위한 지침이기도 하다(실제 인구는 7천2백만—글쓴이). 특히 공장이 전쟁터이고 집이 전쟁터인 오늘날……현재의 긴급한 상황에서 우리는 결연하게 끝까지 싸워야 한다. 이러한 노력을 기울이는 데 禪수행과 신앙은 대단히 중요하다. 일본을 지키고 대동아 모든 사람에게 번영을 가져와야 하는 우리의 의무를 완수하려면 이러한 선의 공안(公案)을 수행해야 한다.
   —조동종 대표 겸 대본산(大本山) 사찰 수장 구마자와 다이젠 선사,
    범불교 잡지 《대법륜(大法輪)》 기고문에서. 1944년.[96]

'천군강림! 코드네임 걸걸고려!' 외치니 가프의 문이 열리고 '시원전설! 코드네임 한국연방!' 외치니 후천세계사의 문이 열리는 것이다. 마치 3000년대 미래의 지구를 그린 윌 스미스 등장의 SF영화 제목처럼 <후천(後天·Afterearth)>은 이제 미국까지 진출했다. 민족사의 일대 쾌거랄까. 자연의학민족인 신토불이(身土不二) 우리 한국 땅은 지구의 두뇌(brain) 아니었던가. 실로 엄청난 뇌과학 SF인 것이다. 정말 너무들 하고.

구약 율례대로 살아보자며 적메시아인 로마교황 및 그들과 붙어먹은

대형교회를 규탄하고, '엘로힘 야웨' 하나님과 '야슈아' 그리스도를 외치며(우린 발음부터 원어시대 그대로다!) 이슬람임을 하늘이 다 알고 있는 오바마와 측근 유대인들의 음모를 경고하고, 서민을 사칭하는 교황의 사탕발림에 속지 말라는 한국의 이상한 선교회들이 나자빠질 말세가 왔듯이(돈이 있어 신문 광고도 한다), 기독교는 이제 유대계 지크문트 프로이트에 이어 고생물학과 우주탐사도 뒤이은 뇌과학이란 새로운(新種) 적그리스도와 마주칠 것이다. 틀림없이 그 분야에도 프리메이슨대학의 n대인들이 암약할 것이다. 영원히 지옥유황불에 탈 천벌을 받을 놈들(웃음).

제목:성장A.
우주공간을 떠도는 인간의 고뇌를 묘사한 조형물.
그로테스크한 뇌의 형상을 연상시킨다.
(2013년 7월 19일 대학로 촬영)

29天. 마음의 벽, AT필드

사람은 누구나 자신이 방사하는 염파(想念波)에 둘러싸여 있다. 이 염파는 마음이 통일상태, 즉 일도(一到)상태, 마인드 컨트롤 상태일 때 가장 강하다. 또 각자의 신념의 강도에 따라서도 그 강약은 다르다. 이와 같이 신념은 염파로 방사되고 그것은 당신의 신념의 실현에 유리하도록 주위 환경을 조절한다.

―국민대학교 전 대학원장 공학박사 박희선,
〈마인드 콘트롤―Oriental 精神―到修道法〉 추천사에서. 1985년.[97]

사도(使徒·angel) 나기사 가오루가 〈신세기 에반겔리온〉 TV판에서 던진 열쇠가 바로 AT필드는 '마음의 벽'이라는 말이다. 원래대로 풀어내면 절대공포영역(Absolute Terror Field)이다. 그런데 신극장판 '여자(序)'편의 안노 히데아키 자막해설에는 '절대지배영역'이라는 훌륭한 의역을 선보이고 있다. 원조두뇌들이 그렇다고 하니까 당연히 그런 것이다.

어쨌거나 '공포=지배'와 연결된다는 것이다. 너무 철학적인 주제인데, 쉽게 말해 불교의 일체유심조(一切唯心造)라는 말이다. 정반대 의미 같은 이 말이 통한다. 상기의 인용문에서도 상념파(想念波)라는 고차적인 개념을 도출하고 있다. 관련 논의들을 압축요약으로 정리해보면 다음과 같다.
AT필드>마음의 벽>고슴도치의 딜레마>인간과 사도의 관계>우리 대 그들>타인(他人) 배제 및 섬멸>사도의 행태>인간계 적응>일체유심조>레이, 사람 되다>영혼의 그릇>사람의 모습을 버린다/meta화>대통합상생>서드 임팩트>新天新地―바로 이거다.

여기에 1990년대 일본의 사회흐름인 '사회적 고립(social isolation·불경기로 인해 자발적임)'과 트라이브(族) 문화(=tribalism), 신흥종교, 바깥세상의 부족주의와 민족분쟁(합쳐서 tribal conflict라고도 자주 표현되었음), 문명의 충돌과 신들의 전쟁(일본인들이 우리보다 훨씬 이전인 월남전 때 파악한 개념)이 섞여 들어간다. 일본의 '알 게 뭐람' 분위기도 섞여 들어간다. '알 게 뭐람'은 AT필드 개념의 핵심인데, 우리나라 인터넷에서는 이념적 편향마저 가세하여 '실드치기(shielding)'라는 말로 다시 태어났다.

SF와 인근 장르 역사상 등장했던 허다한 수의 미치광이, 괴인, 몬스터, 괴수, 살인마 등이 원래 당시와 당대의 인간의 마음/사회의 흐름을 반영하고 있는 것은 당연한 사실이다. 작품/에피소드 그 자체 속에만 매몰되면 볼 수 없는 일이기는 하지만 말이다. 병정놀이 같은 SF는 역시 페니스들(♂)의 영역이란 말인가.[98]

결사(決死)라는 것은 보다 적극적으로 실천하여 죽음이 '가능'으로서가 아니라 '필연'적으로 일어나는 것임을 간파하고…이것은 살면서 죽음을 관념적으로 생각하는 것이 아니다. 자신은 안전한 삶에 있으면서 죽음의 가능성을 생각하는 것이 아니다. 반드시 죽는다는 것, 죽음을 벗어날 수 없다는 것을 알고 있으면서 이루어야 하는 것을 이루고…우리의 삶을 저편의 죽음 속에 내던지는 것이다.
—다나베 하지메, 교토제국대학 문학부 철학 교수,
전선으로 갈 운명일 학생들을 대상으로 한 시국강연에서. 1943년.[99]

"둥글게 둥글게! 우리 모두 돌아가며 춤을 춥시다. 손뼉을 치면서 노래를 부르며, 즐거웁게 마음의 벽을 개방합시다. 라라라라, 마음의 벽이 허물어진 환희의 세상!" 이게 바로 <신세기 에반겔리온 Q>에서 나온 서드 임팩트 후의 핏빛 세계가 상징하는 숨은 의미이다.

AT필드가 필요 없는 세계. AT필드가 오히려 불편한 세계. 하지만 신지 어린이의 절규를 뒤로 하고, 미소 짓던 에반젤리스트 겸 제13사도가 남긴 마지막 그 한마디. '우린 또 만날 거다, 신지 군.'

NL도 함께하는 즐거운 원융회통(圓融回通)이라고 했으나 결국 남은 것은 '편 가르기 코드'였고, 박통(博通)의 국수주의교육 이후 상생통합(相生統合)이라고 외쳤으나 결국 남은 것은 '선민사상 도사님들'뿐이다. 정히 총통 박정희의 어두운 곳을 파헤치려면 그 바닥을 까뒤집어라. 아마 못할 거다. 그 바닥에도 자기편으로 포섭할 세력이 있으니까 말이다. JMS가 교주의 구속으로 공황상태에 빠지니까 그 목자 잃은 '어린 양' 무리들을 갈라먹으려는 이들도 있는 것까지 다 보고 하는 말이다. 앞서도 말했듯이, 정보(intelligence)의 세계는 험악하다. 말 못할 것이 많은 곳이다.

<신세기 에반젤리온 序>에서 왜! 불길한 숫자의 무기질 같은 제6사도가 마지막에 '고슴도치의 딜레마'를 직접 몸으로 보여주면서(날카로운 금속성 비명과 함께 몸속에 숨어 있던 가시들이 빳빳하게 솟아오름) 제3신도쿄시에 '벚꽃잔치'와 같은 핏물을 뿌리면서 피바다가 되어버리는지 지금까지 보아왔다. 주인공 신지가 가출해서 노숙하던 나가노현 제2도쿄시의 환락가 이름이 바로 '사쿠라마치(櫻町)'로 설정되어 있다. '학생 할인'에 '쭉빵아가씨 쌍코피 서비스'에 '극락승천 보장'이라는 놀라운 곳이다. 자막에는 없는 '학생 할인'이라는 간판 내용에서는 웃음이 나오지 않을 수가 없는데(웃음).

'고슴도치의 딜레마'는 즉 불가근불가원(不可近不可遠) 원칙이다. 우리는 일본이 강한 자에 비굴하고, 균형감각을 잃은 민족이라고 비웃어왔다. 지금 우리 모습이 어떨까. 남을 비웃던 그 잣대가 우리 스스로에게 가

해지고 있는 것을 깨달아야 한다. 우리는, 나기사 가오루 자리에서만 일본을 보아온 것이 아닐까?

2012년의 에바 Q편에서는 마음의 벽이라던 AT필드의 병기화를 보여줬다. 섹스의 병기화에 뒤이은 마음/정신의 병기화이다. 앞서 언급했지만, 이미 TV판에서부터 여러 가지 AT필드 응용기술이 등장했다. 'AT필드=상념파(想念派)=만능병기'라는 공식을 채택하면 간단히 풀린다.

신극장판을 기준으로 말해보면, 서(序)편에서 제4사도의 단거리 비행, 제5사도와의 전투에서 초호기가 사도의 '빛의 채찍'을 실체화시켜서 자신의 동체가 양단되는 것을 막고 동시에 사도의 움직임을 봉쇄한 것을 들 수 있다.

파(破)편에서 제7사도와 2호기와의 전투에서 EU NERV가 개발한 석궁형 AT필드 응용병기, 제8사도가 위성궤도에서 사용한 전파차단 스텔스 기술, 제9사도가 사용한 부분적 중력제어를 통한 불가능한 각도의 점프기술, 제10사도가 사용한 AT필드 활용 충격파 기술과 종이로 물건을 자르는 방식의 AT필드 커터기술이 있다.

Q편에서 제11사도 4a가 우주공간에서 이용한 AT필드 활용 후방 추진 기동과 안티AT필드 드릴, 제11사도 4b가 사용한 볼록렌즈 방식의 일점집중 기술, 제11사도 4c가 선보인 위장코쿤 기술(코어블록 스텔스), Mark09의 위장코쿤 기술(레이더망 회피), 분다가 사용한 AT필드 활용 중력제어식 추진동력과 AT필드 활용 주포 및 주포탄 곡사(曲射)를 위한 거울막 형성, 제13호기가 사용한 AT필드 형성 비트, 8호기가 사용한 안티AT필드탄(AA彈)을 꼽을 수 있다.

TV판을 보면 앞서 설명한 제9사도 마트리엘의 용해액 공격과 제10사도 사하퀴엘의 육편폭탄(肉片爆彈), 제12사도 레리엘이 사용한 AT필드 활용 봉인공간인 '디라크의 바다', 제14사도와 싸울 때 초호기가 사용한 AT필드 응용 기파(氣波), 제15사도 아라엘이 사용한 AT필드 응용 마음X레이, 제16사도 아르미사엘은 몸 전체가 AT필드이자 코어로 나타나는 신기를 선보인다.

기계적인 서술이 이어졌는데 핵심은 이거다. AT필드는 형상제어(形狀制御) 장막이라는 것이다. EVA세계에서 인간들도 AT필드를 가지고 있다. 그것이 '마음의 벽'이고 인간은 AT필드가 사라지면 다 LCL이라는 액체상태의 근원의 모습으로 돌아간다. 그것을 다 모으는 진공청소기 같은 역할이 바로 거대레이의 역할이었다.

거대레이 몸속에서 전 인류는 하나가 되는 것이다. 그것이 단체인공진화태(單體人工進化態), 엄마 몸속으로 역류해 들어간 인류의 모습이다. 바로 그것이 자궁(uterus)으로의 회귀이고, 1960~70년대 정치사회적 뉘앙스의 핑크영화들이 가진 의미였다. 1980년대적인 저질어법을 써보면, 여자의 음문(陰門)을 열어 젖혔더니, 그 안에서 불량배들이 고스톱을 치면서 '춥다, 문 닫아라'라고 뇌까렸다는 전설의 Y담이 바로 이 1997년판 서드 임팩트 얘기다.

1980년대 말부터 일본우익 진영에서 '가명 저자'를 내세워 한국의 암(暗) 부위를 '까대고 씹어대는' 책을 쓸 때 자주 나왔던 얘기가 바로 '치맛바람'이라는 유명한 표현이다. 치맛바람으로 치자면, 한국에서도 지명도를 가지고 있는 구로사와 기요시 감독의 데뷔작이었던 1983년 핑크영화 <간다천 음란전쟁>에서, 욕정에 눈이 먼 엄마(?)가 시험 스트레스를 받는 아들에게 마사지(?)를 해주면서 일석이조 효과를 누린다는 설정으로 승화된다.[100]

엄마의 횡포에서 아들을 구출(?)하기 위한 행동에 나선 남녀 주인공은, 섹스하다가 결국 한국의 청계천과 비슷할 간다천에 빠져죽고 말이다.

이거, 당시 실화였다. 실화에 근거한 사회풍자성 섹스영화였다. 5공화국 초기에 필화사건 비슷하게 일본으로 유랑생활을 떠나야 했던 지명도 있던 소설가가 본인의 일본생활 체험을 돌아본 책에서 적시한 실화다. 우리나라 MB정권 시절에 해당할 시간대이다. 선생님 사랑해요, 우리 선생님 징계하면 나는 굿는다! 이런 괴이한 커플들 MB 치세 기간에 좀 등장하지 않았나.

당시 일본의 TV 토크쇼에서 이 '실화'를 두고 '그쪽이라면 찬동할 수 있느냐?'며 떠들어댔다고 나온다. '어머머, 그 정도는 무리 아닌가요? 히히.' '하지만 아들을 세상의 때에서 지키기 위해서 수험생 엄마라면 그런 열정은 있지 않을까요? 깔깔.'

이런 케이블방송…스러운 분위기라고 생각하면 된다. 어린 소녀를 납치해서 집에서 몇 년씩 가축처럼 키운 엽기사건을 다룬 1999년도의 <완전한 사육>이라는 핑크영화도 실화에 근거하고 있다. 핑크영화는 대량생산되기 때문에, 당시 사회의 별별 괴이한 모습들도 그대로 다 들어갈 수 있다. 팔릴 수 있는 일정분량의 섹스장면만 들어가면 나머지는 감독이 알아서 해도 터치 당하지 않았기 때문이다.

일본우익이 가명 저자를 써서 한국을 씹었다면, 중국공산당은 가명 필자를 동원한 대자보나 신문 기고를 통해 적을 공격하는 오랜 전통이 있다고 한다. 1966년 시작된 문화대혁명 당시부터 유행한 이 기법은, 최근에는 '막 되먹은 청년장군'에 대한 경고를 위해 다시 등장했다고 전해진다.

철학적으로 어려운 말을 쓸 필요도 없이, 바로 이런 불교적인 '인간(人間)'의 흐름이 바로 제-레의 존재를 설명해준다. <신세기 에반겔리온>의 작중세계에서(DVD판 및 코믹스판) 나기사 가오루는 이에 대해 '리린의 흐름'이라는 매우 추상적인 표현을 사용한다. 이런 신비주의 전략으로 인해 어려워 보일 따름이다.

예전에는 미 제국주의나, 지배권력, 거대 컴퓨터 등의 거악(巨惡)을 약간의 '공작'을 가해 흙으로 빚어내고 사람들을 몰아갈 수 있었다. 하지만, 지금이 과연 그런 세상인가?

> 실천적 죽음에는, 신과 인간 사이에 국가(國家)가 끼여 있다. 그리고 이렇게 신과 인간 사이에 국가가 들어가는 것이 현실이다. 현명한 사람은 종교적 신앙에서 직접적으로 신과 교조(敎祖)를 위해 몸을 바치겠지만, 우리같이 평범한 사람이 몸을 바치는 것은 신을 위해서 라고는 생각되지 않는다. 국가를 위해서이다. 인간은 국가에 몸을 바치고 국가는 인간이 갖는 신성성, 예컨대 불교에서 말하는 불성, 불자, 신의 아들과 같은 신성한 것을 살림으로써, 단순히 특수한 국가라는 성질을 넘어 神(헤브라이즘/일신교적 의미의 God-글쓴이)을 실현하고 있다.
> ―다나베 하지메, 교토제국대학 문학부 철학 교수.
> 학도출진(學徒出陣)을 앞둔 학생 대상의 시국강연에서. 1943년.[101]

사실, 일본의 시각계열 SF에서 이 '인간(人間)의 흐름'이라는 불교의 일체유심조(一切唯心造)+환원론(還元論)적인 관점에서(원불교의 一圓相 개념) 창조된 악의 두목을 보여준 사람도 바로 나가이 고/다이나믹기획이다. 1974년의 <그레이트 마징가>에서는 악역인 미케네제국의 지배자는 '암흑제왕(闇の帝王)'이다. 암흑제왕은 불덩이 모습으로 나타나는 에너지체 또는 사념체이다(마징가와 이웃 시리즈의 시즌집객용 극장판들의 세계관을 뜯어보면 아마도 외계에서 온 것으로 추정될 뿐).

애니메이션판 <그레이트 마징가>는 끝까지 봐도 7대 장군과 지옥대원수의 최후는 나오는데, 암흑제왕이 어떻게 되었는지는 밝히지 않고 있다. 전쟁이 끝나서 '평화의 종'이 울리니 빨아먹을 어둠의 에너지가 떨어져서 자연소멸 되었는지도 모른다. 비슷한 시기에 만화와 TV애니메이션으로 함께 뛰었던 역시나 나가이 고/다이나믹기획의 작품인 <큐티 하니>에서도, 노랑머리(당시 기준으로 양키=날라리) 여주인공이 빨강머리(억센 년=1973년의 앤 셜리) 여전사로 변신해서 전원 여성으로만 구성된 악의 괴인조직 '팬더클로(Panther Claw)'와 싸우는데, 악의 지배자 팬더 마더(Panther Mother)가 '불교적 인간(人間)'의 사악한 에너지를 먹이로 삼아 연명해가는 존재인 것으로 나온다.[102]

이런 여러 모습으로 역사의 국면들에서(또는 SF적 평행세계들이나 불교적 前世後世 또는 윤회영겁의 장) 암약해온 다중인격의 제-레는 드디어 서드 임팩트를 결의한다. 하지만 에바 Q편에 묘사된 모습을 보면, 역시나 이번에도 '자유의지' 가오루 군이 중간에 배신을 해서 '자살'을 해버린다. 리리스와 융합된 거대화된 Mark06가 자신의 몸을 관통하여 롱기누스의 창을 찔러 넣고 리리스의 몸에도 롱기누스의 창을 관통시켜버린 모습이 바로 그 방증이다.

제-레도 어쩌다가 겐도 손아귀에 장악되어 있다. 1980년대 적인 <고스트버스터> 스타일의 유령포집기로 제-레를 잡은 것 같다(웃음). 그런데, 원래 제2사도 리리스의 영혼이라는 것도 NERV 내부의 거대한 두뇌모양 구조물(레이의 수조 윗부분)에 붙잡혀 있으니, 겐도의 특기가 바로 '영혼포집(靈魂捕集)'이라는 것은 이미 옛날부터 힌트가 주어진 것이다.

신극장판에서는 이 리리스의 영혼저장소가 두뇌모양에서 6개의 기둥으로 둘러싸인 신경섬유 스파게티 모양으로 변경되었고(웃음), 이 시설 바로 앞에 옷 훌훌 벗어대는 레이의 야전텐트가 있다. (사령관, 어린이, 관람객을 동시 만족시켜주는 게임세계풍의 아이템)

NERV에서 대량생산한 에반젤리온 군단의 수를 보아 아마도 전 세계로 (선교사 또는 복음전도) 파송되어 인간의 영혼을 포집하는 역할이었던 것으로 짐작할 따름이다. '포집'이라는 표현은 '이산화탄소 포집'이라는 최근의 표현에서 차용하였다. 1체당 영혼 1개인지는 알 수 없지만. 그랬던 에반젤리온 군단은 어떤 이유로 다 전멸하고 땅은 핏빛으로 물들었다. 짐작컨대 2009년부터 등장한 '수수께끼의 결계 기둥(즉 이스라엘 보안장벽)'으로 동아시아 일대를 둘러싸서 어떤 전자레인지 같은 원리로 한 방에 다 터뜨린 것이 아닐까 싶다(옛날에 스필버그가 그렘린 잡기 위해 사용했던 방식).

이런 원리는 1994년에 리메이크된 (나디아와 노틸러스호 분위기) OVA판 <新해저군함>에서 지구의 내부에 사는 지공인(地空人)들이 '남극문'을 열어 조립식 거대구조물들을 배출, 지상인류를 궤멸시키기 위해 꾸민 작전에서 힌트를 얻어 서술했다(80년대 '대백과'에 소개된 남극문과 북극문은 '나디아'에도 딱 한 장면 나온다).

Q 예고편에서도 신이 되는데 실패한 초호기가 창에 꼬치 꿰인 채(드라큘라 전설의 원조인 왈라키아공국의 블라드 체페쉬=The Impaler 전설) '수수께끼의 결계 기둥'으로 둘러싸여 '봉인'된다는 해설이 나오니 그럴 성 싶다. 날개(破)편에서 북극문(?)일 베타니아 베이스도 거대한 '결계 기둥'으로 빙 둘러싸인 동물원 우리(cage·EVA세계 특유의 용어) 형태로 건설되어 있다. 방주인 분다조차도 대형화물선을 이용한 해상결계로 둘러

싸인 남극에서 건조되고 말이다.

　3호기 '처리' 뒤에 정신오염 의심으로 격리 조치된 아스카(리쓰코가 훌륭한 과학샘플이라며 즐거워 함…역시 사이비였어) 그리고 Q편에서 14년 만에 LCL 속에서 물질재구성 된 바보신지도 이 '결계 기둥'에 둘러싸여 있다. 결계(結界)라는 것은 판타지에나 나오는 개념이었는데, SF로 그걸 실현시키고 있는 대단한 세계가 바로 안노 히데아키의 두뇌 속 세계인 것이다. 이런 SF+판타지 분위기는 친정인 GAINAX의 <톱을 노려라! 2~다이버스터>에서 영향을 받은 것 같다. 요새 만화 및 애니메이션 수요층의 대세가 그냥 판타지라서 끼워 맞추었을 것으로 본다. 왜? 수익을 내야 하니까. 수익을 내서 그 다음에 하고 싶은 것을 할 수 있으니까.

　겐도가 아야나미 레이 감상에만 치중한 사이, EU NERV는 이미 그런 걸 만들고 있었던 것이다. 북미 NERV는 전원케이블 필요 없는 준(準)영구기관(S2기관)을 연구하고 있었고 말이다. 이런 이야기들은 전부 지나가는 장면들을 추려서 관람객이 짜 맞춰야 하는 부분이다. 그래서 2012년 신극장판이 바로 Q=?-Mark인 것이다. 이때까지 나온 조각들로 퍼즐 맞추기이다. 화면 밖 관람객들과의 인터페이스 놀이라고 할까. 평론가들은 나자빠질 판국이다.

　Q편에서 바다 이외의 땅은 '천공의 성 NERV'를 중심으로 한 일정 지역만 핏빛오염이 진행된 것을 확인할 수 있다. 우주공간의 US작전 실시 도중에 '목표물'인 일명 'NERV의 六方 십자가' 위치를 초장거리 영상으로 확인하는 장면에서, 지상의 산맥부가 핏빛 오염이 되지 않은 상태로 보존되어 있는 것을 보여주기 때문이다.

이런 식으로 한 장면 휙 지나가버리니, 어려운 것이다. 이카리 겐도의 야망과 '걸거뤼 천군집단'의 대륙공략은 대충 중앙아시아 어딘가 정도에서 '결계의 기둥들'에 의해 저지당한 것 아닐까 싶다.

제2차 세계대전 종전 50주년을 전후하여 많은 전시 비사가 새로 공개된다. 1990년대 중반에 디스토피아 SF소설로 태어나 각광 받은 OVA작품 <기신병단>에서처럼, 지구인 분열을 노린 '에일리언'은 나치독일과 제국일본에게 각각 '특수기술'을 하사하여 서로 싸우게 한다.

그렇게 만들어진 나치스 기신(機神)과 관동군(!) 특수부대 기신병단이 중앙아시아 어딘가에서 한 판 붙은 것일까? 왜? 중앙아시아는 나치 이론상 아리안인종(Aryans) 발원지 아니었던가. 우리민족의 성스러운 발원지이기도 하고(웃음).

바이칼호수 너머까지 진출해본 일본의 1920년대 시베리아출병은 근원일 장엄국토(莊嚴國土)로의 회귀였으며, 나치스와 한민족(卍)은 같은 뿌리였다. 둘이 손을 잡는 날, 세계를 제압한다. 나치스는 독일이민 상류층이 형성된 남미로 퍼지고 한민족은 몽골로이드 인디언의 땅 북미로 퍼지는 것이다. 중미는 백인들을 강제이주 시키고 원주민만 남겨서 자연보호 완충지대로 보존하는 거다.

먼 훗날, 인류의 진짜고향인 내륙 아시아의 종주권을 두고 최종전쟁(하르마겟돈)이 온다. 불교의 탐진치(貪瞋痴)가 우리민족 고유의 삼3번 원리와 어우러진 '진정한 하늘(瞋天)'이 열리는 분노의 날이다. 환독(患毒) 감염자들이 열광할 '인류 기원 아시아說'이 1994년 미국에서 탄생했으니⋯(웃음).

떨어진 감은 이미 넓은 땅 위에 놓여 있다. 그 감은 동료 감들이 자신과 같은 처지가 되길 원치 않는다. 그보다는 오히려 동료 감들의 선홍색을 즐기며 아직 남아 있는 아름답게 익은 열매를 그저 올려다볼 뿐이다. 여러분도 그렇게 할 수 있으면 이미 최고의 깨달음(覺醒·각성)을 얻은 상태가 된 것이다…단 한 발의 탄환도 적으로부터 우연히 날아오는 일은 없다. 그것은 명백히 업(業)의 작용이다…여러분 남편의 죽음을 초래한 것은 바로 업의 필연성이다. 바꾸어 말하면 여러분의 남편은 살아 있는 동안만큼만 살도록 되어 있었다.

―도모마쓰 엔타이, 누구나 구원받을 수 있다는 가르침의 방편인
'나무아미타불' 염불의 대중화를 모토로 했던 정토종 소속의 학승.
1941년 12월 8일 진주만 기습 후 2주일 정도 후에
육군이 발행한 《유족독본》에서.

EVA세계에서 코어(신극장판에서는 core bloc)는 마음(心··어원 그대로 심장의 형상화)을 상징한다. 동그랗고 붉은 것이 그야말로 단심(丹心)이다. 1997년의 <The End of Evangelion>에서는 전 인류의 마음이 '전일(全一)의 세계'로 대통합된 형태를 보여준다. 이미 1922년에 독일인들이 파악했던 메시지이다. 그러니까 비록 영화 속이지만, 나치스가 성궤(聖櫃·예수의 시신을 골고다 언덕 아래로 모신 관)도 찾아 나서고 그러는 것이다.

성배(聖杯·예수가 최후의 만찬 때 쓴 잔)도 그릇의 일종이다. '아담스의 그릇'은 이미 사라졌으니, 남은 것은 성궤뿐일 터. 아마 그것이 Q편에서 태어난 거대한 '버섯'의 또 다른 의미이리라. 아마 그 궤짝을 열고 비유컨대 리처드 도킨스처럼 신역(神域)을 훔쳐보기 위해 이카리 겐도가 서(女)편에서 처음으로 언급된 '느부갓네살의 열쇠'를 끝까지 움켜쥐고 있는 것이고.

마치 미국 백악관 핵가방처럼 들고 다니는 모습이 Q편에서 묘사된다. 그 '핵가방'에 반원 3개가 3방향으로 겹쳐진 '미술시간 3원색 배합표' 비슷한 모양의 마크가 있는데, 그것은 1997년 극장판에도 우주공간에서 한 장면 나타났던 정체불명의 문양이다.

예수 처형지의 이름인 '골고다 베이스'에서 제작된 성궤들일 '무인용(無人用) 더미 시스템'도 아야나미 레이의 '예비'들도 이미 모두 사라졌을 시점이니까 그럴 심산일 것이다.[103] 아마 에반겔리온 군단을 이 '더미 시스템'으로 운영했으리라 생각된다. 2009년 날개(破)편에서 전지적 시점이 었다고 생각한 카지 료지조차도 그 실체를 잘 모를 사신(邪神)을 연상시키던 더미 플러그를, 겐도가 마치 새로 태어난 자식인양 애정이 담긴 손길로 쓰다듬는 장면을 기억해야 한다.

2029년의 서드 임팩트 이후 세계에서 AT필드가 보편적으로는 아니지만 '통상적인' 에너지원으로 사용되는 듯하다. 마치 <기동전사 건담> 세계에서 최초에는 통신교란용으로 활용된 '미노프스키 입자'가 훗날 미노프스키 드라이브(drive·08MS소대), 미노프스키 커터(cutter·V건담)로 진화하듯이 말이다. 따라서 옛날식의 '마음의 벽'이라는 AT필드는 의미가 없어졌다. 일본이 지나온 길을 보면, 정신전력의 병기화에 심혈을 기울였듯이 '마음의 벽'이 '마음의 칼날과 총알'로 전환된 것이다. 간단하다. 1980년대적인 구라SF로 표현하면 '단추 하나만 딱 누르면 포항제철 공장이 전부 무기생산 공장으로 바로 바뀌도록 이미 다 되어있다'라는 의미이다.

그것이 2003년 시작된, 서태지의 표현대로 울트라맨/니체적 초인이 된 노무현 치세의 '인간(人間)'이었다. 부정하지 말자. 노이즈(noise)밖에 되지 않는다. 있는 것은 있는 것대로 받아들여야 한다. 그리고 극복하면서 앞으로 나아가라. 총통 박정희와 세인트 노무현의 공통점에 대해서는, 필자의 2009년 졸저인 <일본SF의 상상력—정치·사회·한국>을 적극 참조하기 바란다. 세계는 아는 만큼 보이는 법이다.

거추장스럽게 된 마음의 벽. 인간들 사이의 보안장벽이었던 AT필드. 오히려 남극에서 보았듯이, 개조2호기가 AT필드를 본격적으로 전개하니까 사태를 관망하던 '눈'의 불기둥들(♂)이던 제11사도(4c) 네메시스가 험악한 반응을 보이기 시작한다(voyeurism). 관음증 환자들이 추잡한 욕망으로 이글거리는 자신의 눈동자를 발각당하면 보이는 반응이리라.

'마음의 벽'이 불편하면 어떻게 하면 될까? 간단하다. 그냥 다 벗고 살면 된다. 그 옛날의 이토 준지 <호러파일 시리즈>에도 이런 엄청난 내용이 나왔다. 조카가 이상한 판자촌 아파트 마을에 고모를 찾아갔는데, 고모가 다 벗고 사는 것이다. (핑크영화 전개 아닐까?)
왜냐니까 천장에 난 조그만 구멍들을 가리키면서, 천눈박이들이 날 훔쳐보고 사는 것에 스트레스 받느니 그냥 다 벗고 산다고 답한다. 조카가 천눈박이들을 직접 보니, 몸통의 절반만한 길쭉한 머리에 다른 부위는 필요 없고 '눈'만 주렁주렁 달려있는 '에일리언'들인 것이다(웃음). 세인트 노무현 치세는, 여러 의미로 그냥 다 벗어던졌다. 그러니, <이토 준지의 호러파일>의 몇몇 에피소드는 아직도 생생하다.

1995년 <신세기 에반겔리온> TV판에서, 성령의 새이자 '빛의 새'로 등장한 제15사도 아라엘은 몸 자체가 코어이긴 했어도 AT필드는 가지고 있었다. 아야나미 레이의 0호기가 던진 롱기누스의 창에 관통되는 순간의 AT필드 묘사가 등장하기 때문이다.

이놈은 위성궤도에서 아스카 마음에 몰래카메라 기술을 걸었던 추잡한 놈이다(웃음). 1989년 일본에서 상업용 통신위성을 이용한 위성방송(일명 CS방송)이 시작된 것은 언급한 바 있다. 이제 시선권력인 '눈'은 우주공간까지 진출했다. 바로 그 의미이다. 세인트 노무현은 직접 인터넷 댓글도 달고 다 벗어던졌으니 '인터넷 면도칼 전자류(流)'의 눈을 적극 활용한 최초의 대통령이다. 이게 바로 SF의 진수다.

노무현 치세 때 어떤 소설가가 사상으로 양분되어 치고받는 별나라 '개니미드공화국'을 묘사한 연극 대본으로 파란을 일으켰다는데, 목성의 위성 가니메데(Ganimede)를 영어식으로 '개니미드'라고 발음하여 '개'와 '니기미>니이미'를 써먹었는데, 이건 얕은 방식이고 좀 심했다 싶었다. 요새 학교에서 욕인지도 모르고 비속어를 쓰는 아이들을 대상으로 '비속어 어원 교육'을 한다고 하는데, "네 말은 열 가지 색깔의 빛으로 화사한 너희 어머니 옥문부(玉門部)와 같아!"라고 외치는 것과 같은 수준이었다고 말해두고 넘어가자.

나는 가나자와 9사단 소속이었다. 우리 같은 장교들은 불교신앙의 효력을 처음부터 깨닫지는 못했지만 가나자와 사단은 정토진종 신앙이 특히 강한 매우 종교적인 부대였다…여순(뤼순은 러시아 동양함대의 본거지임-글쓴이)으로 진격할 때…선제공격 중에 9사단은 거의 궤멸되어 6천명의 병사 중 약 4천명을 잃었다. …잔류병의 대다수는 중상을 입고 큰 고통에 빠져 있었다. 그러나 단 한 사람도 살려달라고 소리치지 않았다. 대신 그들은 심지어 죽을 때까지도 아미타불의 명호를 합창으로 암송했다. 나는 그 병사들의 행동에서 드러난 불교 신앙의 힘에 깊은 감동을 받았다.

—하야시 센주로 원수(1943년 사망), 범불교 잡지
《대법륜》에 실린 〈일본불교의 목표에 관한 토론〉에서. 1939년.[104]

다음으로 등장한 제16사도 아르미사엘은 온몸이 AT필드이자 코어 그 자체라고 앞서 설명했다. 섹스를 할 때, 마음의 벽이 무너지고 온전한 하나가 된다(너무 야하군). 1960년대 서방세계에서 정신세계 붐이 일었을 때 '섹스'가 끼어든 연유가 바로 이거다. 그렇게 아야나미 레이를 강간하려던 새하얀 빛 덩어리 제16사도 아르미사엘. 지상에 내려와서 여기저기 찔러보던 너무 인간적인 올림푸스 카메라 오타쿠일 제우스 씨라고 할까.

DVD판에서는 아르미사엘의 몸이 마치 손가락처럼 갈라져서 0호기의 몸을 움켜쥔다. 인터넷에서 볼 수 있는, 몸 자체가 남근다발인 '추악한 촉수괴물'이 미소녀를 '능욕'하는 장면을 보여준다. 화면 밖에 있는 너희들이 지금 이 놈이야, 하면서. 필자는 결코 아니었다(웃음). 그러면서 0호기의 등에서는 고깃덩이로 빚은 듯한 기존 사도들의 '칵테일' 형태가 불룩불룩 솟아난다. 이것이 바로 Q편 '아담스의 그릇'의 단초이다. 앞서 열심히 자지(子枝)니 보지(保持)니 비속어를 귀에 익게 한 것도, 바로 이런 장면들 때문이다. 침공세력(?)인 사도들은 '자지'였던 것이다.

코믹스판에는 이 '고깃덩이'에 각이 진 형태의 고환과 음경처럼 보이는 부위도 그려져 있으니, 실로 충격적인 시각의 경이이다. 박찬욱 감독의 <박쥐>에서 나오는 세인트 송강호 신부님의 바로 그 자지(♂)이다. 졸지에 보지(♀)가 된 0호기는, 자신과 동화되려는 사도를 몸속으로 고정시켜(AT필드 반전) 빠져나가지 못하게 한 다음(신극장판 제5사도의 실체화된 촉수처럼), 자폭을 결행한다. 여고생 체력의 송곳으로 거구의 짐승 같은 백인 놈들을 죽이려면 "적의 배를 노려야 한다!"[105]

자폭 전의 0호기 모습은, 부풀어 오르려는 거대한 복중태아(腹中胎芽·그렇다, 식물이다)를 강제로 다시 뱃속으로 끄집어 당기는 장면을 연상케 한다. (리플리와 퀸에일리언의 관계·1993년)

이 장면은 1960~70년대 정치사회 핑크영화의 대부 격이었던 와카마쓰 고지[106] 감독의 1965년 하와이 현지로케 핑크영화인 <태양의 배꼽>에서 차용한 것으로 사료된다. 하와이의 일본화인가? 한국이 올림픽 2년 뒤인 1990년에야 해외여행 자유화를 허용했듯이, 일본은 1964년 도쿄올림픽의 해에 해외여행 자유화가 실시된다. 일본 관광객용 핑크영화도 다수 제작되었다고 한다.

『머리 속의 바람』
표지
(수잔 펠드만 지음/
선영사/
1992년)

이랬던 인형=아야나미 레이였으니, 아무리 3번째 레이라도 '아잣씨(오야지·親爺)는 이제 그만'이리라. 왜냐하면 세상이 바뀌어 맥아더가 일본에 와서는 여성해방(정치적 동등 권리)을 선물했기 때문이다. 저랬으니, 미국이 월남에서 죽을 쑤든 말든 일본은 월맹과 엄청난 무역을 해가며 돈을 챙기는 것이다. 라디오용 트랜지스터, 전기설비, 통신기기류, 인쇄기 등을 엄청나게 팔았다고 들려온다. 다 군사용으로 전용(轉用)이 가능한 장비들이다.

아마 일본우익 중에는 '소위 페미니즘이라는 것도 일본민족의 정신전력을 약화시키려는 사악한 백인의 심리공세!'라고 거품을 물었던 이들이 있을 것이다. 그런 황당한 발상을 희화적으로 SF화한 것으로 보이는 작품도 있다. 결국 롱기누스의 창의 또 다른 숨은 의미는, 본토결전 시의 죽창(竹槍)일지도 모르겠다. 1997년 EVA에 나오는 양산기들의 '죽창'을 주목하자. 아무렇게나 밀리터리를 갖다 붙이는 것이 아니다.

이런 연유로 2012년 중일전쟁의 참상이 무대인 Q편에서는 '몸 전체가 코어블록'인 존재들이 여럿 등장한다. '마음의 벽'을 버리고 홀딱 벗고 나선, 그런 상황을 상징하는 메타포들인 것이다. 자기공양에 나섰던 제12사도도 '몸 전체가 코어블록(심장)'이라서 총탄이 아무 소용 없다. 제16사도 아르미사엘처럼 몸 전체를 단번에 날려버리지 않으면 헛수고이다. 결국 개조2호기가 그렇게 '아담스의 그릇'을 천당(天堂)으로 날려 보낸다.

Mark09이 '몸 전체가 코어블록'인 이유도 이제 다 밝혀졌다. 제13사도 나기사 가오루(타브리스)도 몸 전체가 코어블록인 존재이다. 동시에 사도로의 '비(非)각성' 상태에서(목숨이 9개니까) 동시에 Mark06의 코어블록이 되버린 것일 따름이다. 기억하나? 레이 전용 L-00 코어의 존재를.

남은 것은 이제 에반겔리온 제13호기뿐이다. 제13호기의 AT필드는 '거대한 뚜껑'과 같은 완만한 각도로 불룩하게 솟아오른 리리스의 결계를 돌파할 때 함께 소멸했다. 여기서의 '거대한 뚜껑'은 후쿠시마 원전의 반원형 지붕을 의미한다.

원전의 이미지를 한 번 찾아보라. 하나 같이 지붕은 둥근, 귀두상(龜頭相)이다(♂). 솔직히 제13호기의 리리스 결계 돌파는, 남녀의 섹스를 연상케 하는 구도이다. 문자화하기 주저하게 만드는 (구시대적?) 단어이지만, 과학적으로 처녀막(處女膜)을 연상케 한다. (EVA세계의 은폐된 에로티시즘으로 학위논문을 써도 아마 통할 것이다)

이미 ADAMS의 카피인 제13호기와 리리스의 전개(全開)된 육체인 센트럴 도그마가 SF적으로 섹스에 성공=결합했는데, AT필드는 이제 소용이 없는 레벨이 되었다. 아무 생각 없는 레이와 만물박사 가오루만이 옆에서 조용히 이 섹스 의식(儀式)을 참관할 뿐이다, 순수하게 객관적인 입장에서. 핑크영화 촬영 스태프도 그런 마음으로 도를 닦아야 했으리라. 물론 이카리 겐도는 틈입자들(WILLE의 방해공작)에 대비한 안전장치를 마련해 놓았다. 리리스 쪽은 '천공의 성 NERV' 관할에서 좀 멀지 않은가(또 생식기독점권 쟁탈전 구도). 그것이 바로 '외장형 자율작동식 AT필드 발생장치'인 4개의 비트이다.

아마 이것도 '신의 부산물'로 만든 것이 아닐까 싶다. AT필드가 여러 겹이라는 것은 신극장판에서 새로 보여준 힌트이다. 마지막으로 남는 AT필드의 층위가 바로 '형상제어장치'인 껍데기 유지용이다. 그것이 있기에 아스카의 개조2호기와의 근접전에서 엄청난 완력을 자랑하는 것이다. 한 번 밀치듯이 치니 그냥 데굴데굴 굴러가버리는 아스카.

이것마저 없어지면 에바들조차도 그냥 1997년의 리린=인간들처럼 액체괴물이 될 뿐이다(이를 상세불명의 공법으로 반죽한 것이 '아담스의 그릇'이고 말이다). 아니면 몸이 자연발화(natural combustion)되어 시도때도 없이 미니 임팩트(일종의 미니블랙홀 병기) 현상을 일으키든가. 이렇게까지 되면 메타 레벨의 총감독조차 '이야기'의 통제가 완전히 불가능해진다.

완전히 벗은 마음에, 안티AT필드 병기를 사용하면 어떻게 될까? 쉽게 보자. AT필드는 (-)이고 코어=마음은 (+)이다. AT필드를 관통하려면 (-)와 결합하여 소거되어야 하는 (+)를 투여해야 한다. 그런 전제 하에 (+)를 때려 넣는 것이(상세한 메커니즘은, EVA세계의 공식상 당연히 불명) 바로 WILLE 비장의 AA탄이다.

그런데 제13호기는 '창'을 뽑으러 리리스의 거대한 몸 위로 기어 올라가는 과정에서 마지막 남아 있던 AT필드 층위마저 거의 소멸된다. 제13호기 몸체의 형광 초록색 부위가 붉은 경계색으로 바뀐 의미이다. 이것은 자기보다 훨씬 거대한 난자(卵子)와 만난 한 마리 정충(精蟲)의 구도인 것이다. 경쟁 정충들은 WILLE의 것들(개조2호기와 8호기)이고 말이다.

1997년 극장판에서 '리리스의 알(egg는 난자라는 의미도 있음)=검은 달'이 옛날 생물 교과서 속의 배아세포 분열 단계를 보이며 쩍쩍 갈라져서는 파삭 터지며 거대레이의 배 위에 적화(赤化)된 LCL의 세례를 퍼붓자, 거대레이의 몸이 붕괴되기 시작하는 그 장면이 원조이다. 그런데 이미 (-)가 거의 없는 상태에 '차원의 문(SF적인 의미의 Limbo)[107)'] 비슷한 존재로 화한 제13호기의 몸에 (+)를 때려 넣으면 소거(0·零化)가 아닌, 상승작용(++)이 일어난다. 에반겔리온 제13호기의 각성은 바로 이 AA탄으로부터 시작되는 것이다.

실제로 AA탄을 받은 제13호기는 몸속으로 AA탄을 그대로 흡수해버리는 것이 아닌가. 마치 1997년 극장판에서 겐도 몸속의 아담을 쏙 빼먹어버린 레이의 몸처럼 말이다.[108] AA탄을 맞으니 앞서 설명한 '인조인간'으로서의 진정한 힘을 발휘해서 팔이 2개 더 생겨나는 기적을 보여주는 것이다. 신지 어린이의 욕망에 즉석 반응(instant reaction)한 결과이다.

WILLE 제작 흥분제를 투여받고 앞서 언급했던 것처럼, 4개의 눈이 풍선처럼 부풀어 오르는 데까지 다다른다. 마치 360도 전(全)방향 관찰이 가능한 곤충의 겹눈(compound eye)과 같이 말이다. 곤충의 겹눈이 바로 프리메이슨의 피라미드 전시안(全視眼)을 상징하는 비유법이 아닐까.[109] 곤충의 겹눈과 전시안의 비유에 대해서는 필자의 2011년 졸저 <괴수영화 속의 두뇌전쟁사—월남전에서 초고대문명까지> 제29장을 적극 참조하기 바란다.

인터넷 대화창이나 카카오톡 등의 겹눈을 굴려서 나하고 입맛이 잘 맞는 사람을 만났는데, 서로 같은 생각만 하다 보니, 마치 공유두뇌(共有頭腦)[110]의 망상과 같은 '그들만의 세계'가 인스턴트 메시지의 속도로 빠르게 형성되는 것이다. EVA는 처음부터 끝까지 인스턴트의 뜨거운 맛을 우리에게 강제로 퍼먹여주는 세계인 것이다. '먹어! 먹으라구!' (웃음)

최근 우리나라의 트위터나 페이스북 공동체를 통해 퍼지고 있는 현상이다. 그러다가 길거리로 뛰쳐나와선 '우리만이 옳다'고 외쳐대는 이들도 있다. 일본에서는 넷우익이 이미 그런 단계를 밟고 있지 않은가. 한국의 '桓檀古記 등속 신봉자'(사이버공간에서는 일명 환빠로 통용)들도 그런 집단의 일종일 것이다. 이 모든 것이 일점일획도 수정 없는 이카리 겐도의 면밀한 계산에 의한 것이고, 열심히 놀아나고 있는 우리의 캐릭터들.

기획자들의 치밀한 프로듀싱으로 열심히 놀아나고 있던 '미친소 광란'의 현장이 불과 몇 년 전이다. 이제는 더 이상 부정하지 말자. 일본인들이 옛날 전쟁에 대해 말하기 꺼리는 것처럼 우리도 (분명히 동참에는 순수한 좋은 의도가 있었음에도) 속았다는 사실에 스스로 불쾌하여 그래 왔다. 내가 神인 줄로만 알았는데 어떻게 속을 수가! …사실상 <신세기 에반겔리온> 신극장판의 프리퀄에 해당할 1990년 <이상한 바다의 나디아>에서, 가고일의 마지막이 그랬다.

나디아의 오빠인 네오황제는 '참사(가고일 세력의 완전한 파워를 막기 위해 마지막 왕 네모선장이 일부러 일으켰다)'에서 뇌만 살아남은 채 (킬 의장) 가고일 세력이 '과학의 힘'으로 육체를 부여해드린 분이다. 뇌의 염동력(念動力)으로 궁극의 만능 리모콘일 블루워터를 조작할 수 있다. 그렇기에 꼭 살려둬야 하는 존재이다.

"이제 이 별은 지구인들의 것이다. 흐름을 거꾸로 돌릴 수는 없어!" 네모선장은 외친다. 꼭두각시여야 할 네오황제가 가고일의 말을 듣지 않자, 가고일은 거대한 콘센트(umbilical cable) 같은 네오황제의 전원을 뽑아버린다. 하지만, 뇌의 의지력은 기계의 몸을 움직이게 만든다. 훗날 EVA의 폭주로 이어지는 설정이다. 가고일은 외친다. "어떻게 저런… 비과학적인 일이!"
레드노아의 내부폭발로 가고일이 마치 전신에 붕대를 감은 미라와 같은 몰골로 나타나, 욕망의 대상인 블루워터에 손대려 한다. 아틀란티스 외계인들의 마지막 도시국가의 왕 네모선장은 외친다. "안 돼! 거긴 아틀란티스인만이 손 댈 수 있다. 이 지구상에 남은 아틀란티스인은 이제 나와 나디아 둘 뿐이야!"

노인 가고일은 지구 내부에 창조된 별도의 이공간(異空間)에 존재했던 타르테소스왕국의 마지막 총리대신이다. 동시에 국왕 네모의 오랜 지적 벗이었다. 겐도와 후유쓰키의 관계라고 할까. 레드노아에는 창세의 모든 비밀이 실려 있었다.

<신세기 에반겔리온> 신극장판은 바로 이 비밀의 잔해들에서 시작하는 모양새가 된다. 분명히 2번째 종말전쟁 후에 하늘로 날아오른 아틀란티스인들의 지구탈출선은 3척이었다. 지구를 벗어나나 싶었지만, 웬걸 남북극의 문이 열려서 다시 지구의 중력권으로 빨려 들어왔다. 지구의지(地球意志)[111]는 아틀란티스인들의 지구 탈출을 허락하지 않았던 것일까?

바다에 착륙하는 거대한 UFO 형상의 방주(方舟)들을 지켜보는 원숭이들. <이상한 바다의 나디아> 작중에 등장하는 것은 이 지구탈출선 중 2척뿐이다. 그리고 '나디아' 극장판에서는 네오아틀란티스의 잔존세력이 19세기 말 세계열강의 지도자들을 납치하여 '뇌'를 적출하고는 더미인간을 대신 권력의 자리에 앉혀서 지구의 간접통치를 시도한다. 이 작품에 등장하는 주요 SF적 개념이 바로 네오아틀란티스인들이 부리는 '허드렛일 전용의 저지능 아인간(亞人間)'이다.

훗날 1982년 <괴물>에서처럼, 우연히 남극대륙에서 神을 주운 이들이 등장하고, 그것이 <신세기 에반겔리온>의 시작이 된다. 거대한 인간 몸체의 '아담'이라 불리는 프로토타입 존재, 공룡과 서양 드래곤의 뼈, 벽 속에 갇힌 거대한 거인의 팔, 731부대를 연상시키는 온갖 생체실험의 부산물들인 변형인간의 몸이 수조에 담겨있는 전시관. 어쩌면 데빌맨도 神人도 이들의 작품일지 모른다.

가고일의 몸은 소돔과 고모라의 소금기둥으로 화해간다. 가고일 역의 성우가 바로 NERV 부사령관 후유쓰키 박사이다. 1만2천년 만에 부활한 뉴노틸러스호는 레드노아와 함께 외기권에서 사라진다.

레드노아에서 탈출한 노틸러스호급 성간 항행선은 일본의 오가사하라 제도 깊은 바다속으로 사라지고 생존자들은 아마 어디선가 정착촌을 이루지 않았을까. 가고일의 마지막 대사는 이렇다.【내가…! 지구인이었다니…!】

나는 불법을 전파하는 사람으로서 "모든 중생은 불성을 지니며 불법 안에서 모든 것은 평등하고 위아래가 없다"고 가르친다…그 말씀이 사회주의의 원칙들과 완전히 일치한다는 것을 알게 되었다. 내가 사회주의 신자가 된 것은 이 때문이다. …민중의 피를 빠는 세 마리 거머리들이 있다. 천황과 부자 그리고 대지주들이다.

…현 정부의 총 두목인 천황은 여러분의 초등학교 선생들이나 그 밖의 사람들이 가르쳤던 것처럼 신의 아들이 아니다. 현 천황의 조상들은 규슈의 한 지역에서 거사(擧事)를 일으켰을 때 민중들을 죽이고 약탈하면서 등장했다. 이어 그들은 자신의 동료였던 나가스네히코나 그 밖의 도적들도 파멸시켰다.

—우치야마 구도, 조동종의 급진파 승려,
〈투옥을 기념하여 : 무정부주의적 공산주의 혁명〉에서. 1909년.

Q편에서 '바보 신지'가 아니라 '신지 어린이'로 규정된 이유를 알아야 한다. 생각하는 수준부터가 다르니 그런 정체성이 부여된 것이다. '가프의 문'을 자기가 닫을 수 있다며 끝까지 속고 있던 가오루의 세치 혀에 말려든 신지 어린이. '어서 빨리 창을 뽑아서 새 세상을 만들어 내 生의 버그(bug)를 수정해야지!'

이것이 AT필드가 사라진 세상의 (천인공로 할…웃음) 실체였다. 그러니 8호기의 육체파 마리 양(연줄안경)이 바보 신지에게

"최소한 공주님이라도 구해봐라, 이 한심한 강아지 소년아!
이참에 세상공부도 좀 하고 말이다!"

라고 외쳐대지 않던가. 모든 것이 무너져 내린다. 그러니, "이번에도 또 뭔가 뒤통수를 맞은 것 같은데…"와 같은 심정으로 일그러진 표정을 짓던 마지막의 가쓰라기 대령. 합리성(合理性)의 화신일 리쓰코 부함장은 무심하게도 말한다.

"누구 덕인지 모르겠지만, 하여간 네 번째(force와 일본어 발음 동일)는 멈췄군. 지금 상황에서는 철수해야 해, 함장."

'욕망의 폭주 그 화신'으로 앉은 이카리 겐도의 모습이 가쓰라기 함장 장면 직전에 나온다. 어두컴컴한 지령실에서, 마치 화성침략 괴물 같은 촉수(♘♘)를 탁자 아래로 늘어뜨린 변태적인 기계장치들이 변태적으로 널린 화면 속 구도에서 하늘 위의 사령관들은 '대화'한다. 그렇다, 총사령관은 이제 엄청난 비유법인 촉수괴물 레벨로 화한 것이다. 지구와 이성에 대한 능욕의 도구인 광케이블 촉수들. 촉수(觸手)—EVA세계는 인간의 끝없는 욕망의 이야기..

"처참하군. 모든 것이 제-레의 계획대로 되어버리지 않았나?"
"허나, 제-레의 소년은 배제(排除)되었고, 가쓰라기 대령의 행동도 모두 계산된 대로이다.【이번에는 이 정도로】해두지."

34) 미노베 다쓰키치 교수의 아들이 1960년대 이른바 혁신자치체 운동을 이끌었던 사회당 소속의 도쿄도지사 미노베 류키치이다. 아버지가 귀족원 의원이었는데, 아들이 천황제 폐지를 주장하는 사회당의 거물인 것이다. 그러니까 아버지세대가 귀축미영(鬼畜米英·악의 세력인 미국과 영국)을 외쳤고, 아들세대는 베이테이(米帝·미 제국주의)를 외친 것일까.

35) 가야 시조 중 한 명인 가락국 김수로王 신화와 관련해서 나오는 '거북아, 거북아 대가리를 내놓아라. 안 그러면 잡아서 구워먹으리.' 이 노래의 거북이 여기 나오는 그 거북이다. 한국도 남부에는 나름대로 파충류 신화가 있었는데, 왜 일본의 야마타노오로치(八岐大蛇)처럼 대중화되지 못했는지에 대해서는 학자들이 고등학생용 비속어처럼 뭣(♂)을 잡고 반성할 일이다.

36) 부처의 초기 한역이 오행(五行)에서 쇠=서쪽인 금선(金仙)이고 중국 남조 땅 도교의 아들인 禪불교에서는 황면노자(黃面老子)라는 관용어가 나와 고려에서도 애용된 것으로 보인다. 일본에서는 '금색의 백성'이라는 표현이 사용된 것으로 보아 번역상의 배리에이션(variation)에 유의해야 할 것이다. 그리스인들도 기록한 흑해 북쪽의 스키티아(Scytia) 사람들은 금을 잘 다루는 문화의 소유자들이었다니(이것의 러시아어 발음이 스카타이이며 참고로 중국인은 키타이스키며 한국인은 카레이스키), 역시 금관으로 유명한 신라인들과 금나라 여진족과 스키타이는 같은 민족이라는 요설(妖說)도 나올 법하다. 불교에서도 부처님의 초창기 대표 제자인 아난과 가섭(고타마 왕자와 사촌 관계들)을 두고 아난은 '앎'에 쏠린 교종(教宗)의 비조이며(유교로 치자면 경전공부 학파 정도), 불립문자(不立文字)로 유명한 가섭은 '깨달음'으로 쏠린 선(禪宗)의 비조라고 평가한다(민중의 도사님 도교와 상당한 유사성). 창도자의 초기 제자들이 혈족들이라는 것은 이슬람교만 봐도 알 수 있다. 마호메트 이후 초기 칼리프 시대가 끝날 즈음, 마호메트의 사촌인 알리를 칼리프로 지지했던 사람들의 후예가 바로 수니파와 가급적 얼굴 마주치고 싶지 않을 지금의 시아파이다.

37) 루돌프 헤스는, 영국의 왕실과 귀족 핏줄 중에는 '옛날 독일인 영역'에서 바다 건너간 이들이 많다는 범게르만/아리안 지배민족 신념에 따라 영국과 독일의 동맹을 위한 독단적 노력의 일환으로, 1940년 영국 본토 항공전에서 1941년 소련침공 사이 기간 영국 땅에 홀로 잠입했다가 체포되고 독일로부터도 외면당한다. 히틀러 총통의 교의를 너무 곧이곧대로 밀어붙였던 것인가. 일선동조론(日鮮同祖論)의 유럽판이다.

38) 실제로 가오루는 제-레가 만든 人工使徒였고 그래서 2009년에 달기지 정탐을 하러 온 이카리 겐도에게 "처음 뵙네요, 아버지"라는 엄청난 대사를 한다. 추론도 정도껏 해야 타당성이 있는데, DVD판에서는 가오루에 대한 설명이 추가되어, 가오루는 '인간의 유전자가 이용'된 존재라고 한다. 그렇다면 누구의 유전자란 말인가? 설마 G아저씨? 아스카도 정자은행으로 태어났다고 하는데, 이것도 설마 G아저씨?

하느님 맙소사. G아저씨의 계획이 뭔지는 모르겠는데, 만약 그게 사실이라면 성공하건 실패하건 자신의 유전자가 세계를 주재하게 된다. 국내에도 유입된 1980년대 OVA작품인 <명왕계획 제오라이머>에서도 미치광이 과학자의 유전적 후손들이 선과 악으로 갈라져서 대결한다. 요코야마 미쓰데루의 <바벨2세>도 원래 그런 구도에서 전개되고 말이다. Q예고편에서 "드디어 한 자리에 모인 운명의 아이들!"이라고 하니…(웃음).

39) Fat Man. 나가사키에 투하된 플루토늄식 제2호 원자폭탄의 암호명이다. 히로시마에 투하된 우라늄식 제1호 원자폭탄의 암호명은 Little Boy이다. 2007년부터 시작된 <신세기 에반겔리온> 신극장판의 전반부 두 작품의 엔딩곡의 이름은 '아름다운 소년(Beautiful Boy)'이다. 직역하면 일본 하위문화와 동인지에서 유명한 개념인 미소년(美少年)이 된다.

'전쟁은 포르노(90년대 신선한 발상의 모토)'라는 발상에 의거하여 일본육군의 본토결전이 소녀들의 '야오이(三無)'가 되어버린다면, 미국육군의 원폭투하는 언니들의 '비쇼넨'이 되어버린다. 비유와 상징은 배경지식의 범위만큼 더 진실에 가까워질 수 있을 것이다. 제국일본과 발기미국은 포르노그래피 동인지 위에서 한판 엉켜 붙어먹고 있는 것일까.

40) '적성생명체'라는 단어는 파(破)편의 블루레이2.22 팸플릿에 사용된 표현이다. 굳이 영어로 해보자면 enemy life 정도일 것이다. EVA 신극장판 영상소프트는 각각 1.11에 2.22에 Q편은 3.33이니, 합치면 6.66이 되는 것이다. 사악한 악마주의 영화이다. 근본주의 기독교도들은 당장 검찰청으로 달려가서 수사를 의뢰해야 할 것이다(뭐, 뭔 소리인지 알아야 수사를 의뢰하던가 말던가). 2001년 9·11사태 이후 새롭게 부각한 테러리즘 관련 용어가 바로 적성전투원(enemy combatant)이라는 개념이다. 국제법상 적성적투원은 일반 민간법원보다 더 강력한 조치를 취할 수 있을 군사법원에서 관할이 가능한가 보다.

41) 桓國=환자, 즉 아픈 이와 고통 없는 낙원일 환국이 당연한 것이며, 비장의 무기이자 전가의 보도일 '반일감정'을 꺼내들어 일제 관변학자들이 조작했다는 음모론까지 끌어들인

다. 유대인 도시인텔리와 부르주아들을 때려잡아야 했던 제정 러시아 비밀경찰이 조작하고 독일민족과 일본민족도 한때 심취해 본 1902년生 <시온장로의정서>도 그런 음모론의 산물이었다.

42) 물론 증산도가 자주 언급되고 있지만, 민족종교 일반은 한국민중의 다양한 전래 신념 및 신앙체계를 보존하고 있는 훌륭한 의미를 띠고 있으며 결코 모두 사이비라고 말하면 안 된다. 다만, 여러 문제들이 노정되고 있지만 불교가 근본주의 기독교와 근본주의 민족종단들의 협력 대상이 되지 않기를 바랄 뿐이다. <신세기 에반겔리온>의 유명한 '고슴도치의 딜레마'를 느낄 뿐이다. 바로 이런 보편적 적용이 가능한 대사와 내용들 때문에 EVA의 생명력이 길게 이어지고 있지 않을까 사료된다.

43) 도참비기(圖讖秘記) 계통에서 한자를 부수나 획 등으로 분해하여 의미를 끼워 맞추는 식의 '희망적' 해석방법.

44) 대표적인 예를 들자면, 한양의 남산(南山)이 조정에 의해 바로 목멱대신(木覓大神)으로 봉해진 사례일 것이다. 남산이라는 지명은 전국에 산재해 있다. 추운 북쪽에서 따뜻한 남쪽나라 찾아온 말 탄 선조들의 흔적이 아닐까도 싶다. 동몽골의 오환에서 시작한 것으로 추정해보면 부여, 고구려, 백제의 남하, 고조선 유민세력의 삼한 이주, 가야의 규슈, 고려 삼별초의 제주도를 거친 류큐 상륙설, 조선 홍길동의 율도국=오키나와 이주설 등을 보면, 조선왕조 이래 한국 고유의 도참사상인 남조선(南朝鮮) 사상의 원류를 알만 할 것이다(따뜻한 남쪽나라 찾아 앞으로 앞으로! …결국에는 계룡산이나 지리산에 처박혀버리지만).

남조선 사상에 비견될만한 일본의 관념이 바로 야포네시아(Japonesia)일 것이다. 반도(半島)까지 포함해서 일본 주변의 섬들을 모두 잇는 관념이다. 캄차카 반도에서 네덜란드령 동인도제도까지. 그런 관념으로 일본 육해군의 협조 하에 탄생한 나라가 바로 인도네시아(Indonesia)이다. 물론 21세기 최초의 독립국 동티모르가 떨어져나갔지만 말이다. 일본군은 이처럼 무서운 곳이었다.

45) 한민족(?) 군사지도자들의 대륙진출 역사를 기록에 남아 있는 것만 정리해보면, 중국 분열기의 광개토대왕을 시작으로, 세계제국 당나라 시절 총령(파의 고개=파미르 고원을 말하며 출전은 한역불경이나 이두 표현인 듯함)을 제압한 고구려 유민 출신의 고선지와,

역시나 세계제국 원나라 시절의 요동으로 이주했다가 성장한 이성계 가문, 역시나 세계제국 원나라의 한족반란을 진압하기 위한 원군으로 대륙에 투입된 최영, 역시나 세계제국 원나라 때 요동으로 이주했다가 계속 눌러앉아 살았던 임진왜란 명나라 원군 대장군 이여송, 동아시아제국 청나라 시절 명나라와의 줄타기용 사석(捨石)이었던 광해군의 만주파병, 역시나 동아시아제국 청나라 시절 러시아를 잡기위해 출병한 나선정벌, 대한제국 말기의 단군대종교 독립군, 제국일본 시절 미래의 군사 지도자이실 총통 박정희의 만주군 입대 등일 것이다.

당시 박통이 일본육사 교육 후 칼을 차고 고향에 돌아가니 학교 교장과 경찰 책임자가 다 벌벌 떨었다고 한데서 보듯, 당시 일본군 장교의 위세가 그러했다. 북쪽에서 말 타고 창칼 휘두르며 지쳐 내려온 전래의 군인지배계급인 것이다.

46) 앞서의 각주에서도 언급했듯, 이른바 신봉자 바닥에서 유명한 국유현묘지도(國有玄妙之道)를 폭로한 최치원의 토황소격문(討黃巢檄文)도 세계사에서 유명하게 취급된다.

47) 원나라 귀족들을 등에 업고 날뛰었을 티벳 라마교에 대한 민중의 원성이 다음 명나라 대에 영향을 미치지 않았을까? 몽골 영향으로 청나라 귀족들을 등에 업고 위세를 부렸을 티벳 라마교에 대한 민중의 원성이 다음 대에 과연 영향을 미치지 않았을까?

1950년 중공이 한국과 동시에 티벳을 침공한 것은 우연이 아니다. 티벳에 가서는 '종교는 인민의 아편'이라는 레닌 말대로 철저히 짓밟아줬다. 승려들의 사지를 절단하고 끓는 물을 퍼붓고, 목만 남기고 땅에 파묻고 말 안 듣는 사원을 폭격하고 강제로 여승과 남승들을 성관계 시키고, 돈을 주고 데려온 창부들이 남승들을 정복하는 것을 침 흘리면서 구경하고, 불전에 짐승피를 뿌려대고, 하여간 영육 양면으로 초토화시켰다. 그러니 아무리 피지배자였다 하더라도 민중의 원성이 어찌 존재하지 않겠는가? 1960년대 초에 달라이 라마가 반공 불교국가인 일본과 태국부터 방문한 것은 결코 우연이 아니었던 것이다. 2013년에는 일본을 방문해서 고개 숙여 인사하는 아베 신조 목에 '우호의 스카프'도 직접 감아주지 않았나.

48) 엄밀히 말하면 준(準)천자이다. '천자'의 기준은 독자적인 세계관으로 하늘에 제사를 지내냐 여부인 것 같다. 그런데 물론 중국의 5대10국의 난 혼란기를 틈탔다고는 하지만, 고려는 태조 왕건의 핏줄이(할아버지대) 당나라 황실을 잇고 있으며 태조 왕건이 태어날 즈음 스님의 예언으로 치성광여래(熾盛光如來)가 목격되었다고 하는 등의 '선의의 거짓말'도

279

해가면서 독자적인 연호(年號)도 사용하고 있었다. 부처님이 인도의 숲속에 계실 때 여러 신격들이 온몸에서 빛을 발해 숲속을 밝히며 부처님의 설법을 찾아왔다고 한다. 고려가 이런 엄청난 '빛의 나라(桓國)'였다. 어리석은 우리 후손들이 몰라줄 뿐이다. 매국노 이씨왕조 놈들의 용비어천가나 석보상절 따위는 아무 것도 아니지 않은가. 정말로 이 불쌍한 민족은 후천유신(後天維新)이 필요하다. 그리고 자궁 땅 북으로 밀고 올라가는 거다. 우리 한민족은, 성궤를 앞세운 나치 독일군 노릇을 해보는 것이다.

49) 현재 중국이 티벳에서도 소위 '문화주택 마을'이란 이름으로 이런 식의 전략촌 전법을 현지 유목민들에게 사용 중이다. 좌파색 용어로 풀어보자면, 새마을운동(?) 때처럼 대출을 강제로 안겨줘서 인간답게 살아보는 마을로 꾸민 악의 구렁텅이로 몰아넣은 다음 돈으로 '자유영혼'들의 코를 꿰려는 추잡한 획책인 것이다. 멍청한 백인들의 미 제국주의가 원주민 인디언들에게 사용해먹은 인간성(humanity) 그 자체에 대한 추악한 강간인 것이다.

오시이 마모루도 옛날에는 야성=자유의 '늑대'가 속박의 굴레=집으로 들어가서 '개'가 되었다고 비유와 상징으로 묘사한 바 있다. 그게 나치스SF <인랑>이다. 조선민주주의인민공화국도 탈북 행렬을 막기 위해, 1979년 전쟁고발영화 <지옥의 묵시록>에서의 전략촌 건설 묘사 장면처럼, 두만강 일대의 마을들을 파괴하고 주민들을 내륙의 '안전지대'로 강제이주 시키고 있다.

1986년의 전쟁고발영화인 <살바도르>에서도 미국의 지원을 받아 공산군과 내전 중이던 엘살바도르 정부와 민병대가 자국민의 '미국 탈출'을 처단하는 공포전략을 펼치는 것으로 나온다. 이렇게 미국으로 탈출한 난민들이 캘리포니아 등지로 유입되어 저임금 노동자로 생계를 꾸렸다고 하니, 현재의 탈북자들 처지와 어떻게 이렇게 유사할 수 있겠는가. 핵실험으로 세 번이나 후천개벽이 되었으니, 그렇기 때문에 미국인들이 북한을 계속 주시하는 것이다.

50) 한나라와 사산조(朝) 페르시아의 서역 전쟁에서, 로마군 포로들이 페르시아 군대에 편입되어 고스란히 최전선에 투입된다.

이들이 다시 한나라 군대의 포로가 되어 지금의 동투르키스탄(新疆)으로 끌려갔다는데, 최근 유전자 검사를 통해 동투르키스탄 서쪽에 이들의 후손들이 취락을 이루어 살고 있는 것으로 밝혀졌다. 그들은 너무도 뚜렷한 서구식 골격과 얼굴윤곽을 가지고 있었다고 한다.

51) 역대 중국 왕조들은 만주의 서쪽, 즉 지금의 요동 일원에 살던 '문명화된(중국+한반도 영향)' 북방민족들에게 세습 관작(세계사에서 흔한데 특히 중세유럽과 일본)을 주는 회유책으로 만주를 간접통치 했다. 요나라 금나라 청나라 모두, 일각에서 제기되는 이 요하문명(遼河文明) 구성원을 중심으로 '야인 상태'로 방치된 더 동쪽의 동족(?)들을 포섭하여 일어난 나라들이다.

52) 연개소문의 동생은 신라로, 국사총괄 태(太)대대로이던 큰아들은 당나라로 투항했다. 작은 아들들은 각자 알아보자. 연개소문과 종교전쟁으로 연구대상이 될 수도 있는지 모르겠지만, 원로 종교학자들의 연구에 따르면 연개소문은, 추정컨대 왕성 중심의 '불교화'에 불만이 있었을 변경수비대 무장 세력의 대표 자격으로서 중국에서 도교를 적극 수입했다고 한다.
  비교분석하자면 일본의 전국무장 오다 노부나가가 불교세력을 제어하기 위해 신무기=조총도 전파해준 가톨릭을 적극 부채질한 모습과 유사하다. 이른바 우리민족 고유의 선교(仙敎)와 중국제 도교가 어울릴 구석이 많았을 것이라는 것은 충분히 짐작할 수 있다.
  즉, 거창하게 현대 정치용어를 대입해보자면, 남쪽 평양으로 도망간 편안한 왕성=불교=중심부(center), 광개토대왕 유지를 이어 변경수비대 및 야만족 총독으로 군림했을 상무정신 무장 세력=선(仙)=주변부(periphery)가 되는 것이다. 수입된 개념과 용어들은 미일 제국주의와의 투쟁병기가 될 뿐만 아니라, 우리 내부의 정확한 분석에도 사용될 것이다. 이런 추잡한 서양정신 학문=양날의 칼을 싫어하는 이들이 당연히 있다.

53) 당시는 베트남전쟁과 세계적인 반전운동의 클라이맥스 시기였으며, 구미의 기존 사상 및 신념체계에 대한 미국 백인들(더 나아가 앵글로색슨) 스스로의 의구심 또한 높아만 가던 시기였다. 1980~90년대까지도 한국의 중장년층은 '사회과학'을 한다면 용공분자(容共分子)나 빨갱이 예비군(Red Army Reserve)으로 여기기도 했다. DJ 시절에 와서야 좌파(the left)라는 개념이 안착했던 것 같다.

54) 청나라 때 인질로 끌려갔던 조선왕조의 효종(祖宗 시호의 사용은 새끼천자국 인증서)도 그런 분노(怒り・이카리) 트라우마로 인해 정신승리적인 북벌론(北伐論)을 주창했다. 북벌론을 떠받들던 세력이 사상통제와 정신무장을 명목으로 내세워 북쪽 오랑캐가 아니라 남쪽 정적들을 때려잡았는지 누가 알겠는가.

세계혁명신도인 이카리 겐도와 이카리 신지 부자는 조선에도 존재했다! 소중화(小中華) 조선은, 천국행 방주=에반겔리온이었다(웃음).

55) '눈 뜨신 이'부터 시작해서 사자후(獅子吼)를 토한다, 할 때의 사자. 인도의 큰 강들(갠지스강 인더스강 등)에 사는 大魚水神인 Naga의 번역어인 용(四海龍王), 인도인들이 신성시 하는 소를 끌어온 순백의 상징색인 흰 소, 불경의 녹야원(鹿野苑)에서 유래했을 사슴왕이 대표적이다. 별주부와 토끼 등 서양의 '이솝우화' 비슷한 위상의 이런 불교 기원 설화들의 집성을 본생담(本生談) 또는 본생설화라고 한다. 불학(佛學)에 관해서는 일본에 빚질 게 많으리라.

56) <백운화상 어록>은 1300년대 당시의 몽골-고려 불교세계를 실감나게 보여주는데, 놀라운 점은 1281년 일연의 <삼국유사> 여파인지 아니면 그 이전부터 그래왔는지는 여부는 잘 알 수 없으나, 공민왕이 여러 번 부를 정도였던 고승인 백운 선사가 고려 국왕을 '천자(天子)'로 표현하고 있다는 사실이다. 그러니까 이미 도교의 DNA를 체현한 고려 말의 불교에는 유교적 '천자'와 불교적 '부처'와 민족주의적 '제석천=환인'이 공존했다는 것이다.

물론 부처님의 현현태는 시절에 따라 다르니, 부처=천자=환인이라고 생각했으리라. 불교가 삼국시대 당시 수용될 때부터 '왕권 강화'라는 측면에서 활용되었다는 것은 1980년대 국사책에도 나와 있는 사실이니, 제국일본이 '황도 불교'라는 종교정책을 해보겠다는 것도 (최소한 동북아) 불교의 역사에서 돌아보면 그다지 특이한 것도 아닌 셈이 된다. 왜 서양인들만 그걸 몰랐을까?

57) 언제부터인지는 불명이나, 한국의 '桓檀古記 등속 신봉자'(사이버공간에서는 일명 환빠로 통용)들의 원류인 대종교에서는 인류의 기원 격인 '에덴동산'이 만주의 쑹화강(松花江) 일대에 존재했다는 독특한 교리를 신봉한다.

부여와 고구려의 젖줄 송화강 동쪽(해 뜨는 곳)에 인류 최초의 남성인 아만(阿曼)이 있었고 서쪽(달 뜨는 곳)에 인류 최초의 여성인 나반(那般)이 있어, 이들이 교합하여 우리민족 고유의 때때옷 오방색(五方色)과 어차피 뿌리는 우리 것일 도교선가(道敎仙家) 계열 오방신장(五方神將)에서 힌트를 얻었을지도 모를 흑백황적남(黑白黃赤藍)의 5색 인종을 낳고, 이들이 전 세계로 퍼져서(빨강인종은 중남미 쪽빛인종은 서남아) 인류의 선조가 되었다고 주장한다.

58) 그에게는 일본이 중화(中華)인 것이다. 한국의 '桓檀古記 등속 신봉자'(사이버공간에서는 일명 환빠로 통용)들은 인류 최초의 과학적 문자인 '가림토 문자'를 단군왕검이 창제했다고 주장한다. 그쪽 계통의 산파요 대부 격인 대종교에서는 단군왕검(환인·환웅·단군 祖父子 삼대 일체이신 ONE)과 그 신하들(풍백·우사·운사로 상징되는 기본적으로 THREE)이 <천부경(天符經)>이니 <삼일신고(三一神誥)>니 <참전계경(參殿戒經)>이니 하는, 인류 최초의 우주론 및 국민윤리 교과서까지 제작했다고 주장한다.

태초에 문자가 있었으니 세종대왕 훈민정음처럼 '어린 백성'에게 어찌 홍익인간(弘益人間) 교화의 덕을 베풀지 않을 수 있겠는가. 이런 것이 바로 (일부) 기독교에서 말하는 도성육신(道成肉身)이신 하나님 아니겠는가. 단군왕검(과 그 신하들)은 '몸' 자체가 바로 시내산 언약의 석판이요 네팔에 오신 것 보다 더 빨리 특별히 우리민족에게 내려오신 부처님 경전이셨던 분들이다. 어리석고 미혹된 이 세상 땅이 아닌, 우리민족의 미래영겁 빛나는 영광을 위해 알 수 없는 다른 곳에서 오셨던 분들이다. 이런 분들이 혹여 제-레라고 불리지 않겠는가?

59) 엄밀히 말하면 안노 히데아키 감독이 이번 신극장판 작품세계를 함에 있어 다대한 영향을 받은 것으로 보이는 요코야마 미쓰데루 원작의 <육신합체 갓마즈>처럼, 이 4가지 요소에 다음의 두 가지 요소가 추가된다. 0호기 코어 속의 리쓰코 엄마 나오코 박사, 초호기 코어 속의 신지엄마 유이. 에반겔리온들의 코어 속에는 인간의 영혼이 깃들어 있다는 것이 숨겨진 수수께끼였다.

이 6가지 요소를 다 갖춘 주(主)기관을 탑재한 분다의 건조도 '이카리의 계획'대로였던 것이다. 그는 세상만물의 머리 꼭대기 위에 앉아 있는 사람=리린의 왕(王)이다. 사령관의 '욕망의 대상'이었던 그녀들(나오코+리쓰코+유이+레이=死人 기쁨조)이 모두 한 바구니에 담긴 것이다. 제-레는 사라졌으니, 이제 마지막 신극장판에서 어떻게 될지 너무나 기대된다. 이런 추잡스럽고도 엄청난……(웃음).

60) 에반겔리온 세계의 총감독인 안노 히데아키가 서(序) 편의 DVD소프트 자막해설에서 공식 인정한 2대 수수께끼가 바로 LCL(상세는 비공개)과 나기사 가오루(수수께끼의 소년)이다. 바로 그것을 Q편에서 전부 국물 한 방울 남김없이 '쳐먹었다.'

61) 데우스 마키나(Deus Machina)는 그리스 연극에서 사용되는 소품장치로서, 하늘에서 내려와 복잡한 상황을 단번에 해결해주는 기계작동식 신(神)을 의미한다. 난마와 같은 상황

에서 어떤 초월적 권위가 짠~등장해서 '너는 이렇고 너는 저렇게 해라, 끝' 이런 식으로 이야기를 마무리할 때 사용되었지 않을까. 잘 생각해보면 일본의 SF계통에 이런 분위기의 작품이 꽤나 있을 것이다.

폭탄에 관해서는, 파쇼 총수 가고일의 대사에 따르면 '대형섬멸폭탄'이며 2007년 <신세기 에반겔리온> 序편에서 안노 히데아키가 직접 작성한 자막설명에 따르면, 제4사도 사키엘Ⅱ에게 떨어지던 UN공군의 확산탄이 '초대형섬멸폭탄'이라는 이름으로 제시된다.

62) 통상 '아저씨'로 번역되는 경우가 많은 오야지(親爺)라는 표현은 영어로는 Old Man으로 많이 번역되는 것 같다. 구로사와 아키라 감독의 1963년 작품인 <천국과 지옥>에서도 기존권위체제의 상징일 '오야지(작중에서는 얼굴도 안 나오는 제화회사의 사장)'가 '올드맨'으로 번역되어있다.

일본의 여러 분야 작가들은 세대갈등이라는 주제를 많이 다루고 있는 것으로 보인다. TV판 에반겔리온에서도 겐도는 (제-레의) 노인(老人)들에게 적대감을 불태운다. 일본의 현대사를 돌이켜보면 이해가 갈만한 일이긴 하지만, SF적으로 원조를 따져보면 1927년 프리츠 랑 감독의 <메트로폴리스>가 아닐까도 싶다. 거기서는 일벌레권력자 '요 아버지'와 헤도니즘에 탐닉한 '아들들의 클럽'이 대조를 이룬다. 한국어의 '아저씨'가 영어의 Uncle과는 도저히 다른 의미인데 어떻게 번역될지 흥미롭다.

63) 한국의 '桓檀古記 등속 신봉자'(사이버공간에서는 일명 환빠로 통용)들은 그 답을 이미 알고 있다. 바이칼호수(우리식 天海)~알타이산맥(한자명 天山) 사이의 우리민족 고향=인류의 성지가 바로 그곳이며 '한국(桓國)12연방'의 중심지였다고 주장한다.

기독교의 12사도 및 인도에서 연유한 불교 수호신 12지신(十二支神)과 12천상선신명(天上善神命)에 1년 12개월까지의 시공간 원리 등을 실제로 지상에 구현시키려 한 시도였으리라 여겨진다. 단군이 47대인 것도, 북두칠성을 기본으로 한 동서남북 28수(二十八宿·4×7=28의) 등의 성수(星宿)신앙에 기초한 불가사의한 수비학(數秘學) 원리의 구현 시도로 설명될 수 있을 것이다.

64) 베타니아는 Bethany를 지칭하며 성서의 등장인물 나사로와 그 자매들이 사는 예루살렘의 마을이다. 그런데, 작품 전체적으로 보면 또 2중의 의미가 있는 것이 일본 발음을 고

려하면 베타니아(Betternia), 즉 '더 좋은 땅(Better Land)'으로 받아들이는 것도 가능하다(피터팬의 네버랜드처럼). 이곳에서는 EU NERV가 독자적인 '위험한 연구'를 많이 하고 있다. 에반겔리온과 기계의 더 높은 수준의 융합이라든지(5호기 형상은 하반신이 전부 생체파트 없는 메카닉 기동차륜 형태), 사도의 병기화라든지(EVA세계의 TV 방영 전 최초 설정에 의하면 사도는 누군지는 모를 '제2시조민족'의 對EVA 생체병기) 말이다.

65) 미군은 필리핀 탈환 후 오키나와 공략에 앞선 대만 근해 항공전에서 일본 세력을 일소했다. 한국의 '桓檀古記 등속 신봉자'(사이버공간에서는 일명 환빠로 통용)들의 주장에 의하면, 우리민족은 9천년 민족사를 가진 인류 최고의 역사민족(歷史民族)이라고 한다. 일본 왜놈들은 우리역사의 3분의 1밖에 되지 않는 족속들이라고 주장한다. 인터넷 용어에 '정신승리'라는 말이 있다고 들었다.

66) 이나다 장관의 연령이 많은 것을 시사해주는데, 대충 1993년을 전후하여 일본SF에서 악의 총수로 여성들이 등장하기 시작한 바 있다. 당시 30대 열혈 청년우익이었을 이나다 변호사의 활동 시기를 돌아보면 언론의 '듣보잡' 신세에서 탈피하고자 고려 분투 중인 2010년대 한국 30대 우익논객들의 부상과 거의 일치하는 듯하다. 이제는 중앙 일간지에서도 '오늘의 유머(오유)'나 '일간 베스트(일베)'라는 사이트 이름을 들먹일 수밖에 없다. '때가 왔다, 신지 군.' '그래, 가자. 가오루 군.'

67) 증산교 계열에서 구천상제(九天上帝)로 추앙받는 강증산이 집필한 경전들은 각 교파마다 중요도가 다르다. 하여간, 재정이 넉넉하기로 이름 높은 대순진리회 자료에 의하면 "일심(一心)을 가지면 한 손가락을 튕겨도 능히 만리(萬里) 밖의 군함을 물리치리라"라는 강증산의 '정신승리'적인 어록이 있다.
원로 종교학자들의 연구에 의하면, 천도교나 대종교와 달리 증산교 계열은 '일본 또한 지나갈 외세일 따름'이라며 적극적인 저항의 움직임을 보이지 않고 자금축적용 개간사업 등으로 내실을 다지는 데 전력했다고 한다.
한국의 민족종교들이 불법(佛法)의 개념과 용어를 상당수 차용하거나 다른 의미로 사용한다는 것은 공공연한 비밀이다. 부처님 손가락으로 손오공을 잡듯이 군함을 물리치고, 죽창으로 B-29 폭격기를 잡는다, 이런 사고방식을 실제로 구현해보고자 궐기한 것이 아마 같은 동이(東夷)의 '일본정신'일 것이다.

68) 일종의 생식기 독점권 쟁탈전이라고도 할 수 있는 상황이다. 일본 로봇SF의 오랜 전통인 일종의 '간부 교체극'이다. 1974년의 <그레이트 마징가> 간부 교체극이 가장 극적이다. 전반부에 일본의 구(舊)군부를 대표하는 캐릭터인 '암흑대장군'이 장렬히 전사하고(…적이었지만 용감했어) 새로이 7대 군단의 우두머리로 회오리바람과 함께 등장한 신(新)군부 격이 바로 '지옥대원수'이다(죽은 헬박사가 메카닉화 되어 거대한 육체를 얻음).

두말할 나위 없이 아메리칸 시저였던 '맥아더 원수'일 것이고. 노무현 정권 치세의 '맥아더 동상 철거운동'을 되돌아보면 다 알 수 있는 일들이다. 당시 애들이나 보는 유치한 것들이 이토록 비일본적 유대프리메이슨 사상에 찌들었었다. 말세다. 그런데 지금은 아베 신조 총리 등의 우익이 '외세=맥아더(♂)'가 강제로 일본의 몸 안에 삽입한 현재의 평화헌법을 뜯어고치자고 캠페인을 펼치고 있다. 맞는 말 아니냐.

통합진보당(♂)은 2012년 대통령 선거 당시의 공식 팸플릿에서 대충 이런 표현을 썼다. "북한의 우수한 기초과학기술와 발달한 우주공학산업, 풍부한 천연지하자원을 남한과 결합하여 코리아연방으로 휴거하는 대의에, 그대 동참하지 않겠는가?" 우수한 기초과학기술이란 최종병기 핵(核)을 말한다. 발달한 우주공학산업이란 대륙간탄도탄을 말한다. 박정희가 욕먹을 필요가 없다. 맞는 말 아니냐.

69) stardust를 성진(星塵)이라고 한다. SF의 세계에서 너무 유명한, 제국일본+나치독일 세계관의 우주이민 선민사상(選民思想) 국가 지온공국과 그 잔당들도 <기동전사 건담―0083 스타더스트 메모리>에서 별의 먼지를 꽤나 신봉했던 것 같다. 선민사상 제-레의 성우들이 군인(A·B·C)과 제10사도의 맹공 앞에 "우린 안전할 거야"라며 지오프런트로 피난하던 이들의 목소리를 담당한 것이 우연이 아니다. 관동군의 냄새?

70) 매우 유명한 패러디와 풍자의 대상으로 화한 표현인데, 1995년 당시 <신세기 에반겔리온> TV판이 방영되던 당시의 실제 사회상을 반영하고 있다. 일본의 중년 원조교제 아저씨들의 로망이라고 할까. 일본의 SF작품에는 당대의 사회상이 매우 진하게 반영되곤 한다.

1970년대 일본의 로봇SF 작품 속에서 2000년대 초반의 한국 모습을 어렵지 않게 찾아낼 수 있다. 근본적인 이유는 당연히 살아가는 시간대가 틀리기 때문이다. 비약하자면, 1970년 미시마 유키오 우익청년단 궐기는 2000년대 DJ 시절 독립신문 등의 우파 인터넷매체 탄생과 비슷하지 않을까 싶다. 사이버공장에서 많은 청년 인재가 육성되어 지금 우익전선에서 활약 중이다. 안타깝게도 미국 우익 블로그 긁어와서 절규하는 경우가 잦다(Religious Right).

71) 천년여왕의 일본식 가명은 불교의 구세주인 미륵(彌勒)을 상징하는 한자가 포함된 '야요이(彌生·일본의 벼농사시대 명칭)'이며, 그녀는 전장 6400미터 중량 1억톤의 지구 탈출선을 건조하고 있었다. 원래는 1000년에 한 번씩 지구에 접근하는 얼음행성 라메탈의 지구 총독인데(즉, 장막 뒤의 지배민족) 라메탈이 지구에 접근할 때 '노예'로 사용할 지구인들을 태우는 배가 바로 이 방주(方舟)였던 것이다. EVA세계의 어머니 격인 High SF작품이다.

72) 가프의 문은, 유대교 전승에서 유래한 표현으로 새로 태어난 아기에게 깃들 영혼들이 하늘에서 내려가기 전에 잠시 머무는 방의 사립문을 의미한다. 우리나라 식으로 대입해 보자면, 삼신할매 육아방이라고나 할까. 삼신할매가 아기들에게 어서 자궁 밖으로 나가라고 엉덩이를 찰싹 때려서 그 자국으로 찍히는 것이 아기들 엉덩이의 푸르스름한 몽고반점이라고 한다. 무서운 여자들이다.

　삼국시대 때 여왕을 배출한 나라는 그 이름부터도 왕들의 탄생설화부터도 도저히 불교색을 지울 수 없는 신라(新羅)였으니(석탈해는 아예 고향과 아버지 모두 아직도 낙후된 까까중들 인도카레 냄새 나는 용성국 함달파 왕이다), 우리나라도 실은 일본과 마찬가지로 태초부터 여자인 몽골리안 루트의 가이아=여자부처님 마고(麻姑)가 지배해온 것이 아니었을까.

73) 우리민족 고유의 삼3번 원리의 응용형인 3×3일지도 모를 구천상제(九天上帝) 강증산을 모시는 증산교 계열 교단 중에서 가장 규모가 큰 것으로 추정되며 '상생TV'라는 케이블 채널도 보유하고 있는 증산도(甑山道)에서는 산하의 '상생출판'을 통하여 2012년부터 대대적인 국통맥(國統脈) 되찾기 운동을 펼치고 있다.

　<桓檀古記> <역주 桓檀古記> <청소년 桓檀古記> <桓檀古記 가이드북> 4종 세트의 실로 엄청난 물량공세를 펼치고 있다. 원로 종교학자들은 말한다. 천도교와 대종교에 비해서 가장 중국색이 강한 것이 '민족종교'를 표방하는 증산 계열의 현실이라고 말이다. 왜냐하면 중국에서 기원하여 우리나라 각지의 민중들 사이에 '의의를 불문'하고 '염원의 대상'으로 뿌리를 내린 잡다한 사상(事象)들을 가장 많이 내포하고 있기 때문이다.

　증산도의 <환단고기 가이드북>에 의하면, 9천년 역사의 우리민족은 옛날 중국과 일본의 지배민족이었기 때문에 그쪽의 모든 사상과 유물도 그 근원을 따지면 다 '우리 것'으로 포괄할 수 있다고 주장한다. 그 결과, 공자도 동이족이고 한자(chinese figure)도 우리민족이 발명한 것으로 된다. 남은 것은 비상(悲傷)인가, 추락(醜烙)인가.

287

74) 상당히 프리메이슨적인 이신론(理神論) 관점의 표현들이 사용되고 있음에 주목해야 한다. 동시에 운명론·결정론적인 표현이라는 데에도 주목해야 한다. 모든 것이 정해져 있고, 거기서 빠져나올 수 없다. 발버둥 쳐봤자 헛일이니, 흐름에 몸을 맞길 뿐이다. 이것이 (선)불교 계통 일직선으로 밀어붙인 사고방식의 폐해이다. 가오루의 언동을 분석하면 지배적인 관점이 바로 제행무상(諸行無常)이요 업보(業報)이다. 그러면서 세상을 알로 본다(下方見).

75) 이론적으로는 극단의 상황인 자살까지 허용되는 절대적인 자유인 미국 리버테리안(libertarian)들 식의【Free Will】이 아니라, 프랑스의 계몽주의자 루소가 인민의 총의(總意)를 지칭한 표현인【General Will】이라고 할 수 있겠다.

76) 한역불경 번역자들의 혜안이 드러나는, 깨우침 이전 붓다의 이름 고타마 싯다르타(瞿曇悉達多·구담실달타)의 '구담'은 의심, 지혜의 눈, 신의 전령으로서의 새, 구름에 가린 태양 등 비유와 상징의 총체이다. 제1차 세계대전 패전 이후의 독일인들도 초자아에 관심이 많았던 것 같다. 초자아(superego)니 초인(übermensch)이니 하는 새로운 개념들이 구세주(messiah)나 신(Gott)과 아직 제대로 분리되지 못했을지도 모를 독일의 특수한 상황이(?) 히틀러 총통을 불러오지 않았을까 연구대상이 될 수 있으리라. 이것도 문화지체(cultural lag) 현상에 포함될 수 있을까.
한국도 급속한 근대화 및 과학사회의 도래와 그에 적응하지 못하는 각종 전통 사상(事象)들의 불화가 자민족중심 세계사재편과 같은 국수주의의 탄생을 불러오지 않았을까. 과학은, 각종 비록들에 등장하는 행화신통력(行化神通力)인 것이다. 저렴한 가격의 대중보급용 <桓檀古記 가이드북>에는 우리민족의 독자적 관점으로 새롭게 정리된 후천(後天) 세계사 연표가 정리되어 있으니, 독자제위의 적극적인 참조를 기대한다. 많은 공을 들인 올컬러 책자이니 적극 권장한다. 소장가치가 아주 높다. 거듭 적극 권장한다. 우리 한민족과학 성지인 대전(大田)에 있는 상생출판으로 문의하자. 일단 찍었으면 나가줘야 한다. 그것이 서로 기분 좋은 일이다.

77) 작중에서는 '유로'라고 발음하는데, 이것은 유럽과 러시아의 합성어이다(유로파+로시야). 이런 식으로 같은 개념을 발음과 문자 두 가지로 병렬해서 시청자들의 흥미와 논쟁을 이끌어내는 것도 이 시리즈의 중요한 (오타쿠) 마케팅 전략이다. 대표적으로 2012년 Q편에

서 새로 등장한 AT필드 활용 스텔스기술인 '위장코쿤'이라는 개념을 두고도 영어로는 phase cocoon shelter로 표기하여, 위상(位相)과 위장(僞裝)이 발음이 같다는 점을 활용하고 있다. 왜냐하면 이 세계 속에 이미 AT필드와 관련하여 등장시킨 위상공간(位相空間·phase space)이라는 개념이 존재하기 때문이다. 그런데 이 위장코쿤 응용법도 이미 2009년 파(羽)편에서 제8사도인 사하퀴엘 Ⅱ=가칭 사하트리엘(사하퀴엘+마트리엘)이 강력한 AT필드를 형성해서 빛과 전파의 진행마저 왜곡시킨다는 발상에서 이미 힌트가 던져진 것이다. 물론 이 개념은 TV판과 같은 해에 나온 <공각기동대>의 '광학미채' 설정이 원조일 것이다.

78) Zion은 예루살렘 부근의 언덕 이름으로, 예루살렘 자체의 이칭(異稱)으로 쓰이기도 한다.

79) 예전 TV판에서 2호기를 두 이(二)가 아니라 이(貳)자를 사용한 것에 유의해야 한다. 이(貳)는 '두 마음(을 품다)'의 의미이다. 한자 의미대로 2호기 코어에 아스카 엄마의 영혼이 깃들어 있는 것의 복선이었다. 3호기의 경우 석 삼(三)이 아니라 삼(參)자를 사용했다. 참(參)으로 발음하면 '간여/참여하다, 뒤섞다'의 의미가 된다. 3호기의 비극에 대한 복선일 것이다. TV판의 경우 화수를 표기할 때 열 십(十)이 아니라 습(拾)으로도 발음이 가능한 한자를 사용했다. 의미는 '버리다, 오르다, 칼집'이다. 혹시 롱기누스의 창과 그 변형체인 양산기 전용 대형커터일까.

80) 2004년 일본영화 <클럽 진주군>에서는 필리핀 산 속에 숨어 있다가 미군 비행기가 '전쟁 끝났으니 나와라'하고 뿌리는 전단을 주워보고 일본으로 귀환한 일본의 제1세대 재즈 음악 연주가들이 주인공으로 등장하는데, 이들이 일본 각지에 주둔한 미군 기지를 위한 공인 연주단 오디션에 나갔다가 너무 헤죽헤죽 웃으니 심사위원들이 '저거 저거 히로뽕 한 것 아니냐'하고 탈락시키는 장면이 묘사된다.
이 장면에서 패전 후 일본에서 약물중독(진통제와 마약류)이 사회문제였다는 것이 드러난다. 미야자키 하야오의 아들인 고로가 감독을 맡은 2006년 <게드 전기>에는 마약장사와 노예사냥이 묘사된다.

81) 당시 국민사기 앙양용으로 횡행했던 대본영(大本營)의 뻥튀기 전과보도에 놀아나고 있다. 저항공세를 격렬히 취하고 있다니, 무슨 말인지. 일본인들은 정확한 실상을 모른채

패전을 맞이한다. 레이테 섬의 연합군 선단을 향해 최초의 가미카제 특공대가 출격한다. 불교국가 일본은 최신 사례에 불과하다. 거란에 결국 무너진 발해 유민들을 의식해야만 했던 불자왕(佛者王)=고려태조 왕건이 '더런 거란 놈들 막아주소서' 하며 부처님께 즉위신고 예불을 올리고, 거란(요나라)의 침략을 부처님의 힘으로 막기 위해 대장경(大藏經)을 제작한 노고의 현대판이다. 몽골(원나라) 침략 때는 부처님의 영적 항공모함일 팔만대장경(八萬大藏經)까지 진수된다.

이처럼 발해 출신 귀부 집단이 고려 초부터 뜨거운 감자였다는 것을 눈치 챌 수 있다. 고조선의 서쪽 변경에서 세력을 키운 위만과 같아질 세력이었기 때문이다. 위만이 중원문명화 된 우리민족계인지 非민족계인지 말이 많다. 확실한 것은 거란추장 이진충이 중국인이 아니었다는 사실이다.

82) 원래 설정에 의하면 나기사 가오루는 바보신지의 급우로 등장하고 그가 데리고 온 고양이가 사실은 사도였다는 것이다. 이 '고양이'는 코믹스판에서 가오루가 '자비'를 베푸는 차원에서 고통을 덜 받게 빨리 죽여주는 생물체로 전락한다. 중일전쟁 당시 일본군 병사들도 그렇게 정신적 실드를 쳐가면서 사람을 죽였을 것이리라. 고양이라, 고양이나 무더기로 키우는 '저출산 나도 한몫' 노처녀 골드미스를 의미하는 것일까—힘든 인생 빨리 끝내줄 테니 더 좋은 곳에 태어나슈, 정도.

83) EVA세계의 설정에 따르면 미사토 중령은 29세, 리쓰코 박사는 30세이다. 14년이 지났으니, 미사토 대령은 43세, 리쓰코 박사는 44세 정도이다. 리쓰코 박사는 40대 중반이 되어도 저렇게 가슴 관리가 잘 되다니, 아마 이카리 겐도와 아카기 나오코 박사의 불륜을 이해하는 열쇠가 되리라 생각된다.

어떻게 보면, 0호기를 꿀꺽 삼켜버린 제10사도 제루엘 II의 몸이 여성형으로 바뀐 것도 0호기 CORE(신극장판에서는 탈착 가능한 코어블록)에 깃든 나오코 박사 영혼 때문인 것 같다. 그러니 제루엘 II와 초호기의 대결은 정부(情婦)와 본부인 싸움의 모양새가 된다.

신극장판의 전체적 주제 중의 하나인 '무서운 여자들'의 전쟁인 것이다. 제루엘 II의 몸에서 레이를 샐비지(salvage·선박구난)하는 과정에서, 등장할 일이 없을 뻔했을 꼬마레이들도 얼핏 나오는 것으로 보아 '흑발의 음녀(제10사도)'는 '폭주의 나오코'라고 불러도 무리가 없을 듯싶다. 음녀(淫女)는 요한계시록에 나오는 존재이다. '흑발의 광녀'는 코믹스판에서 아스카의 2호기가 양산기의 피를 뒤집어쓰는 장면에서도 재현된다.

84) 다른 나라에는 없는 교회의 오전 11시 1부 예배도 사실은 불교 및 민간신앙의 오시(午時) 참례/기도 등의 영향일 것으로 보인다. 소위 '기도발'을 잘 받는다는 새벽기도나 철야기도도 다 마찬가지이다.

85) 일연의 <삼국유사> 이전에 다 실존했을 수도 있지만, 37일 기도는 단군신화에 나오는 곰이 웅녀로 바뀐 동굴고행 일수에서 근거한 것으로 보인다. 100일 기도는 환웅이 원래 곰과 호랑이에게 제시한 동굴고행 일수에서 근거한 것으로 보인다. 아다시피 내한(耐寒)과 양육(養育)의 상징인 '곰'은 개마고원과 부산의 금정산성 보살박씨=고마산신이라(?) 성공했고 호랑이(범)는 불경의 범인(凡人·유교경전의 小人에 상당) 수준을 벗어나지 못할 운명이라 문명을 거부하고 그냥 원시의 땅 시베리아로 가출해버리지 않았나(웃음).
1000일 기도는 100일 기도에다 '완성수 10'의 승을 적용시킨 데서 근거한 것으로 보인다. 구천상제를 모시는 증산도에서도 인정한 논법이다. 민족종교 일각에서는 이처럼 '부처님 시대대로' '신화시대 그대로' 그대로 해보자는 분위기가 있는 것도 같다. '예수님 시대처럼' 해보자는 분위기도 있고, 더 나아가 '구약 율례 그대로' 하자고 선교하는 세력도 있다. 그런 실험적 생활을 미국 현대사회에서 직접 해봐서 히틀러 옥중수기 <나의 투쟁>처럼 책으로 내는 것도 한동안 유행했다. 정신분석학적으로 표현해보면 '자궁 속으로의 퇴행(regression)'이라고 할 수 있을지? 그래서 기독교가 프로이트를 싫어한다.

86) 21세기 들어 미야자키 하야오는 (이라크로 인해 촉발된 것인데) 계속해서 '예전 전쟁'의 편린들을 보여주고 있다. 2008년 <벼랑 위의 포뇨>에서는 '전투에 패하고 귀항하는 함대'를 묘사하여 1942년 6월의 미드웨이 해전을 은유해서 보여줬다. 미야자키 하야오가 감독하고 태평양에서 초반을 주름잡은 제로센(0식 함상 전투기) 개발자의 얘기를 다룬 작품이 2013년 국내 개봉했다.
이런 염(念)을 밀리터리에 정통할 안노 히데아키가 캐치하지 못했을 리가 있겠는가. 그러니까 Q편이 <거신병, 도쿄에 나타나다!>라는 안노가 직접 감독한 10여분짜리 특수촬영영화와 함께 동시개봉한 것이다. 국내에는 왜 같이 안 들어왔는지 의문이다.

87) 1970~1990년대 개발시대의 공단 근처 지역일대에(대표적으로 九老·Village of Nine Old men) 난립했던, 인근 산업체 노동자 전용의 소형평수 다세대 임대주택이 빼곡한 동네의 속칭. 일본의 경우는 도쿄의 샐러리맨들 대상으로 한 '토끼장'이란 표현도 등장했다. 1979년

유럽공동체(EC·한때 적그리스도의 아성) 위원회는 "일본인은 토끼장에 사는 일벌들"이라고 공식 표현했다. 1962년 프랑스 대통령 드골(王)이 일본인을 '트랜지스터 장사꾼'이라며 폄훼하는 발언을 하여 일본에서 국민적 공분을 일으킨다. 일본의 일반국민을 위하는 척 하면서, 일본민족의 '세계적 국운상승'을 배 아파하는 추잡한 분열 술수요 유대인의 음모인 것이다(웃음).

88) 여기서의 꿀(蜜·honey)은 불교의 제호=우유죽이나 기독교의 만나 정도 아니겠는가. 그리고 실제로는 우스운 얘기가 아니다. 감히(?) 밝은해 각하를 '여왕벌'이라고 표현한 치졸한 중년-노년층이 나타났기 때문이다. 30대 세대에게 '여왕벌'이란 술자리 Y담에 자주 등장할 법한 표현이다. 그런데 신문에 의견광고를 낸 '박근혜를지지하는사람들의모임'이라는 단체에서 <여왕벌, 날다>라는 대선 완주 다큐멘터리 책을 내서 밝은해 각하를 추잡한 방식으로 능욕(?)하던데, 그들은 어떤 어휘생활과 언어감각을 가지고 있는지 모르겠다. 눈이 멀면 다 저렇게 되나 보다.

하여간, 여성권력=여왕벌이라면, 제2사도 리리스=여왕벌=Q편의 일벌시체들 엄마…가 되는 것이다. 무서운 유이 박사. 눈 먼 불쌍한 겐도 의장. 후유쓰키 박사 말대로라면 "영혼마저 희생"했다는데. 최종 극장판이 기대된다. 예고편의 재생 에바 군단이 투구를 벗으니 전부 겐도 얼굴이라든지(가오루도 가능함), 뭐 이런 쇼킹한 설정이 기다려진다. 분명히 이랬지. '우린 또 볼 거다, 신지 군.'

89) <신세기 에반겔리온> 신극장판과 앞서거니 뒤서거니 이라크전쟁 후반기에 리메이크된 <나이트메어>는 1970~80년대의 여러 가지 비유와 상징을 담고 있어 요새 관객들에게는 내용에 비해 이해도가 떨어지기 쉬운 작품이다. 예전 살인마들이 '사이코패스'니 '소아성애증'이니 하는 깔끔하게 정리된 현대적 정신의학 용어로 재단장해서 나오기는 하는데, 임팩트가 훨씬 덜 한 것은 어쩔 수가 없다.

리메이크된 <나이트메어>에서 주목할 부분이 바로 불에 휩싸인 공장지대 장면(월남 네이팜탄+Burn in Hell! 절규+오일쇼크/스태그플레이션으로 인한 미국 공업의 쇠퇴와 감원)과 바로 '검은 개'로 상징되는 God/Dog의 극도(極道) 비유이다. 리메이크된 <오멘>에도 '검은 개'가 나오고 '개의 자식 데미안'의 무덤 속 엄마=개 골격도 보여주고, 1982년에는 <마견·White Dog>도 나오고 인간의 가장 친한 친구인 개의 몸을 타고 온 외계생명을 다룬 <괴물·The Thing>도 나온다.

God/Dog의 고약한(?) 비유법은 1789년 프랑스 대혁명 시절로까지 거슬러 올라간다고 한다. 실제 프랑스 혁명정부가 프랑스인의 일상생활에서 가톨릭을 배제하고 '신'을 지워버리려고까지 했으니까 말이다. 혁명사상파 귀족장교들이 1779년의 미국 독립혁명 당시 아메리카 독립군에 의용군으로 참전하기까지 했으니(대표적인 인물이 라파예트 백작) 둘 사이의 관계는 알 만할 것이다. 이 영향으로 남독일 프리메이슨들이 극심한 탄압을 받았다고도 전해진다—모든 것이 유대인의 세계정부 수립 음모(웃음). 개는 EVA세계와도 연이 있으니, "코드 777"을 외치면서 개조2호기가 '개'가 되어버린다. 정말 쇼킹 그 자체였다. 꼬리 길이나 이빨 모양이나 앞발의 형태로 보아 개 맞다(웃음).

90) 여기서 1989년의 이른바 '살인마 오타쿠'로 잘못 알려진 미야자키 쓰토무 사건을 언급하지 않을 수 없다. 1981년 최초의 하드코어 에로영화가 태어난 뒤로 당시 일본 극장 핑크영화와 AV의 경쟁으로 인한 소위 에로-그로(erotic+grotesque=호러영화의 에로화+에로영화의 호러화)의 수위가 극한을 달리던 때였다. 전하는 바에 의하면, 1980년대 유행하던 시쳇말로 '배를 그어 창자를 꺼내 줄넘기를 하니 일본 놈들이 다 도망갔다!'라고 할 수준이었고 에일리언 같은 페니스들도 활개를 쳤다고 한다. 극장에 안 가고 집에서 혼자 즐길 거리를 찾던 관객들의 수요를 업계는 생존 차원에서 충실히 반영했을 따름이고(한국은 인터넷에서 공짜로 득템), <짱구는 못 말려>의 무대인 사이타마현에서 미야자키 쓰토무가 폭발하고 만다. 마치 에바 4호기처럼. 2년여 간 4~7세 여아 여럿을 납치 살해하고, 시간(屍姦)과 인육취식까지 한 것이 밝혀지자 미디어는 공황상태에 빠진다(지금으로 치면 인터넷매체/공중파/종편이 총출동해서 극우화 한 일베를 때리듯). 이 사건을 계기로 '에로-그로'는 자취를 감추기 시작한다(한국은 모든 게 공짜니 그것조차도 불가능).

참고로 1989년부터 일본서 위성방송이 시작된다. '눈'의 영역은 이제 우주로 진출했다. 그래서 1990년 안노 히데아키의 <이상한 바다의 나디아>에 SDI와 연계될 인공위성이 나왔을 것이다. 마지막 결전에서 (또!) 1만2천년 동안 봉인되었던 뉴노틸러스 호가 출격하고, 천사장(天使長)의 이름을 가진 위성 '미카엘'이 뉴노틸러스 호에 신벌(神罰)의 일격을 먹인다.

91) 오세아니아(북미+영국), 유라시아(유럽본토+러시아), 이스트아시아(2004년 캐산의 대동아연합)이다. 신극장판 EVA세계의 '유로' 및 '북미' 그리고 '아시아' 3대 세력과 매우 겹쳐져 보인다. 작중 대사인데 "각국이 EVA 보유량을 제한하기 위해서 체결된 것이 바로 바티칸조약"이라고 한다. 1920년대 일본을 겨냥한 워싱턴해군협정(일명 Naval Holiday) 비슷한

분위기를 풍기고 있다. '각국'이라는 표현이 SF의 고전 <1984>의 냄새를 강하게 풍긴다.

92) 하얀 갑옷의 에반겔리온은 GAINAX의 기획서 표지에 그려져 있던 놈이다. 자신의 가슴 장갑판을 뜯어내면서 징그러워 보이는 붉은 근육섬유를 드러내는 그림이다. 엄청난 오타쿠가 될 필요도 없이, 가도카와서점에서 발행한 가장 기본적 자료에 해당할 <뉴타입 100% 컬렉션 신세기 에반겔리온>에 다 나와 있었다. 안노 히데아키는 신극장판에서, 원래 기획서에 있던 세계관과 TV방영된 세계관을 완전히 퓨전시키고 있다. 그게 바로 사해문서 (死海文書·the Dead Sea Scrolls)겠지. 신극장판에서는 지구의 바다 전체가 생명 없는 붉은 사해가 되어버렸고 말이다. 푸른별 지구가 아니라, 붉은별 지구가 된 것이다.

93) 1939년 이 해 일본군은 톈진의 영국 조계를 봉쇄하여 장개석 정권을 지지해온 영미와의 화폐전쟁에서 실력행사에 나섰다. 그리고 일본불교의 웬만한 종단들은 각자의 종립대학이 있는 것으로 관측 된다. 신화역사서 속의 신들 이름을 이른바 '추정된 고어' 방식으로 어렵게 읽는 것은, 앞서 등장했던 18세기 이후 모토오리 노리나가와 같은 국학자들이 말뚝을 박은 결과이다. 일본에는 국학원(國學院)대학이니 국사관(國士館)대학이니 이름만 척 봐도 분위기를 알법한 학교들도 있다. 마치 어쩌다보니 '성공회대'니 '한신대'니 하는 곳들에 이런저런 낙인이 찍혀버린 것처럼. 지금 한국의 일부 국학자(國學者)들이 뭘 연구할지 생각해보자. 종교를 너무 방패막이로 이용하면 곤란할 것이다.

94) 대본영이 준비하던 본토결전 決호작전 계획에 의하면, 소총을 지급받지 못하는 여자들은 전부 죽창보병으로 편성된다. 여고생들에게까지 나눠줄 죽창이 모자라면 송곳을 지급했다고 한다. "적의 배를 노려야 한다!"는 군인 교관의 정신교육과 함께. 어떻게 배를 노리지? 유사시에는 베트콩처럼 몸을 주겠다고 홀려서 1당 10의 정신으로 찌르는 거다.
어차피 전쟁에 지면 남자들은 모두 캘리포니아와 남양군도의 알지도 못하는 탄광으로 끌려가서 노예가 되고, 여자들은 전부 돌려먹는 노리개가 되는 거니까. 살아남더라도 뱃속에는 남미의 메스티소나 물라토 같은 하인용 혼혈인의 씨앗이 자라게 된다. 학교에서 실제로 이렇게 가르쳤다. 그리고 <짱구는 못 말려>에 나오는 짱구 친구들 분위기 비슷한 국민학생들도 배에 폭탄을 두르고는 하마스처럼 미군 탱크 밑으로 굴러들어가 자폭을 하도록 황군(皇軍·요새는 한자가 안 되는지 '천황의 군대'라고 꼭 풀어서 번역하던데)의 교육을 받는다.

그래야 적 전차의 캐터필러를 파괴하여 일본적 산악지형에서의 좁은 길목에서 적의 진퇴를 차단하고 섬멸할 수 있는 것이다. 아마 북한에서도 이 비슷하게 정신교육에 매진하고 있으리라. 일본우익이 미국의 외장형 페니스일(?) 사악한 이스라엘의 서아시아 강간을 규탄하는 것은 논리적으로 다 이유가 있는 것이다.

95) doll은 '인형'이라는 가장 기본적인 의미 이외에, 미국속어 의미로 '고마운 사람' 및 '정제(錠劑)의 마약'이라는 뜻도 있다. 그리고 【八-8-ハチ】는 앞서 논의했듯이, 불교의 기본수이자 일본의 성수(聖數)이다.

숫자가 나온 김에 돌아보니, 옛날 주제기 기사내보라면, 극장 애니메이션 <태권동자 마루치 아라치>의 악당이 '해골로보트 13호'였을 것이다. 물론 서양 전승인 예수 수난일인 <13일의 금요일>에서 유래한 표현이리라. 거기서도 살인마 제이슨(다운증후군이라고 리메이크 판에서 밝힘)은 2편부터 '가면'을 쓰고 1편에서 잘려나간 엄마(살인마)의 머리를 초갓집(扉·가프의 문 설정에 사용된 한자)에 모시고 살지 않던가!

금(金)을 상징하는 후지산 위로 혈우가 쏟아지지를 않나, 익명성(anonymity)의 상징인 가면 대신 투구를 쓰고 유이 박사 머리를 모시지를 않나. 새로운 14년 뒤의 EVA세계는, 이른바 불경(不敬)의 최종진화 형태인 '13일의 금요일'인 것이다(웃음).

96) <전진훈>은 1941년 발간된 육군의 장병 정신교육용 소책자이다. 공안(公案)이란 불타의 말과 행동에 의거한 禪宗 계통의 화두 모음집을 말한다. 조선민주주의인민공화국 청년장군 김정은 원수께서는 2013년, 간부들이 나치 독일의 아버지인 아돌프 히틀러가 써내려간 파시즘의 성경일 <나의 투쟁>을 읽어봐야 한다고 교시를 내리시었다. 비판적 영화의 제목에 약간 손을 보면 '황군은, 계속 진군한다.'

97) 일본의 1950년대와 겹치는 한국 80년대의 이런 '정신세계 바람'이 반영된 아마 유일한(?) 영화가 아닐까 싶은 작품이 바로 <아라한 장풍대작전>이다. 거기서는 전경과 시위대의 격돌 기록영상을 배경으로 최루탄가스를 온몸으로 빨아들여 세상을 '정화'시켜주던 이외수 백의도인(白衣道人)이 결국 쓰러져서 '태권동자 마루치 아라치'와 함께 새로운 아라한(阿羅漢)을 찾아야 하는 도인들의 분투가 묘사된다. 이 작품에서는 무협물 분위기의 과거 선악대전(善惡大戰) 회상 장면에서 백발의 '좀비'들이 대거 등장하기도 하는 새로운 시도도 보여줬다.

이 작품의 원조인 '태권동자'처럼 태권도 붐도 1970년대 초부터 총통 박정희 및 경제성장과 더불어 찾아온 '우리 것' 열풍의 주요 아이템이었다. 어차피 '택견'을 현대식 '태권도'로 리뉴얼하여 보급한 곳이 바로 군대이다. 1950년대 이승만 대통령이 군부대 무술시범을 보고 '저거 옛날의 태껸' 아니냐?'라고 하여 그때부터 육군이 주도하여 리뉴얼되었다고 한다. 일제와 미제와 붙어먹은 이승만과 박정희의 추잡한 국민세뇌교육 태권도 따위는 가라데에게 던져 줘버려야 할 것이다. <로보트 태권브이>도 마찬가지일 것이고. 당연하지, 우린 전자두뇌 세대! 0과 1뿐이야! (웃음).

98) 시니컬한 표현이지만, 평론을 쓴다는 수필가들이 이에 많이 해당되는데 한국 영화잡지 시장의 60% 가까이를 여성들이 먹여 살린다니 그래서일지도 모르겠다.

99) 1943년은 아시아태평양전쟁에서 일본의 패색이 짙어진 해이다. 1월 남태평양 솔로몬제도 끝단의 오스트레일리아 공략 요충지인 과달카날 섬에서의 철퇴, 5월 알래스카 본토 공략이라는 황화론 차원의 우려를 자아낸 미국령 알류샨 열도 아투 섬에서의 옥쇄, 대본영(大本營·천황 직속 일본육해군통합 총사령부)의 절대국방권 설정, 앵글로색슨령 오스트레일리아와 일본 사이의 전략적 방어요충인 뉴기니 섬에서의 기아와 패배, 9월 학생징병유예정책의 정지와 10월 21일 도쿄에서 거행된 출진학도장행회(出陣學徒壯行會). 대학생들을 기다리고 있는 것은(그렇다, 대딩이다), 죽음 아닐지. 제-레가 죽음에 집착한 이유일 것이다.

100) 리메이크된 2010년 한국영화 <하녀>에도 그런 설정이 나온다고 들었다.

101) '국가는 하늘뜻(天命이나 上帝 또는 태양여신 아마테라스오미카미)의 실현'이라는 듯하다. 서양 중세의 왕권신수설(王權神授說), 초기불교의 전륜성왕(轉輪聖王) 개념, 중앙아~북중국 정복왕조 및 우리 삼국시대 전투국가의 왕즉불(王卽佛) 사상, 고구려~발해로부터 고등사상 체계로서의 불법을 배운 말갈족 이후 만주왕조들의 '석가모니=태양의 후예 사카족의 아들=하늘숭배/불국토(佛國土)' 관념과도 연결이 가능할 듯하다.

102) 국내에는 1990년대 중반 리메이크판인 <큐티 하니 Flash>가 수입 방영되었다. 주인공과 팬더마더의 대화 배경에 '히틀러'와 '버섯구름'에 '걸프전쟁'과 '민족분쟁'까지 다양한 인간(佛)의 국면이 세뇌교육 파노라마처럼 펼쳐진다.

<신세기 에반겔리온> 코믹스판에서도 제-레가 서드 임팩트 발동을 결의하면서, 검은 달(신비주의용 페이크)의 자식인 우리 인류는 계속해서 서로 싸우고…미래의 희망이 없고…속죄하며 죽었다가 다시 태어나야…등을 얘기한다. 그러면서 배경에는 '히틀러'와 '버섯구름'나 '간디'와 '스텔스폭격기 F-111로 상징되는 걸프전쟁'과 '빈라덴'에 '전진하는 병사들과 M-1전차=이라크전쟁'까지 No Hope(?) 상황이 파노라마로 펼쳐진다.

103) 더미 플러그의 경우, <EVA2.22> 블루레이 팸플릿에 의하면 '특1호(特1號)'라는 명칭이 붙어있다고 한다. '특(特·도쿠)'라는 발음에서, 일본군의 자살공격을 지칭하는 완곡 표현인 '특공(特攻·도코)'을 떠올리지 않을 수가 없어진다. 실제로 3호기 분해의 참극은, 약물이 투여되지 않는다면 병사가 저렇게까지 돌격할 수 없을 것이란 인상을 주었다. Q편에서 지나가듯이 보여주는 리리스의 분신들일 NERV 에바들은 '약물 돌격' 전법에 투입된 거인병사들이었던 것이다.

104) 하야시 센주로는 만주사변 당시 조선군(朝鮮軍) 사령관으로, 본국의 방침을 무시하고 독단적으로 조선군 병력을 만주로 월경시켜 관동군 지원에 나선 장본인이다. '짜고 치는 고스톱'도 아무나 하는 게 아니다.

105) 사실 일본인의 이런 백화론적 관점은 1900년 북청사변, 일명 의화단의 난 당시 진압군으로 상륙한 일본군 3만5천 및 나머지 독일/프랑스/영국/미국/오스트리아/이탈리아 연합군 3만5천의 북경 진군 당시의 난행(亂行)에 기인한다. 당시까지의 일본과 일본군은 '서구적 가치 체현'을 온몸으로 어필하기에 바쁜 신세였다. 쉽게 말해 '나 백인 수준이에요'라고 보여줘야 한다.

반면 서양 각국 군대는 제2차 아편전쟁부터 드러나기 시작한 동양인에 대한 멸시 의식에서인지, 나이를 가리지 않고 부녀자를 짓밟았다고 한다. 당시 이 전개를 일본에서 건너간 개명여성이 종군기자로서 세세히 기록해 일본 본토에 전하고, '양놈에게 정복당하면, 남을 것은 더런 씨앗 뿐이다'라는 의식이 민중에게 뿌리내린다. 일본우익들은 '너희들도 그랬으면서 우리가 남경에서 좀 했다고 왜 난리냐?' 이런 심경이리라.

안노 히데아키가 1972년, 미국이 월남에서 떠나기로 한 해에 개봉된 전쟁영화 <격동의 쇼와사—오키나와 결전>에 크나큰 감명을 받았다는 것은 이미 널리 알려진 사실이다. 거기서는 일명 '히메유리 부대(여고생 간호병사)'가 "선생님, 우리 나가요!" 외치면서 동굴 속에서, 최후통첩 후 결행된 미군 가스공격으로 다 죽는다. 미군이 일본어로 방송한다. "여 러 분 은 훌 륭 하 게 싸 웠 습 니 다. 전 투 는 끝 났 습 니 다. 투 항 하 면 목 숨 은 보 장 합 니 다. 남 자 는 알 몸 으 로, 여 자 는 홑 옷 만 입 고 나 오 십 시 오." 일본군이 항복하는 척하면서 백인과 함께 천국으로 가는 수류탄자폭을 감행하자 미군은 그냥 다 쏘기로 한다. 본토결전도 이러했을 것이리라. 그 후로도 오키나와에 '만' 관심이 있었겠는가.

106) 1936~2007년. 마지막 영화로 다큐멘터리 <연합적군>을 남긴다. 1965년 영화 <태양의 배꼽>은 현재 몇 점의 이미지로만 전해질 뿐이다. 당시 극장 상영시간 땜빵용 대량생산 필름들에 대한 '만드는 사람 그 자신들'의 애정 수위를 느끼게 한다. 물론 지금과 달리 당시는 보존비용의 문제도 만만치 않았다고 한다.

107) 2009년 파(破)편에서 NERV 북극기지에서 실험대상으로 학대(?)당하던 제3사도가 폭주 탈출하려는 과정을 보면, 지령실에서 '림보 에어리어'를 벗어났다고 말해댄다. Limbo는 원래 가톨릭에서 '성직자들의 영혼이 최후심판 때 다시 지상에 내려가려고 대기하는 곳'을 의미한다. 우리나라에는 번역어가 없는 듯한데, 일본 등지에서는 변옥(邊獄)이라는 한자어로 번역되기도 한다. 천국에 갈지 지옥에 갈지 조마조마 대기하는 장소인 연옥(煉獄·purgatorium)과는 천양지차인 곳이다. 뇌로 치면 대뇌와 중뇌의 경계 지역인 감정/동기/판단을 관장하는 장소인 변연계(邊聯係·limbic system)를 지칭할 때 사용되는 표현이기도 하다.
<스타워즈>의 아미달라(amygdala·복숭아류 또는 뇌의 편도체) 여왕 이후 뇌 관련 용어가 여기저기 돌아다닌다. <엑스맨>에서도 자비어 교수가 전 세계 뮤탄트들의 소재를 파악하는 용도의 텔레파시 증폭장치로 사용하는 거대한 방이 있는데 아마 이것도 뇌 관련 용어였던 것 같다. Limbo를 가장 최근에 사용한 알려진 SF작품이 <인셉션>이다. '돌아올 수 없는 꿈속의 깊은 꿈 영역'을 지칭하는 의미로 사용되었다.

108) Q편에서 대중의 일상을 상징할 APT단지에 에바 시체가 널려있는 장면이 묘사되며, 일부 기체는 APT 건물과 몸 자체가 뒤섞여 있는데, 이것은 1997년 극장판에서 거대레이가 지하에서 하늘까지 모든 장애물을 그냥 통과해서 나타나는 것을 재현한 것이다. 외부세계와 나를 구분해주는 AT필드가 사라지면 이처럼 벽도 그냥 통과할 수 있는 몸이 된다. 통과하다가 벽 속에 갇히는 것은 당일의 컨디션에 따라야 할 터이다.

109) 이쯤에서 육체파 마리 양의 비밀을 언급하지 않을 수가 없는데, 마키나미 일러스트리어스 마리라는 이름에서, 일단 마키나미(卷波)는 책벌레 범생 스타일을 의미할 것으로 보인다. 또한 일식집의 마키(卷き)에서 보듯이 '말이' 즉 2009년의 단독전투와 같이 사태의 중심에 서고 싶어 하는 대승보살(?…한국서는 보살 하면 다 여자임) 성향이기도 할 것이다. 일러스트리어스는 익히 알 수 있는 영국의 항공모함 이름이다. 마리(MARY)가 문제이다. 한자로 眞理(옴진리교 할 때의 진리)도 되고 '뽕나무(麻樹)'도 가능하기 때문이다. '뽕'이라면야 2009년의 '폭주물질 내뇌분비! 비스트 모드!' 바로 알 수 있고, 2012년에는 AA탄으로 상징되는 '폭주물질 주사기 간호사 모드!'가 될 것이다(웃음).

110) 2006년 극장 작품인 <공각기동대3—Solid State Society>에서는 이런 개념에 '허브전뇌'라는 표현을 사용한다. 거기 빠지면 못 헤어 나오는 것으로 묘사된다. 2000년 SF작품인 오시이 마모루의 <아발론>에서는 이런 영역을 전설적 로망의 영역인 '원탁의 기사' 성에 빗대서 Avalon이라고 표현한다.

111) 데즈카 오사무의 만화가 원작으로 1960년대에 특수촬영물로 제작되었으며 1990년대에 OVA가 우리나라에 들어오기도 했던 SF만화 <마그마 대사>에서는, 기독교의 야훼/여호와와 같은 지구의지의 인격화일 백발백의 도사님 '아스(Earth의 일본어 발음)'가 자신의 아들 겸 제자로 (부처님의 황금빛일) 로봇 마그마 대사(大使)를 만들어내어 지구의지에서 이탈한 사악한 도깨비(오니·鬼) 같은 침략세력인 '고아'의 군세를 무찌르게 한다. 고아는 영어 gore가 어원일 것으로 추찰되며, gore 그 자체는 '엉긴 피' '핏덩이' '유혈싸움'의 문어/구어 의미를 가지고 있다. 두말할 필요도 없이 당시의 베트남전쟁과 연결될 수 있으리라.
그렇게까지 보면 '아스(亞洲 또는 亞守)'도 결국 아시아주의적인 불교 대 가톨릭주구이다. 중국의 티벳 점령은 불교 대 공산주의 구도였고. 하지만 아스 또는 아수(阿洲)는 아프리카도 가능하기 때문에, 1960년대 상황을 종합적으로 감안하면, 1955년 반둥회의로 대변되는 '제3세계'의 형성과 아시아-아프리카의 피압박민중을 의미할 수도 있다(콩고동란 및 인도네시아동란 등). 그것이 좀 더 보편적인 관점이기도 하고 말이다.

제13사도 나기사 가오루가 지난 14년을 설명한다.
AT필드가 없어진 양산형 에바들(Mk.07로 추정)이 아파트빌딩과 뒤섞여 있고, 주택가를 배경으로 에반겔리온들이 몸으로 탑을 쌓고 아파트 단지를 배경으로 수많은 에반겔리온 시체가 묘사된다(붕괴된 일상).
아파트와 합체해 머리가 없어진 EVA(열심히 믿는 예수님의 신부)의 목에서 '인터넷 케이블선(제12사도)'이 쏟아져 나와 있다. 인간이 있던 마을에 널린 EVA 시체들의 어깨에는 구속구가 아니라 날개가 돋아있다(제13호기).
여러 놈들이 운동회에서처럼 '천국행 바벨탑'을 쌓으려 한다. 그것은 휴거 실패의 현장이다. 포스임팩트는 그 짓의 재현이었던 것이다.
1990년대 한국—산업화는 늦었지만 정보화는 앞서가자고 했다. 그 결과가 지금의 세상이다. 누가 이리 될 줄 알았나. 정보화 1등 공신이 바로 'APT단지 환경'이다. 일본의 團地化 수준도 한국보다는 낮지만 서방 각국은 너끈히 앞선다. 회선 너머 누군가에게는 칼 같았을 천사날개…. (2011년 노원구에서 촬영)

第3界 퇴폐의 광풍

이제야 제대로 된 역사를 읽게 되었습니다. 〈桓檀古記〉 완역본이 나온 것은 한국사를 바로 세우고 세계사를 새로 쓰게 하는 정신혁명의 시작이자 제2의 르네상스입니다. 이 책의 발간으로 애꿎게 〈桓檀古記〉를 트집 잡아 온 위서론도 더 이상 달려들지 못할 것입니다. 환국(桓國)에서 대한민국(大韓民國)까지 우리는 9000년 역사를 가진 민족입니다. 〈桓檀古記〉를 읽는 순간, 동북아 시원역사의 주인이자 인류 창세문명의 주역이 우리 대한(大韓)이라는 사실을 똑똑히 알게 됩니다.

원본 〈桓檀古記〉가 나온 지 100년! 위대한 그 정신과 행간의 참뜻을 밝혀낸 〈桓檀古記〉 완역본 발간을 계기로 우리 역사와 문화의 진정한 광복을 이루고, 과거에 그랬던 것처럼(?) 다시 한민족이 세계사를 이끌어 갈 때입니다. 우리 모두 〈桓檀古記〉를 늘 머리맡에 두고 읽으며 인류가 하나 되어 오순도순 살아가는 새 역사를 여는 데 동참해야 할 것입니다.

—한국학중앙연구원 명예교수 백산 박성수,
1424쪽 58000원의 대책 〈桓檀古記 완역본〉 추천사, 2012년.[112]

30天. 게르만의 혼

여기에서는 1920년대 독일 표현주의 영화들의 대표작을 일람하여 본다. 표현주의(expressionism)란 당시의 무성영화 환경에서 관람객들에게 강렬한 임팩트를 주고 주제의 효과적 전달을 위하여 상당히 판타스틱하고 그로테스크한 영상을 선보이는 일련의 흐름을 말한다. 따라서 후대의 실사영화보다는 애니메이션이나 판타지 및 SF영화 쪽에 더 큰 영향을 미쳤을 것으로 보아도 크게 틀리지 않을 것이다. 이 분야의 단군 할아버지들이다.

또한 1918년 제1차 세계대전의 패배 이후, 전통 가치관의 형해화(形骸化)와 새로운 문화 사조의 불안한 동거가 계속되는 당시 독일사회의 모습에 대한 훌륭한 돋보기가 될 수 있는 작품군이다. 1945년 제2차 세계대전 패배 이후 일본의 모습도 오버랩 될 것이다. 1973년 월남 철군 이후 한국사회의 급격한 변화를 이해하는 데에도 어떤 힌트가 될 수 있을 것이다. 다 읽고 나서는 가죽벨트와 장화를 착용하고 외쳐보자. 우리 승리하리라. Sieg Heil! Sieg Zion!

1922년 〈노스페라투〉

브람 스토커의 소설 <Dracula The Un-Dead>를 원작으로 한 프리드리히 무르나우 감독의 무성영화이자 드라큘라 소설을 각색한 2번째 영화이다. 기록상 첫 번째 영화는 <드라큘라의 죽음>이라는 헝가리 영화로 현재는 소실되었다. 드라큘라 영화의 얼개는 거의 알 것이라 생각하고 바로 비유와 상징을 살펴보도록 하자.

노스페라투(Nosferatu)는 자정에 찾아오는 어둠의 망령(즉, 몽마/인큐버스)을 뜻한다. 아리따운 아내를 둔 청년 주인공은, 교활한 인상의 부동산중개인 노인으로부터 동쪽 땅에 사는 오를록 백작(Count Orlok)과의 주택매매 계약 체결을 마무리짓고 오라는 지시를 받고 동쪽으로 떠난다. 도나우 강을 따라 배 타고 시작한 동방행은 잿빛의 길, 이글거리는 산이 이어지는 망령의 땅이다. 원작 소설에 의하면 백작의 고향은 러시아와 인접한 루마니아. 오스만투르크제국에서 독립할 당시 독일계 귀족을 국왕으로 모신 나라이다. 훗날 히틀러는 '아우의 나라'로 취급한다.

역삼각형 얼굴에 뾰족한 귀, 커다란 코, 쥐와 같은 길쭉한 앞니를 가진 흡혈귀 오를록 백작은 고향땅의 흙과 함께 페스트균을 보유한 쥐떼와 함께 도나우 강의 내륙수운을 타고 독일로 온다. 백작의 서쪽행과 발맞추어 각지에서 창궐하는 역병. 신라 처용설화의 역병신(疫病神)이 독일에 나타난 것이다. 아리따운 주인공의 아내를 목표로 백작은 전진한다. 전진하면서부터 여자의 꿈속에 나타나는 서인(鼠人) 백작. 하지만, 여자를 가위 눌리며 즐기던 백작은 미처 첫닭의 울음소리를 피하지 못하고 햇빛과 함께 사라진다. 여기서도 새는, 신명(神命)이다. 2년 뒤 지크프리트에게 빛나는 앞날을 예언해준 것도 '나무에 앉은 새(神鳥)'였다.

『우리 문화의 수수께끼』
1권 표지
(주강현 지음/
한겨레신문사/
1996년)

프리드리히 무르나우 감독은 당시 독일사회에 퍼져있던 '동방 공포'를 묘사하고 있다. 그리고 이를 역추적해서 19세기 통일로 성립된 독일 제2제국(The German Second Reich) 역사교과서에 어떤 내용이 담겼을지 추정해볼 수 있는 것이다. 마치, 일본정부가 NERV에 고의 정전을 일으키고 복구 과정을 역추적 해서 전력계통상황을 파악하려했던 것처럼. 그때를 노리고 전신에 '눈'이 새겨진 거미형의 제9사도 마트리엘이 침공해온다.

역사적으로 보면 게르만족은 동방에 대한 공포를 가질 법하다. '게르만족의 대이동'을 몰고 온 장본인이 바로 훈족(匈奴)이다. 흑(黑)훈족은 지금의 이란 쪽으로 몰려가서 <바람계곡의 나우시카>에도 나오는 '에프탈 왕국'도 건설하며 떵떵거리다 역사 속으로 사라진다. 유럽으로 몰려온 것이 아틸라 왕으로도 유명한 백(白)훈족이다. 80년대까지 '백(白)러시아'라고 불린 지명(현재의 벨라루스)의 유래도 서유럽 기준의 문명화 정도에 의한 것 같다. 서양식 세계사에서 '백(white)'은 문명이다.

동방으로부터의 제2파는 몽골제국에서 나온다. 칭기즈칸의 사촌인 바투의 유럽원정군(거쳐온 정복지에서 합류한 온갖 용병 및 약탈사업 세력 포함)이 중부유럽, 즉 게르만 땅까지 몰려와 기세를 올리는데, 권력투쟁으로 바투가 그냥 동쪽으로 회군해버리는 바람에(듣보잡 변경에서 새 나라 왕을 하느니 화면발 잘 받는 본국에서 한 자리) 유럽은 구원받는다. 다만, 몽골의 서진 과정에서 어디선가 묻어온 것으로 의심받는 흑사병(쥐를 통해 전염되는 선腺페스트)의 제1파가 독일부터 덮친다. 훗날 유럽인들도 신대륙에 천연두를 묻혀가서 결과적으로 다 섬멸해버리지만.
몽골은 '사람의 집단'이었지 민족(nation)이 아니었기 때문이다. 독일(Deutschland)은 유럽문명의 방파제 역할을 수행했다.

세르비아가 코소보전투에서 오스만투르크를 저지하여 '십자가 문명의 방파제' 역할을 수행했다고 굳게 믿다가 그 정신으로 학살전쟁까지 나아간 루트와 일치한다. 러시아는 몽골 지배하에 들어가고 '야만인'화의 길을 걷는다. 오랫동안 지속된 '유럽 콤플렉스'의 기원이다.

최초의 모스크바 대공(大公)은 이주해간 게르만 귀족이었다(독일인이 쓴 세계사 책에만 나온다). 흑해에서 일어나 한때 러시아 전토를 지배하기도 한 일명 '바략 러시아'의 지배자들은 배 타고 강을 거슬러 올라간 바이킹이었다. 히틀러가 보기에 이들은 독일인의 친척, 즉 범게르만-아리안족이다. 이것이 히틀러가 러시아를 '하인(下人)의 나라'로 본 연유이다.

같은 러시아 안에서도 남쪽 곡창 평원지대가 몽골 기마군단의 주된 무대였기 때문에, 이곳에 살던 농사도 짓고 말도 타던 '타타르화 된 러시아 농부들'을 일러 코사크라고 한다(러시아명 카자크). 훗날 이들은 북쪽 모스크바 중심의 제정러시아 짜르(Czar·로마어 Caesar에서 기원)의 용병이 되어 시베리아 진출에 앞장선다. 그 첫 무대가 지금의 '카자흐스탄'이다. 아마 러일전쟁 때도 기마군단의 주력이었으리라.

동방에서 온 제3의 위협이 바로 오스만투르크이다. 오토만제국의 유럽원정군이 게르만 영역인 오스트리아의 빈(Wien)을 포위한 것은 유명한 일이다. 이때도 게르만 중심으로 버텨서 유럽문명의 방파제가 되었다고 독일인들은 자부했을 것이다. 오스만투르크도 '세균병기'를 사용했다. 콘스탄티노플 공략 시에 '전염병으로 죽은 시체들'을 투석기로 던져 넣었다고 한다. 빈(Wien) 포위전 때도 그랬는지는 기록이 확실치 않다. 빈은 앉은뱅이 성이 아니지 않은가.

동방에서 온 제4의 위협이 바로 러시아이다. 루슬란트 대추장(大酋長) 표트르가 독일 기술자들과 학자들의 도움으로 완벽한 계획도시 '지크페테르스부르크'를 건설한 것은 모두가 다 아는 일이다. 제정 러시아 학술 아카데미 공용어가 독일어였을 정도이다. 심지어 독일인 기술자들이 극동까지 가서 청나라와 대치하는 변경요새를 만들어주기까지 했다.

러시아가 남진을 위해 영국-프랑스-베네치아-오토만과 크림전쟁으로 맞붙었을 당시 독일 상류층/지식인들이 심정적으로 어느 편을 들었을지 생각해봐야 한다. 그렇게 흑해 연안을 차지해서 이슬람을 믿던 체르케스인들을 무작정 배에 태워 오토만제국에 '전략적 난민'으로 그냥 때려 넣으니, 그들의 고향이 바로 러시아 동계올림픽 개최지인 휴양도시 '소치'인 것이다. 그 다음은 세계 최초로 기독교를 국교로 한 그루지야였고.

동방에서 온 제5의 위협이 바로 황화론(黃禍論·Yellow Peril)이다. 일본(야판)의 기술과 중국(키나)의 머릿수가 결합하여 유럽 백인문명을 위협한다는 것이다. 제1차 세계대전을 일으키는 독일황제(Kaizer·로마어 카이사르가 어원) 빌헬름2세가 중증 황화론자였다. <해리 포터>에서도 보듯이 말포이 아버지로 대표되는 귀족 특유의(?) '인종주의' 및 '혈통주의' 성향이 매우 강했다고 할까. <노스페라투> 작중의 오를록 백작도 터키풍 또는 중국 청나라풍의 모자를 쓰고 나오기까지 한다.

당시 러시아황제 알렉산드르2세와 짝짜꿍이 되어 일본을 이지메 하니, 그것이 바로 청일전쟁 후의 삼국간섭이다. 일본은 요동반도를 토해낸다. 이지메에 맞서 일본의 지사들이 내세운 것이 바로 범아시아주의이다. 1899년 성립된 이북의 단군계 교단이 이미 그때부터 몽골-만주-일본까지 선교 계획을 세운 것은 단순한 우연이 아닌 것이다.

필리핀 독립을 지원해야 하고, 인도 독립도 지원해야 하는 것이다. 죽은 사이고 다카모리(정한론 거두)가 시베리아에서 비밀리에 군대를 키워 미국에 맞서고 있는 필리핀 독립군을 돕는다는 '소문'이 급속히 퍼져나갈 정도였다(1900년 의화단의 난, 바로 그 해). 결국 나중에 진짜로 1943년에 필리핀을 '독립' 시켜주고, 1944년에 '인도해방전쟁'에 나선다.

1905년 러일전쟁에서 일본이 승세를 잡고 미국 중재로 배상금 협상을 진행할 때, 독일황제 빌헬름2세의 부추김으로 러시아황제 알렉산드르2세가 "동양의 노랑 원숭이들에게는 단 한 푼도 못 준다!"며 끝까지 버텨서 관철시킨 대단한 지적유행이 바로 황화론이다. 그로 인해 전승국 일본 내부에서도 민중폭동이 발발한다. 그때 러시아 재무대신이 독일계였다. 돌아보면 유명한 대한제국 공사 웨베르(Weber·예전에는 베베르로 알려짐)도 독일계였고, 1895년 아관파천 후에 러시아가 고종에게 외교고문으로 추천했던 묄렌도르프도 당연히 독일계이고 말이다.

이미 일본에서는 1900년 '의화단의 난' 진압 당시 서양군대의 '부녀자 무차별 유린'으로 백화론(白禍論·White Peril)이 등장했을 때였다. 아마 당시 대한제국에도 그런 얘기들이 흘러 흘러 들어갔으리라. 우리나라 학자들은 별로 말하고 싶지 않겠지만. (문헌자료가 없다, 없어…이러면서)

제1차 세계대전 당시 앞에서도 여러 번 등장했던 프리메이슨의 고향인 남독일 바이에른의 대학총장들이 합동성명서를 발표하니, "청년들이여! 유럽문명을 지키기 위해서 일어서라! 서쪽에서는 영국(과 천박한 미국 놈들)의 돈 밖에 모르는 배금주의가 유럽의 전통을 타락시키고, 동쪽에서는 독일이 중심이었던 우리 유럽문명 그 자체에 대한 위협이 마수를 뻗쳐오고 있다! 일어나라, 독일청년들이여!"

뭐, 이런 핵심 메시지를 담았다고 하니 보수의 본향 바이에른[113]에서부터 신세기혁명전 쿠데타를 획책한 히틀러조차도 '유럽문명을 파괴하려는 추잡한 미국과 영국 놈들'이라는 신념으로 계속 웅얼거렸다고 한다. 그러니, 아무리 영국 지배층이 독일에서 건너간 귀족혈통들이었다고는 하나, 루돌프 헤스는 아웃이다. 그는 너무 순수(禪)했다.

동방에서 독일민족을 덮쳐오는 제6의 파도가 바로 공산주의였다. 다 알 수 있는 일 아닌가. 우리도 1921년 알렉세예프스크(自由市·낚시질)에서 충분히 겪었으니 더 이상의 설명은 불필요할 것이다. 성서에도 등장하는 '불완전수 6'을 상징하는, 감리교 김홍도 목사 말씀처럼 요한계시록의 '붉은용'이다. 독일기독교가 지금처럼 이성(理性)에 철저했다고 믿는 것은 오류일진저.

공산주의 흑사병을 몰고 오는 큰쥐 괴인=흡혈귀 오를록 백작의 코가 하필이면, 당시 다른 영화에서도 유대인의 상징으로 묘사되던 '큰 코'이다. 마르크스, 레닌, 트로츠키가 다 유대인(Jud·유트)이었다. 이런 무릎을 딱 칠 우연성이로고. 8·15광복과 38선의 비극도 그 숫자가 다 우리민족 옛 예언비기들(死海文書)에 나와 있었다지 않은가.

적들은 우리를 보호해주던 모든 것과 우리를 강하게 만들어주던 모든 것을 다 빼앗아갔다. 이 크나큰 위기로 인해 우리는 얼마나 많은 내면의 상처를 받고 있는가! 그리고 앞으로 이것보다 더 끔찍한 일들이 있을지도 모른다. 그러나 내부의 적이든지 외부의 원수이든지 그 어떠한 적도 우리에게서 빼앗을 수 없는 것이 있다. 그것은 바로 세계에서 차지하고 있는 독일 과학의 위상이다.

—막스 플랑크, 너무나 유명한 독일 물리학자, 1918년.

프리드리히 무르나우 감독 그 자신이 반유대주의자라고 말하는 것이 아니다. '동쪽에서 온 유대인 악마'라는 몽마(夢魔)도 아침햇빛에 사라져 버리는 것으로 영화가 끝나듯, 그런 고정관념(stereotype)도 환한 곳으로 끄집어내서 햇빛을 받게 하면 소독이 된다는 메시지가 아닐까도 싶다.

다만, 그런 무시하지 못할 일반적 흐름이 당시 독일사회에 흐르고 있었다는 것이 중요하다. 그것이 바로 새 세상을 열어주실 총통 아돌프 히틀러로 이어지는데 한몫을 했으리라. 소련 빨갱이들을 멸망시키고 아리안족 시원(始原)의 땅일 중앙아시아까지 뒷마당으로 다스리는 거다(대독일제국은 우랄산맥까지).

일본도 돈을 댔던 중앙아시아계 반공 망명군대도 터키에서 다시 훈련시켜주고 말이다. 공포의 대상을 역으로 지배하면서, 우리 자신이 옛 공포 그 자체가 되는 것이다.[114]

이것이 AT필드의 진수이고, 1997년 극장판에서 양산기들이 (인류의 최종 공포일 死의 거대레이) '레이와 동화'하는 이유가 아닐까. 입안에서 레이 머리를 토해내면서 없어도 될 수많은 레이 얼굴들까지 덤으로 덕지덕지 붙어 있는 더 심한 몰골로까지 말이다. 이걸 보고 신지의 '심리그래프가 한 없이 ZERO(無·零의 발음이 레이)로 수렴'되는 것이다.

역대 정복왕조 북방민족이 전부 우리민족 계통이라는 혈통론(血統論)의 본질이 바로 이것이 아닐까, 라고 생각해본다. 독일 교과서에서 '동양비하'가 없어진 것도 1935년 독일이 일본과 '방공(防共)협정'을 맺으면서부터였다는 사실도 밝혀둔다. 이 대목은 일본인이 쓴 책에만 나오던 내용이라 씁쓸하다.

일본군 시베리아 출병. 1918년~1925년.
중국을 협박해서 독일에게 선전포고 하게 하고 중국 동북의 철도를 이용해서 시베리아의 재무장 독일포로들 발을 묶어두려는 제1차 세계대전의 알려지지 않은 외전(外傳).
1995년 지구온난화 담론의 영향으로 TV판 에반겔리온의 SF세계에서 일본은 아열대 기후에 가까운 나라가 되어 있었다(포퓰리즘+동남아). 지금은 우리나라가 아열대 기후에 가까워가고 있다. '이상고온'과 '녹차라떼'가 4대강에서 한판 붙고 있다. 구세주 대통령과 쓰레기장 국회의 모습도 아열대 기후권인 남미 정치와 닮아가는 것인가?
언젠가 한반도 전체가 아열대 기후가 되면(남한) 연해주를 신천지로 삼으려는 운동이(북한) 일어날지도 모른다. 2007년 대통령 선거에서 "불심(佛心)으로 대동단결=현직승려" 후보도 나왔고 "박정희 비밀기지 재건=허본좌" 후보도 나왔다.
민족종교건(세상에서 제일 신령한 우리민족) 양키종교건(영적각성 땅끝까지 우리민족) 대륙에 대한 민중의 야망=EVA세계의 '리린의 흐름'은 매한가지일 터. (이번엔 웃음이 아니다)

이것이 바로 제-레의 모놀리스(石版)인가. 미국 남부 앨라배마에서 평생 성경을 연구해온 교양부인의 저서. 바코드, 대기업, UN을 적그리스도의 증표라고 주장한다. 이마의 바코드가 바로 옛날 형태의 666이다.

우리는 '역사'의 마지막 순간에 처해있고(예수재림=요한계시록 발동 얼마 안 남았다는 얘기), 그리스도는 1988년쯤 다시 오신다고 하고(서울 올림픽이군), 우리나라 경제에 완연히 피가 돌기 시작할 1985년쯤에는 화폐가 사라질 거라고 공포에 떤다. 화폐 대신 사용되는 것이 바로 악마의 전쟁터 군표(軍票)일 신용카드(credit card)인 것이다.

이 책은 1982년 한국에 나왔다. 〈신세기 에반겔리온 破〉에서 NERV 총사령관 이카리 겐도는 말한다. "우리의 염원이 이루어지는 날도, 앞으로 얼마 안 남았다!" 그랬는데 〈신세기 에반겔리온 Q〉에서는 14년이 지나도 염원이 이루어지지 않았다. 악마의 군표인 그 옛날의 바코드와 최신유행 QR코드가 넘쳐나는 지오프런트…(웃음).

"이 책은, 여러분에게 우리는 지금 '역사'의 마지막 순간에 처해 있다는 사실을 추호도 의심할 수 없도록 증명해 드릴 것이다. 그 내용은 정신이 번쩍 나게 하는 사건들의 일람표라고도 할 수 있다. 아울러 이 폭발적인 **마지막 때에 관한 핸드 북**은 당신과 당신의 가족들의 영혼을 보존하게 해 주는 귀중한 지침이 될 수 있다."

　　　　　　스코틀랜드 피터 헤드시 뉴호프 성서 대학
　　　　　　　설립자겸 학장 시몬 피터 캐머런 목사

"이 세대의 가장 놀라운 책들 중의 하나이다."
베스트 셀러 '그리스도는 1988년쯤 다시 오신다'의 저자 콜린 디일

**당신의 마지막 카드는　　당신의 마지막 번호도
이미 준비되어 있다 /　　이미 배정되어 있다 /**

- 미국이 계획하고 있는, 몸에 (짐승의)표를 새겨 넣으려는 날자를 잡으라(추적하라).
- 이마와 손의 판독장치는 이미 준비되어 있다 /
- 당신을 비롯한 많은 사람들이 '666체제'를 사용하고 있는 사실을 알라. 거기에 관련된 것들의 예를 들면 마스터 카드, VISA 카드, 시어즈 백화점 카드, 벨크스 백화점 카드, 슈퍼마켓, 미국 정부, 유럽 공동 시장, 사다트 대통령, 등등.

"미국을 비롯한 세계의 화폐는 아마도 3년 안에 무용지물이 될 것이다."
　　　　　　　J. F. 스미스 저 '임박한 화폐의 종말'

마지막으로, <노스페라투> 작중 주인공의 아리따운 아내는 영화 시작에서부터 고양이와 실방울 놀이를 즐기고 있었다. 고양이는 이 작품 속의 수호성수(守護聖獸)였던 것일까. 앞으로 계속 나오겠지만, 고양이와 호러/SF는 관계가 매우 깊다. <신세기 에반겔리온>에서 기획서 당시에는 나기사 가오루 대신에 원래 고양이가 사도(angel)로 나오려 했다는 것은 의미심장한 설정이다. 노처녀들일 작중의 '무서운 여자들'과 어떤 관계를 맺었을지 심히 흥미로워진다.

국내에도 유입된 1977년 로봇SF 작품인 <자석로봇 가킹>에도 침략자이자 아르 성인들의 정보부대가 '휴마(human+puma)'라는 이름의 삼위일체 3중 합성수(合成獸·인간>거대고양이>퓨마)를 보내오는 에피소드가 있다. 작명센스가 특이한 것을 먼 훗날에야 눈치채게 되어 특히나 기억에 남는다.

70년대를 풍미한 유전공학 괴물들의 창조적인 계승자인데 당연히 남자 주인공의 옛 라이벌(70년대적인 간사이 사투리 캐릭터→EVA 작중의 스즈하라로 계승됨)이 적들에게 포섭당하고 말이다(웃음).

2009년 EVA2.0에도 3호기의 비극이 일어나기 전에 길고양이가 잠시 얼굴을 내민다. 옛 퇴마물 식으로 말해보자면, 길고양이의 원념들이 제10사도 바르디엘Ⅱ가 되는 것이다. 지구(즉, 地球意志)가 보내온 죽음의 전령이었을까?

그러고 보니, 2012년에 6번째 가오루(?)가 타고 온 제12사도(가칭 레리엘Ⅱ)의 형상이 어떠했는가? 고양이가 좋아하는 뜨개질용 실뭉치 굴리기 놀이 아니었던가. 하여간, 승리의 브로켄 백작! (…그러고 보니 정말로 브

로켄의 귀가 뾰족하고 송곳니가 장난 아니게 길게 묘사되었다)

1922년 〈도박꾼 마부제 박사〉

브람 스토커의 소설 <Dracula The Un-Dead>를 원작으로 한 프리드리히 프리츠 랑 감독의 무려 5시간에 가까운 장편 무성영화이다. 후대의 007식 악당들의 원조가 될 초인이 등장한다. 정신분석학자 마부제 박사는 변장의 달인이요, 국제 주식시장 조작가요, 사기 도박꾼이요, 위조지폐 제조업자요, 의지(wille)의 힘으로 타인을 조종하는 초능력자요, 세상을 증오하는 목적 없는 범죄조직의 수괴요, 의약품 밀수업자이다. 한 마디로 불교적 '인간(人間)'의 악(惡)이 인격을 띠고 이 세상에 강림한 존재이다.

특히 골치 아픈 성병인 '매독'의 치료제인 살바르산(salvarsan) 같은 짭짤한 수익을 내는 의약품 밀거래를 전문으로 한다. 왜 성병이 창궐할지는 잘 생각해보자. 제1차 세계대전이 끝나고 거리에는 팔다리가 없는 상이용사들이 넘쳐난다. 코카인 중독도 유행이다. 유럽문명을 수호하기 위한 성전(聖戰)에서 그들은 자신을 파괴했다. 그것은 모든 전쟁을 끝내기 위한 전쟁이었다.

세계 인민의 지혜 수준이 높아진다면 전쟁의 원인은 사라질 것이며 전쟁도 종식될 것이다. 그러나 인간이 전쟁을 종식시킬 수 없는 시대라면 자신과 자신의 적 양자를 구하는 자비로운 전쟁을 수행하는 것 이외의 선택권은 없다. 자비로운 전쟁을 수행하는 국가들은 스스로를 개선할 수 있으며 전쟁 그 자체를 제거할 수 있다.

―오쿠라(大藏)정신문화연구소가 발간한 공저서 《호국불교》 저자들의 메시지가 함축된 이 책의 마지막 문단에서. 1938년.

전시에는 그렇다고(?) 치고, 전후에도 취약한 상태에 몰린 여자들은 생존을 위해 성(性)을 팔아야 한다. 일본유신회 대표 하시모토 도루 같은 젊은 사람들(한국으로 치면 지금 갓 대학을 졸업하고 예능프로나 논객놀이를 하면서 몸피를 부풀리려는 꿈나무 레벨)이 전쟁과 성(性)의 민감한 관계를 잘 모르고 헛소리를 나팔 불 때, 보라고 권장할 영화이다.

그게 바로 1949년 구로사와 아키라의 영화 <조용한 결투>에서도 '매독 치료제 살바르산'이 또 등장하는 이유이다. 그리고 세컨드 임팩트에서 재건된 '제2의 전후 일본'을 SF로 묘사한 세계가 <신세기 에반겔리온>의 세계이다.

바이마르헌법에서 서구 국가 최초로 여성참정권을 허용한 여성의 시대, 아메리칸 시저 맥아더 원수가 일본에 와서 여성에게 참정권을 하사한 시대와 일말의 유사성이라도 있을, 여성의 기(氣)가 남성보다 세어진 세계, 훗날인 1999년 '제2의 패전'이라 불릴 경제적 난국의 한복판(취업 대빙하기)이 1995년이었기 때문이다. 아시아 국가…아, 이건 아니고(판 크게 놀아보려 했는데 안타깝구나), 비중 있는 선진제국 중에서 처음으로 '여성 대통령'이 탄생한 지금의 한국이다.

1997년 극장판에서 피바다의 참극이 임박한 때에, 표현주의 영화 특유의 장면처럼 기울어진 전봇대와 빌딩들의 황폐한 풍경 속에 매달려 있던 간판에 '성병(性病)'이라는 단어가 사용된 이유이기도하다. 그 장면에는 '산부인(產婦人)'라는 간판도 있었다. 성서의 비유대로 곧 '아이 낳는 고통'을 안겨줄 모진 정화(淨化·purgation)의 때가 닥칠 터였다. 직후 인형같이 널브러진 아스카 앞에서 옛 고등어통조림들의 저질 표현대로 해보면 '아이를 낳는(自慰)' 신지의 충격적인 모습이 묘사된다. 제15사도 아라엘이나 제16사도 아르미사엘의 형상과 비슷할 '성(聖) 하얀 물질(sperm)'마저 묘사되고 만다. 김기덕 감독의 <뫼비우스>랄까.

그런데, 신지만 저질변태(最低)가 아니었다. 바로 그런 하얀 놈이(제1사도 아담), 빛 덩어리 거인이 15년 전의 대재앙 세컨드 임팩트를 일으켰다.[115) 지축이 기울어져서 일본이 아열대기후가 된 것만 봐도 위력은 엄청난 것이리라(당시 남극 오존층 파괴 등의 이슈). 지금 한국이 기후조차도 그렇게 되어간다.

익히 아는 것처럼 NERV 자체가 저질 어른들(?)의 집합소였다. 이제 여기서 NERV 마크의 비밀을 풀어보자. 거기는 무화과 나뭇잎이 사용되었다. "God's in his Heaven, All's with Right on the Earth." 무화과(無花果·fig)는 부처님을 다룬 헤르만 헤세의 소설에도 등장한다. 영어명 fig는 일본어로 발음하면 pig와 유사하게 들릴 수도 있다.

외국인혐오증(xenophobia)적인 솔직한 표현을 뽑아내보면, 서양백인의 피부 색깔인 '집돼지의 분홍색'이다. 실제로 pig는 서양에서 멸시적인 표현으로도 사용된다. 즉, 속칭 살색 동영상으로 표현되는 도색(桃色)인 것이다. 핑크영화=도색필름인 것이고 말이다. 1992년에 <붉은 돼지>에서 이미 미야자키 하야오(1941년생)도 '돼지'의 비유를 사용하고, 2001년 <센과 치히로의 행방불명>에서도 '서양 백인'적인(서양식 가치관에 지나치게 몰입한) 탐욕에 찌들어버린 어른들이 꿀꿀이 집돼지로 변해버리지 않는가.

핑크영화에서 피억압 여성을 日本/自然으로, 음탕하고 추잡한 억압자 남성을 美國/近代로 자리매김하는 도식은, 관련 이슈가 있을 때마다 애용되어온 전통적인 수법이다. 전하는 바에 따르면 1983년에 일본여성이 뚱뚱하고 가슴과 등까지 털로 뒤덮인 백인 남성에게 무자비하게 당하는 내용의 악명 높은 핑크영화가 있다고 하는데(감독이 1934년생임), 그것은 당시 나카소네 내각의 '미국 밀착'에 대한 광범위한 저항여론의(히로히토 천황도 뭐라고 했다고 하니) 기괴한 반영태(反映態)가 아닐까 생각된다. 그것은 2002년 '여중생 장갑차사건'을 2008년까지도 계속해서 우려먹던 저질스런 NL들의 작태와 한뿌리이다.

이 정도 수준이면 외국인혐오증적인 '좌파내셔널리즘'이 맞을 것이다. 좌파가 다 옳고 착한 말을 하는 사람이 아니다. 좌파내셔널리즘이라는 표현은 필자가 만들어낸 장난 같은 말이 결코 아니다. 진보좌파를 자임하지만, 미국에 대해서는 자동반응적으로 파 헤집으려고만 하는 성향, 미국의 반대쪽에 대해서는 자동적으로 '실드치기(shielding)' 모드로 들어가고, 먹물로서 당연히 그래야 한다는 의무/강박감까지 느끼는 심리상태를 가리키는 표현이다. 서방 연구자들도 이 'PINK'의 숨은 뜻을 잘 모르는 것 같기도 하다.

앞서의 무환자(無患子)와 관련된 '한국(桓國)'의 논의와 같이, 성서에서 인스턴트 만족을 못 얻은 그리스도로부터 저주받은 무화과(無花果)는 '섹스 없는 번식'을 꼭꼭 숨겨두고 있는 보호막이다. 그것이 시험관아기일지 유전공학일지 아야나미 레이일지 에반겔리온일지는 다의적이다. 레이가 제16사도의 접촉을 당할 때, AT필드가 사라져가는 레이가 아담이 들어간 겐도의 손길을 몸속으로 받아들일 때, 얼굴에 홍조가 나타나고 눈이 게슴츠레해지는 쇼킹한 장면을 잘 생각해야 한다. 윽…(!).

'밤꽃(夜花)'이니 '화대(花代)'니 하는 표현이 왜 끈질긴 생명력을 자랑하는지는 각자 생각해보자. 꽃은, 문학적으로 표현하면 활짝 벌려진 다리 사이의 생식기(生殖器)이다. 꽃은 벌을 통해 섹스를 한다. 벌이야 말로 꽃의 외장형 성기(性器)인 것이고, 벌집이야 말로 앞서 이야기했듯이, 바로 NERV였다.

에반겔리온의 원조인 미야자키 하야오의 <바람계곡의 나우시카>에 등장하는 거신병 디자인은, 애니메이션판에 등장하는 '빛의 창'을 든 흐느적거리는 거인들이다. 하지만 원작만화에서는 얼굴이 계란형에, 뾰족한 송곳니를 가지고 있으며 차크라와 같은 '빛의 날개'를 펼쳐 비행하는, 일벌과 같은 모습으로 그려진다. 두부(頭部)가 벌의 상(相)인 것이다.

2009년의 날개(破)편에서, 처음으로 NERV의 반쪽짜리가 아닌 온전한 형태의 무화과 나뭇잎이 나타난다. 그것은 제10사도 내습 장면에서 "TOKYO Ⅲ"라는 마크를 달고 있던 '정부 전용 특별열차'와 지오프런트행 피난케이블카 두 곳에 나타난다. '일본정부'라는 권위체와 '제3신도쿄시'라는 거대한 인조인간(佛) 기념상(記念像)조차도, 열심히 일하는 근면 성실한 '일벌'일 일본인들에게 '섹스 없는 번식(앞서 신지의 애낳기)' 활동을 강요하고 있는 것 아닌가, 웅변하는 문제 제기인 것이다.

'섹스리스(sexless) 부부'라는 말은 이미 너무 오래되어 사람들이 그런 개념이 있었지, 하는 기억조차도 가물가물해지는 시대가 지금이다. 전 인구의 4분의 1이 65세 이상 고령자이고, 평균 초혼연령이 35세인 불모지대(不毛地帶)로 화해가는 곳이 지금의 일본이다. 2009년 날개(破)편 초반부에 겐도와 신지가 방문한 황량한, 마치 2007년에 보여준 리리스의 육체(십자가와 롱기누스의 창을 한의원 침 시술처럼 꽂고 있음)를 연상시키는 불모의 공동묘지 장면도 그것을 웅변하고 있다. 인구감소와 아동감소는 애니메이션 업계의 생사가 걸린 문제이기도 한 것이다. 사줄 사람이 없는데, 어떻게 잘 만들 수가 있겠는가.

그런데도, 오야지(親爺)들은 아들에게 나눠주지 않을 권력과 여자(개목걸이의 레이)를 틀어쥐고 있는 것이다. 이 주제는 여러 분야의 작품에서 반복해서 묘사된다. 기타노 다케시의 1995년 영화 <키즈 리턴>에도 돈 많은 중년의 대머리 권투 프로모터는 젊은 정부와 함께 '깡다구 키즈' 앞에 나타나고, 구로사와 기요시의 2003년 영화 <밝은 미래>에서도 운동경기를 보면서 '짝짝짝 닛폰!' 구호를 직원들에게 유도하던 (진짜 옆집 아저씨 분위기의) 중년의 세탁업체 사장은 프리타(free arbeiter)인 오다기리 죠에게나 어울릴법한 젊은 아내를 거느리고 있다.

인간은, 우연히 神을 주웠고 그걸 자신의 것으로 삼으려 했지. 때문에 罰을 받은 거야. 그 결과 힘들게 주운 神도 사라지고 말았지. 그러자 이번에는 자신들의 손으로 신을 부활시키려했어. 그게 아담. 그리고 아담을 통해 신을 닮은 人間을 만들었지. 그것이 EVA.

—사이비종교의 전도사로 화한 리쓰코 아카기 박사,
TV판과 코믹스판에서
레이 형상의 그릇(器·개가 祭具를 지키는 형상)들을 파괴하기 전에.

    1922년, 악의 의지의 위대한 현현(顯現)인 마부제 박사를 이야기하면서 전후 일본과 90년대 일본과 현재 한국까지 릴레이가 이어졌는데, 1922년에 신비로운 동양이 낳은 평화의 종교일 불교를 헤르만 헤세가 이야기하고 있다. 앞서 일본의 국수주의 선승들이 '신비로운 동양이 낳은 평화의 종교' 이미지를 갈구하던 미국인들에게 복음을 전파하며 일본정신의 승리를 느꼈을 것이라는 많은 암시가 주어졌다.

    한 세대 앞선 프리드리히 니체가 페르시아의 '조로아스터교' 창시자인 '짜라투스트라는 이렇게 말했다' 운운하며 초인(超人)을 이야기하고, 같은 세대인 헤르만 헤세와 프리츠 랑이 불교와 정신분석학이라는 비(非)유럽적/비전통적 대안가치를 찾아 헤매고, 사회에서는 '동방위협'의 유령이 떠돌고, 10년 안쪽의 후배 세대인 아돌프 히틀러가 인도의 카스트적 세계관으로 무장해서(나치당=브라만/기독교대체 유사종교 사제계급, 독일민족=크샤트리아/군인 및 왕족, 서유럽인=바이샤/평민, 동유럽인=수드라/노예, 러시아=불가촉천민, 일본=바이샤 명예백인, 흑인=언급의 대상조차 되지 않는 바살라) 아리안의 시원일 투르케스탄=중앙아시아 교화상생 계획을 꿈꾸고(?) 있던 것이 1920년대의 그로테스크한 퇴폐(decadence)의 도가니일 독일이 되는 것이다.

과연 지금의 한국과 닮은 점이 없을 것인가. 북한의 청년장군은 이제야 간부들에게 저 시절의 파토스가 담겼을 아돌프 히틀러의 <나의 투쟁>을 읽으라고 독려하고 있지 않은가.

<도박꾼 독토르 마부제>의 DVD해설에 의하면 이 작품의 전주곡일 1919년 영화에서 악의 비밀결사는 독일인+중국인으로 구성되어 있는데, 독일인들 스스로가 잘 아는지 모르겠지만 '중국인(청나라 복장)'은 당시의 '동방위협'의 상징으로 나온 것으로 보인다.

프리츠 랑 그 자신이 포병장교 출신의 참전용사로 전쟁 때 애꾸눈이 되고 1919년에 감독으로 데뷔한다. 이 작품에는 주로 상류층 사교장이나 회원제 클럽, 혼란기 벼락부자들의 도박장, 귀족의 저택이 무대로 등장하는데, 엄청난 양의 상징들이 등장한다. 프로이트와 융 심리학의 교재들일 각종 회화나 이국적인 외국 원주민의 조상(彫像), 거대한 꽃을 타고 나타나는 무희, 여성 예술가이며 동시에 고급 콜걸인 뒤죽박죽된 세상의 사람들까지.

이 작품은 '퇴폐의 광풍'을 실감나게 보여준다. 그런데 작중에서 묘사된 독일 지식인이나 상류층 노인들을 보면 하나 같이 지저분해 보일 정도로 길쭉한 수염이 텁수룩하다. 2012년의 쿠엔틴 타란티노가 <DJANGO-분노의 추적자>에서 흑인노예들이 이슬람교도 같은 텁수룩한 수염을 기르고 있으며, 텍사스는 독일의 이미지로 등장시켜서 의외의 웃음을 선사했던 방식이 아닐까도 생각된다.

당시 독일에서 '동방위협'의 상징일 유대인과 러시아인을 묘사할 때는 '낙후'의 상징일 텁수룩한 수염이 꼭 있었던 것으로 관측된다. 러시아의 계몽군주 표트르대제가 '몽골 지배의 유산일 수염 깎기'를 두고 귀족들과

'문명화 전쟁'을 벌였다는 것은 유명한 사실이다.

유럽인들/독일인들이 보던 '낙후'의 상징이 바로 (몽골식) 수염이었던 것이다. 그런데 바로 그 '낙후된 동방의 상징=수염'을 독일의 상류층들이 늘어뜨리고 앉은 것이다. 수염 없는 깔끔한 마부제의 정신분석학 강연을 듣던 나이든 의사들과 수염을 주렁주렁 기르고 주식시장에서 돈다발을 들고 뛰던 상류층이 그들이다. 있을 수 없는 일인, 그 '수염 없는 깔끔한' 마부제가 독일사회를 뒤집어엎으려 든다. AT필드가 내향화하여 '붕괴'되면[116] 2009년의 에반겔리온 4호기처럼, 위성에서도 보일 정도의 대규모 참사가 일어난다.

이 작품의 막판에는 국가권력의 인격적 화신일, 역시나 '수염 없는 깔끔한' 검사(檢事)의 요청으로 철모를 쓴 군대까지 출동해서 독일군 특유의 '감자 으깨기' 수류탄까지 날아다닌 끝에 결국 파리코뮌을 연상시키던 악의 조직은 제압된다. 이것은 1920년 즈음 프랑스 파리에서 '파리의 아파치들'이라는 무장강도 조직이 시가전을 벌인 사건에서 힌트를 얻었다고 한다. 북미 원주민 아파치족이라…, 당시 프랑스에도 1990년대 옴진리교와 같은 '대안의 체계'를 목말라 하던 이들이 좀 있었다는 방증 아니겠는가. 하지만 마부제 박사의 초자연적인 의지(wille)는 살아남는다.

1924년 〈니벨룽겐〉

독일신화의 영웅 지크프리트 이야기를 다룬 프리츠 랑 감독의 무성영화. 혈거인 수준의 게르만족이 나오는 특이한 영화이다. 시각적으로 <신세기 에반겔리온> 신극장판에 매우 많은 영향을 미쳤다는 것을 금방 알 수 있다. SF나 이미지에 관심이 있는 사람에게 적극 추천한다.

지그문트(프로이트?) 왕의 아들인 지그프리트는 거대한 한 뿌리 두 줄기 나무의 둥치 속 대장간에서 칼을 완성하여 용(Papner)을 죽이고 그 피에 몸을 적셔 불사의 몸을 얻지만, 용의 마지막 요동으로 꼬리가 나무를 치고 나뭇잎이 지그프리트의 등에 붙은 채로 피를 받는 약점이 생긴다. 난쟁이들의 지하 공방에서 '거대한 왕관(거인 지배자)'을 손보면서 끙끙거리는 난쟁이 무리를 구경하던 지그프리트는 2자루의 칼과 변신 및 투명화가 가능해지는 마법의 그물두건과 엄청난 보물을 손에 넣는다. 음유시인은 노래한다. 이제 12개의 왕국[117]이 그의 발밑에 무릎 꿇으리니.

유약한 부르군트 왕의 여동생 크림힐트(땋은 머리가 무릎까지 내려옴)를 아내로 맞으려 하나, 기사를 12명씩이나 거느리고 와서는 민중에게 보물을 뿌려대는 지그프리트에게 위협감을 느낀 왕의 삼촌 하겐(애꾸눈에 새가 날개를 활짝 펼친 형상의 투구를 착용)은 여인국 아이슬란트의 사나운 여왕 브룬힐트(검은 머리칼)가 브루군트 왕과 결혼하도록 도와주면, 왕과 지그프리트가 의형제로서 합동결혼식을 올리자고 제안한다.

지그프리트는 배를 타고 아이슬란트에 도착, 3가지 힘쓰기 시합에서 브룬힐트 여왕이 지도록 투명마법으로 왕을 돕는다. 합동결혼식을 올리는데 성공하지만, 사나운 여자 브룬힐트 여왕이 부르군트 왕의 손길을 계속 거부하자, 하겐공(公)은 지그프리트가 왕으로 변신해서 브룬힐트를 무너뜨리면 왕이 마무리(?)를 하도록 도우라고 강요한다.

여왕은 결국 무너진다. 이왕 무너진 것, 브룬힐트와 크림힐트의 '무서운 여자들(둘이 합쳐 제루엘 II 디자인과 매우 흡사)' 사이의 신경전이 시작된다. 사실상 공동왕(公同王)으로 화한 지그프리트의 위세를 두려워한 하겐공은 여왕을 꼬드겨 왕으로 하여금 지그프리트를 숙청토록 밀약을 맺는다.

하겐은 조카며느리인 크림힐트를 속여 지그프리트 보호를 미끼로 약점을 파악하고, '미친개 사냥'이라는 이름의 국왕친림 수렵행사를 열고 숲속 한적한 곳으로 지그프리트를 유인, 등 뒤에서 창을 던져 용의 피가 묻지 않은 곳을 꿰뚫는데 성공한다. 지그문트의 아들 지그프리트는 쓰러지고, 왕(♂)의 머리 꼭대기까지 올라가서 앉아본 브룬힐트 여왕(♀)도 결국 자살한다.

제1차 세계대전의 영향으로 각국에서 여성참정권[118] 부여가 줄을 잇는데, 그 선구자일 1919년 바이마르헌법으로 여성에게 사상최초로 참정권이 부여된다. 하지만 '전후 퇴폐문화'의 앞장에 선 여권(女權)도 너무 급진화하면 좋지 않은 것일까.

<니벨룽겐 Die Niebelungen>의 DVD해설에 의하면, 제1차 세계대전 이후의 독일에서는 '힘'에 대한 원초적 열망이 사람들 사이에 만연했다고 한다. 그런 열망을 반영하는 많은 영화가 만들어졌는데, 신화/영웅/마법을 소재로 하는 작품들이다. 중세 연금술사들도 따지고 보면 현대 과학자들의 원조가 아닌가.

그런 만큼, 영화 속에서 '힘'의 역작용도 묘사되는 것이 일반적이었다 한다. 그 대표적인 작품이 바로 <니벨룽겐>이라는 것이다. 지그프리트도 추잡한 거래까지 폭주하다가 결국 '오뉴월 여자의 한(恨) 서리'로 무너진다. '힘' 원리의 구상(具象化)일 총통 아돌프 히틀러도 '어머니 러시아 땅'의 아들딸일 '이반과 올가'를 강간하다가 결국 무너지고 말이다. 머릿수에 장사가 없다.

이 작품에서는 태양을 의미하는 많은 상징이 등장한다. 지그프리트 옷의 동심원 문양, 십자가를 품은 원들의 모둠 형태인 성당의 원형 창문, 돌산을 배경으로 후광처럼 빛나는 태양빛 등이 매우 인상적이다. <신세기 에반겔리온> 작중의 배경에 등장하는 다양한 십자가형 문양의 원조인 듯하다.

더군다나, 부르군트와 아이슬란드 궁정 벽과 천장은 상당히 기하학적인 삼각형 문양으로 도배되어있다고 할 정도다. 시각적으로 매우 특이한 경험을 선사하는데, 이것은 2009년 EVA2.0에서 북극 베타니아 베이스 내부의 거대한 통로 벽에 도배되어 있는 삼각형 문양들의 원조로 보인다(삼각형이 모여서 벌집 모양 6각 문양까지).

뭔가 상당히 주술적인 느낌의 문양들이 신극장판 EVA세계에 다수 등장하는데, 그 상당수가 <니벨룽겐>에서 영감을 받은 것으로 보인다. 앞서 언급한 리리스의 영혼 저장탱크에도 동심원 문양이 널려 있는데, 이것은 브룬힐트 여왕의 성을 배경으로 빛나는 태양의 해무리와 거의 일치한다.

그리고 EVA3.0에서 그로테스크하게 묘사된 '에바 시체들의 탑'은 작중에서 기사들이 물에 들어가서 왕의 부교 노릇을 하는 장면, 그리고 브루군트 기사들의 옷과 방패에 새겨져 있는 계단형 문양에서 착안하지 않았을까도 생각된다. 즉, 초장기 연재만화 <베르세르크>적 분위기인 '사람 시체로 쌓은 천국행 계단'이다.

EVA2.0에서의 백미(白眉)인, 카시우스의 창을 맞는 에반겔리온 초호기 장면은 명백히 '새 날개 투구를 쓴 애꾸눈 하겐'이 등 뒤에서 던진 창이다. 머리 위에 후광(angel halo)을 형성하여 달에서 날아온 외눈 형상의 Mark06는 하겐과 100퍼센트 일치한다. '새 날개 투구'가 후광에 해당한다.

EVA2.0부터 후광은 비행능력과 일치하고 있다. 인공사도인 제3사도가 후광을 이용하여 베타니아 베이스 구조물을 그대로 절삭하며 상향이동=휴거하는 장면으로 시작하여, 역시 인공사도일 훗날의 제12사도가 후광을 이용하여 달에서 날아오고, 인공 신종사도일 '아담스의 그릇'도 후광을 가지고 비행한다. 즉, 후광은 AT필드의 인공적 강화 기술(가칭 AT필드drive)이라고 할 수 있다. 그래서 후유쓰키 박사가 Mark06 건조에 대해 "가짜 신이 아니라 이번에는 진짜 신을 만들려는 것인가?"라고 말한다.

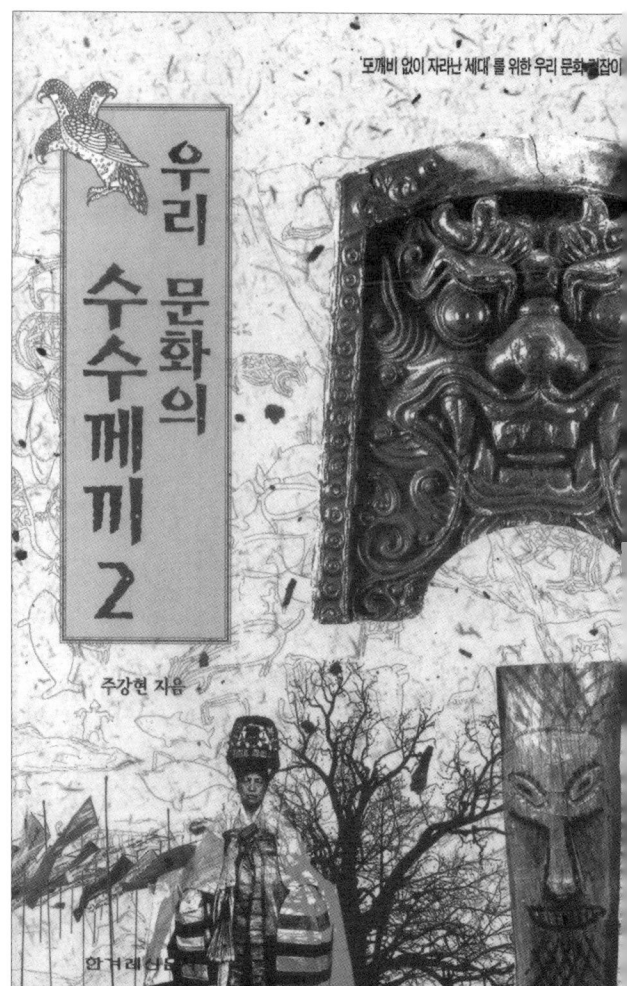

『우리 문화의 수수께끼』
2권 표지
(주강현 지음/
한겨레신문사/
1997년)

게다가 제2사도 리리스에 해당할 '무서운 여자' 브룬힐트 여왕의 생식기를 둘러싼 추잡한 거래도, 초호기와 Mark06 간의 선수교체 구도 그대로이다. 지그프리트가 던진 창이 브룬힐트 여왕의 방패를 깨버리는 장면에서는, 명백히 처녀성 정복의 성적 뉘앙스가 나타나고 있다.

Mark06가 센트럴 도그마로 투입되는 Q 예고편 장면을 보면, 투구의 뿔의 형상과 가슴 장갑판 디자인과 눈의 형상과 색깔을 빼면 거의 에반겔리온 초호기와 같은 모습이다. 양옆으로 길게 디자인된 외눈에서 초호기와 같은 '두 개의 눈동자'가 빛나고 있다. 제13호기도 에바 초호기와 매우 흡사한 디자인을 하고 있다. 총평하면 <니벨룽겐>은 EVA 신극장판에 광범위하고도 직접적으로 지대한 영향을 미친 작품이다.

〈니벨룽겐〉 영화 포스터

1926년 〈파우스트〉

프리드리히 무르나우 감독의 무성영화이다. 고전 <파우스트>를 최초로 영상화한 기념비적인 작품이다. 하느님은 말 없는 태양빛으로만 상징된다(가프의 문도 말이 없다). 구약성서의 욥기에서처럼, 대천사 미카엘과 타천사(墮天使) 루시퍼가 내기를 한다. 인간영혼의 취약성(fragility)에 대해 우리 실험을 해봅시다. 좋다. 허락한다—거의 일본의 특촬물(특수의상+미니어처) 같은 분위기이다.

루시퍼가 모형 마을을 배경으로 태양빛을 망토로 가리니 지상에서는 역병이 창궐하고(마을장터의 즐거운 서커스 무대가 공포의 장으로 화한다), 역시나 '동방으로부터의 위협'을 상징하는 3인의 해골기사가 역시 해골말을 타고 미친 듯이 질주한다. "으하하! 애굽에 큰 호곡(號哭)이 있으리니!"

해골기사들이 들고 있는 것은, 사신(死神)의 커다란 낫과 오리엔트 반월도(半月刀)와 회전식 돌팔매구(具)이다. 다윗이 골리앗을 쓰러뜨리는 데 썼다는 바로 그 돌팔매질 도구인 것이다. 아무리 봐도 1920년대 팔레스타인으로의 유대인 집단이주 냄새가 난다. 아마 독일의 세계정책 입장에서는 그것이 '새로운 동방 위협'일지도 모르겠다.

왜냐하면 영국 지배하에 있던 중동에서는 친독일 분위기가 강했기 때문이다. 지금 예전의 터키 세속군부(世俗軍部)로 화해가는 이집트 군부와 무력충돌 중인 무슬림형제단도 독일과 친해보려 했던 역사가 있다. 즉, 이슬람은 독일과 일본 양쪽 다에서 지렛대(leverage)로 보인 것이다. 필자가 일본우익의 '이슬람 편애'를 앞에서 언급한 바 있지만, 일본만 보고 그렇게 결론 내린 것이 아니다. 일본에 없는 기록은 세계사 다른 곳의 유례(類例)로 나온다.

세상은 말세다. 햇살 문양을 상징하는 화려한 금장식 십자가를 든 신부가 "회개하라! 금욕하라!" 외치지만 '이왕 죽을 것, 갈 데까지 가 보고나 죽자'식의 쾌락주의에 빠진 군중은 신부의 얼굴 앞에 가슴을 드러낸 여성을 갖다 댄다. 여성들도 웃통 벗고 축제의 가마 위에서 춤추는 통제 불능의 말법세상. 전염병 구제에 온힘을 쏟던 만물학자 겸 위대한 의사인 파우스트 박사는 신에 대한 깊은 절망과 회의에 빠진다. 그의 앞에 드디어 나타난 뚱뚱한 노인 모습의 악마 메피스토펠레스(퇴락한 修士 또는 중국 취권도사님 모양의 모자에 주목해야 한다).

나에게 젊음을 줘. 다시 순수했던 옛날로 돌아가고 싶어. 여기 서명만 하면 바로 드리지요. 그렇게 20대로 회춘한 파우스트 박사는 그에 보조를 맞추어 젊어진 (느끼한 중년 얼굴로) 회춘한 쌍뿔의 메피스토펠레스와 마법의 양탄자를 타고 세상(미니어처 특촬)을 주유한다. '문명과 르네상스의 땅' 이탈리아 공작의 화려한 결혼식에 난입해서 갓 식을 마친 마누라도 즉석에서 보쌈해먹은 박사. 우리 독일민중은 도탄에 허덕이는데 이렇게 화려한 세상의 이탈리아 따위 좀 등치면 어때. 아, 스페셜 체험이벤트 기한인 하루가 다 지나가고 있잖아!

여기에 서명만 하시면 계속 젊음의 기쁨을 누리실 수 있습니다(제-레). 그래, 사인할게(겐도). 이번에는 내 젊은 시절 고향을 가보고 싶어. 그곳에서 마을의 우상인 예쁜 처녀 그레첸에게 한눈에 반해버린 파우스트 박사. 타임머신 기술을 악마의 술법으로 구현하고 있다.
1922년의 헤르만 헤세의 소설 속에서 '친구'와 함께 출가했던 싯다르타 태자의 폭주(물론 도펠갱어 설정이었지만)를 보는 듯 완전히 변해버린 우리의 거울이요 외장형 양심일 파우스트 박사.

무화과가 서 있는 정원의 오솔길을 거닐면서, 푸른 숲 그늘에 앉아 명상에 잠기면서, 매일의 일과인 목욕재계를 하면서, 우거진 망고나무 숲에서 제례(祭禮)를 드리면서 그의 우아한 몸가짐은 모든 이로부터 기쁨에 넘치는 사랑을 받았지만, 그의 마음속에는 한 가닥의 즐거움도 깃들이지 않았다. 숱한 꿈이 그를 찾아왔으며, 강의 흐름으로부터 그칠 새 없는 생각이 그의 마음에 흘러 들어왔다. 생각은 밤하늘의 별들로부터 반짝이며 떨어져 들어왔고 햇빛으로부터 녹아내렸다.

—헤르만 헤세, 〈시다르타—인도의 詩〉에서, 1922년.

경건한 듯 보였던 아름다운 추억 속의 옛 고향마을. 하지만 그 실태라는 것이, 마을 청년들은 중년의 만물상 부인에게 '처녀를 홀리는 묘약'을 사가고, 포도주를 속여서 팔아먹던 중년부인은 돈 많은 귀족의 부하 행세를 하는 메피스토펠레스와 부비부비 춤까지 춰가면서 달아오른다. 부인의 등 뒤에 밀착하여 가슴까지 보듬어주는 메피스토펠레스.

이 말세에서는 젊은 놈이건 익은 놈이건 늙은 놈이건 모두 정욕(情慾)으로 폭주하는 것이다. 마치, 곁눈질의 달인인 바보신지가 그랬던 것처럼 말이다(아야나미 레이 가슴의 촉감을 잊지 못해 손가락을 다시 비벼보기까지…웃음). 그것이 소위 '퇴폐의 장'으로 화한 베를린의 당시 모습이다. 그때 베를린은 유럽 전위문화(아방가르드)의 본산으로 화해갔다고 한다. 패전국이니까 정도가 더 심했을 것이다.

순결한 처녀 그레첸(?)은 드디어 '귀족 상인'을 자처하는 파우스트에게 넘어가서 몸을 내주고, 메피스토펠레스의 치밀한 계획에 의해 딸의 동침 장면을 목격한 그녀의 엄마는 심장마비로 죽고 만다.

부자의 땅 이탈리아에서 용병업계에 종사하다가 돌아온 듯이 보이는 그레첸의 오빠도 '불륜' 현장으로 달려갔다가 파우스트와 결투하게 되고 이카리 겐도의 화신일 메피스토펠레스의 칼에 등을 꿰뚫려 죽는다. 계속해서 하인(下人)을 자처하고 있는 메피스토펠레스는 야경꾼처럼 외쳐댄다. '살인났네! 살인났어!'

오빠의 유언. "이 창녀를 광장에 망신 주며 전시하고 나에게는 성당에서 진혼미사를 올려주오, 동네사람들!" 자기들도 알아서 즐겼을 동네여자들이 예쁘장한 동네의 우상 그레첸에게 더욱 앙칼지게 대한다. 저런, 저런 탕녀. 역시 여자의 적은 똑같은 여자였다. 1920년대부터.

훗날 사슴눈망울의 소녀인 아만다 사이프리드도 미남 늑대인간과 놀아난 다음 똑같은 취급을 받는다. 이번에는 무대가 패전 후 '동방위협'에 떨던 독일이 아니라 이라크와 아프가니스탄에서 '테러와의 전쟁' 중이던 2010년 미국 땅으로 바뀌었지만 말이다—섹시 뱀파이어와 늑대인간이 여기저기서 주름잡던 시절의 <Red Riding Hood> 이야기이다.

결국 마을에서 조리돌림당한 뒤에 언제인지 애까지 낳아버린 그레첸은, 추운 겨울날 십자가처럼 보이도록 세심하게 각도가 지정된 울타리 밑에서 눈에 하반신이 파묻힌 채 아기예수님 안고 있는 성모 마리아 포즈로 당국에 발견된다. 이런! 애를 죽였어! 추악하고 부도덕의 극을 달리는 이 유아살해범! 시범케이스로, 넌 화형이다.

멀리서 전시안(?)으로 그레첸의 몰골을 파우스트에게 보여주는 메피스토펠레스. 그의 가학취향은 극에 달한다. 사랑에 눈먼 파우스트는 저걸 막아달라고 사정한다. 넌 내 하인이잖아! 아, 그랬던가요? 그러면 현장으로 워프시켜드릴 테니 직접 막아보세요. 제17사도 나기사 가오루가 자폐된 영혼을 간직한 아스카의 2호기를 향해 명령하는 구도가 떠오른다.

"자, 가자. 아담의 분신, 리린의 하인이여."

화형장에서 젊음의 마법이 풀려버려 누군지 모를 치매 늙은이로 전락해버린 파우스트 박사는, 차가운 겨울날 밤의 캠프파이어 같은 화형장에서 생을 마감한다. 다시 하늘 위의 '두 사령관'일 미카엘과 루시퍼의 대화. 내가 이겼소. 아니야, 넌 졌다.

무슨 소리요? 저것이야말로 인간영혼의 승리다. 도대체 어째서? 영원한 그 이름, 사랑이다! 햇빛이 하늘 가득 비치고 눈부셔 눈을 뜨지 못하며 사라지는 루시퍼를 끝으로 영화는 막을 내린다. 태양 속에 "사랑(Liebe)"라는 글자가 떠억 박혀있었다. 이거야 말로 도성육신(道成肉身)이신 하나님 아닌가. 흑백이지만 이 작품 속의 뒤틀리고 비뚤게 서있는 세계의 비주얼은 엄청나다. 적극 권장한다.

    그렇다. 부처님께 세상의 모든 존재는 당신의 가족 구성원이다. 사실상 부처님은 가족을 인류에만 국한하지 않으셨다. 심지어 동물들과 모든 살아 있는 것들을 포함시킨다…여래(如來)의 이러한 대자대비(大慈大悲)에 대한 신앙이 정치적인 세계에 적용될 때, 일본민족의 구성원 중에서 천황폐하의 자녀가 아닌 자는 단 한 명도 없다.
    —사에키 조인, 법상종 승려이자 일본 최고의 사찰 중 하나인 호류지(法隆寺) 주지, 오쿠라(大藏)정신문화연구소가 발간한 공저서 《호국불교》에서. 1938년.

<니벨룽겐>의 지크프리트도 그랬고, <파우스트>의 메피스토펠레스도 그랬으며, 다음에 살펴볼 <메트로폴리스>의 '아버지'도 그렇지만 모두 엄청난 욕망의 소유자들이다.

특히나 당대 성 풍속의 실상에 관한 비유에서 <파우스트>의 수준은 엄청난 바, 저 시대에 이미 2000년대 초반 서울 외곽 베드타운 전철역 주

변에 형성된 욕망의 도가니일 '중년 나이트' 수준의 유희를 보여주기 때문이다. 한때 '학부모 엄마들'과 요건 갖추면 기계적으로 도장 찍어줬을 '포르노 시장'의 공방전도 오고 갔던 것으로 기억된다.

메피스토펠레스는 중세식의 얇고 길쭉한 세이버(칼)를 항상 검은 망토 속에 덮어서 다닌다. 메피스토펠레스의 옆모습은 검은 망토 안에서 수평방향으로 '천막을 치듯' 한 세이버가 항상 부각된다. 뾰족한 칼이 성난 남근(♂)으로 묘사되고 있다. 지크프리트가 '창'으로 아마조네스 여왕의 '방패'를 깨뜨리는 비유법보다 더 직설적이지 않은가.

1930년대 미국 호러영화들의 성적 비유법은 거의 애들 장난 수준인 것이다. <파우스트> 작중에서 금발의 동네꼬마들이 '사랑한대요! 사랑한대요!' 이러면서 노는데, 그 수준이랄까. 여기서 앞서 논의했던 EVA세계의 '롱기누스의 창'이 가진 본뜻을 다시 한 번 확인할 수 있다. 롱기누스의 창 비유법이, 제16사도 아르미사엘과 '아담스의 그릇'으로까지 싹튼다.

1980년대적인 저질어법을 다시 불러와보면 여자 도덕선생님 앞에서 '곤봉(棍棒)을 치켜들고 보나라로, 보나라로 쳐들어갔더니!'를 합창해대던 중학생들의 이런 막가는 상황이었던 것이다. '보나라'가 바로 센트럴 도그마(Central Dogma)이다.[119] 그 당시는 미술선생님 표현대로 '욕정에 눈이 먼 수컷들'을 웃겨보려던 여자 도덕선생님의 '우리의 위대한 수령 아바이'라는 말만 나와도 학부모를 통해서 바로 학교에 신고가 들어가던 세상이었으니, 아이들은 분노한다. '어떤 놈이 찔러서(?) 우리 선생님 쫄아 붙게 했어?' 말세다(웃음).

1927년 〈메트로폴리스〉

프리츠 랑 감독의 흑백 무성영화이다. 이 작품의 수직적 세계관은 후대의 허다한 SF계열 영화에 영향을 미쳤을 것이다. '아버지'가 집무하는 고층빌딩 꼭대기>지상의 '아들들의 구락부(俱樂部)'와 부르주아 구역>지하 1층의 공장지역>지하 2층의 노동자 거주 구역>지하 3층의 버려진 공동묘지와 미치광이 과학자와 메시아 교회, 이 구도로 메트로폴리스는 구성되어 있다.

메트로폴리스의 상층부는 성서적인 의미의 바빌론(Babylon)에서 따온 것이다. 천국의 계단일 바벨탑의 원형인 메소포타미아(지금의 이라크 땅) 지구라트와 역시 그 지역에 있었을 '세계의 7대 불가사의' 중의 하나였을 바빌론의 공중정원에서 영감을 받았다.

작중의 지하 가장 깊은 곳에 존재했던 '노동자 구원교회'의 여주인공 마리아(聖母)는, 추잡한 육체관계로 얽힌 '아버지(지배자/神·조국 독일일der fatherland)'와 '미치광이 과학자(오른손은 기계)'의 결탁으로 로봇 마리아로 바꿔치기 당하고, 알다시피 로봇 마리아는 노동자의 눈먼 봉기를 선동하는 '바빌론의 창녀(공산주의)'로 화한다.

그런데 사실 지상의 부르주아들도 전위예술(?) 공연을 관람하며 흑인 노예도 좀 부리고 '바빌론의 창녀' 수준으로 가슴을 드러내며 등장하는 무희들을 보며 입맛을 꼴깍 다신다. 1920년대 독일 표현주의 영화에서는 당시 독일사회의 성 풍속도를 적나라하게 드러내는데, 패전국 특유의 '도덕붕괴' 현상의 반영일 것이다.

한국도 IMF사태 이후 몇 년간 유부녀 성매매, 원조교제, 섹시주점 등의 광풍이 몰아치지 않았나. 지금은 일상으로 정착되어 그저 '그런가 보지, 저런 게 있긴 하지'하는 상황이고 말이다.

역시나 행정개혁담당상으로 출세한 이나다 도모미 의원[132)]에게 보라고 하고 싶은 영화다. 물론 그들은, 일본민족을 억압한 맥아더 당국의 강압으로 만들어진 '프로파간다 영화'라고 하겠지만 말이다. '훗날에는 유명해졌지만 그때는 사정상 다 그랬을 것이다' 하면서 말이다.

1948년 〈주정뱅이 천사 · Drunken Angel〉

전쟁 후의 사회에서는 의사가 매우 소중한 존재이다. 다친 사람이 많고, 전쟁 기간 동안 헐벗어서 몸이 아플 사람이 많고, 무엇보다 의료물자가 부족하기 때문이다. 이 작품 속의 의사는 방탕했던 생활 때문에 병원 개업할 기회를 저버리고, 젊은 날을 속죄하듯 힘든 사회의 힘든 군상들을 치료해주는 일명 '야메 의사'이다.

미리 언급해두자면 EVA세계의 안노 히데아키가 매우 좋아하는 작품—국내에 출간된 자기 아내가 그린 패러디만화 <감독부적격>에서 직접 캐릭터가 되어 언급한다—중의 하나가 바로 야마모토 사쓰오 감독의 1971년 영화인 <하얀 거탑>이다.[133)] 하얀 놈들이 추잡한 정치를 하는 스토리인데, 앞서 살펴본 여러 하얀 놈들을 돌아보면 EVA세계와 여러 모로 연결된 점이 많지 않은가(웃음).

의사—리쓰코 박사도 의사의 흰 가운이고, 툭 하면 병원침상에 누운 바보신지에, 배경으로는 의사 회의 알림이 들려오고, Q편에서는 스즈하라 사쿠라 의관(醫官)도 등장하고, 의사의 치료대상일 붕대 감고 나오는 군상들에 사도마저 미라의 붕대를 감고 나타날 정도이니(묵시록의 음녀), 이 작품에서처럼 일명 사회병(社會病)을 치료하는 의사들의 존재에 안노 히데아키는 큰 관심이 있는 것으로 추찰된다.

Q편의 세상도 우스개로 말하자면, 실은 '하얀 놈들'이 미치광이 성형 수술을 해버린 프랑켄슈타인세상이 아닌가. 그랬더니 또 '하얀 놈(에반젤리온 제13호기)'이 등장해서 이번에는 좀 더 제대로 고쳐줄게, 하며 나서는 구도이다. 일본의 도시전설 '입 찢어진 여자' 구도로 돌아가는 지구라고 할까. 사실 제-레도 인류병(人類病)을 치료해보겠다는 선의(善意)의 의사들인데, 암흑의 블랙잭이라서 문제이긴 하지만 말이다.

결국 '야메 의사'의 치료를 받아 인연을 맺은 젊은 야쿠자는, 출소한 '형님'에게 관할구역을 빼앗기고는 버림받는다. 조직의 시달로 관할구역 상인들에게서조차도 '투명인간' 취급을 당하고 짭짤한 쇼 무대 댄서인 자기 정부마저 형님에게 붙어버리자 드디어 연놈들의 소굴로 쳐들어가서 최후의 대결을 벌인다.

바닥에 엎질러진 '하얀색 페인트' 위에서 부여잡고 뒹구는 수컷들의 모습에서 'Drunken Angel'이라는 영문 제목이 절절히 다가온다. 작중에서 미국 놈은 얼굴도 비치지 않지만 전후 퇴폐의 광풍일 천상의 하얀, 외래의 하얀, 백인의 하얀, 미국의 하얀(white)인 것이다. 학술용어로 social whitening이라고 한다. 이 작품은 '야메 의사'의 치료를 받은 17세 여고생이 전후 여성의 '진보'를 상징할 고등학교 졸업장을 선물로 의사에게 보여주면서 끝난다.

1971년 <하얀 거탑>이 나올 당시의 사회적 분위기는 우리나라 DJ정권 말기에 해당하는데, 당시 국정원 도청문제와 벤처금융 스캔들 등으로 일그러진 시절인지라 교수님을 비롯하여 사장님이나 의사선생님 등 '높은 놈들'에 대한 불신풍조가 매우 급속도로 부풀어간 때였다.

그래서 덜컥 대통령이 되어버린 이도 나오기는 했지만 말이다. 당시 일본도 매우 흡사한 분위기였다. 그래서 전후 '존경'의 대상이 된 의사들이 화끈하게 망가지는 저런 영화도 나온 것이다. 마치 우리나라에서 <여고괴담>이 처음 나온 뒤에, 한국교총에서 '현실왜곡 우려' 성명까지 내놓던 분위기를 생각하면 되겠다. 이 작품의 시작이 매우 쇼킹하다. 뱃속의 꿈틀대는 장기수술을 끝내고 실로 봉합하는, 개구리 해부실험 분위기로 시작하기 때문이다.

두말할 나위도 없이 1997년 극장판 <The End of Evangelion>의 충격적인 2호기 해체 장면과 직결되기 때문이다. 2호기의 창자가 쏟아지고 뇌수가 흘러내리고 안구가 대롱거리며 살점이 발라내진 끔찍한 이미지들이 나온다. 베트남전쟁의 영향(참전체험 및 잔혹영상)으로 등장한 70년대 좀비영화, 중미 정글 게릴라전의 영향(고발영상 기타)으로 등장한 80년대 '지옥인간' 부류 영화들의 적자(嫡子)라고 할 수 있으리라.

그런데, 일본에서 '창자'라는 표현은 그냥 '있는 모든 것을 톡 까놓고, 툭 터놓고' 라는 뉘앙스의 관용적 상황에서 사용되는 것 같다. 서민적 식자재인 곱창이 일부 사람들에게는 징그러워 보이지만, 전혀 그렇지 않은 사람도 있는 것과 유사한 양상이라고 할까. 개고기나 소의 혀(牛舌), 돼지의 '뒷고기'나 '애기집' 부위도 먹어본 사람과 그렇지 않은 사람이 받아들이는 인식의 갭이 있다. 그런 차원인 것으로 해석된다.

불교에서도 '가슴을 열고'라는 관용적 표현이 사용되는 것처럼 말 그대로 절개해버리는 단계의 비유까지 일본서는 발전했을 것이고—결국 '실상노출'의 성격이 큰 비유법의 소재인 것으로 보인다. 1960~70년대 괴수물에서 괴수의 내장기관이 노출된다든지, 1970~80년대의 산물이라는 핑크영화<천사의 창자> 시리즈 등에서 보이는 작명 센스를 보면 이해가 못 갈 내용도 아니다.

영어로 해보면 'The Guts of Angel' 정도 되는데, 이 guts라는 표현이 '창자' '생선배알' 외에도 미국구어(口語)로 '기운' '용기' '배짱' '끈기' 등의 의미에 영국구어로는 '뻔뻔스러움'이라는 의미까지 있다. 1974년의 SF 로봇물인 <겟타로봇> 주제가에도 "겟츠 겟츠 겟츠!" 외치는 대목이 있다(악역은 과거에 잠들어야 할 공룡들이다).

그러니, 결국 이런 복합적인 메타포의 총체가…, 사이비종교=자살교 전도사 가오루들에게 제물(祭物)로 집단강간(輪姦) 당하는 아스카의 2호기일 것이다. 두말할 나위도 없이 옴진리교 사건의 영향이리라. 신지의 손을 움켜잡으며 언니들의 로망일 '야오이' 분위기를 한껏 자아내던 우정의 만물박사 가오루의 저런 더러운 얼굴…(웃음).[134]

1997년의 쇼킹한 내장적출 장면은 2009년의 3호기 해체 장면으로 계승된다. 골고다 기지에서 공수해온 '겐도의 성궤'일 더미플러그(뽕약)가 위력을 발휘하는 장면으로, 그냥 이빨로 창자를 물어뜯어 흩뿌리는 처참한 묘사다. 문제는 이 장면을 '식사미팅의 큐피드 레이'가 고스란히 지켜보고 있었다는 사실이다(그릇 레이의 두 얼굴).

실제 사회에서는 아마 1997년의 고베연쇄살인마 사건의 재현으로 확신한다. 마치 동요와 같은 BGM이 이를 도저히 부정할 수 없게 만들어준다. 형사미성년자인 14세 소년이 피해자를 살해한 후 다니던 중학교 교문 앞에 시신의 일부를 전시한 쇼킹한 사건으로 1989년 미야자키 쓰토무 사건 이후 또 다시 미디어를 공황상태로 몰아넣으며 시작되는데, 절단된 피해자 머리의 입을 양쪽 귀밑까지 절개하여, 1978년 고베에서 시작되어 전국의 초등학교로 확산되어 사회현상으로 주목받은 도시전설인 '입 찢어진 여자'를 재현한 것이다(80년대 한국에도 상륙).

범인은 '사카키바라(酒鬼薔薇·주귀장미)'를 자처하며 방송사에 도전장을 보내는 등 극단적인 반사회적 인격(psychopath)을 표출한다. 훗날 해당지역의 길고양이 등 주인 없는 짐승의 연속 학대참살 사건도 이 '14세 사카키바라'의 소행으로 밝혀지기도 하였다(범인의 집에서 동물의 사체 일부들이 전시된 유리관이 발견됨).[135]

이것이 바로 코믹스판의 '고양이 죽이는 가오루 군'의 출전이 아닐까 생각된다. 문제는 그것이 일본의 '민얼굴' 측면의 하나라는 것이다. 한국에서도 근자에 들어 '동물학대 동영상'이 공분을 자아내는 경우가 잊을만 하면 반복되고 있다. 역시, 따끈한 경상관계(鏡像關係)의 이웃사촌 아니겠는가.

언제까지나 헤어지지 말자
친구로 남자
내일은 꿈에 그리던 희망의 길을
하늘을 나는 새들처럼
자유롭게 살아가자
오늘은 이만 안녕
다시 만날 그날까지
라라 라라라 라라라라라라라
라라 라라라 라라라
오늘은 이만 안녕
다시 만날 그날까지
서로를 믿던 그 기쁨을
소중히 여기고
오늘은 이만 안녕

다시 만날 그날까지

다시 만날 그날까지.

——포크송 〈오늘은 이만 안녕〉,
여러 가수들에 의해 애창된 명곡. 발표는 1966년.
——2009년 〈신세기 에반겔리온 破〉 분해되어가는 3호기 BGM.
아야나미 레이 성우 열창.
——일본의 1966년은 YS 시절인 1996년경에 해당한다.
〈발해를 꿈꾸며〉 〈이것이 개벽이다!〉이었다.

1949년 〈들개 · Stray Dog〉

이 영화는 찌는 듯이 더운 여름날 혀를 쭈욱 내밀고 헥헥 거리는 개의 모습을 한참동안 보여주면서 시작한다.

많은 사람이 간과하겠지만, 당시는 필리핀에서 후크발라합, 일명 후쿠단(Huk團·1942~1952)이라 불리는 공산주의 게릴라들의 활동이 농촌 각지에서 번지고 있었다. 아마 중국본토 공산화에서 응원의 기운도 받은 듯하다. 구로사와 아키라가 일본 주변의 냉전 상황에 대해 면밀하게 관찰해 왔다는 사실을 알아야 한다(이상하게 한국은 예외).

훗날 SF영화의 비유법을 성급하게 적용해보자면 '여름'은 열전(熱戰)을 의미하며 '개'는 역신(逆神·doG)을 비유할지도 모른다. 구로사와 아키라의 강점은 서양적인 것을 일본적인 것과 매우 절묘하게 조합해내는 신기(神技)에 있다고 한다. 서양 비평가들의 말부터가 그렇다고 한다. 그의 영화 제목들만 봐도 '양놈들'조차도 귀를 기울이게 되어 있다. '천사'니 '지옥'이니 '천국'이니 '개(Doggu)'가 어쩌니 말이다(웃음).

작중의 일본은 미국 대중문화가 넘쳐나며 젊은이들은 울긋불긋한 하와이언 '알로하셔츠'를 입고 어슬렁거리고 전후 혼란기의 와중이기 때문에 총기밀매나 총기강도 사건도 일어나고 있으며, 일자리를 얻지 못한 수많은 귀환병 출신들이 '헐벗은 군대복장'을 그대로 입고 거리를 방황한다. 더군다나 동남아 열대지방 같은 분위기의, 땀으로 젖어가는 여름.

구로사와 아키라 감독이 치안이 느슨할 필리핀을 염두에 두고 '일본의 필리핀화'라는 (비판적≒내셔널리즘적) 주제를 표출한 것 아닐까도 싶다. 물론 '개'가 미국의 노예국가(?)로 화한 당시의 일본이라고 해도 큰 문제는 없을 정도이다. 구로사와 아키라가 특별히 우익(?)인 것도 전혀 아니다. 이미 20년도 더 전에 프리츠 랑도 1922년의 <도박꾼 마부제 박사>와 1927년 <메트로폴리스>에서 독일사회에서 지탄과 질시의 대상이던 미국식 '벼락부자들'과 '퇴폐의 도가니'로 화한 베를린/독일을 묘사했기 때문이다.

제2차 세계대전 이후의 독일도 주변 유럽나라들로부터 '미국화 된 똘마니'로 취급당한 바 있다. 미국문화가 넘실대는 일본, 미국화된 신일본을 그리면서도, 1960년대 이전의 구로사와 아키라 영화에서 여전히 '미국 놈'은 하늘나라의 그분(들)과 같이 코빼기도 비치지 않는다. 구로사와 아키라 영화를 연구한다는 '미국 놈'들이 여기까지 파헤칠 수 있을지는, 솔직히 의문이지만(웃음).

영화의 마지막은 EVA세계의 판박이이다. 교외지역 중산층 주택들이 있는 마을에서, 바깥세상의 아수라相과는 분리되어 아름다운 피아노 소리가 울려 퍼지는 가운데(바이엘 아니면 체르니이리라) 소매치기 당한 자신의 권총(♂…EVA세계의 밀리터리 매니아 마리)이 수차 범죄에 사용되어 번뇌로 일그러진 불타는 형사와 젖 같은(類音順化) 세상에 분노하던 극히 멍해 보이는 젊은 범죄자는, 개처럼 진흙탕에서 뒹굴며 격투를 벌인다. 마치 EVA 초호기와 3호기가 뒹굴던 것처럼. EVA 세계의 '신지 군' 같은 범인은, 짐승처럼 울부짖는다.

1949년 〈조용한 결투〉

연도와 장소 불상의 전장. 일본군은 후퇴 중이며 폭우 속의 야전병원에서 땀을 비 오듯 흘리며 군의관은 연속 외과수술의 격무에 시달리고 있었다. 자르고, 가르고, 꿰매는, 의무병들도 고개를 돌리는 세부적인 수술 장면이 상당히 길게 묘사된다. 피로에 지친 군의관은 실수로 메스에 손가락을 베이지만 밀려오는 부상병들 때문에 간단한 처치만 하고 계속해서 수술한다.

다음날, 수술을 마친 병사들이 그늘에 죽 누워있으면서 시시덕거린다. "관(棺)에 한쪽 다리 넣고 하는 주제에…여자라면 얼마든지 널려 있잖아…이런 곳에서 이상한 병에 걸려도 이상하지 않을 상황이지." 군의관은 성병인 매독균 보유 병사의 피로 인해 자신도 매독균에 감염된다. 하지만, 매독치료제 '살바르산'은 상급부대에 의뢰해야 확보할 수 있는 상태라 빠른 처치로 인한 살균이 불가능했다.

전쟁은 끝나고 군의관은 아버지가 운영하는 병원에서 대민봉사 수준의 의료행위에 열중하고 있다. 자신이 매독균 보유자라는 사실을 아버지에게도, 결혼을 약속한 여성에게도 차마 말하지 못한다. 결혼은 무기한 연기되고 있었다.

매독균 보유자라면, 전쟁터에서 이상한 짓을 마음껏 하고 온 사람으로 공인되는 셈이었으니까 말이다. 1980~90년대 AIDS 바이러스 보균자와 똑같은 취급을 당한다는 말이다. '평소에 얼마나 타락 떡을 치고 살았으면. 싸지, 싸.'[136]

우연히 자신에게 매독균을 옮긴 병사와 만나는 주인공. 그는 껄렁패 노릇을 하며 술집을 운영해 돈은 꽤나 모은 상태였다. 옛 부하에게 매독치료를 받으라고 말하지만, 그는 이미 결혼까지 하고 아내는 임신을 한 상태. 주인공의 아버지는 세상이 옛날과 같이 않으니 남편의 주정폭력은 참으면 안 된다고 격려한다. 낙태 권유를 무시하고 강제로 아내의 출산을 밀어붙인 옛 부하는, 태어난 아기의 모습을 보고 비명을 지르고 넋이 나간 채로 병원 문을 나선다. 아기의 모습은, 작중에서 아예 보여주지 않는다. 보여주지 않음으로써 더 큰 잔상을 남긴다.

구로사와 아키라의 1940년대 영화에는 의도적으로 전쟁의 흔적이 꼭 새겨져 있다. 병사들의 대화는 '전시(戰時) 성 착취행위'의 실존을 웅변하고 있다. 폭우로 보아 남방 열대지역의 우기(雨期), 밀려오는 부상병으로 보아 이곳은 버마(Burma) 전선이다. 1944년의 무모한 인도침공 작전으로 수많은 병사가 헛되이 스러진 곳이기도 하다. 제2차 세계대전 기록에 사용된 일본 측 용어는 훗날 1970년대 로봇SF에 고스란히 흡수된다.

현 미얀마의 '백골가도[137]'부터 시작해서 뉴기니 북부의 '기아전선[138]'을 거쳐 대만~필리핀 루손 섬 사이의 '강철해협[139]'에 미군 지도에 Volcano Islands[140]라고 표기된 오가사하라제도, 소련군의 만주침공 당시를 은유한 '백화부대[141]' 등이 대표적이다. 서방 쪽에서 편찬된 전사에서는 볼 수 없는 SF적 작명들이다.

    1938년까지의 중일전쟁에서 이곳저곳을 전전하다가 내륙 깊숙한 중경으로 퇴각한 국민당 정부는 영국령 버마의 육로를 통해 미국과 영국의 보급을 받았다. 1942년 버마가 일본군에 점령되자 미국은 인도의 비행장에서 출발해 티벳 영공을 통과하는 공수 보급을 통해 국민당 정권을 지탱시키기로 결의한다. 티벳은 1913년에 중국으로부터의 '분리 독립'을 선언한 상황이었다. 미국은 티벳 독립 지지를 조건으로 영공통과 권리를 획득했던 것이다. 독일(스탈린그라드)도 프랑스(디엔비엔푸)도 소련(동베를린 봉쇄)도 성공 또는 좌절시키지 못한 튼튼한 공수 보급 작전.

    맥아더도 손사래치던 1958년 이후의 베트남 개입이라는 불행의 씨앗은 이렇게 싹튼다. 이듬해 1959년 달라이 라마가 인도로 망명한다. 달라이 라마의 형을 중심으로 한 일단의 그룹이 대만과 미국, 인도의 지원으로(어쩌면 일본까지 포함되었을지도), 네팔 묵인 하에 중공 점령군에 맞서 일어난 게릴라 세력들에 무기와 물자를 공급하는 역할을 떠맡는다.

1957년 〈수렁 · Lower Depth〉

    에헤라, 돈이면 지옥(地獄)도 사탄도 부리는구나, 부처도 자비(慈悲)도 살 수 있구나!

—작중 밑바닥 인생들의 한바탕 풍자극에서.

    부처님과 그 제자들은 말이지, 뭔가 있다고 말만 하고 정작 찾는 곳은 말 안 했어.

—좋은 말로 사람들을 위로하다가
막상 사건이 크게 터지자 슬쩍 사라지는 영장노인(靈場老人).

구로사와 아키라의 (비유와 상징이 가득했을) 1950년대 사무라이 영화에 대해서는 필자의 2011년 졸저 <괴수영화 속의 두뇌전쟁史—백인SF에서 제국일본까지>에 자세히 언급하고 있으니 적극 참조하기 바란다. 이쯤에서 구로사와 아키라(1910~1998) 연표를 간단히 살펴보고 시작하자. 1969년생 하시모토 도루 같은 젊은 피들이[142] '그때는 다 사정이 있어서 그런 굴욕적인 선전영화를 만들었지 않았겠느냐?'라고 말 못하도록 해야 할 것이다.

1943년 전시 국책영화(national policy film) <스가타 산시로>로 데뷔, 1950년 도쿄전범재판의 은유가 사용된 시대극 영화 <라쇼몬>이 제12회 베니스영화제 그랑프리 및 제24회 아카데미 외국어상 수상, 1952년 <이키루>로 제4회 베를린영화제[143] 은곰상 수상, 1954년 일본자위대 탄생의 은유가 사용된 시대극 영화 <7인의 사무라이>로 제15회 베니스영화제 은사자상 수상, 1958년 돌아온 보수합동과 경제안정 흐름의 은유가 사용된 시대극 영화 <숨은 요새의 세 악인>이 제9회 베를린영화제 은곰상/감독상 동시수상 및 국제영화비평가연맹상 수상.

1961년 안보투쟁의 은유가 사용된 시대극 영화 <요진보>가 제22회 베니스영화제 남우주연상 획득, 미국/한국 지상군 베트남 투입의 해인 1965년 시대극 영화 <붉은 수염>[144]으로 모스크바국제영화제 소련영화노동자동맹특별상 수상 및 아카데미 외국어상 노미네이트, 월남패망의 해인 1975년 대자연영화 <데르수 우잘라>로 모스크바국제영화제 그랑프리 및 아카데미 외국어영화상 수상, 이란혁명과 석유전쟁으로 중동이 혼란스러운(즉, 戰國時代) 해인 1980년 일본 전국시대를 배경으로 한 <가게무샤>로 프랑스 칸느영화제 그랑프리 및 아카데미 외국어상 노미네이트.

앞서, 아시아태평양전쟁/제2차 세계대전 당시 일본군 장교와 병사들의 정신전력이자 전쟁터에서의 심리적 실드(shield) 역할을 불교가 담당해왔다는 것이 밝혀졌다. 신도(神道)의 경우, 심지어 도조 히데키조차 '그것은 (체계적인) 종교가 아니다(그냥 아름다운 고유풍습일 뿐)'라고 말했으니 불교의 정신전력 이바지는 지대한 것이었음을 방증한다. 그래서 관제(官制)로 '황도 불교'라는 것도 추진해보고 말이다.

하지만 특히나 침략적 성향인 관동군(關東軍) 장교들 중에는 신도를 고집하는 이들도 꽤 있었던 듯하다. 해외에 나가 있으니, 현지인들과의 공통점인 불교보다는 지배민족으로서의 차별점인 신도에 더 집착했는지도 모를 일이다(원래 전쟁 지지 지식인들 주장은 그게 아닌데도). 결국 어렵게 말하면 '허상으로서의 (汎)아시아주의'인 셈이다.

구로사와 아키라의 1940~50년대 영화들이, 당시 책으로는 직접 다루어졌는지 모르겠으나 전쟁을 체험한 사람들이 직접 보고 듣고 느낀 내용들, 이른바 암묵지(暗默知)를 상당히 많이 내포하고 있다는 사실이 매우 중요하다. 당시는 굳이 떠들지 않아도 다들 아는 것이었으나, 세월이 흐르면서 떠들거나 기록을 남기지 않으면 다들 모르게 되는 내용들이다.

이번 영화 <수렁>은 러시아 문호 고리키의 원작소설을 영화화 한 것으로, 무대는 에도시대 말기의 도쿄에 장소는 언덕 위에서 쓰레기가 뿌려지는 서민 벌집촌이다. 벌집주택은 1920년대 독일 표현주의 영화들 특유의 방식처럼(특히나 프리드리히 무르나우 감독의 영화들) 집 자체가 곧 무너질 것 같은 위기감을 주는 비스듬한 각도로 세워져 있다. 비스듬한 각도는 <신세기 에반겔리온> 극장판들의 폐허 장면에서 많이 활용된다. 불완전수 '6'이며 불안감을 주는 비스듬한 각도인 것이다.

이 벌집가옥은 남녀관계를 놓고 추잡한 관계로 얽혀있는 여자들이 지배하고 있다. 이 집에 사는 사람은 아니지만, 부처님 헤어스타일처럼 꼬불꼬불한 두상의 '정박아' 청년이 가끔 쳐들어와서 물건을 두들겨가며 난리법석을 치고 사라지곤 하는 번뇌의 공간이다. 날품팔이 도박꾼들이 사고를 당하면 치료도 안 하고 그냥 붕대만 둘둘 감아놓고는 "아비라 움켄 소와카, 아비라 움켄 소와카, 아비라 움켄 소와카" 같은 미신이 아닐까 싶은 수준으로 밀교진언(眞言)만 외어대는 곳이다.

'옴 아비라 움켄 소와카 바사라 탐캄!' 이 공작명왕(孔雀明王) 진언은, 이 작품 속의 DVD 어디에서도 번역 및 해설조차도 해주지 않는다. 1980년대의 퇴마물과 종교만화 흐름의 주역이었던 <공작왕>을 보았으니, 의미 없는 소음처럼 들렸던 저 밀교진언이 작중에서 내포하고 있는 의미를 알 수 있을 뿐이었다. 아마 DVD 원전일 미국어 번역판에서도 무슨 말인지 모르고 그냥 넘어갔으리라.

필자가 일본의 SF시각문화와 불교와의 관계에 대해 '세계사'까지 동원해본 이유도, 아무리 봐도 전쟁 당시 일본불교의 암(暗)을 우회적으로 건드리거나 비판하는 내용들이 잊을 만하면 나왔기 때문이다. 1994년의 이른바 '조계사 사태'와 그 여진(餘震)에서 경찰관이 실족 추락사하는 것까지 직접 다 보지 않았던가? 그렇다면 일본에도 체제와 불교 사이에, IMF사태 이후 붐을 이룬 국산 호러영화 제목대로 어떤 <텔 미 섬딩>이 있었지 않았겠는가. 1999년 같은 해에 나온 한국판 <RING>처럼 어떤 연계고리가 있었지 않겠는가?

그때 나온 얘기가, 종단 기존세력이 역대 군사정권과 결탁해서 뭐 어떻게 해먹고…운운, 다 이런 얘기들이었다. 뭘 어떻게 해먹었는지는 모르겠고 그런 말 하던 사람들의 훗날 행태로 보아 별로 관심도 없지만, 예전부터 들어온 호국불교(護國佛敎)라는 정신적 고리와 뭔가 싱크로가 있지 않겠는가. 지배세력 판도가 요동칠 때마다 한국불교는 꼭 '풍파'를 겪는다. 신군부 때(구악척결), YS 때(문민통제), MB 때(좌우교체), 패턴이 다 보인다. 그쯤 해야지.

일본의 선(禪)이 아침 예불과 저녁 예불에서 경을 낭송하기 시작한 이유는 몽골족의 침입에서 기인한다. 다른 씨칠들은 나라를 수호하는 기도를 한답시고 법석을 떨었지만 선승들은 오직 좌선만을 행하였다. 다른 종단들과 거리를 두었기 때문에 나랏일에 무관심하다는 소리를 들었다. 그 결과 그들은 경을 낭송하기 시작했다.
…솔직히 말하겠다. 해군의 최상위 계층은 쓸모없는 자들이었다…야마모토 이소로쿠가 진주만 기습에서 대승을 거둔 직후 그는 도조 히데키와 회합을 가졌다…비행기의 시대라는 것은 의문의 여지가 없는 사실이라고 말했다…하지만 그저 그런 인간인데다 육군 장군이었던 도조는 질투에 사로잡혔는데, 그 이유는 해군과 달리 육군은 아직 중요한 승전을 거두지 못했기 때문이다.

─아사히나 소겐. 임제종 총무원장 겸 원각사(圓覺寺)파 대주지.
저서 〈각오(覺悟)했는가?〉에서. 1978년.[145]

역대 서양의 전쟁과 기독교에 대한 비판적 연구와 분석은 많이 들어봤고, 그런 내용들이 반영된 각종의 문화상품을 접했지만, 불교에 대해서는 들어본 적이 별로 없다. 아마도, 그것은 서양인들의 유사(類似) 오리엔탈리즘적인 심경일 '신비로운 동양에서 온 평화의 종교=불교'라는 장막이 존재하는 것 아닐까 하는 의심을 품었고, 그것은 실체가 있는 것으로 밝혀졌다.

INTERNATIONAL MILITARY TRIBUNAL FOR THE FAR EAST

激動の昭和史
東京裁判

〈격동의 쇼와사—도쿄 재판〉 영화 팜플렛.
본래 이 영화는, 안노 히데아키가 지대한 영향을 받았다는 1971년 영화 〈격동의 쇼와사—오키나와 결전〉과 같은 도호 8·15 시리즈로 기획되었으나, 당시에는 자료 부족으로 제작되지 못했다. 그러다 미국 정부의 정보 공개가 이루어진 뒤에야 기록영화라는 형식으로 고바야시 마사키 감독에 의해 만들어져, 1983년에야 개봉될 수 있었다.

동양에는 종교전쟁이 없었는가? 있다. 다만 서양학자들이 몰랐을 뿐이다. 아니면 아는데 번역이 안되어서, 그래서 우리도 모르는 것 아닐까. 1957년이면 일본에서 이제는 더 이상 '궁핍한 전후(戰後)'가 아닌 시절이다. 1956년 경제기획청이 통계를 발표하면서 일본국민들에게 희망을 주니 '이제 전후는 끝났다'라는 표현을 사용했기 때문이다. 실제로 번영하는 경제열차에 동승하러 수많은 지방민이 수도 도쿄로 몰릴 때였다. 요새도 우리나라 교과서에서 이 표현이 사용되는지 모르겠지만, 하여간 이른바 이촌향도(離村向都) 현상이다. 몰려드는 인구에 주택공급은 한정되어 있으니, 바로 위에서 언급한 이주민용 벌집촌이 도쿄에 우후죽순처럼 들어섰다고 전해진다.

이 영화는 바로 이런 시대상을 반영하고 있다. 통일교가 '세계평화통일신령협회'라는 이름으로 일본에 텃밭을 다진 것도 이즈음이라고 알려졌다. 사람들이 '마음의 안정(equilibrium)'을 바랄 시대이다. 한국으로 치면 대충 1985년경이 아닐까 싶다. 제2차 오일쇼크의 충격파가 가시고, 일본에서 들여온 '안보차관'으로 사회기반시설도 닦고 AID아파트도 주공아파트도 건설하니 도시서민 주거문제가 가닥이 잡혀가고, 금서(禁書)의 일부 해제조치도 이루어진다.

이즈음부터 소위 '사회과학도서'가 봇물을 이루었다고 전해진다. 훗날 사이비 집단자살극 의혹을 받는 1987년의 '오대양(五大洋) 사건'도 머지 않은 시기이고 말이다. 하기야, 1979년 12·12사태 당시 일부 지도층 인사들은 '가난한 집안이 많은 육사 출신들이 사회주의 혁명을 하는 것 아니냐'라는 공포(?)에 떨었다지 않은가. 일본 군부도 전쟁 말기 똑같이 그런 소리 들었다.

1963년 〈천국과 지옥〉

도쿄의 관문을 차지하고 앉은 일본민족의 수치이자 퇴폐의 도가니(?) 일 미국 군항 요코하마를 무대로 벌어지는 기업인 아들 유괴사건을 소재로 하고 있다(용산이나 이태원을 배경으로 하면 딱 맞을 듯하다). 비교해보면, 1960년 안보투쟁~1965년 전공투 결성과 1987년 6월 항쟁~1993년 한총련 결성 사이의 시기에 해당한다. 실제로 한국에서는 80년대 중반 이후 90년대 중반까지 급속한 경제성장이 이루어지면서, 상대적 박탈감에 따른 유괴사건이 특히나 빈발했다.

단순한 유괴사건을 다루고 있는 것이 아니라, 로드무비 형식으로 사건을 추적하면서 등장인물들의 눈에 보이는 당시의 사회상을 점묘법 수준으로 묘사하고 있다. 혼혈아와 마약중독, 비빔밥/불고기/설렁탕/곱창/냉면 등의 다양한 메뉴가 한글로 적혀 있는 유흥가 대중식당의 모습, 미국 본토가 아니라 오히려 일본에서 흑백이 대등한 눈높이로(?) 술과 유흥과 동양인을 즐기는 아이러니한 모습도 보여준다.

유괴범은, 언덕 위의 부자집(heaven)을 매일 보고 살아야 하는 선창가

단칸방(뉴욕의 Hell's Kitchen格)에 세 들어 사는 병원 레지던트이다. 그냥, 잘난 꼴이 보기 싫었던 것이다. 앞서의 전후 매독치료제 '살바르산' 밀매를 언급했지만, 병원약품에서 환각제 성분을 추출하여 마약으로 만들어 팔아먹던 레지던트는 마약중독에 빠진 지방의 '여름별장 관리인 부부'의 손을 빌려 유괴를 성공시킨다. NERV 총사령관 이카리 겐도처럼 '손 안 대고 코풀기'의 달인 경지를 보여준다.

마지막에, 체포된 범인과 유괴사건 당시 거의 파산 지경에 몰린 '부자집 사장님'이 형무소에서 대면한다. 겉만 부자였지 실은 그런 것이 아니었는데 유괴까지 당했으니 어떠했겠는가(90년대 초중반의 부유층 연쇄납치살인 및 인육취식 지존파 사건과 유사하다).

범인은 의학도답게 '과학'적인 용어를 써가면서 자신의 심경을 피력한다. 뇌 속의 신경전달물질이 지금 막 분비되고 있어서 그것이 혈관을 따라 내려가면서 인체 각 부위를 자극하고 그 결과 당신 얼굴을 직접 마주한 내 손을 떨리게 만들고 있는데 그것은 나의 의지가 절대 아니며…(앞서 마부제 박사적인 wille) 이러면서 (80년대 표현을 써보면) '개똥'신경정신과학 강의를 하다가, 폭주한다.

우어어억! 짐승과 같은 울음소리를 내지르며 벌떡 일어서서는 보안 철망을 움켜쥐고 일그러진 악마의 표정을 짓는다. 간수들이 황급히 끌고 가고 황당의 극에 달한 사장님 얼굴 앞에서 면회대의 셔터가 '쾅' 내려지면서 그대로 영화는 끝난다. 난마 같은 '사회병(굳이 영어를 찾아보자면 sociopath)'과 이제는 모든 EVA 시리즈가 실행하고 있는 '짐승 같은 폭주(暴走)'는 구로사와 아키라 영화의 단골 소재이다.

거기에 더해 남자(♂)는 모두 술꾼, 무뇌아, 놈팡이, 무기력자 쪽에 주로 줄서 있고(속된 말로 꺾인 상태) 여자(♀)가 낑낑 거리며 생활력을 발휘하고 의지의 화신이 되는 쪽에 주로 줄 서는 것이(꿋꿋하고 질긴 생명력의 패랭이꽃·ナデシコ) 또한 구로사와 아키라 영화의 매력이다.

1990년대에 배우 장동건과 김희선의 출세작(백화점 사장과 똑 부러지는 태도의 백화점 직원)이 바로 일본의 '꿋꿋한 여성' 드라마인 2000년 작품 <야마토 나데시코>의 리메이크였던 것으로 기억된다. 경제성장으로 인해 1990년대 당시가 '백화점 쇼윈도 문화'의 말 그대로 개화기(開花期) 아니었던가. 대형할인마트 대중소비문화의 선구인 E마트가 1994년에 서울 서북변의 도봉구 창동에 1호점을 연다. 그것이 일본의 60년대였던 것이다. 우린 너무 빨리 수그러들었다.

32天. 유황불 지옥의 괴수대백과

그리스도인은 자기 안에 사는 것이 아니라 그리스도 안에서, 그리고 이웃들 안에서 살아간다. 만일 그렇지 않으면 그는 그리스도인이 아니다. 그리스도인은 신앙을 통해서 그리스도 안에서 살고, 사랑을 통해서 이웃 안에서 살아가는 것이다…이 점에 관해 그리스도께서는 다음과 같이 말씀하신다. 진정으로 내가 너희에게 말한다. 너희는 하늘이 열리고 하느님의 천사들이 인자(人子··the Son of Man) 위를 오르락내리락 하는 것을 보게 될 것이다.

—마르틴 루터, 〈크리스천의 자유에 관하여〉에서.

역대 주요 괴인 및 괴수영화를 〈신세기 에반겔리온〉과 연결되는 비유법 위주로 일별 및 단평해본다. 이 장은 건너뛰고 넘어갔다가 다시 돌아와서 읽어도 무방할 것이다. 작품의 설정 등 세부적인 사항은 필자의 2011년 졸저인 〈괴수영화 속의 두뇌전쟁史〉 1~2권을 적극 참조하기 바란다.

1925년 〈오페라의 유령〉

19세기에 수차 발생했던 프랑스 파리 시민봉기 당시 학살이 벌어졌던 장소에 부르주아 문화의 전당일 파리오페라극장이 들어선다. 학살사건 생존자였다가 오페라 단원 자리에서 밀려난 '유령(phantom)'은 오페라극장 지하에 남아 있는 옛 고문(拷問) 시설의 특수설비들을 이용해서 신출귀몰한다. 자신의 재능을 가로채려 한다는 착각으로 인한 다툼 와중에 사진 현상액을 얼굴에 맞아 해골과 같은 끔찍한 얼굴이 되어버린 가면유령은 욕망의 대상인 '가성(佳聲)의 여가수'를 놓치지 못해 결국 반사회 테러리스트로 전락해간다.

1년에 1회 열리는 파리 시민들을 위한 규율해방 럭셔리 서비스일(?) '가면파티' 장소에 맨 얼굴로 나타나서 공포의 대상으로 등극한 '유령(Red Death)'은 오페라극장 무대 기술자들과 연결되어 있던 '성난 민중'의 손에 결국 맞아 죽는다. 유령(빨갱이?)이 오페라 극장 옥상의 거대한 천사상에 올라타서 지상을 내려 보는 구도는 영락없이 EVA세계 코믹스판의 가오루아 머리 없는 컨시깅의 모습들이나. 그가 사용하던 오페라극장 자폭장치(소위 doom device)의 작동패널이 요한계시록의 메뚜기와 전갈 형상인 것도 매우 주목할 만하다. 1920년대 미국은 제1차 세계대전 전쟁경기 호황의 시절이었다.

1927년 〈메트로폴리스〉

이 작품에 등장하는 초자연적 요소로는 '퇴폐의 광풍' 세상을 묘사할 때 욕망에 불타는 '눈'들을 곤충의 겹눈과 같은 구도로 화면 가득 배치하여, 정중앙의 눈을 중심으로 빙글빙글 돌아가는 유원지 사격장 과녁처럼 묘사한 장면이다. 욕망의 시선에서 전시안까지 의미 확장이 가능하다. 훗날 프리츠 랑 감독은 1960년대 초에 미국에서 제작된 '마부제 시리즈 3탄'에서 하늘을 가득 메우고 있는 '눈'의 그로테스크한 이미지로 당시의 베트남전쟁을 은유한다.

1931년 〈드라큘라〉

'피는 생명입니다'라는 명대사가 <신세기 에반겔리온>에 커다란 영향을 미쳤다. 걸어 다니는 남근(男根)이라는 개념이 SF적으로 활용 가능하다. 드라큘라는 자신의 성에서 3명의 미녀 흡혈귀와 함께 사는데, 당시 미국 기준으로, 이들이 잠자던 관이 비너스의 조개처럼 천천히 열리는 장면에서 사람들이 에로틱한 감성을 많이 받았다고 한다. 드라큘라 성의 계단에 있던 가운데 동그란 구멍이 난 커다란 거미줄조차도 에로틱한 감성을 전달했다는 말이 있다. EVA 신극장판에서 남극대륙을 없애버린 4위1체랄까.

1931년 〈프랑켄슈타인〉

인조인간의 원조격인 작품. 신(神)과 대등한 수준이 되고자 하는 '의대생' 프랑켄슈타인의 광기가 주목할 만하다. <신세기 에반겔리온 破>에서 3호기의 '새로 튀어나온 손'이 전형적인 프랑켄슈타인 디자인이다. 이물질이 박혀 있거나 커다란 수술자국이 나 있는 식의 레트로디자인이 그대로 활용된다. 게르만의 혼을 담지하고 있음이 틀림없을 독일 과학력의 쾌거이다.

1932년 〈미이라〉

독일 고고학자에 의해 발굴되어 부활한 미라가 욕망의 대상인 여성을 지배하기 위해 '의지'의 힘으로 사람들을 조종한다. 이 작품에서 배경으로 등장한 이집트의 고양이 신 '바스트'는 SF/호러 분야 고양이 전통의 제2호 격이다. <신세기 에반겔리온>에서 '고양이 사도'의 선조라고 할 수 있으리라.

'의지'와 관련해서인지 1935년에는 히틀러 총통의 위대한(?) 승리를 다룬 <의지의 승리·Triumph des Willens>라는 독일 선전영화도 나온다.

1932년 〈마부제 박사의 유언〉

정신붕괴를 일으켜 병원에 수용된 마부제 박사는, 무의식중에서도 종이에 계속해서 테러계획을 적어낸다. 사회지도층일 정신병원 원장 겸 의대교수가 '타락한 세상을 정화하려는 위대한 의지'에 감화되어(마부제 박사의 혼), 두목이 누군지 모르고 알 필요도 없는 범죄조직의 수괴로 활약한다(얼굴 없는 제-레 발상과 직결).

조직에서 손을 씻고자 고뇌하는 사내가 장막 뒤의 두목을 덮치니, 서기에는 나치스가 한껏 활용했을 라디오 스피커가 놓여 있었다. 이 해 총선에서 나치스가 제1당으로 등극하고 영화는 독일에서 상영이 금지당하며, 감독인 프리츠 랑은 미국으로 망명하고 각본을 쓴 그의 아내는 나치당의 열렬한 지지자로 활동한단다. 나치스는 미디어 활용의 귀재였다. <설국열차>에서도 (프리)메이슨 총리가 '스피커.'

1933년 〈킹콩〉

'킹콩과 미녀'라는 독일어 부제까지 달고 있는 영화로서, 제1차 세계대전 당시 미국의 선전 포스터에서 독일을 '뿔이 우뚝 솟은 카이저의 금장 철모를 쓰고 손에 커다란 몽둥이를 든 성난 고릴라'로 묘사한 데서 연유하는 비극의 대형짐승이다. 거대한 프랑크소시지 같은 손가락으로 미녀의 옷을 벗겨대는 장면은 SF적으로 승화될만한 우수한 설정이다. 여자들은 오뎅이나 핫도그(Hot doG)를 조심해야 한다.

킹콩이 흑인 원주민들의 머리 부분을 깨물어 죽이며 마구 날뛰는 장면은, <신세기 에반겔리온> 1997년 극장판에서 인류보완(人類補完) 진행 중에 구속구를 다 벗어던지고 머리에만 투구를 두른 초호기=거인신지가 겐도의 머리를 깨물어 죽이는 장면에 적용된다. 킹콩이 마천루에서 결국 떨어져 죽는 설정은, 히틀러 총통의 권력의지에 대한 메타포로 해석될 수도 있다. 이 작품은 1932년의 '마부제 시리즈 2탄'에서 미디어의 위력에 영향을 받는다. 후대 괴수영화의 3대 필수품인 미디어, 군중, 괴수의 구도가 이 작품에서 확립된다. 미디어는 '눈'인 동시에 '입'도 되는데, <신세기 에반겔리온>에서 EVA들이 폭주할 때 입이 크게 벌어지고, 신극장판의 제10사도가 처음 등장할 때는 코어블록이 거대한 눈처럼 붕대가 감겨 있으며, 촉수를 흐느적거리는 형태일 때는 코어블록을 중심으로 몸통에 거대한 이빨을 가지고 있는 형상이며 '바빌론의 창녀'로 변신했을 때에는 등에 있던 무늬가 어깨로 옮겨 거대한 눈의 형상으로 묘사된다.

1933년 〈투명인간〉

SF/호러 분야의 '붕대 로망' 제2탄에 해당할 작품이다. 원래 독일인 과학자가 표백제 발명 과정에서 지나친 완전백화(完全白化)를 일으켜 위험물질로 분류된 약품을 과용, 투명인간화 된 과학자가 주인공이다. 독일인의 과학력은 이처럼 끈질기다. 타인의 시선으로부터 벗어나는 역(逆)권력을 획득한 과학자는 과대망상이 갈수록 심해져서 신(神)의 영역에 도전하려는 언사를 내뱉고 투명군대를 육성하여 세계를 지배하겠다는 야망까지 드러낸다. 하얀 눈밭에서 최후를 맞으니 신경계, 근육계, 골격계 순서대로 앙상한 인간의 형상이 드러난다. '하얀 놈'들과 나치 권력은 끈질기게 EVA 세계까지 따라왔다.[146]

1935년 〈런던의 늑대인간〉

늑대인간 현상을 낭광증(狼狂症·Lycanthrophy)이라는 과학적 용어로 정리해준 발상이 돋보인다. <신세기 에반겔리온> 신극장판의 마리 양이 혹시 이 희귀질환(?)을 가지고 있을지도 모르겠다. 아마도 그래서, 반(半) 사도화 된 아스카(?)와 동병상련의 동지애를 나눌지도 모르겠다. 사실 서양에서 공산주의가 '늑대'에 비유되었는데, 알고 보니 번듯한 상류층 박사님들이 공산오염 세포들을 확장시키는 데 한몫 하고 있었다는 무언의 항의일까.

냄새 맡기 즐기는 EVA 세계의 육체파 마리 양의 이름에 대마초(麻)의 냄새가 배어있듯이, 이 작품도 낭광증 억제재의 원료로 쓰이는 (신비의 땅 샹그리라가 있다는) 티벳의 희귀식물을 둘러싸고 미치광이 늑대인간 과학자 2명이 아귀다툼을 벌인다. 그리고 1935년부터 영국이 '도덕수호'를 명분으로 미국산 호러영화 수입을 제한한다. 1990년대에는 뱀파이어 조차 희귀질환 보유자로 리뉴얼되기도 하였다.

1935년 〈프랑켄슈타인의 신부〉

프랑켄슈타인에게 허리를 다친 채 메이드들에게 둘러싸여 지내던 닥터 프랑켄슈타인 앞에, 광기의 과학자 프레토리우스 박사가 나타나면서 그는 프랑켄의 외장형 남근(즉, 代用이드)으로 화한다. 미치광이 과학자와 자본의 결합을 다룬 1927년 <메트로폴리스>의 뒤를 잇는 수작이다.

당시 소련의 실상을 잘 모르던 서방 지식인들 사이에서 공산주의가 진지한 대안(代案)으로 꼽히기도 한 것을 감안하면, 라틴어식 이름을 쓰는 미치광이 박사의 설정은, 당시 바티칸 교황청이 반공전선 동지로서 'Hilter's Pope'라는 비난을 받고 있던 상황에 대한 비판적 메타포가 아닐까도 생각된다. 동시에 독일 고고학자가 이집트에서 가져온 '네페르티티의 흉상'을 소재로 프랑켄슈타인의 신부를 창조함으로써, 1932년 <미이라>

1938년 獨-日-伊 삼국동맹 성립을 축하하는 일본의 어린이잡지 삽화. 써있는 글자는 〈사이 좋은 3국〉.
원형 사진 안은 왼쪽부터 히틀러, 고노에 수상, 무솔리니.

그 아래 그림 오른쪽부터 하켄크로이츠 깃발을 들고 있는 제2차 아베 내각의 부총리 아소 타로 어린이(?), 축구장에서 일장기를 들고 있는 문부상 시모무라 하쿠분 어린이(?), 볼보이를 하며 파시스트 이탈리아 깃발을 들고 있는 관방장관 스가 요시히데 어린이(?)가 보인다.

이후 고대전제(古代專制)로의 회귀를 상징하는 나치독일이라는 메타포고리가 완성된다.

1941년 〈늑대인간·Wolfman〉

독일에서 유대인 차별을 당하다가 미국으로 망명한 대본작가의 영향이 크게 배어있는 작품이다. 캘리포니아에서 돌아온 영국 귀족의 아들은 집시로 위장한 늑대인간의 공격을 받는다. 그는 밤마다 늑대인간이 되어버린 것이 아닌가, 하며 고뇌한다. 고뇌를 해소하러 교회에 갔다가 사람들이 자기를 빤히 쳐다보면서 '당신은 늑대인간이야!'라고 몰아붙인다는 주관적인 느낌을 받고 완전히 늑대인간으로 탈바꿈해버린다. 대중의 시선이 자아정체성에 영향을 미친다는 주제가 깊은 잔상을 남기는 영화.

1953년 〈우주전쟁〉

커다란 머리와 여러 개의 팔다리를 가진 화성침략자(Mars·전쟁의 신)가 미국 본토를 쑥대밭으로 만드는 침략SF의 고전. 훗날 대두인간과 촉수들의 원조로 자리매김될 수 있겠다. 핵공격에도 끄덕않던 3개의 다리를 가진 화성인들의 침략 메카(3위1체)는 진군을 계속할 뿐이다.

화성침략군은 가장 원시적인 생물인 흙 속의 포도상구균(葡萄狀球菌·리리스 하반신 연상)에 감염되어 전멸한다. 지구의지의 정화작용일까. 6·25한국전쟁 당시의 공산군 측의 '세균전 논란'이 반영되었을지도 모른다. EVA세계에서 카지 료지가 수박농원에서 '흙냄새'를 강조한 이유일지도. 화성인 광선병기의 총천연색 색감을 살리기 위해서인지, 컬러로 제작된다.

1953년 〈심해에서 온 괴물〉

레이 해리하우젠 감독의 괴수영화. 알라스카의 얼음 속에서 잠자던 공룡이 핵실험으로 돌연변이를 일으켜 '초능력 공룡'이 되어버린다는 내용이다.

그러니, 사실 심해와는 전혀 관련이 없다. 뉴욕에 상륙한 공룡을 군대가 공격하지만, 공룡의 피 속에 포함된 수수께끼의 미생물로 인해 공룡이 상처를 입으면 사람들도 더 많이 상하게 되는 딜레마를 제시한다. 결국 공룡은 <신세기 에반겔리온> 세계에서의 AA탄과 같은 '방사성동위원소물질'로 충전된 특수무기의 공격을 받고, 코니아일랜드 유원지 화재의 불길 속에서 함께 스러진다. 유원지의 대관람차(大觀覽車)가 프리츠 랑의 '눈'이 되어버린 셈이다. EVA 신극장판의 제5사도 '특촬의상 오징어'에 맞서서 다이칸야마(大觀山) 포대가 맹공격을 퍼붓는다.

1953년 〈우주인, 도쿄에 나타나다〉

불가사리 형상의 별나라 사람들이 도쿄에서 거대화하여 날뛴다. 별나라 사람들의 눈은 별모양 몸통 정중앙에 박혀 있다. 별나라 사람들의 몸체는 붉은 색이니, 이것은 빨갱이의 붉은 별인 것이다(웃음). 서방 침략SF영화의 '공산주의 은유법'에 대한 패러디인 다이에이(大映) 작품이다. 이 해 스탈린이 죽고서 한국전쟁은 끝난다. 전쟁특수 종결의 충격으로 도쿄 증시의 장세가 폭락한다(일명 스탈린폭락).

1954년 〈검은 늪의 괴물〉

당시 미국 사회의 강한 기독교적 분위기를 배려하여 이런 내레이션으로 시작한다. "태초에 하나님께서 빛과 어둠, 천지를 창조하시고 그 다음 생명을 창조하시니, 생명은 바다에서 번창하여 드디어 땅으로 올라오도다." 바닷가 모래밭에 찍힌 진화의 증거일 지느러미형 발자국은 내륙으로 전진하여 마침내 숲으로 들어가는데…(그 결과가 다윈의 원숭이일 터이고).

속칭 '아마존의 반어인(半魚人)'으로 알려진 유명한 친구를 다룬 영화. 남미의 브라질 아마존강 상류 오지에서 역심히 단층기질 그씨에 몰두하던 독일인 과학자는(역시 과학의 독일), 손가락 사이에 지느러미 형상이 남아 있는 화석(化石·훗날 근본주의 기독교도들이 이빨을 가는 대상)을 발견한다. 대중의 관심과 기부를 항상 의식해야 하는 과학재단의 도움을 받아 이 '세기의 과학이벤트'를 실현시키려는 일단의 과학자들과, 미국 호러영화의 필수 아이템일 미녀(욕망의 대상)가 아마존강 상류의 오지 중에서도 오지에 있는 '검은 늪'으로 간다. 역시나 미녀에 '동'한 혼자 사는 반어인은 미녀를 납치하고(번식을 위해?) 그 결과 과학자들도 죽고 반어인도 수수께끼의 물속으로 가라앉아간다.

1954년 〈고지라〉

일본 최초의 거대괴수 영화. 미국의 남태평양 수소폭탄으로 인한 일본 어선의 방사능 피폭(被爆)과 소련의 카자흐스탄 핵실험 영향으로 인한 낙진 섞인 '방사능 비'에 대한 언론과 대중의 공황상태 와중에서 등장하여 엄청난 흥행을 거둔다. 동시에 1954년 창설된 일본자위대 최초의 적(敵)으로 고지라가 데뷔한다. 일본 남쪽바다 섬마을 전래의 수호신(神格)과 미국의 핵폭탄이 결합하여 탄생한 괴수와, 신생 자위대의 대결은 완연히 미국/일본, 과거일본/신생일본의 도펠갱어 구도를 탄생시킨다.

2000년 이전에 유일하게 한자명이 공개된 괴수가 고지라이다. 한자명은 오이라(吾爾羅)—내가(who?) 그대들 신민과 한 통속이었다, 정도로 생각하면 된다. 라(羅)는 범어/불교 계열 개념어에 단골로 붙는 한자이다.

1955년 〈고지라의 역습〉

<고지라>의 세계적인 흥행에 힘입어 급거 제작된 속편. 핵실험의 영향으로 괴수화 된 '초능력 공룡'일 안기라스가 시베리아에서 일본을 침공해온다. 안기라스를 물리친 일본화신(日本化身) 고지라는 소련이 돌려주지 않고 있는 북방영토(남쿠릴열도) 정도 지점에 있는 외딴 섬에서 얼음 속에 봉인된다. 왜놈들로부터 신라를 지키겠다는 문무왕 수중릉이 된 것이다. 1956년 일소 국교회복으로 인해, 만주에서 피랍된 관동군 포로 60만이 고국으로 돌아오게 된다. 때 맞춰 북한이 재일교포의 '조국복귀'를 환영한다며 나선다. 노동력 교환일까.

구로사와 아키라 감독의 1951년 영화 <백치·バカ>는 러시아 문호 도스토예프스키의 원작을 각색한 작품으로, 1부와 2부로 나눠져서 1부는 오키나와전투에서 정신이상을 일으켜 미군병원에 수용되었던 사람이 고향인 홋카이도로 돌아오면서, 아카마(발음상 赤魔로도 표기 가능)란 사람과 가야마(아버지가 술에 절어 사는 공직추방 군인)란 사람의 '유력인사 정부(情婦)' 쟁탈전을 중심으로 돌아간다.

2부에서는 무서운 여자(魔女)로 화한 '유력인사 정부'를 둘러싸고 아카마와 오키나와 귀환병(트라우마 바카)이 신경전을 벌이다가, 아카마가 여자를 죽이고 수컷 둘 다 묘한 우정으로 여자의 시체와 함께 얼어 죽는 것으로 끝난다. 홋카이도 땅의 절반을 내놓으라던 스탈린(♂)과, 최종병기까지 쓴 마당에 그건 안 될 말이라고 버틴 미국(♂) 사이에 선 어머니 대지

(又)를 은유하는 것으로 볼 수도 있다. 미영중소 4개국 분할점령이 예정되었던 일본은, 스탈린의 깽판 덕에 미국 단독점령으로 귀착된다.

1955년 〈놈은 바다 저 밑에서 왔다〉

레이 해리하우젠 감독의 괴수영화. 핵실험으로 거대해진 6발 달린 문어가 캘리포니아의 샌프란시스코를 습격한다. 불길과 음난의 상징인 문어와 성서 속의 불완전수 짐승의 수 666의 6개의 다리로 음란한 파괴를 자행한다. 1957년에는 요한계시록의 아이콘일 '황충(蝗蟲)'에서 모티프를 딴 거대한 방사능오염 메뚜기들이 등장하는 <종말의 시작>이라는 영화도 나온다. 역시나 요한계시록의 아이콘일 거대한 '전갈'이 등장하는 SF 영화도 있다.

1955년 〈수인설남·獸人雪男〉

1990년 구로사와 아키라 감독의 <꿈> 작중의 '시베리아와 북국(北國)에 대한 일본의 야망'을 상징하는 에피소드에 등장하는 일본의 유명한 요괴 유키온나(雪女)의 남성 버전. 심산유곡 이상한 마을에 사는 사람들(근친혼으로 정신박약아 다수)이 일본판 예티일 유키오토코(雪男)를 섬기고 있다는 이야기이다. 유키오토코는 부자(父子)가 등장하는 바, 쇼와천황의 아버지인 다이쇼천황(1912~1926)이 '근친혼 문화'로 인한 정신박약 증세를 보여 군벌세력이 황태자 신분 때부터 쇼와천황을 흔들어댔다는 역사를 참고로 밝혀둔다. 일본공산당도 이 영화가 부라쿠민(部落民) 같은 피차별 소수계를 희화화했다며 역정을 낸다. 그래서인지 아직도 소프트화가 안 된 비운의 작품이다.

1956년 〈하늘의 대괴수 라돈〉

나가사키 원자폭탄이 떨어진 규슈의 화산 아소산(阿蘇山) 근처 탄광 (조선인 징용으로 악명 높은 규슈탄광)에서 연속 살인사건이 발생하고, 살인마의 정체는 거대한 고대잠자리(dragonfly·부처님, 날다) 유충이었다. 이 유충을 잡아다 새끼에게 먹이는 '초능력 익룡' 라돈이 나타난다. 고지라가 태풍(神風)과 함께 나타났듯이, 라돈도 날개바람 충격파(神風)를 사용한다. 1953년 일어난 동베를린 의거(80년대는 義擧라고 도덕책에 나왔다)와 1956년의 헝가리 의거 및 폴란드 포즈난 반공폭동을 소련군이 진압하는데, 라돈은 화산에너지로 전신적화(全身赤化)를 일으키고 다시 날뛰다가 결국 화산폭발로 새끼와 함께 전멸한다.

1957년 〈지구방위군〉

열핵전쟁으로 모성(母星)을 잃은 제5유성인 미스테리안은 지구로 와서 반경 3킬로미터 토지의 조차와 지구여성과의 결혼 허용을 요구한다. 성서 속의 불완전수 '6'에서 연유했을지도 모를 직경 6킬로미터의 토지 아래로 거대한 지하요새를 건설하는 미스테리안(rape). 동시에 일본 각지의 여성들을 유괴하기 시작한다(慰安婦問題). 외계침략자에게 대항하기 위해 결성된 지구방위군(SF역사 최초의 對ALIEN 조직)은 '공중전함 (B-29 패러디)'를 건설하여 적의 로봇괴수 모게라(전쟁두더지·땅굴요새가 장기였던 일본군을 상징)에게 대항한다.

1958년 〈전송 파리사나이 · The Fly〉

완벽한 아내와 재산을 갖춘 과학자는 물질전송장치 개발에 몰두한다.

하지만 아내는 인공위성이니 로켓이니 텔레비전 등의 '급속한 과학발전'에 대한 일말의 불안감을 표출한다. 아들이 애지중지하던 고양이를 가지고 실험하지만 고양이는 울음소리만 들려올 뿐, 육체 재합성에 실패하여 고양이영혼들의 세계로 사라졌을 뿐. 개량을 거듭한 끝에 자기 몸을 실험대상으로 삼은 과학자는 <메트로폴리스>에 등장한 전시안=겹눈과 '천사처럼 날아다니는 것'의 대명사일 파리(성서 속의 저주에는 구더기로만 출연)와 합성되어 파리인간이 탄생한다. 좋은 의도를 가진 아내는 남편의 몰골에 비명을 지르고, 그 비명이 절망으로 바뀌어 파리인간은 자살해버리고 만다. 인간의 머리를 한 파리를 꼭 죽여 달라면서.

과학자의 친형과 경찰간부는 집 근처 공원의 거미줄에서 살려달라며 애원하는 '흰색머리의 인면 파리'를 발견하고, 이 모든 것은 '없었던 일로 하자'며 바알신앙=벨제붑의 파리를 죽인다. 흰색머리 파리는 고대 그리스 플라톤의 철인정치(哲人政治) 비슷한 주장을 펼친 저명한 수학자 겸 철학자 화이트헤드(Whitehead·1861~1947)의 '과학자 지배' 주장에 대한 안티테제로 해석된다. 그래도 인간양심과 도덕의 주재자이실 신(神)은 아직 계시는 거야, 이 급진 책상머리인텔리 양반아(웃음).

1958년 〈대괴수 바란〉

오랜 고습(古習)의 땅 도호쿠. 관동군 장교들과 빈농들의 의기투합이었던 만몽개척청년단의 주력 기지였으며, 일본의 급속한 경제성장으로 수도권 도쿄로 가장 많은 이촌향도민을 배출하고 있던 외진 곳이다. 과학자들은 '희귀종 나비'를 찾으러 미제 지프를 타고 온다. 이상한 마을 사람들은 도깨비 가면을 쓰고 열심히 불교냄새 풍기는 바라다기(婆羅陀巍) 산신님께 기도를 올린다. 금역이 침범당한 데에 분노한 산신님이 드디어 산중 호수의 물속에서(胎內羊水) 그 위용을 드러내시니, 주변이 어두컴컴해지고 광풍(神風)이 불어 닥친다. 날다람쥐와 같은 피막으로 하늘까지 나시는 우리의 산신님. 방위군(아니 벌써?)의 최신병기인 다연장로켓기동차량 부대는 전멸한다.

드디어 도쿄만 물속(日本子宮)에서 탐지된 바란에게 엄청난 수의 미국제 어뢰와 폭뢰공격이 가해진다. 우리의 방위군은 머리끝부터 발끝까지 미제 무기로 도배되어 있었던 것이다. 얼마 전까지 미군 공항으로 쓰이던 하네다공항으로 상륙한 대괴수 바란. 조명탄에 매달아 보낸 '산지절개용 특수폭약'을 바란이 '태양의 조각'으로 착각하여 꿀꺽 집어삼키니 폭탄이 뱃속에서 터져 바란은 도쿄만 물속에서 산산이 스러진다. 신주일본(神州日本)은 대기의 허공 속으로 증발되어 가는가.

1954년 해군장교 출신의 나카소네 야스히로 의원의 원자력기본법 발의로 인해 건설된 일본 최초의 원자력발전소가 1957년부터 가동된다. 이에 남한의 이승만 대통령도 경쟁심을 불태우며, 1949년 노벨물리학상을 탄 유카와 히데키 교수의 모교인 교토제국대학 출신들을 중심으로 1956년 국립원자력연구소를 창설한다. 박통이 1961년 미국을 방문하니까 케네디가 '원자력연구' 상황을 물었다고 한다.

1961년 〈콩가〉

1960년 아프리카의 한복판에 위치한 콩고가 벨기에로부터 독립하자 각지에서 군웅할거 쟁란이 벌어져, 철군했던 벨기에군이 백인거류민 보호를 명분으로 다시 콩고에 투입된다. UN도 동서 양진영으로 갈려 시끄러운 논쟁 끝에 6·25 이후 두 번째의 UN군이 파병된다(이후 복잡한 쟁란이 벌어지는데 통틀어 콩고동란). 어느 동물학자가 아프리카에서 원숭이를 한 마리 데려온다. 이 원숭이에게 식육식물로부터 추출하여 합성한 성장촉진제를 주입하여, 자신의 적들을 제거하는 종복(從僕)으로 부리려 하는 것이다. 하지만, 천연성장약물을 맞은 원숭이는 성장을 멈추지 않는데…(영국 SF영화). '자, 가자. 아담의 분신, 리린의 종복이여.'

콩고는 종주국 벨기에가 허약하여 미국이 광산자원투자 등으로 진출하여 미국인에게 가장 낯익은 아프리카 국가 중의 하나이다. 훗날은 희귀종 마운틴고릴라 보존운동으로 인해 관심도 더 끌게 된다. 문제는 1980년대 기독교발 대논란(?)의 와중에 선 AIDS 바이러스가 이곳에서 왔다는 사실이다. 그래서일까? 1990년 안노 히데아키의 <이상한 바다의 나디아>에서, 나디아의 고향 타르테소스왕국으로 들어가는 '차원의 문'이 바로 이 아프리카 한복판 땅(작중표현 Terra Incognita)에 있다고 나온다.

1961년 〈모스라〉

미국과 소련 국명의 냄새를 피우는 어떤 핵 강국이 남태평양의 녹색섬 '인판트' 부근에서 핵실험을 강행한다. 과학조사단은 이 섬이 방사능오염에서 벗어났으며, 원주민도 살고 있고 더군다나 원주민들이 '소인종 무녀 자매(일명 The Peanuts·하찮은 사람)'를 숭앙하는 것까지 목격한다. 백인 약탈사업가가 섬에 상륙하여 기관총으로 원주민들을 학살하고 '땅콩자매'를 납치하여 일본 전국순회 쇼(野蠻人까지 전시해 대중의 시선권력을 충족시켜준 근대의 각종 만국박람회를 상징)를 벌여 거부를 긁어모은다.

'땅콩 자매'는 구원을 바라는 간절한 기도의 노래(얼마 전 네덜란드 백인일체를 추방한 인도네시아어)를 부르고, 이들과 텔레파시로 연결된 '녹색섬 인판트'의 쌍둥이 추장도 마을사람들을 모아 강신(降神) 의식을 펼친다. 드디어 염(念)과 염(念)이 통해 수수께끼의 십자가 문양(+EVA세계의 미사토 대령 목걸이)이 새겨진 재단(齋壇)이 땅 속에서 솟아오르고 수호신 모스라의 알이 깨지자, 거대한 애벌레가 탄생한다. 애벌레는 열심히 자맥질하여 일본에 상륙하고 국회의사당을 점거하는 등의 난동을 피우다가 얼마 전에 건설된 방송용전파송신탑(신에게 구조신호를 보내는 바벨탑)인 도쿄타워를 구부러뜨리고는 실고치로 화한다.

'일본의 핵무장 반대, 핵 깡패 미국과의 동맹반대, 미 제국주의 핵무기 일본 국내반입 반대'의 정서도 외치던 '1960년 안보투쟁'도 이미 사라지고, 육상자위대는 미국에서(진실은 말하면 안 돼! …웃음) 빌려온 거대한 '원자열선포'로 괴수의 실고치를 불태우려 한다. 전 세계 언론이 진을 치고 이를 올로케 실황 중계한다. 원자열선포의 핵에너지를 흡수한 실고치는 초고속으로 거대한 나방을 탄생시킨다. 미국인들이 이런 깊은 의미까지 알고 2009년 애니메이션 <몬스터 VS 에일리언>에서의 '인섹토사우루스'같은 패러디를 하는지. 재앙의 전조일 Flying Being 모스맨, 일본에 놀러오다(웃음).

1962년 〈요성 · 妖星 고라스〉

2012년 <신세기 에반겔리온 Q>의 세계관에 직접 영향을 미친 SF 괴수영화. 태양계 저편에서 지구를 향해 달려오는 불교의 아이콘 연꽃일 홍련(紅蓮)의 요성이 있었다(Q편의 우주에서 본 지구는 밝은 빨강색·Red Sea=탈애굽 과정의 집단 침례). 진행궤도상의 별들을 계속 집어삼키며 지구로 향하고 있다. 전대미문의 인류 위기 앞에 일본의 제창으로 전 세계 국가가 단결, 남극에 거대한 제트파이프(원리는 당연히 상세불명)를 건설해서 지구궤도를 바꾸고자 한다. 그렇게 해서 (나름의 사정이 있을) 빨갱이별과의 충돌을 피하는 것이다.

빨갱이별은 그 자체가 거대한 염(念)이나 우주의지(wille)의 현현태일진저 방해공작을 위해 남극에 거대한 고대파충류를 나타나게 하니(지열변화로 잠에서 깨었다고 진실을 은폐), 시베리아 영구동토층에서 발굴된 맘모스(mammoth)의 사촌일 바다코끼리 형상의 괴수인 것이다. 결국 괴수는 구 일본군이 미 제국주의 침공군에 맞서 개발 중이던 '살인광선(lethal ray)'의 후예일 레이저광선에 불타 죽고, 지구는 움직이기 시작한다.

1962년 미국의 케네디 정권이 그린베레 위주의 특수부대로 '베트남 사태'에 직접 개입하기로 결정한다. 이 해 히말라야 고지대에서 중국군이 인도령을 침공한 '중인 국경전쟁'이 일어난다. 인도를 때려 그 안의 티벳 망명정부를 흔들겠다는 것이다. 그래서 달라이 라마는 일본까지 달려갔으리라. 일본은 1932년 상해를 때려 그 안의 대한민국 임시정부를 흔들어 준다. 어찌 이승만이 미국에서 눈물겨운 분투를 하지 않았을 수가 있겠는가. 2012년 인류의 희망의 배일 분더는 남극점에서 건조된다. 분더가 거대한 파라볼라 안테나형 레이다를 3대 갖추고 있으며, 함대 전체를 '빛의 피아노줄'로 통제하는 것은 바로 SF특촬물의 역사에 대한 오마주다.[147]

1962년 〈킹콩 대 고지라〉

1961년 쿠바 미사일기지 건설을 둘러싼 미소 해군 대치극인 '쿠바 사태'에서 착안하여 미소의 사이에 끼어 있는 일본에서 세기의 두 괴수가 격돌한다. 뉴기니 섬 인근에서(연합함대 사령관인 무려 軍神일 야마모토 이소로쿠 원수 전사) 포획된 킹콩은 일본의 남쪽으로 상륙하고, 빙산 속에 갇혀 있다가 미국 핵잠수함과의 충돌로 풀려난 고지라는 일본의 북쪽으로 상륙한다. 이제 일본의 운명은? (아타미에서 사이좋게 온천이나 하십시다…EVA세계 온천펭귄의 탄생일까?)

1963년 〈해저군함〉

1945년 미 제국주의의 생명선일 파나마 운하를 공격하기 위해 해군대령 진구지(神宮司)는 대형 잠수함을 이끌고 사라진다. 그는 인도네시아 쪽으로 추정되는 '희귀금속이 지천인 낙도'에서 지하공장을 건설하여 20년 동안 결전병기를 다듬어 왔다. 그것이 바로 아무리 봐도 인간어뢰 가이텐(回天)처럼 생긴 '해저군함 굉천(轟天)'이다. 때맞춰 전 인류에게 다시 자기들의 노예로 복종하라고 선전포고를 가하며 무 제국이 나타난다.

철지난 국수주의자 진구지 대령(이때 이후 일본SF에서 폭주군인들은 대부분 대령으로 고정되며, 최신 사례가 EVA세계의 가쓰라기 대령)은 "이제는 세계가 자네의 해저군함을 필요로 한다!"며 설득하는 옛날 상관을 외면하지만, 제국의 잠수전함이 파리와 베니스 등을 불태워버리자 드디어 대령은 궐기한다(현재의 티벳에서 중국에 항의하며 그러듯이, 1963년 남베트남에서 최초의 승려 분신자살 항의가 시작됨).

충격일지니, (히틀러시대 식의) 고대전제를 꿈꾸며 궐기한 무 제국의 통치자는 노랑머리 동양계 여성이었다. 한반도 남부에 임나일본부(任那日本府·신라가 왜구에게 시달릴 때는 일본이라는 국명 자체가 없었음)를 건설하여 오야시마(大八洲)의 힘을 과시했던 진구황후(神功皇后)였을까? 맥아더가 해방시킨 일본 여성들이었을까? 미국에서 기세를 떨치던 페미니즘이었을까?

1964년 〈고지라 대 모스라〉

러일전쟁 60주년 기념. 도쿄올림픽 개최 기념. 모스라의 날개처럼 '아름다운 나라(美しい國·아베 신조가 처음 수상을 할 때 사용하여 유명해진 표현으로 신화역사서 <古事記>에 나오는 말)' 일본으로 우리 나아가자.

일본의 4대 공해병 중 하나인 '요카이치 천식'의 발원지인 요카이치 마을 인근 간척지 땅 속에서 고지라가 나타난다. 정치인들이 밀어주던 유원지 건설업자가 호객용으로 입수한 '알(卵)'을 찾아 성충 모스라가 일본으로 날아온다. 이것은, 리리스의 알(Lilith's Egg)인 검은 달인가? 미국이 베트남에서 작전 중인 것처럼, 고지라에게 충격의 독가루(1963년부터 고엽제 살포개시)를 뿌려대는 어미 모스라. 어미 모스라가 스러지면서 태어난 쌍둥이 유충 모스라는, 언덕과 계곡의 지형지물을 이용한 게릴라전을 펼치며(?) 고지라에게 끈끈이실을 뿜어댄다. 악(惡)의 고지라는 미라 꼴이 되어 바다 속으로 후퇴한다.

1964년 〈고지라 모스라 킹기도라―3대괴수 지구최대의 결전〉

2001년에 나온 <고지라 모스라 킹기도라―대괴수 총공격>의 원조 격인 작품인데, 무려 40년 가까이 지나서 '황금룡 킹기도라(金魏怒羅)'의 한자어 이름을 공개해주고 있다. 5000년 전에 번성하던 금성문명을 멸망시킨 3개의 머리를 가진 우주초괴수 킹기도라에 맞서, 지구괴수들이 연합하여 저항한다는 스토리이다. 금성은 미의 여신 Venus를 상징한다.

1964년 도쿄올림픽을 맞을 당시의 일본은, 경제적 자신감으로 뭉쳐가고 있다. 일본 자체가, 저 오랜 옛날 대륙에서 찬란한 빛을 발했던 우리 민족의 한국(桓國)12연방처럼, 저 하늘에 있는 '돈의 별' 금성(金星)으로 화한 것이다. 역시 일본민족은 '독자적인 신'을 모시는, 주변의 핫바리민족들과는 뭔가 다른 이들이었다. 페미니즘 비너스의 나라 미국(美國)도 1964년부터 화끈하게 로마공화정 말기의 제도(帝道) 삼두정치 시절처럼 베트남에 폭탄을 퍼붓기 시작하니, 둘이 함께 미쳐 돌아가는 것이다(웃음).

1965년 〈괴수 대전쟁〉

서양 그리스신화 속 최고신 Zeus의 이름을 이어받은 로마제국 최고신 Jupiter(목성) 근처에서 호시탐탐 기회를 노리던 킹기도라는, X별 외계인들에게 포섭되어 지구 공격에 앞장선다. 고지라와 라돈조차도 X성인들의 뇌파조종에 이용당한다. X성인들은 만사를 거대한 '계산기'의 지시에 따르는 선진문명을 자랑한다. 이들의 뇌파조종전파를 차단하기 위해, 일본의 과학자들은 고심의 연구 끝에 드디어 최종병기를 발동시킨다. 이것이 민중의 힘이다.

일본정부는 전 국민에게 집에 있는 라디오를 켜달라고 호소한다. 전파송신탑인 도쿄타워에서 송출된 對외계인 특수전파는 일본 전국의 라디오를 타고 울려 퍼진다. X성인의 지구침략 일본 전진기지는 멸망한다― 1945년 히로히토 천황의 옥음방송(항복 선언문)을 패러디한 설정이다.

1964년에 서양인이 쓴 최초의 히로히토 천황 평전이 세상에 나온다. 히로히토 천황도 이처럼 일본 SF역사에서 짭짤한 거마비를 챙긴 나름대로 유명인사(셀렙)였던 것이다.

1965년 〈대괴수 가메라〉

거북이는 불교신화(거북 등 위에 코끼리 있고 그 등 위에 이 세상)에도 등장하고 한반도신화(가야국 김수로왕의 거북대가리)에도 등장한다. 동양전통의 사방수호신(四方守護神)이 북쪽의 현무(玄武), 남쪽의 주작(朱雀), 동쪽의 청룡(靑龍), 서쪽의 백호(白虎)이다. 핵폭탄으로 북극 인근에서 깨어난 거대한 거북 형상의 괴수(검은 색)는 입에서 불을 뿜어대며 난동을 부린 끝에, 우주로켓에 실려 지구 밖으로 방출/유폐된다. 1965년 한국군 최초의 전투병력인 청룡부대 맹호부대가 월남에 파병된다. 1959~

1967년까지 계속되던 '합법적 인종청소'였던 재일교포(자이니치) 북송선에 대한 양심의 고백일까? 아니면 미 제국주의와 결탁한 일본정부의 대리인일 남한의 군사정권이었을까?

1965년 〈프랑켄슈타인 대 지저괴수 바라곤〉

제2차 세계대전 말기, 독일은 인조병사 양산의 핵(核)이 될 '프랑켄슈타인의 심장'을 개발한다. 하지만, 독일은 1945년 4월 항복하고 항복 직전에 이 심장은 U보트를 통해 일본으로 전달된다. 하지만 원자폭탄 공격의 대혼란 속에서 '심장'은 분실된다. 이 괴(怪)심장에서 팔 다리가 솟아난 듯, 방사능에 대해 면역반응을 보이는 부랑아 소년이 발견되고 급성장 끝에 20미터의 거인으로 성장해서 삼림지대로 도망친다. 프랑켄슈타인 거인은, 자신을 돌봐준 여성 연구원을 지키기 위해 입에서 '필살방사능열선'을 토해내는 지저괴수와 사투를 벌인다. 신일본을 상징하는 거인이, 참호파기 삽질군대 일본군을 상징하는 구일본 지저괴수와 도펠갱어끼리의 처절한 지옥도를 연출한다.

1966년 〈프랑켄슈타인괴수 산다 대 가이라〉

프랑켄슈타인의 세포들이 증식해서 태어난 거인 형제괴수들의 지옥도가 묘사된다. 온순한 숲의 거인 산다는, 사람을 잡아먹으며 나리타공항(앞서의 나리타투쟁을 상기하기 바람)을 통해 상륙한 흉포한 물의 거인 가이라의 형이다. 가이라를 잡기 위해 자위대는 베트남전쟁의 구도를 일본에 재현한다. 미끼용 헬리콥터가 동원되고, 산림을 내려다보는 메사 지형(EVA세계의 북미 NERV 제1지부는 메사 지형의 산들을 배경으로 버티고 있음)의 산복도로에 최신병기 메사살수광선(殺獸光線) 포대를 집중 배치하고 만약을 위해 삼림소각용 네이팜탄까지 준비한다. 녹색의 가이라는 이제 베트콩이 되었다.

1966년 〈가메라 대 냉동괴수 바르곤〉

1962년도 <킹콩 대 고지라> 이후 일본역사에서 2번째로 나타난 '뉴기니 출신'의 냉동괴수 바르곤. 열광선과 냉선포는 열전(hot war)과 냉전(cold war)에 대한 일본SF 특유의 비유법이다. 1965년부터 필리핀 수빅만 기지에서 북폭(北爆)에 나선 B-52는 1966년부터는 아예 오키나와에서 출격하여 베트남폭격에 나선다. 1966년은 일본에서도 반전시위와 동조파업이—격렬했다고 전해진다.

부처님의 상징일 용(Naga)과 같은 파충류 형상에, 부처님의 광장설(廣長舌)과 비슷한 길쭉한 혀에, 신이 더 이상 '대홍수'같은 징벌을 내리지 않으마고 인간에게 약속한 징표일 무지개 광선을 등의 뿔에서 내뿜는 괴수 바르곤. 바르곤이 물에 약한 것을 알아챈 가메라는 일본의 상징일 비파호수(琵琶湖)의 물속으로 바르곤을 끌어들인다. 바르곤은 전신에서 보라색(예수 그리스도의 상징·에반겔리온 초호기 색상) 피를 흘리며 몸이 녹아내리기 시작한다. 바르곤이 호수 속으로 자취를 감추자, 십자가는 없지만 분해된 EVA 3호기를 애도하듯이 하늘에 나타난 거대한 무지개…….

1967년 〈대괴수 공중결전—가메라 대 갸오스〉

드디어 빛을 싫어하고 사람의 피를 좋아하는 박쥐형의 흡혈귀 괴수가 등장한다. 일본정부는 궁여지책 끝에 산림지대에 불을 지르고, 거북과 박쥐의 두 괴수를 몰아넣는다. 가메라는 상처도 '불'로 치료하는 베트남 네이팜탄+화염방사기 괴수이니 승부는 정해진 것인가.

1967년 〈괴수섬의 결전—고지라의 아들〉

세계적인 반향을 몰고 온 생태학자 레이철 카슨의 1962년 저서인 <침묵의 봄>이 낳은 것으로 분석되는(살충제의 생태계 연쇄반응을 분석) 괴수일 거대 사마귀와 거대 거미가 등장한다. 미국 대농장 살충제에, 미국이 한국에서부터 뿌려대며 제3세계에 지원하던 모기퇴치용 DDT에, 베트남 고엽제에, 일본의 공해병에, 화학약품 일체에 대한 알레르기가 높아져가던 당시 상황이 반영되었으리라 사료된다.

1968년 〈괴수 총진격〉

지구와 화성 간의 소행성대(Asteroid Belt·훗날 네오지온의 광물채굴 이동요새 액시즈가 있던 곳)에 사는 암석형 외계인인 키라아크 성인들이 인간의 모습으로 위장하여 지구를 침공해온다. 일본 고유의 '세계최종전쟁론' 창시자인 이시하라 간지(石原莞爾)의 분신술을 보는 듯하다. 1968년 미국에게서 반환받은 오가사하라제도에 건설된 UN직속의 '괴수랜드'에 음험한 공작을 가하여 모든 지구 괴수들을 조종하는 것이다.

하지만, 후지산 비밀기지가 발각되고 앞잡이 킹기도라마저 쓰러지자, 외계인들은 최종병기를 발동시킨다. 베트남의 하늘과 땅에서 불꽃을 뿜어내는, 화염방사기+네이팜탄 UFO '파이어드래곤(남방 朱雀佛陀?)' 출격! 하지만, 열전(hot war)을 냉전(cold war)으로 바꾸려는 일본인들의 염원이 깃든 신병기 냉동광선포에 맞고 외계인의 사악한 야망은 무너진다.

1968년 〈가메라 대 우주괴수 바이라스〉

우주오징어를 닮은 바이라스 성인들이 세계잼버리대회에 참석한 미일 양국의 어린이들을 납치한다. 바이라스 성인은 3명이 합체하여(삼위일체) 여러 개의 발=촉수를 휘두르는 거대한 우주괴수로 변신한다. 1953년의 다족류 화성침략자는 세균 감염으로 전멸했던 적이 있다. 시대는 감염역학(感染疫學) 발전의 시대이니, 서양의 神은 이제 욕심 많은 우주오징어로 전락한 것일까?

나치스가 라디오를 적극 활용했듯이, 베트콩의 구정공세는 미국언론에 의해 안방 TV로 직송되어 미국 전역에 커다란 충격을 준다. 정치전쟁에서 언론플레이의 대승리이다. 2004년의 자이니치영화 <박치기>에서도 엔딩크레디트에 의하면 작중에 시대배경으로 이 작품이 들어갈 뻔했다. <박치기> 작중의 극장에서는 '대한뉴스' 비슷한 동시상영일 '다큐영화'에서 B-52의 농촌 경작지 폭격장면이 묘사된다. 베트남을 이제 놔줘라, 노린내 풍기는 이 더러운 베이테이(米帝)! 추잡한 미국 놈들……(웃음).

1968년 〈요괴 대전쟁〉

도쿠가와 막부 시절의 일본. 메소포타미아(엑소시스트 고향)에서 눈을 뜬 대(大)서양요괴가 일본을 침공해온다. 분열되어 티격태격해대던 일본요괴들은 임시로나마 단합하여 온몸이 깃털로 뒤덮인 서양요괴에 맞선다. 고려와 조선 조정이 산신과 거목들에게 봉작을 내리고 나라 지키는데 한 몫 하라고 했듯이, 도쿠가와 막부는 파우스트박사처럼 요괴들의 힘을 빌리면서까지 이렇게 외세의 침공을 몰아낸다(웃음).

당시 일본 민속학의 연구 성과를 훌륭하게 대중적으로 어필했다고 높이 평가받는 다이에이(大映) 작품이다. 이 해, 일본이 독일을 제치고 세계

2위 경제대국으로 등극한다. 우리나라 민속학은 1990년대 들어 대중적으로 알려지게 된 것으로 관찰된다. 1995년 OECD 가입이 '단군 이래 최고 호황'의 끝으로 달려가던 당시의 절정기였다.

1969년 〈하늘을 나는 유령선〉

맥아더 군정 당시에도 파업을 감행한 여기에서 볼 수 있듯이, 낭시 좌익 투사가 많기로 이름났던 영화사 도에이(東映)의 자회사인 도에이동화(動畫)에서 내놓은 극장 애니메이션. 한때 한국에서 '미제의 퐁물'이었던 콜라를 상징하는 것으로 밖에는 해석되지 않는 '보아주스'를 판매하는 거대재벌이, 뒤로는 '국방성'과 결탁하여 거대로봇 침략소동을 일으키고 '재건사업' 싹쓸이로 거부를 축적한다는 (꿈꾸는 새싹일 어린이에게 맞을까 싶을…웃음) 쇼킹한 내용이다.

해저생명체들이 이 거대재벌을 뒤에서 조종하고 있었고 그들의 총두목은 바로 거대한 조개(大蛤)였다. 게르만 용선을 타고 여인국으로 쳐들어간 지그프리트처럼, 반야용선(般若龍船)을 타고 흑룡강(黑龍江)까지 나아가보자고 주장하던 1990년대 신흥종교들처럼, 정의의 해적선을 타고 거대한 조개의 소굴로 쳐들어가는 것이 이 영화이다. 히미코일까? 신공황후일까? 한국에서도 페미니스트 평론가들과 일부 남성 감독들이 '입 전쟁'을 벌인 적이 있듯이, 일본의 현실과 잘 맞지 않는 중상층 출신 여성들의 미제(美製) 페미니즘일까?

1969년 〈ALL 괴수총진격〉

베트남전쟁의 원흉인(?) 미국 대통령 린든 존슨이 출마를 포기했다.

우리의(?) 승리가 얼마 남지 않았다. 1970년 일본이 고령화사회(인구의 7퍼센트 이상이 65세 노인인 곳)로 들어가기 직전의 해인 1969년, 어린이들의 밝은 미래를 보장해줘야 할 의무가 일본사회에 떨어진다. 학교에서 따돌림(이지메) 받던 주인공 소년은 꿈 속에서 '괴수랜드'의 왕자인 고지라의 아들 미니라와 함께 뛰논다. 걱정할 필요가 없다. 소년은 거대화한 것이다, 꿈나라에서.

이때 두꺼비(불교 설화에 등장하는 일본서 유명한 캐릭터·은혜 갚은 두꺼비)가 돌연변이를 일으킨 흉악괴수 가바라가 미니라를 괴롭히러 나타난다. 전기고문까지 해대며 추악한 쾌감을 만끽하는 '이지메의 화신' 가바라. 일본불교의 전시 행적을 파헤친 최초의 역저가 1960~70년대 일본에서 유학한 미국인 불교학자의 손에 의해 1997년에 나온다. 2001년 성전(聖戰)을 내세운 9·11사태의 참상 앞에서 일본불교의 각 종단들은 참회 성명 등을 발표하기에 이른다.

1969년 〈가메라 대 대악수(大惡獸) 기론〉

2013년 <퍼시픽 림>에서 정의의 '예거' 로봇을 박살내던 뾰족한 '나이프헤드' 타입 카이주(怪獸)의 원형이 바로 프랑스의 기요틴에서 이름을 착안한 외계인의 앞잡이 대악수 기론이다. 머리 부분이 거대한 칼이다. 1968년 프랑스 '5월 위기(일각에서는 학생혁명으로 규정)'에서 영감을 받은 것으로 추찰된다.

가메라 계열 영화는 몇 개 되지 않지만, 그 메타포와 표현수위가 후대에 많은 영향을 미쳤을 것으로 보인다. 이번 작품에서는 마치 1968년 <살아있는 시체들의 밤>에서처럼, 좀비물 수준의 충격적인 도륙(?) 장면이 등장한다. 대악수 기론의 진공청소기(대중소비사회 과학의 승리) 팔에 붙잡힌 우주 갸오스가 그냥 정육점 고깃덩이처럼 몸이 동강나버리는 것이다(혈액 및 내장 묘사 등장).

1972년 〈지구공격명령—고지라 대 가이강〉

같은 해에 등장한 <텍사스 전기톱 살인마>와 텔레파시가 통했는지, 배에 회전톱날이 장착된 사이보그괴수 가이강이 유원지에 미킹키지를 선설하는 우주인의 침략 앞잡이로 등장한다. 시대는 소시민(小市民) 대중문화의 바람이 부는지, 1970년 오사카 만국박람회 이후 일본 각지에서 가족단위 관람객을 목표로 한 유원지 건설이 전국적인 붐이 된다. 같은 해 12월부터 방영되는 <마징가Z>에서도 유원지가 배경으로 등장할 정도이다. 아마 SAMSUNG이 이걸 보고 우리나라에도 용인자연농원(현 에버랜드)을 1976년에 만들었을 테고. 2001년 미야자키 하야오는 <센과 치히로의 행방불명>에서 "테마파크의 잔해"라는 표현을 써서 거품이 꺼진 일본에 뒤늦게 돌직구를 선사한 바 있다.

이 작품의 침략우주인은, 인간 사이즈의 껍데기 머릿속에 들어앉은 (마징가Z 조종석) 바퀴벌레 진화생명체들이다. 바퀴벌레들이 할복을 상징하는 괴수를 데리고 온다는 이 발상은, 1970년 미시마 유키오와 방패회의 육상자위대 지휘시설 점거사건에서 착안한 것이 아닌가 추찰된다. 핵전쟁이 터져도 살아남을 SF바퀴벌레일 터인데 실제로 SF 명작만화 <플루토>에서 페르시아제국의 '환경개조로봇' 플루토(人造人間 프로젝트?)와 유럽의 로봇차별주의자들이 바퀴벌레 이미지로 묘사되었으며(뿔=더듬이), 빡빡머리 원흉이 등장하는 <GANTZ—The Perfect Answer>에서 냄새나고 어두컴컴한 곳에 오글오글 몰려있던 '검은옷성인(黑服星人)'들이 일본도를 휘두르는 (극우파) 바퀴벌레 무리로 비유된 바 있다.

<신세기 에반겔리온 Q>에서도 지구가 멸망해도 살아남을 '야마하 피아노'와 '신지의 워크맨'이 등장하는데, 신지가 고함치며 겐도와의 연결고리일 '워크맨'을 벽에 내동댕이치는 장면과 마지막 적화오염(共産汚染…웃음) 된 대지에 '워크맨'을 버리고(흘리고?) 가는 장면에서는 바퀴벌레의 비유가 너무나 선연하다.

칙칙한 색깔의 워크맨이 이어폰과 함께 땅바닥에 널부러진 구도가 영판 '바퀴벌레와 더듬이'였기 때문이다. 마지막에서도 아스카, 신지, 초기타입 레이가 걸어가는 뒤를, G아저씨=겐도 워크맨이 발자국 형상으로 더듬이(촉수)를 뻗치는 구도가 연상되도록 세심하게 설정되었다.

1973년 〈고지라 대 메가로〉

지상인의 핵실험에 위기를 느낀 해저인 시토피아 왕국은 그들의 수호신인 곤충괴수 메가로를 지상에 투입한다. 메트로폴리스 도쿄의 인구가 1970년 1000만을 넘으니(서울은 1991년), <메트로폴리스>에서 보여준 전시안(全視眼)과 '겹눈(compound eye)'의 분위기를 차용하여 바다 속의 시토피아(See/視+topia) 왕국이 어찌하다보니 '겹눈'을 가진 곤충괴수를 사용한다는 설정을 채택하였다.

입에서 '지열 네이팜탄'을 내뿜고 팔의 드릴로 지역균형발전을 위한 '일본열도개조계획'의 첨병일 댐에 구멍을 뚫으며 날뛰는 곤충괴수 메가로의 웅자(雄姿)! 2013년의 한국영화 <감시자들>에서처럼, 민~나 도로보데스(모두가 도둑놈). 역시 종말의 때에는 에반겔리온 제13호기처럼 곤충 비슷한 존재들이 등장해줘야 한다(웃음).

1974년 〈고지라 대 메카고지라〉

1960년대를 주름 잡은 적그리스도 다윈 원숭이들의 대행진일 '타임머신 퇴화인간'에 '킹콩'에 '프랑켄슈타인괴수'에 '혹성탈출'까지의 염원을 담아 EVA세계 가프의 문 저 너머에서 왔을지도 모를 대우주블랙홀제3혹성인이 지구를 침공한다. 놈들의 정체는 (신을 흉내 내는 것부터 시작했을) 원숭이인간.

하지만 1972년 미제 깡패들의 품에서 구출해낸 오키나와기 지구를 구할지니, 오키나와 전설 속의 괴수 '킹시사'가 등장하여 고전하는 고지라를 돕고 메카고지라의 스페이스빔을 오히려 흡수/반사하여 메카고지라는 산산조각 나고 침략자들의 야망은 물거품으로 돌아간다. 1950년대 이후 다시 도래한 도펠갱어 전쟁의 시대인 것이다.

1982년 〈애국전대 대일본〉

1975년부터 시작된 일본의 '전대물(戰隊物)' 시리즈를 패러디하여 안노 히데아키가 만든 특촬 인디영화. 소련의 아프가니스탄 침공 및 KAL858기 격추사건, 소련군 만주침공 당시 중국에 버려졌던 '잔류고아'의 일본 방문과 맞물려 일본정부가 주동하고 우익들이 피켓 들고 모여 '반 소련 캠페인'이 벌어지던 상황에 대한 카운터펀치 격인 SF작품이다.

지식공작으로 '빨간 책(赤本·야한 책)'을 대량 유통시켜 일본을 정복하려는 '붉은 제국'의 음모에 맞서 애국청년들로 구성된 민간방위조직이 반격에 나선다. 이 작품에 등장하는 악의 행동대장인 '민스크 장군'은 머리부분에 소련 항공모함 민스크 호를 얹고 다니는 모습인 바, 2012년의 <신세기 에반겔리온 Q>에서 출격하는 분다의 디자인에 영향을 준다. 분다는, EVA 초호기 등짝 위에 배를 얹고 다니는 꼴 아닌가.

1985년 〈야마타노오로치의 역습〉

특촬영화에서 1959년 이후 두 번째로 야마타노오로치(八岐大蛇)가 등장하는, 안노 히데아키 감독의 인디영화. 이 해에는 고지라가 신물(神物)로써 부활하고, 동지나해에서 1945년 침몰된 전함 야마토의 잔해가 발견된다. 마치 전조일 듯이 1982년에는 제국해군 중위 출신의 나카소네 야스히로가 수상이 되고, 1983년에는 그에 화답하듯이 미시마 유키오와 방패회를 소재로 한 일본 최초의 게이 핑크영화인 <아름다운 수수께끼—거대남근전설>이라는 정치패러디 영화가 등장하는 등, 핑크빛+살색+오른쪽으로 질주하는 일본의 시대상을 잘 드러내준다.

MB정권 치세의 한국과 인터넷 세계를 돌아보면 별다른 설명이 필요없으리라. EVA세계의 '수수께끼의 소년' 나기사 가오루 같은 <아름다운 수수께끼—거대남근전설>은, 옛 일본의 전사계급인 사무라이들이 남색(男色)을 은밀히 즐겼듯이 근육질 미시마 유키오와 그의 '빠돌이' 조직인 근육질 남자들의 방패회도 사무라이 스타일로 서로 문질러주며 즐기지 않았겠는가 하는 내용이다. 한국식으로 해보자면 '성웅 순신장군과 거북머리 전함의 역습' 정도 될까(웃음).

〈에반겔리온 Q〉 영화 포스터. BL 분위기의 신지와 가오루. 야오이→Boy's Love로 시대가 바뀌었다.

1987년 〈스케반형사 The Movie〉

만화 원작의 인기 TV드라마 <스케반 형사>의 극장판 제1탄. 80년대 당시 한국에서도 대유행한 '요요'를 무기로 삼는 여고생 특별형사(날라리로 빠질 여고생들이 비밀 정부기관의 특수훈련을 받고 재탄생…삼청교육대의 냄새?)의 이야기다. '요요' 전투는 카메라를 향해 정면으로 요요가 확 날아오면, 그 다음 장면에서 적이 '으헉'하면서 나자빠지는 전형적인 특수촬영기법을 활용했다. 은퇴한 1대(代)를 포함하여 신세대 2, 3대 스케반 형사까지 모두 총출동한다.

고등학생들을 '지옥섬'에 납치하여 세뇌교육시켜 '엘리트군대'로 육성한 뒤 '이상국가(理想國家)' 건설을 위한 쿠데타에 동원하려는 극우조직이 등장한다(교육을 수료한 학생들의 제복이…미시마 유키오 패거리 방패회 제복임).

MB정권 시절부터 눈에 띄는 미국유학직행 기독교 대안학교 또는 혁신형 재수생기숙학원 광고 분위기랄까(웃음). 여고생 형사들의 발랄에너지로 조직은 붕괴되고, 이들을 지원하던 정계의 막후 실력자(안경을 벗은 도조 히데키 얼굴)는 '비밀정부기관' 수장과의 면담이 끝나고 나서 자결한다. 이렇게, 아무 일도 없었던 것처럼 사건은 해결. 2013년 <감시자들>의 유쾌 발랄 여고생 버전이다.

1989년 〈고지라 VS 비올란테〉

한국에서도 우루과이라운드 쌀개방이 초미의 정치 쟁점으로 부각되었을 당시 나온 문제의 SF영화이다. 고지라가 인간과의 전투 중에 여기저기 흩뿌린 피부세포조직에서 온갖 괴수들이 태어난다는 90년대의 전조를 보여준다.

국제 곡물메이저의 음모로 인해(일명 Seven Sisters), 중동국가의 녹색혁명을 돕던 과학자는 연구결과를 다 잃고 쓸쓸히 귀국한다. 사고로 딸까지 잃고 은둔생활 중이던 과학자는 죽은 딸의 DNA를 주입한 장미를 키우는데, 이 장미꽃에 고지라의 G세포가 유입되어 전무후무한 희대의(인간+식물+파충류) 유전자괴수 비올란테가 탄생한다(삼종일체). 뿌리가 마치 무수한 뱀 대가리처럼 꿈틀거리며 고지라를 물어뜯는다! (EVA 시리즈는 나무였지!)

일본의 명승지인 (또) 비파호수(琵琶湖)에서 거대한 장미꽃이 피어난 것이다. 비파호수는 에덴동산이 된 것이다. 이미 1981년 하드코어가 등장하였고, 전자산업대국답게 비디오시장용 AV(adult video)까지 탄생하여 완연히 '꽃(生殖器)'의 나라로 화해가던 당시의 일본을 상징한 걸작 비유법의 작품이다. 한국에서는 아파트단지 주거문화로 인한 DJ 시절의 초고속통신망과 IT산업이 촉매가 되었고 말이다. 1980년대의 일본 포르노문화는 수많은 아담들(ADAMS)을 각성케 해주었다(웃음).

일본은 1970년대부터 일본농협을 중심으로 미국 내의 곡물사일로 확보에 나섰다. 이른바 곡물메이저에 대한 일본인들의 알레르기는, <기동전사 건담 0083—지온의 잔광>에서, 지온잔당 데라즈 함대가 "북미대륙의 곡창지대"에 콜로니를 떨어뜨리는 '스타더스트 작전'을 통해 SF적으로 표출된다. <신세기 에반겔리온 破>에서는, 캐나다 국경 부근에서 일어난 4호기의 AT필드 붕괴 충격파로 곡물메이저의 아성일(?) 시카고 곡물거래소도 확실하게 천국으로 날아가 버렸을 것이다(웃음).

1992년 〈에일리언3〉

타락한 베이비붐 세대 출신 민주당 대통령 출현을 막기 위한 1970~80

년대 내내 득세해온 미국 보수파/복음주의 기독교 진영의 총공세를 반증하듯, 기독교 원리주의 죄수행성에서 10년 전 <괴물>에서처럼 에일리언이 '개(dog)'의 몸을 빌어서 낙태(abortion)당하지 않고 신성한 방식으로 태어나서는(Dog Burster) 다시 활개 치는 발칙한 영화. 외계인이 신(神)이었듯이, 에일리언도 신(God)이 될 수 있다.

이듬해 <주라기 공원>에서는 '쟤들이 바로 새의 조상이다! 이 새대가리들아!'하며 진화론을 부정하는 이들을 준열하게 꾸짖는다(웃음). 민족을 내세우며 실드 치는 컨트리 신흥교단들이 바빌론의 창녀일 프랑스배우 브리짓 바르도에 맞서 '우리고유 전통음식' 개고기 소비를 적극 장려하지 않을지(웃음).

1992년 〈고지라 VS 모스라〉

수수께끼의 배트맨 고대문명이(웃음) 탄생시킨 생체병기인 배트라와 모스라. 善과 惡의 균형을 맞추듯이 1964년의 쌍둥이 유충은 이렇게 진화했다. 1980~90년대 당시 크게 유행한 그레이엄 핸콕의 <신의 지문> 유의 고대문명 추적르포 서적의 영향이 짙게 느껴진다. 배트라 유적 발굴사업을 지원했던 건설회사는 배트라가 '고베포트피아'를 파괴하면서 '가와사키SEA월드'로 진군하자 일감이 늘어날 거라며 광기에 찬 본성을 드러낸다.

배트라는 고지라에게 쓰러지고, 모스라는 고지라를 제압한다. 빈사 상태에 빠진 배트라를 안고 모스라는 태평양에서 가장 깊은 마리아나해구(Mariana海溝)로 날아간다. 배트라와 고대문명의 유전공학 블랙사이언스를 영원히 봉인하기 위해서……. 그것이 1992년도판 <고지라 VS 모스라>의 줄거리이다.

<신세기 에반겔리온>의 오리지널 기획서에서는, EVA는 수수께끼의 지성체(知性體)인 제1시조민족의 유물이며 훗날 이를 발굴한 제2시조민족이 EVA 제어를 위해 '롱기누스의 창'과 '사도들'을 만든 것으로 설정했다고 한다. 즉, 사도들은 세계 각지에 잠자고 있던 '고대유물(즉, 生體兵器)'이라는 것이다. 이 설정이 바뀐 것이 EVA의 TV판이고, 이 설정이 부활하여 기존 세계관에 혼입된 것이 신극장판이다. 그래서 손가락 사이로 줄줄 새는 모래처럼 인공사도(人工使徒)가 등장하는 것이다. Q편의 우주공간 미친 십자가(Mad Cross)는 NERV가 손을 대본 프랑켄슈타인 격인 인공사도였고 말이다. 시베리아에서 발굴되어(매머드) 북극의 Bethany Base에 유폐되어 있던 제3사도도 인공사도였고 말이다.

1994년 〈고지라 VS 스페이스고지라〉

　　고지라의 G세포가 우주공간의 화이트홀을 통과해서는 우주괴수 '스페이스고지라'로 탈바꿈한다. 거대한 수정 모양의 뿔을 몸에 지니고 있으며, 쿠엔틴 타란티노의 1994년 <펄프 픽션>에서 우마 서먼이 코로 흡입하던 마약(crystal) 기분을 한껏 내며 우주공간을 자유로이 유영한다. 스페이스고지라는 제2의 거대송신탑일 '후쿠오카타워'를 통해서 우주에너지를 흡수하며 일본 땅에 '수정의 밤(Crystallnacht·1938년 나치스 돌격대의 유대인상점 일제습격)'이라는 공포를 선사한다.

　　1944년 노르망디에 상륙한 연합군 앞에 장교와 부사관을 제외하고는 전원 17~18세일 SS기갑사단 '히틀러유겐트'가 나타나니 '민족지성 삼족오소년소녀대 애국작전1호—타락의 도가니 이태원 습격 의거'라거나 '민족지성 삼족소년소녀대 애국작전2호—공포의 안산외인타운 대청소 만세 의거'라거나 '민족지성 삼족오소년소녀대 애국작전3호—치안붕괴 동대문일원 한민족 주권확립 의거' 뭐, 이런 우울한 사건이 일어나지 않도록 우리 두 손 모아 기도해보자.

위는 〈모스라 대 고지라〉 영화 포스터, 아래 왼쪽은 〈고지라 VS 스페이스 고지라〉, 오른쪽은 〈고지라 VS 디스트로이어〉 팜플렛.

1995년 〈가메라—대괴수 공중결전〉

가메라와 갸오스 둘 다 수수께끼의 고대문명(뭘, 그냥 한국12연방 맞잖아…웃음)이 남긴 생체병기이다. 갸오스는 센카쿠제도(尖閣諸島) 쪽의 섬에서 태어나 사람을 잡아먹으며 일본으로 동진해온다. EVA세계의 '섹스 없는 번식'처럼 '무성생식'도 가능한 무서운 존재인 것이다. 거대한 '새' 갸오스는 생명의 나무(?)일 도쿄타워에 둥지를 짓는다. 일본정부는 '희귀종 새'를 담당하는 환경청을 중심으로 대(對)괴수작전에 돌입한다(웃음).

인간이 지구상에서 없어져야 지구가 되살아나고 생물권(biosphere)의 낙원이 열리는 거다. 그 결과 <톱을 노려라! 2~다이버스터>에서는 지구 인류는 모두 달로 이주하고(그곳 지도부는 할머니가 킹왕짱), 지구는 자연보호구역으로 지정된다. 시커먼 우주 저편에서 달려오는 악의 덩어리일 외눈박이 전시안 '변동중력원(變動重力原)'에 맞서(요성 고라스잖아… 진실은 말하면 안 돼!) 무인화시킨 지구를 격돌시키는 인류 최대의 구원 역사(役事)는 이렇게 시작된다(웃음).

물론, 우주공간이 갈라지면서 태양계 전체의 인류보호 버스터머신 초합체태(態)인 '붉은 거대마리아'가 지구를 구하고 우주악의 본체와 함께 특이점(singularity) 너머로 사라진다…….

1997년 〈모스라3〉

'걸어 다니는 원자로'인 고지라가 노심용융(melt down)을 일으켜 1995년 사라진 그 해에 탄생한 '환경의 전사 모스라'는 태곳적부터 지구에너지 오염을 노리는 데스기도라와 싸워왔다. 1995년부터 온실가스배출 규제를 위한 교토의정서 회의 초장부터 깽판을 놓으며 지구를 오염시켜온

미(美) 제국주의는(…?) 결국 1998년 교토의정서의 의회 비준을 유산시킨다. 배금주의 황금룡 킹기도라의 형태로 다시금 나타나서 지구의 생명에너지를 빨아먹으며 숲을 죽이는 사악한 베이테이(米帝)에 맞서(웃음) 모스라는 새로이 전투형의 '갑옷 모스라'로 태어나 운명을 판가름할 최후의 싸움에 나서는데…….

1999년 〈고지라 2000—Millenium〉

1995년에 멜트다운으로 사라져버린 고지라의 자식뻘인 신세대 고지라가 등장한다. 1950~70년대까지는 고지라 키가 50미터였지만 1980~90년대 고지라는 도쿄의 초고층화로 인해 키가 100미터까지 커진다. 이번 신세대 고지라는 키가 80미터이다. 또한 고지라 역사 최초로 거대 외계인이 등장한다.

인터넷 시대를 상징하듯, 옛 화성침략자처럼 대두(大頭)에 욕망의 상징인 촉수(觸手)만 잔뜩 안고 있는 현대인의 도펠갱어일 외계인 '밀레니안'이 악역으로 발탁된다. 밀레니안은 자신의 자동차 겸 집일 우주선과 합체하여 고지라마저 삼켜버리려는 거대한 입을 가진 괴수 오르가(Orga)로 재탄생한다. EVA 세계 속에서 욕망의 3대 요소인 '눈', '입', '팔' 중에 입과 팔은 확실히 가진 괴수이다. 도쿄 지하의 광(光)케이블망이 식육식물의 뿌리처럼 고지라를 일제히 덮치는 장면은 압권이다. 우리는 지금 '현피(인터넷에서 만난 사람이 실제 대면해서 맞붙음)'도 하고 '현피(現實+Player Kill·인터넷에서 게임이나 채팅 댓글 등을 만난 사람들이 실제 대면해서 한판 싸움)'라는 것도 벌어지는 세상에 살고 있지 않은가.

2004년 〈고지라―Final War(最終戰爭)〉

2003년 (제2차) 이라크전쟁 개전 후 1965년에 지구를 침공해온 X성인이 다시 나타난다. 전 세계의 괴수들이 X성인의 통제 하에 들어가서 각지에서 파괴활동을 일삼는다. 인류는 공중전함 함대를 편성하여 X성인에게 저항한다.

X성인들 내부에서 '젊은 또라이 급진파'가 권력을 장악하여 사태는 걷잡을 수 없는 난국으로 빠져든다. '또라이'들은 합체하여 머리가 3개 달린 거대우주인 몬스터X로 변신한다(뭐, 그냥 神이다). 재차 변신하여 이번에는 진정한 공포인, 3개의 용머리를 달고 2개의 꼬리를 가진 무려 10만 톤에 달하는 4족 보행 괴수인 카이저기도라(Kaizer Ghidra)가 탄생하는데……[148]

2007년 〈입 찢어진 여자(나고야 살인사건)〉

이 영화의 일본 원제는 <입 찢어진 여자>가 맞다. 어떻게 된 것인지는 모르겠으나 국내 출시명은 <나고야 살인사건>인데, 이 작품의 실제 무대는 도쿄 서남방에 인접한 가나가와현이다. 물론 '사카키바라 사건'의 고베와 작중 무대인 나고야와 촬영 로케가 이루어진 가나가와 대량생산/모방양산이라는 비유법적인 '공업지대'란 기본 성격을 공유하기는 한다.

21세기에 새롭게 등장한 일본 토산(土産) 몬스터 '입 찢어진 여자'는 당시 사회문제로 조명 받은 '아동학대(전년도의 <공각기동대3> 주요 키워드일 정도)'와 '무서운 엄마들'이 주제이다. 미라처럼 부활한 '입 찢어진 여자'는 감기와 함께 바이러스(?)처럼 확산된다. 감기 기운으로 마스크를 쓴 '엄마들'이 돌연 '입 찢어진 여자'로 화하여 아이들을 납치하는 것이다.

바이러스(virus)라는 주제는 특히나 인구대국 중국의 급속한 식량소비

문제와 관련하여 21세기 들어 새로이 인구에 회자되는 SF적 주제이다. SARS, 조류독감, 신종플루, 신종AI, O-157 등을 기억해보자. 뒤에서 곧 살펴볼 2011년의 <더 씽>에서도 바이러스의 비유법을 사용한다.

중국 군부 일각에서는 O-157균이 (전지전능) '미국의 생물병기 실험'이라는 의심도 하고 있다는데, 우리가 앞서 일본의 지난 세기 많은 모습에서 보았듯이 벼락부자 열등감에서 나오는 이런 유의 망상증은 어쩔 수가 없는가보다. 일본에서는 좌익들도 1980년대에 'AIDS 바이러스를 미국이 만들어내지 않았다는 증거 또한 없다'라는 식으로 떠들어들 댔으니 오죽하랴. 일본의 1980년대에 해당할 MB정권 때의 '미친소 전민항쟁 기획'을 돌아보면 정말 동북아 3국은 돌아가며 배우지를 못하는 것 같다.

<입 찢어진 여자>에서는 커다란 가위로 행하는 '아동살상 장면'이 나오기 때문에 꽤나 쇼킹하다. 큰 키에 오버코트에 여성용 하이힐 뾰족구두로 무장한 입 찢어진 여자(망령)가, 엄마에게 학대 받다가 엄마 입 주변을 칼로 그어버린 옛날 아들을(…원흉) 20여년 만에 다시 찾아내 검정색 뾰족구두로 배를 마구 걷어차는 장면에서는, 오그라든 남근(♂)과 새로 획득한 남근(♀)의 모습을 동시에 볼 수 있다.

귤이 회수를 건너서 탱자가 되어버린, 희한하게 일본적으로 뒤틀린 그 페미니즘 말이다. 두말할 필요 없이 2007년의 <신세기 에반겔리온 序>에서 제2사도 리리스가 처음 등장할 때부터 '롱기누스의 창'을 육체의 일부로 가지고 있으며, 2009년의 <신세기 에반겔리온 破>에서 아스카의 2호기가 여의봉(如意棒)을 다루는 손오공을 연상시키는 뿔을 달고 나오고, 2012년의 <신세기 에반겔리온 Q>에서 마리의 8호기가 기다란 남근-대전차소총을 즐기는 모습은 일본의 이런 사회적 배경이 있어서 나온 것이다. 국내처럼 초등학생 수준으로 머물려는 오타쿠들의, 망상이 아니다.

작품명 〈나들이〉.
1994년 미국에서 일어난 폭력 남편 남근 절단 사건(보비트 사건)의 영향인지, 무시무시한 엄마는 덜렁이는 아들 거세용 가위를 품고 있는 것인가. (2013년 7월 19일 대학로 촬영)

2007년 〈MIST〉

공포의 본질을 훌륭하게 시각화한 SF 괴수영화이다. 잘 보이지 않는 것, 잘 파악되지 않는 것, 잘 만져지지 않는 것들, 구성원 간의 상호불신이 바로 현재 테러의 시대 '공포의 대상'이다. 1920년대 독일의 '동방위협(Ost Schreck)'과 같이 말이다. 마지막에 등장하는 거대한 '묵시록의 음녀(淫女)=머리 부위에 촉수가 주렁주렁 널려있는 거대한 모선체(母船體)'는 시각의 경이였다. 2009년의 EVA세계에 영향을 미쳤으리라 분석된다. 이 해 G아저씨는 말한다. 어른(大人), 어른(オトナ)이 돼라, 신지.

2008년 〈지구가 멈추는 날〉

1951년 지구감시자 SF작품의 리메이크이다. 이번에는 진짜로 '숙제 검사'를 실시한다. 우주인의 경호 로봇이 곤충형 나노머신으로 분리 확산되어 주변의 모든 것을 먹어치우는 '묵시록의 대군수(大群獸·황충의 무리)'로 화한다.

2011년 〈더 씽 · The Thing〉

상호불신이 바로 공포의 제1본질이라는 것을 보여준, 더군다나 아이러니컬하게도 상호신뢰를 강조하던 <E.T.>와 함께 1982년에 등장한 SF영화 <괴물>의 프리퀄이다. <괴물>에서는 욕망의 상징 '손/촉수'와 '눈/여기저기'에 '입/아무데나' 반죽인 외계생명체가 활보한다. 외계존재가 신(神)의 상징이라는 것은 악동SF에서 하나의 공식인데, <괴물>에서는 70년대 '개(逆神·doG)' 비유법의 쓰나미가 활용된 것으로 분석된다.

미국의 보수파 기독교가 이토록 조롱(?)의 대상이 된 이유는, 1968년 바티칸이 '일체의 피임을 금지'하는 등의 예에서 보듯 사회흐름 및 과학 발전에 역행하려 했던 데에다가, 좀 더 본원적으로는 히틀러의 소련침공 시절 로마교황청이 보인 태도 비슷하게 (특히나) 남부의 교회들이 베트남전쟁을 '반공성전' 비슷한 반열로까지 밀어 올려버린 것에서 기인할 것이다. 제1차 세계대전 당시의 남독일(유럽 한복판) 바이에른의 대학총장들도 '유럽문명 수호를 위해 독일청년들이여 일어나라!' 부르짖지 않았나.

2011년 <더 씽>은 한 걸음 더 나아가 단순한 프리퀄 이상을 보여주었다. 1982년 <괴물>에서 '얼음 속에서 발견된 동물 흔적'이라는 딱 한 대목에서 착안하여, 진화론을 부정하는 근본주의 기독교 쪽에서 가장 싫어할 존재일 '대형파충류=공룡'을 깜짝 출현시킨 것이다.

앞서 말했다시피, 창조론자들의 주장에 의하면 하나님은 이 세상을 6000년 전에 두 번째로 리셋=재창조하셨기 때문이다. 여성 고생물학자가 남극으로 가기 전에 자기 연구실에서 창세기의 아담을 연상시킬 조수인 '애덤스(Adams)'와 함께 아무리 봐도 <주라기 공원>의 벨로키랍토르(공룡)처럼 보이는, 얼어붙은 대형파충류(초등학생 정도의 덩치)를 조사하고 있던 장면에서부터 이 영화의 내공이 만만치 않을 것임을 보여준다.

남극에 갔더니, 외계생명체들은 전부 '수염을 촉수처럼 휘두르는 걸어다니는 입'이고 불경스럽게도 '남자 둘이 붙어서(?)' 이상한 모양을 만들어내는 신기(神技)들을 보여준다. '남자 둘이 붙은 놈'이 1982년 <괴물>에서 악(예를 들어 AIDS?)…의 근원이 되었음은 물론이다(웃음).

2011년의 <더 씽>에서는 CG기술의 발달로 이른바 '80년대적인 지옥인간'들을 리얼하게 묘사해주는데, 이런 이미지들의 원천 중의 하나가 당시의 중미 게릴라전 잔혹영상이었다면 지금은 시리아내전 잔혹영상을 생각해보지 않을 수가 없다. 2010년 발발한 '지저분한' 시리아내전으로 인해 사망자는 10만이 넘었고 수백만 명이 이웃국가로 넘어가 난민촌에서 비참하게 생활하고 있다.

더구나, 이 작품에서는 '공룡'뿐만 아니라 외계인의 우주선 내부에 있던 '레고블록' 조형물 같은(여러 번 노출된다) 이른바 지적설계자(Intellectual Designer)의 모습마저도 보여준다(人格이 아닌 裝置임). 지적설계론 그 자체가 근본주의 기독교의 막 나가는 창조론에 대한 소프트화한 대안으로 나온 것임은 맨 앞에서 언급한 바 있다.

이 영화는 바로 이 '지적설계자(또는 자동설계장치)'의 실체를 보여주는 동시에, 외계생명체가 마치 1956년 SF영화 <신체강탈자의 침입>을 연상시키는 방법으로 다른 생명체의 DNA와 외모를 몸속에서 어떻게 복제하는지도 보여줬다. 유전자정보 조물거리는 아가들 레고블록 놀이 방식입니다(웃음).

　지적설계자가 진짜 계신다면, 우리의 몸이 이처럼 결함투성이일 리가 없지 않겠는가. 사실 이 영화는 SF역사나 비유법의 변천에 대한 약간의 배경지식이 없으면 그저 그런 또 하나의 CG영화일 뿐으로 보이기 십상이다. 불행히도 한국에서도 그런 대접을 받은 것 같다. 신바람 나는 이슈였던 테러와의 전쟁도 시들해졌고, 당시 유행한 '타인에 대한 공포'를 비유하는 유명영화 리메이크도 아닌데다가, 유명한 배우나 감독이 나오는 것도 아니고, 그러니 싸구려CG 블록버스터들과 싸잡아서 '아웃' 당한 것이 아닐까? 하지만, 만화나 애니메이션이나 B급일지언정 범SF장르에 미친 1982년 <괴물>의 충격파는 반드시 조명 받아야 할 것이다.

33天. 영원의 설국열차(雪國列車)

느부갓네살의 열쇠와 윤회환생

가장 최근 최대의 SF '대박' 시즌인 <신세기 에반겔리온 Q>에서 왜 제11사도에 대한 언급이 하나도 안 나오는지에 대한 의문은 다 풀었다. 앞서 추론해본대로, 군체(群體)였기 때문이고 그놈들이 무려 분다(白禽·성령의 새)의 주기관(main engine이라고 하면 주력기관일 텐데)인 에반겔리온 초호기(天皇)로부터 파생된 놈들이기 때문에 모두들 이른바 '침묵 모드'였다. 거기다 또, 숨기고 싶을 하얼빈의 생체실험 '731부대'처럼 7+3+1=11의 수비학일지니.

앞서 언급한 원불교의 일원상(一圓相)이나 기독교의 '나는 시작이요 끝이노니'라는 개념들을 아울러 뫼비우스의 고리와 같은 무한반복 구조를 떠올려보자. 이때까지 제1사도, 제11사도라고 지칭해왔지만 다른 모든 사도들과 달리 이들은 작중 세계에서 '지칭'된 적이 없다. 이것이 <신세기 에반겔리온> 신극장판의 메타적 구조이다.

제1사도는 남극에 있었다. 제1사도의 기동열쇠가 된 것이 바로 가오루이고, 가오루들은 달에 있다. 달에서는 입이 없는 6호기의 알맹이(素體)가 발굴된다. 그 위치가 '고요의 바다(靜寂の海)'다. 불교에서는 말하는 정적(靜寂·tranquility), 공(空·emptiness), 열반(涅槃·nirvana), 적멸(寂滅·annihilation)은 모두 같은 개념이다. 부처님이 이런 상황에서는 이런 표현 저런 상황에서는 저런 표현으로 같은 개념을 달리 표현하셨을 뿐이고(方便), 따라서 불경이 한역될 때도 원래 같은 개념이 여러 한자어로 분열되었다.

그래서 어렵게 보이는 것이다. 그래서 전문가/엘리트가 공부를 해서 알려야 한다. 이것이 바로 교종(敎宗)이다. 어려우니 말장난 다 때려치우고 내가 그냥 돌직구로 깨달으면 되지 않으냐, 이것이 바로 선종(禪宗)이다. 신라에서도 육두품이나 지방호족들이 좋아했다. 일명 민족종교들이 대부분 선종의 성격과 전통을 이어받거나 차용하고 있다(renegade 속성).

따라서 '고요의 바다'에서 발굴된 거인은 당연히 입이 없어야 한다. 땅속에서 묵언수행을 할 뿐이다(웃음). 그런데 '겉으로 보기에' 입이 없는 존재가 EVA세계에 하나 더 있지 않은가. 그것이 바로 0호기이다. 0호기 알맹이가 입이 있는지 없는지는 알 수 없다. 하지만 갑옷에는 입으로 연결될 어떠한 부위도 없다. 반면에 겉보기에 입이 없는 6호기의 투구에는 초호기나 3호기와 같은 입의 부위가 있다. 이건 뭘까?

이제 모든 EVA 시리즈가 폭주를 감행한다. 폭주를 하면 입이 열린다. 입으로 열릴 부분이 사전에 정해져 있다. 1997년 극장판에서는 2호기도 입이 있었지만 끝내 열리지 않았다. 하지만 초호기처럼 입이 열리면 저기가 아닐까 싶은 부위는 있었고, 그것이 신극장판에서 열린다. 하지만 0호기는 2007년의 기동실험에서 폭주를 일으키지만 끝내 입을 열지 않았다. 입이 없는 데도 NERV는 0호기에게 무려 SM 도구와도 같은 '재갈'까지 물린다. 왜일까?

진실은 밝히지 않고, 입은 다물어야 한다. 그것이 기존 EVA세계의 규칙이다(웃음). 하지만 진실을 밝히고 있고, 입은 열릴 수 있다. 단, 관객들이 잘 모르게. 그것이 신극장판의 규칙이다. 예전에는 '갑옷(작중에서는 장갑판으로 언급)'의 숨겨진 기능이 구속구(拘束具)였다.

하지만 신극장판에서는 오히려 갑옷과 투구를 걸침으로써 '알맹이(불교적 眞我)'를 '껍데기(성서적 外飾)' 속에 숨겨 익명성=타인시선으로부터의 회피를 득해야 완전한 '힘'을 발휘할 수 있는 것으로 바뀐 것으로 분석된다. 예전에 '군사문화'의 폐해가 논의될 때 많이 나오던 논법이다. 제복을 입고 완장을 차니 인간이 바뀌더라, 이런 말로 쉽게 이해하면 된다. 신극장판의 세계를 SF 본토결전과 SF 중일전쟁의 메타포로 치환하면 딱 들어맞는다.

이것은 미야자키 하야오의 <센과 치히로의 행방불명>에서 거대한 먹보괴물로까지 변해버리는, 소심하고 거래관계만으로 남과 교류하는 '가오나시(カオナシ·얼굴 없음=가오루)' 개념의 진일보한 변형이다. 즉, 0호기와 6호기는 갑옷(가오나시의 가면)으로 전신을 가려야 진정한 힘을 발휘할 수 있는 존재들이다. 그러다가 외관상 입이 없는 놈이 하나가 더 나타났다. 그것이 8호기이다.

2009년의 Q 예고편에서는 더블엔트리 방식 8호기의 투구도 입이 완전히 없는 형상인데, The Fly도 우정출연 하는 1973년의 기념비적인 심령영화 <엑소시스트>에서 광녀(狂女·아마 꼬마레이들?)가 스파이더워크 하듯이 6호기와 같은 후광을 만들어내고 있다. AT필드 드라이브 기능도 발휘하는 것으로 '설정'이 된 것 같다. 하지만 앞서 말했듯이, 후쿠시마 사태로 '예정'이 바뀌었다. 정본이건 외전이건 사해문서 스케줄에 수정이 불가피해졌다(웃음).

더 놀라운 것은, 2015년으로 예정된 진(眞) 예고편를 보면 양팔을 잃은 8호기와 상반신 일부만 남은 2호기가 결합해서 '에반겔리온8+2호기'가 탄생한다는 것이다. 당연히 요코야마 미쓰데루의 철인28호 오마주이겠지만 말이다. EVA 보따리를 다 풀었으니 간단히 정리하자.

Mare Tranquillitatis=고요의 바다=靜かの海, 예전 일본 괴수영화의 전통과 같이, EVA세계에는 이전 전통대로 등장하는 지명에도 SF적인 의미가 부여되어 있다(저자는 100퍼센트라고 말하지 않았다). '고요의 바다'는 이 세계의 진실회피=침묵 원칙을 말해주고 있다. 둘 다 어찌되었건 '입'이 없는 0호기와 6호기. 차이는 0호기는 테스트타입, 6호기는 '진정한 에반겔리온=진짜 신'이라는 것이다. 하지만 둘의 공통점을 찾아내야 한다. 그것이 신극장판 세계의 알파요 오메가인 것이다.

둘 다 '붉은 땅' 근처에서 태어났다는 사실이다. 2007년의 서(序)편에서, 일본의 대지는 적화오염(赤化汚染) 되지 않았다. 도입부에서는 세컨드 임팩트 당시의 폐허지대가 묘사되는데, 단 한 곳에서만 토양의 적화오염이 발견된다. 성냥곽 같은 주택과 기울어진 빌딩군 뒤쪽의 언덕에 '페루 나스카평원 지상그림'을 연상시키듯 적화오염 된 땅 위에 하얀 윤곽으로만 표시된 '거인'의 흔적이 있다. 이것이 바로 0호기일 것이라 분석된다. 즉, ADAMS 중의 1체가 0호기로 환생한 구도이다. 그 0호기의 또 환생이 바로 9호기=아담스의 그릇이다. '입'이 없는 0호기에게 G아저씨가 재갈까지 물린 또 다른 이유가 바로, 9호기의 입이다.

2009년 파(破)편에서 보여준 남극의 세컨드 임팩트는, 1997년 극장판 서드 임팩트의 축소판이라고 보면 된다. 그래서 <신세기 에반겔리온>의 세계관은 불교의 대표적 얼굴마담이라 하지 않으면 서러울 윤회환생(transmigration+reincarnation=분리불가의 metempsychosis)의 관념에 기초하고 있다. 땅 속에서 튀어나온 거대한 검은 구체(검은 달), 4체의 거인들(초호기+9체의 양산기), 날개를 연상시키는 거인들의 자연발화(거대레이 날개들), 4자루의 롱기누스의 창(묵시록의 나팔일 거대레이와 양산기들의 AT필드 공명). 그런 다음에는?

불교 잡지 〈월간 보궁〉 Vol.369 불기 2556년 8월호.

머리가 없어진 초호기(필라멘트 스파크 형상만 남음)는 십자가 형상으로 팔을 벌리고 우주 저편 어둠속으로(Q편의 우주유폐), 거대레이 머리는 태평양 상에(Q편의 미친 달), 머리가 없어진 양산기 유체들은 지상으로 하강해서 여기저기에 천상의 유물(遺物)로 남는다. 하늘에서 떨어진 거인에 관해, TV판 시절 리쓰코 박사의 충격적인 고백을 다시 들어보자.

인간은, 우연히 神을 주웠고 그걸 자신의 것으로 삼으려 했지. 때문에 罰을 받은 거야. 그 결과 힘들게 주운 神도 사라지고 말았지. 그러자 이번에는 자신들의 손으로 신을 부활시키려했어. 그게 아담. 그리고 아담을 통해 신을 닮은 人間을 만들었지. 그것이 EVA.
　　　　　　　—사이비종교의 전도사로 화한 리쓰코 아카기 박사.

SF역사에서 200X년에는 하늘에서 거대한 방주가 떨어지게 되어있다. 그것이 바로 1982년 <초시공요새 마크로스>의 전사(前史)이다. 하늘에서 떨어진 전장 2000미터의 거대한 배, 지구 인류는 그 배를 조사/개조하여 지구통합군 전력으로 배치한다. 때맞춰 지구를 침공해온 묵시록 속의 메뚜기떼 같은 거인족 젠트라디. Q편의 분다가 대충 저 정도 크기이리라.

Athena the Psycho Soldier

2000년 '인조인간(人造人間)' 계획의 시작인 세컨드 임팩트가 일어났다. 그리고 200X년, 일본 땅에 최초의 방주가 하늘에서 내려왔다. 그것이 바로 가프의 문 저 너머로 사라졌다가 대우주의 오묘한 불가사의로 인해 육체구성물질이 재합성되어 다시 지상에 하사된, 0호기로 개조될 거인. 거인이 떨어진 자리에 적조(赤潮) 같은 적화오염 현상이 관찰되었다. 제-레의 사해문서에는 이 모든 사건이 이미 예언되어 있는 것이다.

앞으로 2체의 거인이 더 지구권 일대에 떨어질 것이다. 그중에 하나가 달로 내뿜어진 거대레이의 핏자국 양분으로 달의 땅 속에서 재합성된 6호기로 개조될 거인이다. 자세한 메커니즘은 묻지 말자. 모든 것이 1968년의 SF영화 <2001 스페이스 오딧세이> 속에 등장하는 '원숭이에게 지능을 부여한' 수수께끼의 검은 돌(모놀리스) 때문이다. 훗날 이 검은 돌(제-레의 오리지널)은 달의 땅 속에서 발굴되어 '원숭이에서 진화한 인간들'을 놀라게 한다. 주인(master 또는 主Lord God)께서 숙제검사 하러 오신 셈이다.

나머지 하나는 어디로 갔을까? 알 수 없다. 왜냐하면 앞서도 이야기했지만, 1990년의 SF애니메이션 <이상한 바다의 나디아>에서도 아틀란티스인의 지구탈출선(방주)들은 3척이 존재하여 3척 모두 지구로 다시 빨려들었지만, 1척의 행방은 끝까지 수수께끼에 싸여있기 때문이다. 중요한 점은 갑옷을 입혀야 '완전한 힘'을 발휘하고 '후광'까지 발생시키는 6호기처럼 후광이 나올 예정이었던 '그 나머지 하나'일 8호기가 존재하고 있다는 사실이다.

제-레가 건조할 EVA는 모두 5체였지만(이번에는 4놈이 둘러싸고 1놈이 완전연소), NERV의 배신을 이미 예견한 제-레는 6호기(Mark06)를 건

조한다. 마크Six와 마크Nine 모두 일본어 발음 '마쿠(マク)'로 맞춰보면 막(幕)이거나 막(膜)이다. 모두 '실태 은폐'와 연결될 수 있는 한자이다.

초기 실험체인 0호기(어디까지 힘을 낼 수 있는지 불명)와 힘을 발휘해버린 6호기(통제 불능의 힘은 확실함) 모두 사라졌다. 그 중간형태 힘을 내는 8호기면 족한 것이다. 7호기는 앞서 말했듯이, 난이도 조절이 어려운 개발과정에서 사라졌다고 하면 된다. 불교적 인조인간(人造人間) 능력의 8개 눈의 8호기가 일으킨 휘이 바로, 앞으로 보여준 것으로 예상되는 2호기 잔해와의 퓨전이다.

<드래곤볼Z>에서 손오공(지구화된 초인)의 손자인 손오천과 베지타(우주전투민족)의 아들인 트랭크스가 퓨전하듯이 말이다. 인조인간(人造人間) 능력이 없으면 불가능할, 게르만의 혼을 담지한 마부제 박사의 유산일 인간의지의 승리인 것이고 WILLE 과학력의 승리이리라.

앞서 SF의 흑역사(黑歷史)를 중간 중간 언급하면서, 옛날부터 神이라고 불리는 존재 또는 지구의지 또는 에너지사념체들은 인간들이 단합하는 걸 좋아하지 않는다고 간접적으로 밝혀왔다. 구약성서의 바벨탑 신화에서 시작된 이야기이다. 그러니 Q편에서 제-레도 겐도도 '신 죽이기'를 하겠다고 다짐했던 사람들임이 밝혀진다. (당연히, 그 해석이 서로 다를 테지만)

신은 EVA세계의 3대 세력인 유로, 북미, 아시아에 각각 하늘의 거인을 내려준 것으로 분석된다. 단결도 잘 안 되는 '허상으로서의 아시아'[149] 손에 쥐어준 0호기의 아키타입(archtype), 유로 손에 쥐어준 '느부갓네살의 열쇠'인 삼지안 거인의 잔해, 북미 손에 쥐어준 것으로 추정되는 8호기의 아키타입.

잠깐, 삼지안(三只眼) 거인이라고? 그렇다. 1997년에 이미 거대레이가 이마에 심안(心眼)의 상징일 3번째 눈을 만들어낸다. 2009년에 이미 에반겔리온 초호기가 신비주의 경혈도(經穴圖)처럼 자연발화(natural combustion)를 일으켜 체내의 신경조직을 훤히 드러내면서(예전 2호기 내장적출의 대안) 이마에 시뻘건 삼지안을 만들어낸다. 이미 세컨드 임팩트 당시 3놈에게 둘러싸인 1놈이 이마에 3번째 눈을 가지고 있으며 가슴에서 붉은 단심(丹心)을 드러내 보인다.

잘 보면, 초호기가 제루엘 Ⅱ의 체액으로 반죽되어 나타난 거대레이를 몸 안으로 흡수할 때, 이미 초호기의 옆구리부터 자연발화의 결과로 인해 골격과 신경조직이 훤히 드러나 보이는 것이 묘사된다. 아주 슬쩍 보여주지만 말이다. 세컨드 임팩트 당시도 그런 프로세스로 모두 연소되어 하늘로 올라갔으리라.[150]

그러니, 거대가오루의 출현도 앞으로 이상한 일이 아니다. 거대유이 박사도 나왔는데, 1922년 Doktor 마부제의 후예일 거대겐도가 나오지 말란 법이 절대 없다. 거대신지까지 이 세계에서는 모든 것이 가능하다. 그것이 바로 1995년 TV판에서 내건 형이상생물학(形而上生物學)의 위력인 것이다. 안노 히데아키 그 자신이 1983년에 인디영화 <돌아온 울트라맨!>에서 이미 거대화를 체험하지 않았나. 어려운 일이 아니다(웃음).

세컨드 임팩트 당시 완전 연소된 거인(인기 드라마 <자이언트>를 생각하자)의 잔해가 바로 100퍼센트 '느부갓네살의 열쇠'인 것으로 분석된다. 1997년 우주 저편으로 사라진 에바 초호기(신과 인간을 연결시켜주는 존재)처럼 머리 부위가 없고, 신경조직 형태로만 온몸이 보존되어 있는 난쟁이 형상이다. '난쟁이'의 비유는 미야자키 하야오가 2010년 <마루 밑 아리에티>에서도 보여줬다. 일본 땅에 사는 서양풍 난쟁이들은 '우리 안의 난쟁이'를 보여준다. 게다가 작중에서는 '보통 일본인'들이 거신병(巨神兵) 사이즈가 아닌가. 이 난쟁이들은 이미 주인공의 할머니 시절부터 존재했다고 하니, 대충 대아시아성전(大亞細亞聖戰)이 끝날 즈음 아니겠는가(이런! 추잡한 미국산 난쟁이들…웃음). 미야자키 하야오가 개념을 제시하고, 그것을 안노 히데아키가 SF로 반죽하는, 또는 그 역순으로도 기능하는 완벽한 협업체제(collaboration)인 것이다.

아시아해방 지하드는 1945년 '3발의 원자폭탄(the Trinity·삼위일체)'으로 끝난다. 우리나라의 1980년 '5월 광주(民草之恨)'에 해당하는 역분사 반응 중에서 오른쪽으로 뒤틀린 형태가 훗날 나타나니, 그것이 바로 아베 신조(1954년생)이고 하시모토 도루(1969년생)이고 이나다 도모미(1959년생)의 삼위일체(시범 케이스니 그러려니 여겨주시기를)인 것이다. 여기서 일본의 1950년대일 '80년대 한국'의 유명한 투쟁가인 '반전반핵가' 일발 장전. 당시는 일본의 '패전 후의 1940년대 노동자 의식화 교재'를 번역해서 써먹었다고 할 정도이니. (충격)

제국의 발톱이 / 이 강토를 이 산하를 / 할퀴고 간 상처에 / 성조기만 나부껴 / 민족의 생존이 / 핵폭풍 전야에 섰다 / 이 땅의 양심들아 / 어깨 걸고 나가자 / 사랑하는 조국을 위해 / 이 목숨 다 바쳐 / 해방의 함성으로 / 가열찬 투쟁으로 / 반전반핵 양키고홈

지금 도대체 누가 핵개발을 하고, 누가 핵실험을 하고, 누가 만주국이나 월남국 식의 전략촌을 하고, 누가 강제이주를 하고, 누가 태양민족을 하고, 누가 히틀러식 용두질(龍頭質)을 하면서, 과학적인 용어로 지랄병(epilepsy)을 떨어대는 불교적 인간(人間)인지 모르겠다.

일본의 이상한 사람들은 '김일성도 대승적 관세음보살 맞잖아' 하지 않는가. 불교어휘로 지금, 말세다. 각하와 불교의 관계를 보면 패턴 다 나온다. 한국불교, 정치時局 바람 그만 타라.

2009년 북한 제2차 핵실험의 해에, EVA세계 작중 대사로 "예비로 보관되어있던 로스트넘버(북핵이 일제 함흥유물과 소련 유학커닝의 결합이라는 것은 알려진 사실임)"라고 하니 Lost Number에서 알 수 있듯이, 미국속어로 '다수 중에서 골라낸 것'에 구어로 '젊은 여자'라고 한다. SF작품 특히 EVA세계에서 사용되는 영어 표현은 모두 사전을 뒤져야 한다. 일반적으로 흔히 알고 있는 그런 뜻을 쓰는 것은, 하수(下手)이지 않겠는가.

남극문을 여는 키였던 '느부갓네살의 열쇠'이니(2009년에 묘사된 뻥 뚫린 남극의 현재 모습을 보면 충분히 이해가 갈 것) 겁이 덜컥 난 EU NERV는 북극문 결계 속에 꽁꽁 숨겨두었던 것이다. 당연히, 본부에는 알리면 안 되는 그들만의 '비장의 카드'여야 했을 터. 다른 곳들의 '비장의 카드'들을 하나씩 날려버리는 무서운 사령관이 바로 음흉한 중년, 겐도이다. 그래서 궐기한 것이 WILLE이다―양수겸장, 좋은 일도 하면서 미치광이 사령관도 때려잡고.

그래서 1980년대 아는 사람만 알 게임제작사 SNK의 유산인 <사이코 솔저> 주인공 캐릭터로 시작해서 1990년대 격투게임 <킹 오브 파이터스> 시리즈까지 진출한 'Athena The Psycho Soldier'인 것이다. 1980년대는 정신력과 사이코에너지의 시대였으니까 말이다. 그런 사이코에너지로 만들어진 '신조(新造)인간'이 바로 <桓檀古記>에서 묘사한 이 민족의 낙원 '한국12연방' 아닐까. 그러니까 불교를 아예 지워야 하는 것이다. 조선태조 이성계가 자기가 징검다리 삼아 건너온 서북방면을 고조선 서쪽 위만 대하듯이 지우개로 지우면서 차별한 것처럼.

기계권력을 향해 열린 性器, 꽃

1995년 이후의 <신세기 에반겔리온> 세계에서, 사도(使徒)가 '새'를 모티프로 해왔다는 것은 이제 더 이상 비밀도 아니다. 등장할 때부터 사도의 '해골형' 머리 부위는 새의 두개골을 연상시키는 디자인이다. 아래쪽으로 뾰족한 부분이 부리에 해당한다.

그래서 작중세계 안팎 인간의 시선은 대체하는 보안계로써(이 놈민큼 모두의 알몸과 날것의 부위 모습을 다 본 존재가 없다) '유전자조작 새'인 온천펭귄 펜펜(PEN2) 등장하고, 특히나 신극장판에서 사도(使徒·원의가 날개 달린 존재일 ANGEL)의 출현에 꼭 임박하여 '새'들이 하늘을 나는 장면은 단순한 우연이 아니다. 신극장판 초장부터 교복차림 '환영(幻影)의 레이'가 붉은 눈을 한 번 깜박이니 흰 새들이 비상하고.

EVA세계에서 새는, TV판의 아담과 리리스로 대표되는 지구의지(地球意志)의 시선인 것이다(달도 지구시스템의 일부로 포함). 우리가 위성과 인터넷과 카메라의 눈(機械視線權力)으로 수집된 영상을 조합하여 '세계'를 이미징(imaging·화상진찰)하듯이, 지구의지와 보이지 않는 (에바들 등에 붙은 전기 콘센트 같은) umbilical cable로 연결된 사도들은 새(즉, angel)들의 눈을 통해 수집된 영상으로 똑같은 프로세스를 거치는 것이 아닐까.

겐도의 권력 원천도 '눈'이다. 신극장판에서 그의 거대한 집무실 바닥을 가득 메운 '눈'의 향연을 보면 바로 알 수 있다. 주인공 신지와의 첫 대면에서도 '제7번 케이지 12번 카메라'의 똑같은 영상으로 겐도 옆의 벽이 가득 채워진 모습에서도 상징적으로 보여준다. 넌 부처님 손바닥 안의 손오공에 불과해, 이런 메시지이다.

1997년 극장판에서 일본정부 직속의 전략자위대(JSSDF)가 NERV를 공격할 때 통신망과 레이다 등의 감시 시스템(神眼 또는 불교적 天眼通)부터 최우선적으로 무력화시키는 것은 우연이 아니다. EVA세계의 공인(公認) 패러디물에서조차도 '눈을 공격해, 눈을!' 이런다.

이랬는데, 신극장판에서는 사도(使徒)의 새로운 함의가 추가된다. 바로 '꽃'이다. 이미 다 아는 내용이고, 로봇 애니메이션의 정석도 다 밝혀진 단계이고, 아이돌 캐릭터들도 무더기이니, 용감한 신세계[151]로 나아가는 <桓檀古記> 4종 세트의 "이제는 증산도!"가 아니라 "이제는 SF 설정계임!"인 것이다. 소위 인터넷 댓글로 통칠 당할지도 모르겠지만, 할 말은 하겠다.

제1사도 ADAMS와 제2사도 LILITH가 걸어 다니는 성기나 외장형 성기의 메타포라는 것은 앞서 다루었다. 꽃의 암술과 수술이다. 인공사도인 제3사도조차도 '후광/승천'을 하는 과정에서 꽃잎이 갈라지는 형상으로 베타니아 기지의 구조물을 분쇄한다. 바로 뒤에서 보겠지만, EVA세계는 인공이 가해져야 비로소 '후광/승천'이라는 숨겨진 진정한 힘이 발휘되는 세계이다. 제4사도의 최후는 시(詩)적으로 표현하면 '터지는 꽃망울'이다. 의미심장하지만 눈에 잘 안 띄는 디자인 변경이 가해진 제5사도는 사실상 걸어 다니는 꽃이다. 제6사도의 변형은 어떻게 보면 여러 가지 꽃의 형상이다. 잘 관찰하자.

그리고 문제의 제7사도인 가칭 가기라펠(TV판의 거대한 물의 천사 가기엘+쌍둥이천사 이스라펠)이 등장한다. 이놈을 보고 확실하게 '아, 꽃이구나!' 확증하게 되었다. 기자 출신 소설가인 김훈 작가[152]의 "꽃은, 성기이다"라는 표현을 전해 듣고선 무릎을 딱 치지 않을 수가 없었다.

생명이 없어진 붉은 바다 위로, 초현실주의 미술공예품 같은 디자인을 한 거대한 체구(이제까지 등장한 것들 중 최대)의 제7사도는 눈(雪)의 결정체 형상인 프랙탈(fractal) 얼음장막을 밟아가며 예수님처럼 바다 위를 (死海·갈릴리 호수) 뚜벅뚜벅 걸어서 일본을 침공해온다. 이 사도는 매우 발칙한(?) 비유와 상징의 총체라서 빨리빨리 장막 뒤로 넘겨야 하는 존재이다. 굉장히 금방 등장하고 금방 섬멸된다.

사도의 고이블록이 내장된 본체가, 음……마지 서내한 고환과 음성의 위치에 있는 것이다. 몸은 새장(cage)인데 말이다. 이런 디자인은 <공각기동대> TV판 2기인 <공각기동대SAC—2nd GIG>에서도 실제 사용되었다.[153] 육상자위대의 개미 형상 파워드슈트(powered suit)의 주무기가 '중간다리' 위치에 설치된 기관포였기 때문이다. 형상은 앞다리가 긴 개미인데(욕망득템의 수단인 팔), 베짱이처럼 점프하는 능력도 동시에 구비하고 있다.

제7사도의 거대한 체구와 거대한 몸에서 나올 강력한 AT필드로 보아 상륙을 감행한다면(거의 우주세기의 Big-Jam 수준이랄까) 물과 얼음을 자유자재로 조종하는 창칼로 엄청난 액션이 벌어졌을 법도 하지만, EU NERV가 개발한 신무기 AT필드 일점집중돌파식 석궁병기로 제압당한다.

아스카를 상대로 대공전(對空戰)을 펼친 당시를 재현해보자. 앞뒤로 붙은 양면의 시곗바늘 같은 2개의 머리가 합쳐지면 (당연히 한국에서 먼저 기원했다는 학자도 있지만 일단은, 중국에서 기원한) 태극의 형상으로 머리가 합쳐지면서, 1982년 판의 <괴물>에서처럼 입이 4갈래로 갈라지며 꽃잎 형상으로 바뀌더니 미친 듯이 '촉수의 창'을 날려댄다. 그 모습 자체가 하나의 꽃(花卉·화훼)인 것이다. 별 것 아닌 것 같지만, 의미를 풀어서 설명하자니 이렇게 길다.

일하는 것은
곁의 사람에게 편안함을 주어야 비로소 일한다고 할 수 있는 거야
"천리교 교조전 일화편"에서

그대로 보면 제7사도, 뒤집어 보면 제8사도일 꽃.
덤으로 차라리 한 송이 꽃일 홍일점(紅一點) 그녀, 제10사도.

    이렇게 디코이가 파괴당하자, 코어블록이 있는 본체인 거대한 '고환+음경' 부위가 하늘 쪽으로 치솟는다. 그런데, '음경'으로 보이던 부위가 사실은 새의 부리에 해당하고 '고환'으로 보이던 부위에는 앞뒷면 합이 8개의 게슴츠레한 눈(곤충과 같은 의태무늬일수도 있는데 구도 상 神眼임)이 달려 있는 것이 아닌가. 이것은 겉보기에 외향적이고 건방진 '아스카 캐릭터'에 대한 '일부 사람들'의 음란한 시선(정복해주는 맛)을 의미한다. 제7사도 광케이블 리비도였다. 소위 동인지(同人誌)나 인터넷 어둠문화를 이해한다면 무슨 말을 하고 있는지 충분히 이해하리라.

    결국, 아스카(♀)와 거대자지(♂)의 정면 대결이다. 물론 이 작품이 제작

중이던 상황까지 감안하면 2008년도 베이징올림픽을 전후하여 눈살 찌푸릴 정도로 수준 낮게 표출되던, 수용소 군도이던 눈의 나라 옛 소련을 닮아가는 것이 아닐까도 관측되는 '중화제국(中華帝國)의 군세'도 당연히 포함될 수 있을 것이고 말이다. 여러 해석 중에 입맛에 맞는 것을 선택하면 된다.

도식적인 '침략/자지'와 '피탈/보지'의 일본인 취향(?) 구도가 처음부터 너무 눈살 찌푸리게 해주는 것 아니냐는 것으로 느끼는 이들을 위해, 한국의 실례를 들어보겠다. 일본은, 한 시절 지나치게 정치과잉으로까지 치달았던 이 사례가 소프트화 하여 계속 응용되어 왔을 따름이니까. 정세분석이건 핑크영화건 SF 영역이건 말이다. 이게 그 불편한 진실이다.

진군하라, 100만 학도여!…우리의 역사는 반동무리 군부파쇼의 처단과 민중의 천고의 적 제국주의…파쇼와 미제 앞에 찢기고 학살당한 구천(九天)의 민중 원혼들의 피맺힌 절절한 절규가 저 철천지원수들에 대한 불타는 적개심으로 머리끝부터 발끝까지 무장할 것을 요구하고 있으며…온갖 악의 무리에 의해 강간(rape)당한 한반도에서 우리의 임무는 무엇인가?

파쇼 타도…제국주의 타도…민족자주평화통일의 그날까지…점차 지배적 지위가 몰락해가는 미제는…세계적 반동…난봉꾼으로서의 폭력적 본질은 이제 같은 제국주의 나라 사이에서조차 환멸과 냉담을 받을 질곡(桎梏)의 상태로…민중의 종국적 승리를 박멸시켜내는 것이 저 간악한 사탄의 무리 미제가 한반도 민중에게 던지는 또 다른 추파의 실체인 것이다…(이하 생략)

—1986년 〈전국 반제파쇼 민족민주화연맹 창립에 부친 투쟁선언문〉에서 발췌.

미제(美帝)에 대한 적개심과 그 앞잡이 전두환 괴뢰도당에 대한 분노로 피 끓는 애국 청년학우여! 반미자주화 반파쇼민주화 투쟁의 대열에 총집결하라! 19세기 말 이래 한반도의 역사는 미·일 제국주의의 침략의 역사였고…한국 민중의 반제 민족해방 투쟁은 미제의 군홧발과 총칼에 철저히 탄압되고…현재 미제는 또 다시 이런 기만적인 역사의 도정을 밟으려 하고 있다.

제3세계 민중(people)의 민족해방투쟁의 고양과 세계 자본주의체제의 모순으로 전반적 위기 국면에 접어든 제국주의는, 한 손에 과잉달러를 들고…또 한 손에 과잉달러로 만든 핵무기를 들고…제국주의 침략 책동의 표출이며…올림픽, 남북비밀회담, UN 동시가입 기도에서 보여 지는 한반도 영구분단 고착화 음모로…더 이상 자신에게 스며든 양키의 노린내에 현혹되지 말라…(이하 생략)

―1986년 서울대학교 반미자주화 반파쇼민주화 투쟁위원회가 뿌린 〈반미자주화 반파쇼민주화투쟁 선언문〉에서 발췌.

히틀러 총통의 '대독일민족' 베를린 올림픽조차도, 일본의 어떤 사람들에게는 '타락의 아가리'로 들어가는 유대인의 사악한 음모였지 않았나. 한때 커피와 콜라조차도 어떤 대학생들에게는 '미제의 똥물'이었지 않았나. 민족정신의 이 새 시대에 외제상품을 쓰면 '가정 붕괴'가 일어난다고 어떤 사람들은 경전(經典)에까지 쓰고, 남한의 대북전단을 주운 공화국 인민은 '손가락이 썩어'들어간다고 난리쳐댄다. 대일본제국 군인사제(司祭) 계급도 비슷하게 얘기들 한 것 같다. 요새 한국영화 속의 교련복=얼룩무늬는, 아마도 군정(軍政) 시절 비유이리라.

하여간, 다시 쫙 갈라지면서 폭우 같을 '촉수의 창'을 뻗어대기 전 거대 자지(♂)는 혼신의 힘을 다한 아스카의 '이나즈마(稻妻·벼를 시집보내는 번개) 킥'으로 푸딩처럼 붕괴되고 제7사도는 섬멸된다. 이 사도는 후광을 마치 거대한 톱니바퀴처럼 작동시키면서 움직일 정도로 덩치가 커서인지 폭발시의 무지개도 2개나 만들어낸다. '남자 둘이 붙을' 2개의 롱기누스의 창을 든(변태·hentai) EVA 제13호기 등에 생겨난 2중 후광은, 탱화나 불상의 그것이지만 말이다.

하늘에서 떨어지는 메테오(meteor)일 최대급의 제8사도는 차라리 완벽한 한 떨기 꽃으로 화한다. 거기다가 '눈알모양'의태무늬 속에서 꽃의 수술(♂)에 해당할 인간형 부위까지 등장하니 어찌 놀랍지 않겠는가. 게다가 제8사도는 완전히 색채부터가 금낭화(錦囊花·bleeding heart)를 기본으로 디자인되었다. 영어 이름도 과연 작중에서 보여준 그대로 '피바다의 심장' 아닌가.

제8사도는 또 앞으로의 중요한 힌트를 던져준다. 코어블록이 자체방호 기능을 가지고 있다는 것이다. 그것이 2012년의 Q편에서 등장하는 야스쿠니신사 국화(菊花)를 상징할 네메시스의 '4개의 코어블록'이다. 코어블록 자체가 촉수를 뻗쳐 전투행위를 수행치 않던가. 붉은 물속에서 '결계밀도'에 대해 이야기하는 것으로 보아 아마도 남극권 바다 전부가 (TV판에서는 남극 근처만이 적화오염 되었는데, 어쩌면 액체형 사도일) 분노의 여신 네메시스(Nemesis)로 화한 것으로 분석된다.

제8사도의 코어블록이 회피기동을 못하도록 몸을 던진 이가 바로 0호기의 레이. 그런데, 마음(心)을 상징하는 코어블록이 AT필드 안쪽으로 틈입한 타인을 거부하며 몸피를 엄청나게 불리니까(0호기 상반신 크기까지 팽창) 0호기의 팔 부위가 타들어가듯이 '침식(표현이 적절할지 모르겠으나 안노 히데아키의 80년대 건버스터 시절 Buster Corrader)' 당한다. 이 여파인지, 제10사도에게 로켓특공을 가한 0호기의 팔이 모두 날아간다.

그런데, Q편에서 AA탄을 흡수하여(++효과) 사실상 전신이 코어블록으로 화한 채 추락해가는 제13호기에서(환생 4호기와 같은 MATRIX행 전화선) 8호기가 신지를 강제탈출시키기 위해 제13호기 등에 달라붙어 장갑판을 뜯어내려했을 때 양팔에 강렬한 침식작용(corrosion)이 엄습해오는 것을 볼 수 있다. 그 충격으로 8호기는 지상에 떨어진 뒤 충격으로 팔만 양쪽 다 날아가 버린 것이다.

물론 '인조인간' 능력으로 예고편에서는 개조2호기와 퓨전 하여 2개의 팔을 다 만들어내는 것으로 그려진다. 초호기가 광자신(光子神)이 되어가는 과정에서와 같이 '빛의 팔'을 임의로 만들어내는 능력까지는 8호기에게 허용될 수 없다. '그러기위한 8호기'이니까 말이다. 하여간 초호기는 왼팔(左性·the left factor)을 잃고 십자가 속에 봉인된다.[154]

나찰녀

<신세기 에반겔리온> 신극장판의 이른바 SF적 불교성(佛敎性)을 극명하게 표출하는 존재가 바로 후유쓰키 선생 대사대로 "최강의 거찰(巨刹·kyosetsu) 타입"이었던 제10사도 제루엘 Ⅱ이다. 날개(羽)편의 국내개봉시와 블루레이 상의 번역에서는 '거부(巨夫)'라는 표현이 사용되었는데, 이렇게 해서는 본의를 전혀 알 수 없게 된다.

물론 2007년에는 "모두와의 연결고리(絆·kizuna)"라는 불교성을 보여주지만 어려웠고, 2012년에는 처음의 US작전에서 육방십자가=가칭 제11사도 이로엘을 두고 항상 사용하던 표현인 "목표(target)"가 아니라 아스카의 대사를 통해 EVA세계 최초로 "목표물(ぶつ/부쓰·物과 佛은 발음이 동일)"이라는 표현을 사용해서 불교성이라는 인(印)침을 보여줬다.

사찰(寺刹)이라고 할 때 사용되는 한자인 찰(刹)은 여기서는 두 가지 의미이다. 첫째, 나찰(羅刹)이다. 인도 설화에 등장하는 식인귀인데, 흔히 여성의 모습으로 묘사된다. 남자들을 유혹해서 먹어 치우는 존재인데, 훗날 불교의 수호신으로 포섭된다.

둘째, 크샤트리아(刹帝利)이다. 흔히 '카스트(caste)제도'로 불리는 인도의 사종성(四種姓) 제도 중에서 성직자인 브라만 다음의 전사/왕공세급의 명칭이 바로 크샤트리아이다. 한자만 봐도 당시 중국의 글줄깨나 읽었다는 이들이 참 번역 잘 했다고 생각되지 않는가.

옛날에는 창칼 들고 내려와 정착하면 그대로 왕공(王公) 지배자가 되는 것이다. 일부 이상한 사람들이 '우리민족 기마민족 기원설'에 그토록 열광을 넘어 집착/숭배하는 이유도 '말 타고 창칼 들고 와서 다 먹었다'는 의미이다.

쿠엔틴 타란티노의 <DJANGO—분노의 추적자>에서도, 말은 '백인=지배계급'이나 타는 신성한 동물인 것이다. 쉽게 말해 우리도 당하고만 산 게 아니라 한때는 (세계적 차원으로까지) 날려봤다, 라는 의미이다. 물론 외국서는 아무도 안 알아주지만(이게 다, 짱꼴라들과 손잡은 유대프리메이슨의 음모이고 말이다…웃음).

결국 EVA세계에서 최강의 전투력을 가진 거녀(巨女)라는 의미다. 의미 그대로 최강의 실력에, 대폭발로 팔이 날아가버린 거의 소신공양(燒身供養)[155]에 나선 (바싹 구워진) 0호기를 꿀꺽 삼켜버리기까지 하니, 나찰의 의미는 풀 파워로 발휘해준 셈이다. 더불어 아야나미 레이의 (머리가 없을?) 선불교(zen buddhism) 성격을 극명하게 보여주는데 한 몫을 했다.

437

인도불교는 인도 문화의 성격 때문에 붕괴되었다. 중국불교는 중국 국가의 역사나 성격과는 정반대로 진행되어 소수의 산사(山寺)만을 세울 수 있었기 때문에 붕괴했다. 반면, 일본이라는 비옥한 토양에 뿌려진 일본불교는 풍부하게 결실을 맺어 불교의 가르침이 목적했던 바를 점차로 전개해나갔다.

……국토 전역에서 찾아 볼 수 있는 우리나라의 값진 관습과 태도가 이 모든 일의 근본적인 이유이다…그 핵심은 지도훈육에 노력해온 천황과 황실에 있다……황실에는 위대한 우주의 생명이 깃들어 있다. 이 안에서 진정한 생명이 진정한 종교생활을 한다.

—시오 벤쿄, 훗날 정토종 종립 다이쇼대학 총장을 역임하는 승려, 오쿠라(大藏)정신문화연구소가 발간한 공저서 《호국불교》에 실린 논문 〈황국의 길〉에서. 1938년.

제2차 세계대전 때는 앞에서 살펴본 저런 '정신적 실드'로 무장하고 가미카제를 타고 사쿠라바나를 탔을 것이니. 미야자키 하야오의 <바람계곡의 나우시카>에서 적측의 히로인으로 등장하는 관동군(王道樂土)의 상징 크샤나 황녀도 이 크샤트리아(刹帝利)에서 따온 설정으로 사료된다. 非백인서양일 그 상대방 도르크연합제국은 (삭발한) 승려 지배체제이고 말이다. (답답한 SF 수용 및 평론 풍토이겠지만…보면 뭘 하나, 무슨 말인지 모르는데…. '본 갯수' 경쟁만 하면 오타쿠 취급밖에 남는 게 없다.)

히틀러(개체)나 관동군(군체)이나 '근원회귀 성향'이 큰 사람들이니 고(古)인도철학의 영향을 받았을지도 모르겠다. '인도-유럽어족'이라는 것을 결국 '인도-아리안 인종'이라는 이상한 방향으로 뒤틀어버린 결과가 아닐까 싶다. 한국의 '桓檀古記 등속 신봉자'(일명 환빠로 통용)들도 아무데나 갖다 붙이는 비슷한 사고방식일 것으로 분석된다.

제10사도 제루엘Ⅱ도 충실하게 꽃의 역할을 수행한다. 앞에서 설명한 '정욕시선(情慾視線)'의 빔을 한 방 맞고 그로기 상태에 빠진다. 그로기 상태에서 '묵시록의 음녀(淫女)'의 몸은 시들어버리고, 사도의 종이칼날손도 모두 시들어 축 늘어진 꽃잎과 같이 묘사된다.

바보신지는 나찰(羅刹) 사도의 몸속에 웅크리고 있는 대승보살인 아야나미 레이를 샌바기 헤내고, 마치 흰폭 이깨글 드러낸 '보가(보마귀속식 두루마기)'를 걸친 것 같은 부처님처럼 초호기와 함께 전신발화를 일으키며, 가프의 문 속에서 모습을 드러낸 '검은 달'을 향해 열반(고요로 돌아가는 입적入寂이라고도 함)으로 나아간다.

이로써, 달(月·육신내장과 관련된 한자의 기본部首)의 비유법은 완성된다. DVD판과 코믹스판에서 '하얀 달/아담/원래 지구의지'이고 '검은 달/리리스/지나가던 천체에 깃든 생명의 씨앗'이라고 복잡하게 페이크의 인드라망(因陀羅網)을 쳐봤지만, 이제 다 돌파되었다. 달에서 온 옥토끼 환생 6호기=하얀 달, 이라는 배리에이션만이 신극장판에서 응용되었을 뿐.

DVD판과 코믹스판의 달님 이야기에 따르면, 리리스와 그 자식인 리린(Lilin)=현생인류는 외계 생명체라는 것이다. 지구의 원래 주인일 생명체들이 바로 사도들이라는 것이다. 그래서 초자아일 제-레는 항상 원죄의식(?)을 느끼며 종교 냄새가 나는 표현을 써가면서, "죽어야 다시 태어나(rebirth), 죽어야 다시 태어나(還生)" 되뇌지만 말이다.
1967년 TV 특촬작품 <울트라맨 세븐>에서 사용된 충격적인 SF설정에서 차용한 것이며, 사실 주객(主客)이 뒤바뀌었지만, 그건 옛날 일이고 지금 살아 있는 인류와는 아무 관계가 없는 일이다.

NERV는 그 '다 죽자' 프로젝트의 집행기관이었는데, 중간에 겐도가 자기 마음대로 '죽은 마누라와 영원히 한 몸이 될 거야' 하면서 독자 시나리오를 짰을 뿐이다. 28년 동안 욕망의 대상일 '죽은 마누라' 유이 박사의 손바닥 위에서 살고 있는 그도 사실 측은한 사람이다. 어쨌든, 함께 다 죽자고 하면 어쩌자고. "노!"라고 들고 나온 세력이 WILLE이다. 욕망(♂)의 대상=美女(♀) 때문에 1920년대 이래 숱한 몬스터들이 멸망해왔다.

심지어 에반겔리온 3호기조차, 여자 목소리로 웃는 주제에(♀) 야한 슈트를 입은 아스카에게 반해버려서인지(웃음), 제9사도로 변해선 남근(?)을 늘어뜨리고는 황군(皇軍)처럼 전진한다. 원래 EVA 시리즈의 상반신 몸통은 다위니즘(…이런 번역도 있음)에 입각한 흔적기관일 '꼬리뼈'를 묘사하려는 양 사타구니 부분이 블레이드 형상으로 뾰족히 다듬어져 있다. 그 블레이드 부분이 정면에서 보면 늘어진 남근처럼도 보이는데, EVA 시리즈에서 전신(全身) 정면 장면은 별로 없었다. 이번에 전진하는 3호기를 정면에서 보는 각도가 오랫동안 등장하는데, 그것은 블레이드를 '자지(子枝)'처럼 부각시키기 위한 의도였다. 역시나 절반은 에바/절반은 사도인지라 바보신지를 향한 아스카의 불꽃 에너지(웃음)를 빨아먹으며 인조인간性을 한껏 발휘하여 팔이 쭉쭉 늘어나고, 없던 팔도 2개씩 만들어내는 3호기.

DVD판에서는 제16사도 아르미사엘이 레이를 강간하는 동시에, 바보신지를 향한 레이의 '마음' 에너지를 이용하여 몸의 반대쪽으로는 바보신지의 초호기를 동시공략(?)하는, 음험한 포즈를 마음껏 보여준다. 뱀의 대가리와 같은 사도의 빛 덩어리 선단부(先端部)가 레이의 몸처럼 변하여 초호기의 몸에 계속 엉켜 붙는 것이다, 음란한 눈매를 하면서. 알다시피 제16사도는 침식 타입 아니었던가.

마치 쿠엔틴 타란티노와 로버트 로드리게스가 1970년대 B급 액션물을 패러디한 <마세티>에서, 70년대 당시 서부에서 차별받던 멕시코계 출신의 비밀 연방요원이 백인우월주의 지도자의 백인 아내와 백인 딸을 동시공략(?)하는 설정이 나오는, 그런 분위기라고 할까(웃음).

하지만, 성궤(Sacred Chest)일 더미시스템이 가동된 초호기, 역시나 상반신 하단의 브레이드 부분을 받기한 남성(男性)처럼 보이는 포그조 3호기의 창자를 물어 뜯어낸다. 처참의 극을 달하는 장면의 두 주연이 모두 '곤봉(棍棒)에 힘이 들어간' 포즈라는 것. 중간다리 나무(木)의 비유법은 확실히 실행되었다. 3호기는 그 자신이 벚꽃나무가 되어 잠깐 화사하게 피고선 샥 져버리는 사쿠라 꽃잎 흩날리듯이, 완전히 분쇄된다.

승리의 탑과 리린

여기까지, 2007년 이후 진격하고 있는 거인영화 <신세기 에반겔리온>의 모든 장면을 거의 다 풀었다. 철학 이론이나 촬영 각도니 카메라워크니 해가며 인간관계 위주의 영화나 보고 수필 같은 글을 쓰는 평론가들이 과연 이런 SF의 오의(奧義)를 알 수 있을지는 의문이고, 그렇다하더라도 우리는 전진할 뿐이다.

'느부갓네살의 열쇠'까지 다 풀어낸 지금, 이제 마지막으로 승리의 탑(?)과 리린(Lilin)의 문제를 다루고 끝내고자 한다. 1945년 히로시마와 2011년 후쿠시마를 동시에 상징하는 거대한 버섯나무. 하단부 받침대에 해당할 부분을 제외하면 그 형상이 아무리 봐도 1979년 <기동전사 건담>의 지온군 최종방어선인 '아 바오아 쿠'를 연상시킨다.

'아 바오아 쿠'는 1970년대 일본의 동남아 진출과 시장 석권의 영향인지, 이국적인 말레이시아(Islam)어로 '승리의 탑'이라는 의미이다. 1985년 중동 문제가 도마에 오를 즈음에는 <기동전사 Z건담>에서 '아 바오아 쿠'의 후신을 페르시아(Islam)어를 사용하여 '제단의 문'이라고 부른다. '감옥의 문'이라는 의미이다. 아마 당시 소련에나 있음직할 '지온自治공화국' 입장에서 보면 그러할 것이다. 중국은 1989년에 팔레스타인을 '국가'로 승인한다.

앞서 설명한 생명나무, 보리수, 용화수, 신단수, 세계수 위그드라실 등속의 후예일 버섯나무는 어떤 역할을 할 것인가? 일단, 에반겔리온 자체가 '생명나무'라는 것은 앞에서도 언급하였다. 신극장판에서는 에반겔리온 시리즈 전체가 '나무性'을 띠고 있는 EVA의 생태학을 보여준다. 제2사도 리리스의 하반신이 신극장판에서 '나무뿌리'로 디자인 되었다는 것은 언급하였다. 그리고 코믹스판을 보면 롱기누스의 창이 뽑힌 리리스의 하반신이 '중력 방향으로' 양다리 모양처럼 자라고 있는 대목이 나온다. 즉, 범GAINAX 두뇌들의 최신 설정은 모든 EVA가 '나무'라는 것이다.

처음부터 나무가 아닌 형태인 특별케이스들은 앞서 설명한 0호기, 6호기, 8호기 뿐이다. 그들은 온전한 거인의 모습으로 하늘에서 내려오거나, 마치 TV판의 제8사도 산달폰처럼 2팔과 2다리를 모두 지닌 채 달나라(肉臟腑·육장부) 땅속에서 자랐기 때문이다. 판타지에나 등장할 무슨 만드라고나, 아라우네, 이런 산삼동자들(土の子·쓰치노코/병 모양이라 옆으로 굴러다닌다는 일본 전설상의 뱀)이라는 것이다. 제-레의 새로운 마크에도 올라가 있는 번식력의 상징인 뱀일, 느부갓네살의 열쇠라는 것이다.

이런 일본 전통의 미확인생명체(일명 UMA)나 요괴의 비유법은 1994

년 다카하타 이사오의 <평성 너구리전쟁 폼포코>에서 다 사용된 방식이다. 한국에서 무슨 말인지 몰랐을 뿐이고. 그때 일본의 작중 상황이 지금 우리나라이니, 다시 보면 득도나 득템할 것이 있으리라.

모든 에바가 상반신은 멀쩡하고 하반신은 뿌리 단계서부터 자라는 나무라는 힌트는 2009년의 5호기가 제공해준다. 어떻게 보면, TV판 시절에도 EVA '실패작'들의 무덤을 보여주는 장면에서 머리 투구와 어깨의 밑빼까지만 있는 잔해들이 무수히 보인다.

하반신은 뼈도 없는 것이다. 5호기 파일럿인 육감녀 마리 양은, EVA에 타고 전쟁놀이를 하고 싶어 온몸이 근질거리는 안경잡이 밀리터리 오타쿠 아이다 겐스케의 암컷 대체물(ersatz)이다. 마리도(이미 그 이름에서 나오지만) 전투의 스릴감을 느껴보기 위해(뇌내 흥분호르몬 분비) 온몸이 근질거리는 캐릭터이지 않은가.

안경잡이 아이다 겐스케 이 친구도 많은 의미를 가지고 있다. 성(姓)인 아이다(相田)는, 인물상 군상 얼굴상 할 때처럼 '상판대기의 밭'이라는 의미이다. 한 마디로 관객들이나 이 세상의 평범한 '눈'의 욕망에 목말라하는 (북한을 해코지해서 이제는 좌파들도 싫어한다는) 해커집단 'The Anonymous'인 것이다. 무속의 방울이나 고양이 목의 방울(鈴)과 관련될 이름인 스즈하라(鈴原)의 대사를 빌리면 "자신의 욕망에 참으로 충실한 놈"이라는 것이다—YOU!

그런 마리가, 드디어 '어른들을 이용'해서(음흉한 G아저씨의 대척점일 원조교제 소녀 같은 표현) 타는 데 성공한 놈이 "에반겔리온 가설5호기"라는 것이다.

가설(假設·provisional)은 '임시'라는 뜻도 있다. EU NERV는 분명히 북극문 안의 공간에서 이상한 실험들을 하고 있다. 기계와 EVA의 융합이나, 먹이(部品)를 줘가며 사도를 육성해서 '사도의 병기화'[156]같은 것을 연구하고 있는 줄로만 알았는데, 확실히 성과는 거두었다.

5호기의 가설(假設)이라는 한자어는 '가세쓰(kasetsu)'로 발음되는데, 앞의 나찰(羅刹) 케이스와 같이 여러 가지 의미로 조합이 가능하다. 불교와 관련하여 가능성이 높은 후보들을 몇 글자 추려보면 화려할 화(華), 화할 화(化), 불 화(火), 석가(釋迦)의 가(迦), 보살마하살(菩薩摩訶薩)의 가(訶)이다. 여기에 찰(刹)이 붙는다.

실제로 5호기의 역할은 자신의 몸을 버려가며 제3사도의 '승천'에 도움(?)을 주고 '마르두크 계획'이라는 위험한 실험을 하는 북극기지를 날려버리는 것이다. 불교설화 모음인 본생담(本生談)에는, 매에게 쫓기던 새를 살리기 위해 자신의 팔다리 살점을 베어내 매에게 주고 새를 살린 다음 '과다출혈'로 사망한 어느 왕의 이야기가 나온다(…이건 좀).

부처님이 지상에서 왕으로 태어나서 보살행(菩薩行)으로 자비를 닦아나가던 과정 중의 이야기라는 것. 팔다리가 날아가는 5호기를 '왕(王)'으로, 새의 조상인 공룡을 상징하는 제3사도를 '불쌍한 새'로 보면 어느 정도는 맞아 들어간다. EVA 신극장판들은 '옛 전쟁 당시 불교적 교리의 오버히트'에 대한 경고도 담겨 있기에 이런 해석은 타당성을 가질 것이다.

괴상한 상징과 부적과 같은 고대문자(?)로 뒤덮여 있던 베타니아 기지 내부의 모습을 '화찰(華刹·화려한 불교사원)'이나 '가찰(迦刹·부처님네 집)'로 충분히 볼 수 있다. 5호기의 '보살행'에 초점을 맞추면 '보살마하살분들의 사찰'로 볼 수 있다. 확실한 것은 불교적 뉘앙스를 은폐하는 표현으로 꼭 집어서 "가설(Provisional·대문자로 IRA 과격파를 의미)"이라는 단어가 사용되었다는 것이다.

"건조된 지 얼마 지나지도 않아 실전"이라는 카지 료지의 대사에서, 하반신이 기동차륜 형태인 이유가 드러난다. 두 다리가 아직 다 자라지 않았다는 의미이다. 실제로 승천하다 저지당한, 입이 1982년의 <괴물> 속의 개 괴물처럼 4갈래로 열리는 제3사도의 빔 공격을 팔에 받고는 싱크로가 너무 잘 되어 화상 비슷한 상처까지 생기는데, 기동차륜 부분이 깨끗하게 절단당하는 2차 빔 공격을 받고서는 파일럿에게 고통이 전달되지 않는다.

하여간, 마리의 뇌 속 호르몬 분비는 일반인과 달라서인지 하반신 없는 5호기조차 폭주하여 매직핸드 악력(握力)으로 제3사도(8+15사도=가칭 산달라엘)의 코어블록을 깨버린다. 여기서 또 나오지만, 이 5호기는 팔 부분조차 다 자라지 않은 놈이다. 그야말로 80년대 SF영화 속의 '괴물아기'인 것이다. 그런 놈에게 '기계부품'을 같다 붙여서 실로 EVA의 사이보그화를 실현시킨 것이다. 하기야 이런 '괴물아기'를 움직이려니 마리 양 같은 '늑대인간 핏줄(작중표현 문제아)' 비슷한 인간형이 선택된 것이겠지만 말이다(꺄악, 거울 속의 나야).

이런 인간형이 제식(制式) EVA인 2호기를 타니, 2호기는 실로 일본 도시전설의 '입 찢어진 여자' 수준까지 입을 쫙 벌려버리는 것이다. 진(眞)편에서 밀리터리 오타쿠이자 대승보살(大乘菩薩)일 마키나미 마리 일러스트리어스(MMI·참고로 아스카는 SSL)의 활약이 기대된다.

마리(앞으로 나올 EVA 8+2호기=사실상 SM)의 경우에서 보듯이, 이제 리린(이제부터 全知的 시점인 Lilin으로 지칭)은 메이지유신 때의 내란들처럼 '통상적인 사고방식으로는 군대에 못 받을 천한 농민이나 백정 같은 군상들'까지 다 활용하고 있다. 밝은해 각하 스타일의 '창조적 사고방식'이 아니면 잉여에너지 추출이 불가능하고 이 역경과 난국을 돌파할 수 없

다고 확실히 인식한 것이다. (여자에게 총을 달라! 우리도 군대에 가겠다…웃음)

확실히 <신세기 에반겔리온>에서는, Hybrid Japan의 관념을 강하게 어필하고 있다. 기존의 세계관은 일부 핵심을 빼고 다 무너졌다. 우리가 알고 보니 외계인이었다, 특히나 레이의 플러그슈트 견갑(肩胛) 부분을 보니 사도의 머리뼈와 너무 닮았다, 마리의 플러그슈트는 숫제 사도의 옆구리 골격을 닮았다, 인공사도가 등장했다, 사도가 인간의 몸 형태로 변하고 등의 퓨전과 하이브리드 관념을 은연중에 일반화하여 설파하고 있다.

북극문 속의 괴상한 사원(?)에서, 달에서 발굴된 6호기와 비슷한 문양으로 디자인 된 부품마크가 새겨져있는 부위들로 조립된 '공룡뼈' 같은 머리와 꼬리를 덜거덕거리면서, 1997년 극장판 <DEATH>편에서 '하모니=화합(최근의 베네수엘라發 엘시스테마 운동)'을 상징하는 신지와 친구들의 협연을 SF적으로 재현하면서, 하프 형상의 몸통을 가진 우리의 제3사도는 질주한다(통닭 2마리가 마주보는 형상이기도, 우리 대포나 한잔).

하프? 그렇다. 그 기원은 확실치 않지만 이집트에서 이라크까지의 중동지역에서 기원한 악기인 하프이다. 인류와 사도의 '하모니'를 상징하는 첫 번째 존재이니 그래서 악기의 형상을 하고 있다. 첫 만남은 좋지 않았다. 하지만, 반복해서 말하지만 등장하는 '미소녀 파일럿'들은 모두 이름부터가(독일계=시키나미 아스카 랑그레이/영국계=마키나미 일러스트리어스 마리/육보시肉布施 아야나미 보살은 제외) 퓨전과 하이브리드 관념을 은연중에 일반화하여 설파하고 있다.[157]

뭐가 문제냐? 그렇다. 별 문제 없을 것이다. ILBE라는 곳의 방식대로 말해보면, 열등인종 혼혈아 아니냐? 설마요. 정신오염 치료조치를 받은 14년 후의 29세 아스카를 분석해보자. 왼쪽 눈이야 전세(前世) 때 롱기누스의 창을 맞았다고 하니 그렇다고 치자(웃음). 그런데, 그녀의 플러그슈트는 왼쪽 반신 부분이 전부 얽어지거나 붕대를 감은 형태거나 한 특이한 타입이다. 그녀는 애꾸눈 같은데, 화가 나니까 안대 속에서 '푸른 불꽃'이 일어난다. 바보신지가 레이를 따라가 버리니 '신지 어린이'로 규정할 때 1번, 남근의 총합일 아담스의 그릇과 대결하면서 코드777로 개조2호기가 '개'로 변해버릴 때 1번이다.

　마지막 장면에서, 적화오염된 대지 위에서 잠시 사부를 하며 저하요염 하부층에는 아직 맨 상태의 '흙'이 남아 있다는 사실을 보여준다. <바람계곡의 나우시카>에서, 희망 없는 부해(腐海)의 최하층에서는 희망의 싹일 정화된 흙이 되살아나고 있던 것처럼 말이다. '천공의 성 NERV'에서 가오루가 쓸데 없이 뒤통수를 보여준 곳도, 카지 료지가 더운 날씨에 물 뿌려가며 수박을 키우던 바로 그 농원자리였다. 그곳은 적화오염 현상이 없다. 그 증거로 남근의 상징일 수도꼭지들이(?) 불타서 도쿄대공습 당시처럼(?) 뒤엉켜있지 않은가.

　그것이 희망인가. 아야나미 레이의 너무 커다란 가슴을 힐끗힐끗 본 이후, 눈 부분의 묘사가 없는(누구나 자신의 얼굴을 대입 가능) '18금 게임' 속의 남자캐릭터로 화한 신지 어린이를 일으켜 세우며, 아스카는 뭔가 쓸쓸한 표정으로 경천동지할 대사를 한다.

　"이곳은 L결계밀도가 너무 높아. 리린(Lilin)이 올 수 있는 곳까지 이동하자."
　여기서의 'L결계밀도'는 '무서운 여자(들)'인 리리스가 흩뿌린 염(念)의 덩어리 수준을 의미하는 것으로 보인다. 꽤나 심령호러물 같은 표현이다. 쉽게 말해 이곳은 이산화탄소 농도가 높고 저곳은 대기오염물질이 정체되어 있고, 그곳은 특히나 모세혈관이라 혈전이 많이 정체되어 있다—이런 식의 표현이다.

EVA세계 속의 2015년 서드 임팩트(Near Surge) 이후 14년 동안의 세상을 그려보자. 바다는 에반겔리온 초호기(天皇)로 인해 태어난 '이카리(怒り)의' 네메시스(분노의 女神·제11사도4c) 시리즈가 사실상 지배하고 있다. 땅에는 6호기와 결합한, 아야나미 시리즈(REI)의 줄기세포일 유이 박사(태양女神 아마테라스오미카미·제2사도 리리스)가 낳은 NERV에바 군단(아야나미 시리즈 탑재 더미시스템 운용)이 횡행한다.

우주는 중일전쟁 때부터 설치된 (천황을 둘러싼 인의 장막) 대본영(大本營)으로 화한 G아저씨(♂)의 의지일 육방십자가(제11사도4a/4b)들이 지배한다. G아저씨는 한국영화 <(눈 천 개를 가진) 감시자들>에서처럼 시체를 쌓으면서 천국의 계단을 높여나가는 '천공의 성 투시타(兜率天·궁예도 묘청도 기타 등속도 다 써먹은)'에서 도나 닮고 말이다.

이에 맞서는 세력도 사실상 여자가 지배하기는 마찬가지이다. 최종병기 분다의 지휘계통을 보면 다 알 수 있는 일들이다. 물론 WILLE 뒤에서 돈을 대는 이들은 TV판 제-레와 비슷할 아저씨들(♂)이겠지만 말이다. 한마디로, SF적 리리스의 지배요 여성들이 쥐고 뒤흔드는 세상이다. 결국은, 영화로까지 만들어진 일본 SF판타지 만화 <진격의 거인>과, 기예르모 델 토로의 개인적 오타쿠 취향+진부한 가족/애국주의물인 <퍼시픽 림(環太平洋障壁)>처럼 '결계기둥 장벽[158]'으로 G아저씨의 야망은 '일단스톱' 된다—이게 2012년 Q편의 세상이다.

하기야 '여자가 지배하는 일본(신화시대~현대가정생활)'이라는 관념을 대중적으로 각인시킨 것도, 바로 80년대의 독일인 학자이다. 심지어 맥아더가 문 닫아 버리려했던 야스쿠니신사 존속을 호소한 것도 독일인 목사고, 데모 구호로—덴마크제 '폭탄 무하마드'처럼 이런 건 자제해야 하는데—표현의 자유라고 떠들어대는 'FU○KUSHIMA(퍼큐시마)'까지 만들어낸 몬도가네 독일인들(G아저씨의 German)과 호러/SF의 역사는 이처럼 떼려야 뗄 수가 없다(웃음).

    L결계밀도는 '여성의 남성화도(度)' '엄마의 애잡기도(度)' '초식남 분포밀도' '막가는 아줌마 출현빈도' '초등학교 교사의 여성지배' '알파걸 점수우선으로 인한 성간(性間) 기회균등 역차별' 등과 흡사한 의미로 받아들이면 된다. 일본사회에서 지속적으로 우려가 제기되는 현상들이다. 2013년 '윤창중 사건' 때도 종북세력의 음모 운운해대며 깽판녀 이나다 도모미에 필적할 애국여성이 데뷔했다니, 앞서 살펴본 '리리스'의 여러 의미 속에 포괄되리라.

    가장 마지막의 '리린'이라는 대사가 <신세기 에반겔리온> 신극장판 최대의 메시지를 함축하고 있다. EVA세계에서, 인간은 '생명의 원천'인 리리스로부터 태어난 존재이다. 따라서 제-레가 가진 (인류탄생 순간 이전부터 존재해온) 사해문서 상에 '기록된 사도'와는 다른 또 하나의 군체 사도이다. 즉, 사해문서에 기록된 사도=적성생명체, 사해문서에 특기사항이 없는 사도=인간 또는 완전 신종사도(新種使徒)이다.

    이 '리린'이라는 표현은 따라서 인간들 스스로는 알 수가 없는 표현이다. 우리도 사도와 마찬가지 반열이었구나, 라는 내막까지는 알 수 있어도 우리가 '리린'이라고 기록되어있구나 까지는 아닌 것이다. '리린'이라는 표현을 사용한 유일한 존재가 바로 TV판의 제17사도인 궁극의 자유의지의 상징일 '자살파 가오루'이다(American libertarian).

    가오루의 대사로 인해 인류 전체가 '리린'이란 군체 사도인 것을 화면 밖 세계의 관람객들은 알게 된다. 총사령관 이카리 겐도조차도 제-레를 숙청하면서(생명유지 장치 스톱) "지혜의 열매를 받은 존재로서 유구한 세월을 거쳐오며, 당신들께서는 우리 인류에게 문명을 전해주었습니다. 인류 전체를 대표해서, 감사드립니다"라고 하지 "우리 리린 전체"라는 식의 표현은 쓰지 않았다.

이것은 같은 사도 대 사도의 관계로, 가오루=타브리스가 인류=리린에게 대해 사용한 표현이다. 정리하면, 인류는 스스로를 '리린'이라고 표현하지도 않고 '리린'이라는 표현의 존재 자체를 알 수 있는 위치가 아니다.

그런데, 아스카가 '리린'이라는 표현을 쓴 것이다. 이것은 아스카 스스로는 '리린'의 일원이 아니기 때문에 내뱉을 수 있는, 말하자면 일종의 신어(神語)이다. 아스카는 3호기에 탑승했을 때 제9사도 바르디엘Ⅱ에게 정신오염을 당했고, 아니 '오염'이라는 표현 자체가 인간 위주이니, 정신적 각성을 경험했고 소위 신안(神眼=삼지안 또는 마음의 눈)을 얻은 것이다. 사도로부터 복음전도(evangelism)를 당했다고 해야 할까.[159]

그녀는 예의 인공사도들처럼(제3사도, 6호기, 제11사도 집단, 아담스의 그릇까지이며 신극장판 가오루는 인공사도에서 제외…일까나?) 인류와 사도 사이에 선 중간자적 존재가 된 것이다.

인류성(性)과 사도성(性)의 틔기, 혼혈, 하이브리드, ILBE적 열등인종…아, 이건 아닐 것이고 우성개량종이 된 것이다. 건담 세계의 뉴타입(newtype)과 같은 존재이고 21세기 9·11사태 이후 X-MEN과 원자인간 울버린 세계의 뮤탄트(突然變異)와 같은 반열이리라.

아마 분더를 지원하는 세력의 일부 고위층은 이 사실을 알고 있을지도 모르겠다. 그래서 마리 양이 계속해서 반쯤 농담 반쯤 존중 조로 "공주님(姬)"이라고 불러주는지도 모른다. 1997년 미야자키 하야오가 '두 얼굴의 시시가미[160]'를 그려 평화천황에 대한 대망을 본격적으로 노출시킨 <모노노케히메·もののけ姬>에서의 원령공주(怨靈公主·중화권 한자번역)와 마찬가지 레벨이니까 말이다(이누가미犬神의 딸). 그러니, 적화오염된 대지를 직접 밟으면 남달리 복잡한 소회를 느낄지도 모르겠다.

과거식의 우성열패(優成劣敗) 신화가 아니라 새는 양쪽의 날개로 날며, 1927년도 <메트로폴리스>의 결말인 '머리와 손은 가슴의 중재를 필요로 한다'처럼 더불어 살아가는 세상이리라. 그래야만 한다. 이게 개념 있는 대중천황/평화천황 아키히토를 바라는 미야자키 하야오(아키히토와 가쿠슈인學習院대학 동문)와 제자 안노 히데아키 콤비의 메시지이리라.

70억 전 인류에게 인류 시원문화의 우리민족 성전(聖典)을 읽혀서 상생(?)을 도모한다는 것은, 기우와 같을 수도 있겠지만 지배종족 크샤트리아(刹帝利)와 노예종족 수느라(首陀羅)의 관계로 각자의 지위에 맞춰서 조화롭게(大和·야마토민족답게) 살아가야 한다는, 파시즘의 냄새를 풍기는 정신적 마스터베이션의 길로 걸어가는 행진곡이 될 것이다. 승리의 그날까지! 우리 승리하리라!—쿠바인들은 *Hasta la Victoria Siempre*. 독일인들은 *Sieg Heil*.

나 하늘로 돌아가리라
새벽빛 와 닿으면 스러지는
이슬 더불어 손에 손을 잡고

나 하늘로 돌아가리라
노을빛 함께 단둘이서
기슭에서 놀다가 구름 손짓 하면은
나 하늘로 돌아가리라
아름다운 이 세상 소풍 끝내는 날
가서 아름다웠다고 말하리라

—〈귀천〉 천상병 시인(1930~1993)

▲미야자키 하야오가 1983년 발표한 그림동화 〈슈나의 여행〉. 1982년 시작된 〈바람계곡의 나우시카〉와 함께 중앙아시아 유목민 문화에서 다대한 영향을 받은 작품. 장신구나 투구 등의 토속적(ethnic) 디자인에 주목.

같은 시기 한국은 1985년 이후의 대륙의 지배자 〈桓檀古記〉 열풍 이후, 일본의 1970년대에 상당할 DJ-노짱 시절의 '북방 대륙횡단 철도(쉽게 말해 설국열차)' 열병에서 시작해 일본의 1980년대에 상당할 MB 장로 시절의 '취임식에 와서 굽실거리는 카자흐스탄 및 우즈베키스탄 대통령들'을 거쳐 일본의 1990년대 중반 이후일 밝은해 각하 치세의 '유라시아 철도 경제권 대통령들 안 왔음' 구상까지 이어진다—낭만의 땅 내륙 아시아. 하지만 같은 당에서 대통령이 나와도 국책이 뒤바뀌는 곳이 한국 아니던가. (그…그런가?)

확실히 여성의 시대는 왔다. 시니컬한 속된 말로 '페미의 전성시대'라고도 불린다. 페미니즘(feminism)의 시대에 "천지광명 국통맥(國統脈)"들도 함께 나타난다. 제-레의 대사처럼 "진정한 에반겔리온이 탄생하는 그때, 리리스의 부활도 함께 이루어진다."

〈신세기 에반겔리온 Q〉에서 '지구상 최초의 생명체'이자 모든 생명을 낳은 리리스가 아담과 만나 모든 것을 휴거시켜버리고 해골밭으로 만들어버린 것처럼(Ground Zero로의 회귀). 덧없는 욕망의 사바세계. EVA의 세상은 끝없는 욕망의 이야기….

(오른쪽의 동상 사진은 2011년 역삼동에서 촬영)

▲서양회화의 기법/개념 중에 바니타스(vanitas)라는 것이 있다. '허무' 또는 '공허'를 의미하는 라틴어이다. 주로 정물화 속의 해골로 표상(表象)된다. 덧없는 세월의 무상함을 상징하는 해골과 그 뻥 뚫린 눈이 포인트. 이상하게 오도되기 쉬울 불교의 제행무상(諸行無常)과 연결될 수 있을까.

돌고 도는 지혜와 허무의 세계에서 나기사 가오루는 말했다. "신지 군은 변화를 싫어하고 허무와 무자비한 심연을 추구하는구나." 신극장판의 리리스? 눈이 뻥 뚫려 있다(구멍 속에 지혜의 눈들). 1997년과 2012년 극장판의 거대레이? 처음에 나타날 때는 눈이 뻥 뚫려있었다. 사도들? 뻥 뚫린 눈이 매력 포인트이다. 신극장판의 아담(?)조차도 얼굴 한복판에 페이크로 '지혜의 7개의 눈' 마크가 박혀 있지만, 진짜로는 가면 가장자리 월면 분화구처럼 위장한 2개의 뻥 뚫린 '검은 구멍'이 바로 눈이다.

破편의 '강남(제10사도) 그녀'도 욕망의 긴 팔들로 하늘의 전령인 새를 포식하고 있다. 눈과 뇌가 있을 자리에는 뻥 뚫린 허무의 공간(虛飾)뿐이다. 破편에서 '천공의 링' 형태로 나타난 그런 암흑의 구덩이(black hole)가 지상에 깊숙이 새긴 표상(emblem)들이, 破편의 십자가처럼 찢어진 대지와 Q편에도 나오는 재림 징조일 리리스의 싱크홀(sink hole · 지하수 고갈로 인한 지반침하) 아닐까? 지금까지 나온 괴상한 욕망의 심연(深淵) 속 '환빠 지도'들 아닐까?

453

112) 한국학중앙연구원(2005년)은 박정희 대통령 말기인 1978년 창립된 한국정신문화연구원의 후신이다. 다 그러지는 않으리. 이제는 천황을 감싸고도는 일본좌파를 욕하는 것보다는, 총통이 남긴 진정한 '부(負)의 민족 유산'에 햇볕 검증을 실시해야 한다.

113) 바이에른은 기독교사회연합이라는 지역당의 근거지이다. 당명에서 볼 수 있듯이 중도보수 좌우 경제정책 통합정당이리라. 독일에서 가장 면적이 넓은 주로 남아 있으며, 제1차 세계대전 직후에는 독일에서 독립하려는 움직임조차 일었던 지역이다. 바이에른 바로 옆의 히틀러 고향 오스트리아에서는 극우정당인 자유당의 외르크 하이더 전 총리가(몇 년 전 사고사) "히틀러는 체계적인 고용정책을 펼쳤다"라고 발언하여 유럽 전체에 커다란 파문을 일으킨 바 있다. 유럽 한복판이라는 지형이 말해주듯이, 오스트리아는 유럽 바깥 출신 이민에 적대적인 나라이다. 오스트리아 옆에 있는 스위스(북부는 독일계 인구)도 비슷하게 반(反)이민 정서가 매우 강할 것이다.

114) 실제로 이런 '정서'로서의 동방위협론(Ost Schreck)은 그런 위협을 '배제'함으로써 줄어들어 갔다. 따라서 앞서의 유럽 한복판 바이에른의 '지성인'들은 엄밀히 말해 세계 정세를 그르치게 판단하고 있던 것이다. 아니면 그냥 애국선동이었던가. 당시의 간단한 세계관이다. 도이칠란트>폴란트>루슬란트>투르케스탄>몽곌라이>키나>코레아>야판(별로 안 멀잖아…웃음). 카이저와 짜르가 어깨동무였던 것은 세상이 다 아는 일이었고, 독일은 오스만 투르크마저도 어깨동무를 하고 동방에서 영국과 맞섰다.

이른바 3B정책이다. 베를린(B)에서 출발해 오토만 수도 콘스탄티노플(B·옛 비잔티움=비잔틴제국)을 거쳐 오토만 지배하의 이라크 남부 유전지역인 바스라(Basra)까지 철도로 연결한다는 계획이다. 다만 제정 러시아가 적국으로 변한 것은 사실이지만, 이후 1920년대 소련이 순수공산주의 정책의 폐해에 정신 차리고 신경제정책(NEP)으로 돌아서자, 독일 군부는 재군비를 위해서 '트랙터 공장 건설투자'로 위장한 '전차 생산 공장'을 소련 땅에 차리기도 하는 등 여러 모로 동방과 계속 어울렸다.

히틀러의 국가사회주의 또한 공산주의 공포에서 '사회주의 요소'를 쏙 빼서 스스로 공포의 대상과 동일화한 것 아니었던가. 이런 공포>지배 또는 순화의 논법은 독일의 좌파 및 공산주의자들도 마찬가지라서, 그들은 중앙아시아 '투르케스탄'을 낙후의 땅으로 여겼고 소련 당국의 1920년대 민족감별 및 민족공화국 강제 건설을 '시혜'라고 인식했다. 투르케스탄에서 Nation은 공산당이 결정해준 것이다.

앞뒤가 안 맞잖아. 공산사회(共産社會)에서는 '민족' 따위 소멸한다며. 그런데 왜 김일성태양민족이 새로이 만들어졌냐고? 왜 지우려던 중화민족이 5천년 역사에서(70년대에는 3천년이었던 것 같은데) 부활하냐고?

115) 당시는 <드래곤볼Z>의 노랑머리+파랑눈+살색피부=모범 아리안인종, 표준 북구인일(쉽게 말해 Nazis) 超사이어인들이 행성에 크레이터를 만들어가며 싸우던 시절이었다. 기억해내야 한다. 지금 한국서도 선민환국(選民桓國)을 꿈꾸는 이들이 있지 않은가. 이제는 도저히 부정할 수가 없다. 청소년용 자료마저 찍어낸다. 21세기 초에는 '극우사상'에 오염된 일본의 고등학생이 도검류를 이용해 고속버스를 납치해서 '헌법개정 자주일본'을 외쳐댔다.

116) 'AT필드 붕괴'라는 표현이 새로이 등장했는데, 형상제어장(場)인 AT필드가 완전히 안으로 향하게 되면 압착기에 들어간 과일처럼 거대한 빛의 십자가가 등장하는 것으로 보인다. DVD판에서 0호기가 태아처럼 몸을 웅크리며 AT필드를 '반전'시켜서 제16사도 아르미사엘을 완전히 몸 안으로 집어넣은 상태에서 자폭하는데, 4호기의 경우는 스스로를 압착시킨다는 의미인 것이다.

117) 원로 종교학자들의 연구에 따르면, 동학의 교조인 수운 최제우가 서양을 "12제국(十二諸國)"이라고 표현한 노래를 지었다. 1년 12개월, 황도 12궁, 기독교 12사도 등 여러 說이 있는데 '12개의 왕국'이 온 세상을 의미하는 관용표현으로 자리 잡지 않았을까 단서를 주는 대목이다. 그렇다면 '아담스의 그릇'이 분다를 점거하면서 무려 12개의 눈을 달고 나온 이유도 좀 더 명확해진다. 온 세상을 지배하겠다는 욕망의 상징이다. '한국12연방' 해체의 길도 좀 더 가까워지리라.

118) 왜냐하면 전후방이 없어진 총력전 전선에서 국내의 여성들도 막대한 부담을 함께 짊어졌기 때문이다. 징집된 남성병사들의 빈자리를 여성들이 메워야 했던 것이다. 미국도 여성들이 참전반대운동을 벌였으며 결국 1920년에 여성에게 참정권이 허용된다. 훗날의 대본영 작전참모들은 바로 이런 '여권운동' 그들의 관점에서는 허튼 짓일 '조개숭배'를 서양 백인의 약점으로 크게 오판하는 실책을 저지르게 된다. 그래서 소련과 제1차 세계대전 식의 전쟁을 상정하는 망조를 키운다.

아마 이런 논리가 아닐까─서양 놈들은 펠로폰네소스전쟁 당시의 '섹스 스트라이크'까지 거슬러 올라갈 정도로 여자에게 약하고 타락한 육욕을 억제하지 못하구나! 1900년 북청사변 때에 본 그대로였어! 우리가 바로 최후의 승리를 거두기 위해 그딴 망조를 억눌러왔단 말이야! (웃음) …더러운 맥아더(웃음).

119) 일본어 발음대로 써보면, 다음과 같다. セントラル·ドグマ(센토라루 도구마). 이걸 가지고 유사한 발음 장난을 좀 쳐보면 의미심장한 표현도 나온다. 받아들이는 것은 독자제위 각자의 자유다. 전투(戰鬪·센토우)+라(羅·한역범어 단골로 쓰이는 한자)+유(硫·성서의 지옥 유황불)+개(Dog)+마귀(魔). Central까지는 약간 무리겠지만, 도구마(犬魔)는 발칙한 의미로 상당히 유용할 듯하다. 왜? EVA세계에 개가 나왔지 않은가. 쿨하게 생각하자.

하여간 센트럴 도그마가 지구의 음순(陰脣)이라면, 터미널 도그마는 질(膣)이고 헤븐스도어는 시니컬하게 극락승천의 문(자궁입구)이고, 그곳의 제2사도 리리스는 자궁(子宮)이다. 2012년 Q편의 롱기누스의 창 2자루는, 요한계시록의 나팔 2개가 되니 수란관(輸卵管) 아니겠는가. 천공의 성 NERV가 솟아 있는 곳의 지형을 잘 보라. 외음순(가시형 경계표)과 내음순(열십자로 갈라진 아웃백스테이크의 감자)을 연상시킬 크레이터가 2중으로 형성되어 있다. 이런 SF해부학은 관련 용어에 생소하니 입에 담기 좀 그렇다.

120) 외계 선진문명인의 조사선이 지구에 불시착한다. 탑승자는 그 지역의 왕을 찾아가 구조신호 송신탑 건설에 대해 '협조'를 요청하고 왕은 '마법'을 두려워하여 탑을 세우는 데 동참한다. 탑은 천재지변으로 무너져 내리고 지구인 여성과 결혼하여 결국 주저앉은 바벨1세는 우주선 부품을 활용하여 초자아컴퓨터 등의 유산을 건설하고, 언젠가 격세유전(隔世遺傳)으로 태어날 바벨2세에게 메시지를 남긴다. 나의 유산을 어떻게 사용할지는 네 의사에 맡기겠다, 라고. 두 명의 유전적 계승자가 태어나니 한 명이 세계정복을 노리며 히말라야 일대에서 지하요새를 건설하며 암약하는 초능력자 요미(ヨミ·일본신화의 저승인 黃泉)이고, 또 한 명이 일본에서 평범하게 살아가던 고등학생이다.

1970년대에 일본에 유행했다고 전해지는 황당한 '중동-일본 한뿌리說(범아시아주의+신성혈통+서방 석유패권 해체 의도가 뒤죽박죽된 극우 사관)'의 SF적 변용이다. 쉽게 말해 일본판 <桓檀古記> 비슷한 것을 주장하는 이들이 존재했고, 하도 황당하고 기발한 설정들이 많아 SF의 자양분이 되었다는 말이다. 그런 것들이 일명 <다케우치 문서>라는 이름으로 우리나라에서도 인터넷과 일부 비주류 매체들의 흥밋거리로 도마에 올랐다고 전해진다.

본질을 꿰뚫어야 한다. 바벨2세와 3명의 신하는 단군과 3명의 신하와도 비슷하고, <신세기 에반겔리온> 신극장판에서 남극 세컨드 임팩트 당시의 4체의 '빛의 거인' 수수께끼의 정답 후보이기도 하다.

121) 원래 '땅 속 프론티어'를 의미하는 Geofront가 하늘 위에 떠 있다는 설정 자체가 '거꾸로 가는 세상'에 대한 메타포이다. 그리고 핏빛 땅위에는 기분 나쁜 '것'들만 흘러 다니지만 '바빌론의 공중정원'에는, 가오루의 대사대로 (정화 작용이 있었던지) '희망'의 상징일 풀과 나무와 적화오염 되지 않은 흙이 남아 있다. 그러니 '우린 또 볼 거다, 신지 군.'

122) 실제로 제1차 세계대전 이후 독일의 재건에는 미국의 은행들이 빌려준 자금이 큰 역할을 했다. 미국은 당시 독일의 제1 채권국이었다. 자기들이 '남미'와 비슷한 위상으로 추락한 이런 기가 막힌 상황에 민족주의적 반감을 가질 사람들이 어찌 없겠는가. 히틀러가 그토록 '유럽문명을 타락시키고 있는 영미'라고 웅얼거렸던 것도 '바이에른 배경지식'에 이런 당시 상황이 더해졌기 때문이었으리라 사료된다. 한국에서도 1997년 외환위기에 대해 소위 시사잡지를 중심으로 '비밀결사 워싱턴 컨센서스'라는 식의 미국 음모론이 내내 따라다녔다.

<도박꾼 마부제 박사> 작중에서도, 미국 자금이 독일에 투자되고 주식시장까지 유입된 당시 상황을 대사로 표현해준다. 결국 마부제 박사의 국제주식시장 조작은, 타락한 독일 땅뿐만 아니라 그 전주(錢主)인 미국을 상대로 한 테러 복수극일 수도 있다는 암시를 강력히 던져준다. 즉, 타락한 독일 땅에 대한 고해성사(告解聖事)요 불의 정화(purgation)라고. 실제로 마부제 박사는 시가전으로 옥쇄(玉碎)를 할망정 독일 땅에 대한 애정이 거의 없기 때문이다.

훗날 히틀러가 그랬던 것처럼=전쟁에 져서 독일민족성이 파괴되면 아무 의미 없는 세상이 도래하리니 더러운 적들의 손길이 닿기 전에 기반시설은 모두 파괴한다고 베를린 지하호에서 명령한다. 미야자키 하야오 <바람계곡의 나우시카>에서 '불의 7일간'이라는 일본의 재탄생을 은유한 바 있다. 1920년대에 실제로 영화를 보던 사람들이 그렇게 연상했을 가능성은 매우 높지 않았을까.

돌이켜보면 일본도, 독일도, 남미를 반미(反美) 연대의 대상으로 삼았던 것 같다. 무시무시하지 않은가. 러시아와 이란이나 (한때는 중국에) 북한조차도 남미 좌파국가들과 그런 식의 거래를 하고 있지 않은가.

123) 구약성서 바벨탑 기사에 이렇게 나온다. "우리가 이제 내려가서 저들의 언어를 혼란케 하고…" 아마 이런 대목에서 착안하여 성서의 '하느님'이라는 것이 한 명이 아닌 것 아니냐는 말들이 있었던 것 같다. 훗날에는 인도 신화의 범천(梵天)과 같이 집합개념이 아니냐는 비교도 나올 수 있을 것이다. 현재 성서의 편찬자들도 '3개의 인격으로 나눠져서 만사를 상호 대화로 결정하는 민주적인 하느님'이라는 관념을 이해는 할 수 있으나, 이렇게 되면 주변의 소위 '잡신들'과 차별성이 없어진다고 생각했는지도 모르겠다. 그래서 예정설에 의거한 3·3딱! 만사해결! …삼위일체가 나오지 않았을 런지(웃음).

124) 카시우스의 창의 의미(노아의 男根+産苦의 결과물)에 영향을 미칠만한 작품으로 앞서 언급한 정치사회 핑크영화의 대부였던 와카마쓰 고지 감독의 1966년 작품 <태아가 밀렵될 때>를 상정할 수 있다. "억압된 이드(id)가 필름에 남긴 흔적"이라는 평도 있는 쇼킹한 작품으로 영화 시작 때부터, 커다란 머리와 몸통 길이의 성난 남근을 달고 있는 태아(2등신인데 남근이 몸길이의 반)가 피바다 속에 웅크리고 있는 충격적인 이미지가 먼저 등장한다고 한다. (노아의) 방주와 (임신부의) 산고는, 1997년 <The End of Evangelion>에서 제-레의 대사와, 작중 간판노출로 명시적으로 언급된 개념들이다.

125) '머리/지도자 없는(acephalous)'이라는 형용사는 의학용어인 acephalus(어미 없는 태아)에서 온 표현이다. 앞서 언급한 <터미네이터> 세계의 스카이넷 의미 진화론과 유사하다고 보면 되겠다. 말 그대로 제1사도 ADAMS 및 제11사도 집단은 acephalus라고도 할 수 있다, 에바 시리즈 또한 마찬가지이다. 1997년 극장판 <DEATH>편에서 임박한 참극을 암시하는 이미지가 바로 가오루 섬멸 후에 등장하는, 머리가 없고 그 부분에 피칠갑이 되어 있는 천사의 조상이다(양산기 형태).

코믹스판에서는 이 조상 위에 올라서서 가오루가 제-레와 접선하는 것으로 묘사된다. 그 의미는 신으로 가는 가교(架橋). Q편의 머리 없는 에바군단과 '아담스의 그릇'도 마찬가지이다. 제11사도 이로울의 비유법은 엄청나다. Q편 제12사도의 명칭을 가칭 이로엘로 함이 타당하다. 이로(色·sex)의 의미도 있으니까(웃음).

126) 발정 난 수캐와 같았던 미 제국주의의 남근이 드디어 수그러드는 이 해, 미군과 한국군이 베트남에서 철수하기 시작하고 오키나와가 일본의 품으로 복귀하고 일본이 중공과 수교하고 7·4남북공동 뻥 성명이 발표되고 한국 대통령은 유신헌법에 의거 사실상의 '총통'

이 된다. 북한 국가주석은 주체사상과 더불어 승천하여 인민의 뇌수인 '수령'이 된다.

127) 활의 영어는 bow이며 [bou]로 발음한다. bow를 [bau]로 발음하면 '절하다/몸을 굽혀 경례하다'의 의미이다. EVA세계의 반장인 히카리가 항상 "기립! 인사(禮)! 착석!"을 선창하는 것을 주목해야 한다. 70년대에는, 그런 절차의 의미가 지금과 완전히 다르게 인식되지 않았을 런지(그러니까 아직도 태극기는 국기가 아니며 소위 민중의례를 고집하는 이들도 있다).

거열은, 1970년대 일본의 분위기로보아 순국선열(殉國先烈)이라는 (일단 시작은 우익적) 표현에서 비틀어 온 것 아닐까 추정될 따름이다. 그렇기 때문에 야스쿠니신사와 분리된 국립추도시설 건립 이야기가 계속해서 일본에서 나온다. 거열수의 거(巨·kyo)는 일본어 발음이 빌 허(虛)자, 갈 거(去)자, 거부할 거(拒)자 등과 같기 때문이다. 한자 감각이라는 것을 생각해야 한다.

128) 군인(軍人)의 비유법에 대해서는, 2007년 <신세기 에반겔리온 序> DVD의 자막해설에서 안노 히데아키가 메시지를 확실히 보낸다. TV판이건 신극장판이건 사도가 일본을 처음 습격해올 때, UN군 자격으로 공격을 지휘하는 (자위대) 간부들이 3명 등장하는데(또) 여기에다가 굳이 군인A 군인B 군인C 레테르를 단 것이다.

그런데 얼마 후에 등장하는 새로운 제-레의 목소리가 이 군인들의 목소리인 것이다(동일한 성우진). 자막해설로 제-레(のモノリス)의 본질과 의미(언약의 석판·石材桓國)를 보여주는 의도로 보인다(웃음).

129) EVA 신극장판 전기 2편의 엔딩곡인 <Beautiful Boy·美少年> 가사 중에 '신문 같은 건 도움도 안 돼'라는 가사가 들어 있음에 유의하자. 바로 1미터 주변도 못 챙기면서 입바른 소리로 '커다란 이야기' 해봐야 뭐 할 거냐는 메시지이다. 물론, 그렇다고 '0 또는 1' 식으로 신문을 안 보면 EVA세계 같은 것은 영원히 창조하지도 분석하지도 교훈을 추출하지도 못한다(웃음).

130) TV판에서 빛의 새인 제15사도 아라엘에게 '심리강간(더럽혀짐)'을 당한다. 극장판에서 하얀 새들인 양산기들에게 집단강간을 당한다. 신극장판에서는 아스카 그 자신이 강제로 '날개 달린 존재(angel=使徒)'가 되어버린다. (…?)

131) 아마도 육군참모본부 제1부(작전담당)와 제2부(정보담당)의 갈등 연장선상이 아닐까 사료된다. 앞서 잠시 언급했듯이, 제1부는 야전에서 '한 따까리' 쳐서 전공을 세워야 별을 달고 출세할 이들을 배경으로 하고 있고, 제2부는 뒤에서 장개석의 중경정권과 왕조명의 남경정권을 잘 조율해서 사태를 도모해보자던 이들일 것이다. 정재계는 아마 제2부 편을 들었을 듯하다. 국민당 좌파였던 왕조명도 '너무나 희망 없고 커다란 희생만을 가져오던' 전쟁에 절망하고 불령 인도지나의 하노이로 망명했다가 일본과 협조노선으로 돌아선다(이런 일이 제2부 몫이다).

하노이 체류 중 국민당 특무들의 암살 시도까지 겪는다. 패전으로 제1부는 사라졌고, 제2부는 육상자위대 및 기타 기관의 정보파트로 옮겼을 것으로 보인다. 사카모토 준지 감독의 2001년 영화 <KT>는 바로 이 제2부 인맥과 남한총통 박정희의 커넥션에 대한 (물론 지금은 어이없는 말을 너무 많이 해버려 거의 다 망한) 일본 좌파 진영의 음모론적 의심과 대한관(對韓觀)을 영상화 한 작품이다(1973년 김대중 납치사건 소재). '복세이키(朴正熙)'니 '긴다이쥬(金大中)'니 '고라이렌포(高麗聯邦)'니 하는 엄청난 말들이 나온다.

1975년 SF 로봇물인 <그레이트 마징가>에서도 제1부에 해당할 7대 장군들이 고의적으로 지원을 늦춰서 제2부에 해당할 첩보군의 고곤 대공이 결국 죽도록 방치하는 '어른의 세계'도 생생하게 보여준다. 빈사의 고곤 대공은 온몸에서 피를 흘리며 전선기지 사령관 지휘관석에 한 번 앉아보고, 결국 앉은 채로 죽는다. 앞서 언급한 70년대 '간부교체극' 중에서 가장 극적인 장면이리라.

132) 앞서 잠시 언급했는데, 이나다 의원이 30대 청년우익이던 시절부터 일본SF에서 '여성 악당'이 대거 등장한다. 아마도 당시 여성도 '애국 동참' 움직임이 있지 않았을까 싶기도 한 대목이다. 대표적으로 1993년 <기동전사 V건담>에서는 역사상 최대의 뉴타입 병기일 '엔젤 헤일로(영원한 꿈나라를 선사하는 기계)'를 건조하는 파쇼국가 잔스칼제국에서 '민중여왕'이 옹립된다.

이 작품의 전사(前史) 격인 1991년의 <기동전사 건담 F-91>에는 귀족주의국가 코스모바빌로니아에서 지도자의 손녀가 대중선동용 '아이돌' 얼굴마담 자격으로 권좌에 영입된다. OVA작품인 <기동전사 건담 0083—지온의 잔광>에서는 중립국 '달'의 여성 엔지니어가 양다리 전술로 지온과 연방 양쪽의 핵심 파일럿들을 바보로 만든다. 지온군 출신인 막가파 아줌마인 시마 갈라하우 소령(일본+독일 혼혈계)도 상관까지 바로 쏴버리는 악녀로 한 역할을 한다.

그러다가 1995년 <신세기 에반겔리온>의 무서운 여자들이 나온다. 리리스, 유이 박사, 나오코 박사, 리쓰코 박사. 사실 이미 1986년의 <기동전사 건담 ZZ>에서도 네오지온 측에 '이념'보다는 '자리'를 위해서 끼어드는 떠돌이군대 같은 뉴타입 부대가 등장한 바 있는데, 한국에서도 현재 시류에 따라 이쪽저쪽을 왔다 갔다 한다는 말을 듣는 소위 청년논객들도 좀 있는 것으로 들려온다.

133) 참고로 한국영상자료원에서 2012년에 야마모토 사쓰오/신도 가네토 감독 특별기획전을 실시한 바 있다. 흑백영화인 1971년도 <하얀 거탑>도 포함되었다. 2012년에 사망하신 가네토 필폭의 유삭이 되어버린 <엽서 한 장>에서조차도, 힘든 일본의 상징으로 여성이 등장한다(시집 왔더니 남편 필리핀서 징집전사 후에 시동생과 억지 재혼했더니 또 오키나와서 징집전사).
이 불쌍한 여성(과부)을 두고 '제국해군' 출신의 타지 남자와 '육군 끄나풀' 출신의 마을 남자가 경쟁을 벌인다. '육군 끄나풀' 출신의 남자로 이제는 한국 극장에서 보기 힘들어진 60줄에 들어선 배우 오스기 렌이 30대 수컷을 열연한다. 노인사회 일본의 모습을 가감 없이 보여준 작품이다.
신도 가네토 감독의 괴기물(?)이자 페미니즘 시대를 배경으로 한 1964년 <오니바바·鬼婆>도 마찬가지 작품이다. 전국시대(日本)를 배경으로 갈대밭에 웬 구멍(穴·アナ)이 나 있는데(保持), 거기서 사무라이(♂)도 튀어나오고 도깨비가 되어버린 독부(♀)도 튀어나온다는 얘기다. 기획전 당시 발표자로 임석한 미국인 교수는, 일본영화의 '좌파내셔널 관점'을 잘 모르는 것 같았는데(미국인들이니까), 중요한 점은 일본의 원로 명감독들도 옛 핑크영화들처럼 여성/일본, 남성/제국 도식을 즐겨 활용했다는 사실이다.

134) 가오루의 일본어 발음을 분석하면, 얼굴 안(顔·kao)이 딱 떠오른다. '루'가 문제인데 충견이 주인을 기다리듯이 바보신지만서 14년이나 기다린 측면에서는 머물 류(留)가 해당하고, TV판의 얼굴마담 측면을 생각하면 아이 아(兒)가 해당한다. 확실한 것은 바로 '얼굴 없음(가오나시·顔なし)'이다. 환상과 몽상에 관해서는 안노 히데아키 그 자신이, 줬다가 다시 사정없이 빼앗아가는 사회적 실체(social entity)의 배역을 직접 열연하고 있다. 마치 1983년 자주영화(自主映畵·인디)로 만들어진 <돌아온 울트라맨!>에서 안노 히데아키 본인이 직접 그것도 맨 얼굴로 미니세계인 특촬세트 상의 거인(일반사람의 원초적 giant욕망)으로 출연한 그런 상황을 만들어내서 직접 열연하고 있을 것일지도 모른다.

<신세기 에반겔리온> 세계의 메타적 성격을 돌아보면 충분히 가능하다. EVA 시리즈는 모두 가면/투구로 맨얼굴을 가리고 있지 않은가. 감독의 액션 자체도 작품 세계에 포함되는 퍼포먼스가 되는 셈이다. 요새는 이런 것도 현대미술의 최신 장르라고 보지 않던가?

135) 그런데 <신세기 에반겔리온> 1995년 TV판 제25~26화를 보면, Q편 분위기의 심리상황극 같은 묘사가 이어지며 주인공 신지의 내면묘사 비슷한 어려운 장면들도 나온다. 마치 크레파스로 아이들이 그린 그림 중에는 절단된 생선 대가리에 배가 찢어져 장기가 노출된 채 죽은 개의 그림도 있다. 그리고 검은색 크레파스로 악마적 심경을 묘사한 그림도 등장한다. 이런 장면들로 미루어보아, 사카키바라 이전의 1995년 당시에도 '약자 괴롭히기' 차원의 극악한 동물학대 및 주인 없는 짐승의 살해 및 사체훼손 등의 엽기적 현상이 당시 일본사회에서 이미 등장하고 있었다고 보는 것이 타당할 것이다.

136) 1982년 제작된, 기념비적이며 숱한 아이디어의 시각적 원천이 된 SF영화 <괴물>의 DVD해설에서 감독은 '예를 들어 AIDS 같은 전염병(plague)이나 각종의 감염(contagion) 상황을 묘사해보면 어떨까' 했다고 말한다. 1982년은 미국에서 최초의 AIDS 사망자가 나온 해라고 알고 있다.

당시 기독교우익(religious right)에서 얼마나 난리를 쳐댔겠는지, 짐작이 가지 않겠는가. '저런, 저런 천형(天刑)이다! 천벌이 온다! 콘돔 보급하며 태아를 죽이는 해외 가족계획지원 중단하라!' 1960~70년대는 미국이 '공산주의 예방' 차원에서 해외 가족계획 지원 프로그램을 운영하다가, 1980년대 레이건 들어서 이렇게 밀려 중단한다.

137) 白骨街道. 1944년 인도침공 실패 후 우기 도중에 후퇴하며 너무 많은 병사가 죽어나간 퇴각 코스의 명칭. 1970년대 로봇물에서 해골성 요새, 해골로봇, 망령작전 등의 다양한 은유로 활용된다.

138) 飢餓戰線. 미국명은 Green War. 녹색지옥일 정글 바깥의 좁은 해안지역 전투에서 수시로 강행된 맥아더의 상륙작전으로 일본군이 곳곳에서 상호 증원을 차단당해 밀림 속에서 굶어죽은 병사가 전 병력의 절반에 육박하는 상황을 의미한다.

139) 鋼鐵海峽. 미국명은 Iron Bottom Strait. 1944년 필리핀 방어전 당시 일본군 병력수송

선이 도중에 너무 많이 침몰당해서 붙여진 명칭. 말 그대로 침몰선 잔해들이 바다 밑에 수북하다는 의미. 1975년 <용자 라이딘>에서도 바다 밑의 군함 파편을 주워 모아 부활하는 요마제국의 거열수가 등장한다.

140) 火山列島. 1975년 <그레이트 마징가>에서 미케네제국 전선기지로 등장하는 '화산섬요새'는 오가사하라제도 이오지마(유황도) 전투를 원형으로 한다. 적측의 전투수들이 '식은 땀'도 흘리고 '눈에 핏발'도 새우며 '자폭돌격'까지도 강행한다. 적도 필사적이다. 그런 한편 장군들끼리 서로 안 도와줘서 전사(戰死)를 방치하기도 한다.

141) 白襦部隊. 총알받이 죄수부대가 포함된 소련군이 덮친 마을은 아이와 노인은 죽이고 여자들은 전원 성 노리개로 전용되어, 소문을 듣고 피난하던 사람들이 소련군 추격을 벗어나지 못할 것 같이 되자 집단자결하는 사건까지 일어난 상황을 묘사한 표현이다. 당시 관동군은 국민보호를 포기하고 남만주철도 쪽으로 일제히 후퇴하여 수많은 민간인 낙오자가 발생한다.
관동군 장교들은 현지에서 뇌물이나 이권알선 등으로 긁어모은 재산을 군대 우선사용 철도를 이용해서 정착민보다 먼저 빼돌려 만주국 일본인 행정관료들의 원성을 자아냈다고 한다.

142) 한국으로 치자면 딱 2000년 안팎에 태어난 인생에 해당하는데, 지금 중학생을 하고 있을 것이다. '666의 소년 데미안'처럼 앞으로 에반겔리온을 타고 제 마음 내키는 대로 '인조인간(人造人間)' 건설을 획책할 사악한 악의 씨앗들이 지금 이 땅 어딘가에서 자라고 있는 것이다.
끔찍하지 않은가? 혹시 형과 누나들 손을 잡고 삼족오소년소녀대 비밀집회에 참석하고 있을지도 모른다. 주체적 한민족 SF소년 육성을 위한 <청소년 桓檀古記>를 읽으며 대아시아연방의 꿈을 꾸고 있을지도 모른다. 신고하자(웃음).

143) 연도로 파악하건대, 베를린영화제는 소련의 베를린봉쇄(1947년 시작해 약 530일간) 조치가 끝난 해인 1949년에 시작된 것으로 보입니다. 동서 긴장의 최전선인 베를린으로 세계인의 관심을 모으기 위한 훌륭한 문화적 이니셔티브라 하겠다. 사람들의 눈이 많아지는 만큼 함부로 대접받을 가능성이 낮아지는 법이니까.

144) 소련인들이 어찌 저 제목을 놓칠 수가 있겠는가. 1941년 히틀러의 소련침공 작전명이 바로 '바르바로사 작전'이다. '바르바로사'는 로마교황과의 '성직 서임권 투쟁'에 열심이었으며 제4차 십자군원정에 참전하러 가다가 이탈리아에서 강물에 빠져 죽은 독일황제 '붉은 수염' 프리드리히1세를 가리킨다.

일본과 서양 최초의 평화적 관계는 포르투갈인들이 전해준 살인무기인 '조총'이 아니라 네덜란드인들에게서 배운 서양식 의학인 '난학(蘭學)'이었다. 이 영화도 초인(超人) 의사 이야기인데, 도쿠가와 막부 말기가 무대다. 미국이 (말하자면) 세계의 군의관으로 출격한 해이다. 히틀러가 유럽문명을 공산주의의 악령으로부터 해방하겠다며 러시아로 출병했듯이, 미국도 세계를 공산 제국주의로부터 수호하겠다며 베트남으로 출병한 것일까.

145) 1978년 이 해에 '야스쿠니신사 A급 전범 합사' 폭로가 터져 나온다. 육군과 해군의 갈등과 같이, 아래 백성들을 전선으로 내몰고 권력층은 뒤에서 자기들끼리 밥그릇 싸움에 여념이 없었다는 것이 전쟁에 대한 일본인들의 관점, 그리고 반전주의(反戰主義)의 뿌리에 자리잡고 있다. 몽골 침입을 계기로 고려(삼국유사)와 일본(위국독경)의 불교가 소위 '민족불교'로 각성을 했다는 중요한 이야기이다.

일본이 태평양에서 미국과 세력권을 나눠먹기로 결정된 미래를 생각해보자. 인도네시아의 절반 및 뉴기니와 호주는 해군의 영지가 된다. 해군도 육상병력인 육전대를 보유하고 있기 때문이다. 호주의 백인들은 남아프리카 보어인이 그랬던 것처럼, 내륙오지(outback)로 자발적 이주를 행하거나 영국이 지배하던 아프리카 동부의 해안으로 이주했으리라(아마도). 그랬다면, 지금은 아프리카 흑인들이 소련과 일본의 무기원조를 받아 게릴라 투쟁을 하고 있을지도 모른다. 일본판 <Der Fatherland>가 되는 것이요, 일본판 <다물>이 되는 것이다.

146) EVA세계 속의 '하얀 놈(우리나라 남성전용건강식품 광고에는 거의 백인만 등장)'의 계보는 빛 덩어리 제1사도 아담, 스키조(schizophrenia) 신지의 정액(세이에키·聖液과 발음이 동일), 9체의 가오루 양산기, 신극장판의 ADAMS라 불리는 빛의 거인들, 서드 임팩트의 EVA 초호기, 제13호기 등까지 이어져왔다.

사실 수수께끼의 소년 가오루도 2007년 관에서 막 일어났을 때는 몸이 창백한 흰빛에 가까웠다. 2000년대 초에 MBC 사옥난입 사건으로 한국 언론을 한 번 들었다 놓은 적이 있는 서울 구로 만민중앙교회의 이재록 목사는 종합일간지 5cm×10cm 정도의 박스형 의견광고에서 '검은 색 꽃이 없는 이유는 디자이너께서 검은 색을 죄의 빛깔이라 매우 싫어하신 연유이며, 그 디자이너는 바로 빛의 근원이신 창조주 하나님'이라고 주장한다(억…레이도 Q편에서는 검은색 플러그슈트). 비약이길 바랄뿐이지만, 이런 식이면 검은머리 몽고인종과 아프리카 흑인들이 문명화된 백인들(☝)의 '지도'를 받아야 했던 이유도 이제야 드러난다. 흑인의 피부색은 사실 진갈색이니, 몽고인종 중에서도 열심히 믿은 우리 백의천선(白衣天仙) 민족(☝)이야말로 2013년 SF영화 <설국열차>에서처럼(☝) 까까중 디자이너(Designer)의 진정한 수제자여야 하는데, 새하얀 북국 설원의 대자연 속에서(☝) 그냥 다 망했잖아(웃음).

147) 1957년 <지구방위군>에 등장한 지구방위군 열선병기 '마카라이트 팜'과 1961년 <모스라>에 등장한 미 제국주의의(?) 원자열선포, 1966년 <프랑켄슈타인괴수 산다 대 가이라>에 등장한 육상자위대의 '메사 살수광선차'가 일본의 역대 괴수영화 역사에 등장한 3대 '파라볼라 안테나' 형상 병기이다.
신(神)과 시선권력(視線勸力)을 이어주는 전파망의 총아들이다. 이들이 곧 '천국행 바벨탑'이다. 야시시한 화면을 송출하면 이들이 곧 '바빌론의 창녀'인 것이다. 달콤한 현실도피 스토리를 내보내면 이들이 곧 '바빌론의 공중정원'이 된다. 신>언론>방송>눈(神眼)으로 이어져온 안노 히데아키의 사도(천사)들은 이렇게 나온다.

148) EVA세계의 '카시우스의 창'은 여기서 연유한다고 보아도 좋다. 설정에 의하면, 기존의 롱기누스의 창은 멸망, 카시우스의 창은 재생의 상징이라고 한다. 카시우스는, 아우구스투스(존엄한 자)라는 호칭을 원로원에서 받은 후 원수정(元首政)으로 화해가던 로마공화국의 지도자 카이사르를 암살한 33명 중의 한 명으로 장군의 직위에 있었던 사람이었다. "부르투스, 너 마저…!"라는 말로 유명한 '공화국 로마 이념'의 수호자를 자처하며 거사에 나선 이들이다.
<스타워즈>에서도 묘사했듯이, 제국(帝國)으로 화해가는 공화국(共和國) 수호를 상징하는 EVA세계의 새로운 아이템이다. 2009년 신극장판에서 폭주 끝에 神으로 화해가는 에반겔리온 초호기는 미국(米帝)에 링크되었던 것이다.

149) 시니컬한 표현이지만, 예전에는 일본에서 30년대 ASIA 90년대 ASIA 그러면서 난리를 쳤다. 그러더니 요새는 중국이 선창해서 한국도 One Asia 어쩌고 이야기가 많이 나온다. '아시아'라고 하지만 '일본'에 떨어졌고 그 일본조차도 NERV와 일본정부(전략자위대)가 협조가 잘 안 된다.

하지만, 유로의 경우 러시아 전투기들이 EU NERV의 전익형 거대수송기를 콘보이 해서 일본에 온 것에서 보듯이(아스카 출현), 뭔가 손발이 척척 맞아가는 느낌이다. 북미의 경우에도 파(破)편에서 삭제된 대사이기는 하지만 미국정부는 북미 NERV와 EVA 운용에 국가예산의 20퍼센트를 퍼붓고 있을 정도로 손발이 너무 착착 맞아서 의회 내의 '반에바주의자' 세력이 로비에 총력을 기울이고 있다고 나온다. 그래서 결국 알 수 없을 3호기를 일본에 떠넘긴 것이고 말이다.

150) EVA세계의 사회적 메시지를 감안하면, 여기서의 연소는 사실상 burnout(마약에 의한 폐인化라는 의미도 있음)이라고 해야 더 적절할 것이다. 즉, 격무 끝에 스트레스로 인한 자살=사실상 과로사인 것이다. 과로사(過勞死)의 원조가 일본이다.

151) 약물과 즐거운 섹스가 넘쳐나는 미래 통제사회를 다룬 고전 SF소설 <Brave New World>의 사회 일각에서의 번역명. 예를 들어 시골촌닭들과 기독교 아미쉬 교도처럼 옛 사회제도를 고수하며 통제도시 밖에서 거주구역을 이루어 살아가는 이들은 지금의 우리가 보기에 '황야의 야만인들'처럼 묘사된다.
리메이크된 <전자인간 트론>을 봐도, 원래 작품이 나올 당시와 머지 않았을 시대상이 나온다. 끈끈하게 감아 붙일 혀를(?) 길쭉하게 내민 섹시한 도시의 섹시한 게이트로 우리들은 달려갔던 것이다. 고전 SF소설 <1984>에서도 오세아니아 브리티시 당국은 TV를 활용한 송수신 겸용 텔레스크린으로 전 국민을 감시한다. 신극장판에서는 <X파일>이나 <맨 인 블랙> 같은 검은 옷의 NERV 정보부가 사령관의 확장된 눈이요 손발이다. NERV 본부 내의 웬만한 방실은 다 '감시당한다.' 리쓰코 박사 대사에 의하면 말이다. SF 말장난입니다.

152) 그는 1980년대에 한국일보 기자 및 1990년대 시사저널 편집장을 역임했다. 북한과 조선일보를 보는 관점의 골로 거기 기자들이 쿠데타(?)를 일으키자 박차고 나간다. 그때 이후 시사저널은 잊을 만하면 독자들과 상관없이 일방적인 편집장 교체극이 벌어지는 보도일꾼(?) 매체가 된다. 안타깝다. 그래서 이젠 안녕이다. 그때 잘 읽었습니다.

153) SAC는 Stand Alone Complex의 약자인데, 현실세계에서의 SAC는 일명 '여호와의 증인'으로 통칭되는 제7안식일예수재림교 교회(Seventh Adventist Church)를 의미한다. 집총거부 및 수혈거부로 논란을 일으키기도 하였다. 여호와의 증인 계열인 성서 관련 책자를 발행

하는 곳이 바로 'Watch Tower 성서책자간행위원회'이다.

154) 여기서 십자가는 당시 이라크전쟁의 대명사(?)였던 임기 말의 우파대통령 부시와 복음주의 세력(evangelicals)을 상징한다. 둘이 합쳐 그냥 Evangelicalism이라고 해도 좋다. 그리고 육방(六方) 십자가의 문제는 복잡하다. <신세기 에반겔리온> TV판에서 사령관=이카리 겐도의 결혼 전 성이 바로 육분의(六分儀·로쿠본기)였다는 점에 유의해야 한다. 육분의는 별을 관측하는 데 사용되는 항해술 도구를 의미함과 동시에 하늘의 별자리를 상징하기도 한다. 육분의자리(the Sextant 또는 Sextants)라고 한다. Sex라는 '6'의 접두어에서 이카리 겐도의 '촉수성'을 상기할 수 있을 따름이다(웃음). 바보 신지가 <천문학 가이드>니 <항성 입문>이니 잡지나 책을 보면서 밤하늘의 별만 쳐다보는 것도 다 핏줄이니, 전에는 안 그랬던 것 같은데(웃음).

US작전 당시 개조2호기 모니터에 숱한 육방 십자가 이미지가 스쳐가던 것도 의미를 잘 생각해봐야 한다. 이카리 겐도의 의지는 이제 미노프스키입자 수준으로 승화했다. 아마 그것이 "이카리는 자신의 영혼마저 희생했다!"라는 대사의 본의…중의 하나가 아닐까. 육방 십자가 형상의 제11사도4b가 '촉수 타입'이라는 것을 보라. 완연히 1991년의 <기동전사 F91> 세계 속의, 촉수괴물(욕망)+원반수(우주인/alien)의 상징인 거대MA 라플레시아와 철가면으로 화해가는 NERV…(웃음).

155) 불교에서 발원한 설화 중에 토끼가 불 속에 뛰어들어 제 몸을 살라 행려도자(行旅道者) 또는 사문(沙門)의 배고픔을 달래주는 수행을 한다는 유명한 이야기가 있다. 달에서 온 6호기도 불교에서 발원한 설화인 계수나무 토끼일지니(웃음). 어찌되었건 나무, 생명수(生命樹) 아닌가. 도중에 자살해버리기는 하지만. 이유는 '어, 이게 아니네'든지 TV판 설정대로 자살이 운명인 캐릭터라서, 둘 중의 하나일 것이다. 대승불교권인 베트남 출신으로 1975년부터 프랑스에서 명상공동체를 이끌어 온 틱낫한 스님이 자주 거론된다. 베트남에서도, 월남전을 전후해서 한 시절 정치사회적 소신공양이 강행된 역사가 있다.

156) 1979년의 기념비적인 SF작품인 <에일리언>에서 '양심의 가책을 느끼지 않을 완벽한 병기'로서의 에일리언 포획에 Weyland-湯谷(웨이랜드-유타니) 회사가 큰 관심을 가지고 안드로이드에게 '물건'의 확보를 지령한다. 베트남전쟁의 어두운 면이 배어있는 무시무시한 설정이리라.

157) EVA세계의 첫 극장판이 등장한 1997년에 나온 영화인 <바운스>(원제:Bounce KoGALS)에서는 원조교제를 해서 돈을 모아, 동급생이 해외에 나가 날개를 펼 수 있도록 도와주려는 소녀들이 등장한다. '원조'라고 해서 다 벗는 것은 아니다. 노래방 도우미에 술꾼 관료아저씨 화풀이 대상에, 731부대 출신 할아버지 꼭꼭 눌러놓은 사연 들어주기 등이다.

미디어가 하도 떠들어대니 하다못해 유치원생들도 '우와, 고갸루다!'하면서 가성을 울리는 세상에서, 이들은 신사의 무녀(하얀 상반신에 빨강 하반신)와 같은, 이 세상의 때를 천공으로 날리는 굴뚝 역할을 하는 것 아닐까 하는 암시를 준다. 우리나라 무속깃발도 기본양식은, 대나무+위쪽 하양깃발+아래쪽 빨강깃발이다. 여기에 태극기나 불교의 만(卍)자가 옵션으로 들어가기도 한다.

158) 2009년에 EVA세계에 새로 등장한다. 앞서 인용한 <성 아우구스티누스 고백록>에 등장하는 '신이 쌓은 세계의 격벽(隔壁)'과 유사한 개념이라고도 할 수 있을 것이다. 우리는 2013년의 <신세기 에반겔리온 Q>에서 '가프의 문' 속에 계신 소련제 스푸트니크위성 같은 백색 구체에 육방으로 뻗은 십자가 형상의 지체를 가진 이신(理神)의 모습조차도 이미 다 보지 않았던가?

159) 1993년은 일본불교에서, 佛法 미국전파100주년으로 기념된 해이다. 동양의 지혜를 문명과 야만 간의 전쟁이었던 1894년 청일전쟁 직전에 백인에게 전파한 것이다. 일본 선승들에게는 이것이 심리전쟁에서의 동양정신의 승리일까? 한국불교 안팎에서 하버드대 출신인 백인 현각과 SNS 혜민을 혹시 이렇게 취급하지는 않았을까? 한국의 민족종교들이 엄청 배 아파했으리라.

160) 시시가미는 한자를 추적해보면, 사자신(獅子神) 또는 사슴신(鹿神)이 가장 들어맞는다. 실제 작중에서도 사람 얼굴을 가진 사슴의 모습으로 등장한다. 그런데, 사자와 사슴 모두 붓다에 대한 비유법으로 사용되는 동물들이다. '녹야원(鹿野苑)에서 인류구제의 설법을 사자의 포효(獅子吼)처럼 토하시는 붓다'인 것이다.

게다가 작중에서 조정(朝廷)의 첩자/특무로 나오던 이가 바로 '땡중 지코' 아니었던가. 작품의 주제도 윤회와 인연이다. 생(生)이 오면 사(死)가 오고, 회(會)가 있으면 리(離) 또한 있느니, 뭐 이런 얘기다. 너무 '대자연, 니 멋대로 하세요' 분위기로 보일 수도 있겠지만, 여기서 붓다로만 볼 것이 아니라 천황으로 봐도 의도는 통할 수 있다.

실제로 다이다라봇치의 저주의 점액질들이 하늘에서 떨어진다. 일본에서 유교적 천명(天命)의 근거는 서기 607년 쇼토쿠태자의 17개조 헌법까지 거슬러 올라가는 천황이기 때문이다.

第4界 참고 문헌

:일반인을 위한 戰後日本 잡문은 교수평가점수표와 함께 사라졌는가?

1977년 범우고전선9―역사란 무엇인가:1973년 빌리 그레이엄 목사 방한=黃禍 중화작전?
1978년 범우사상신서11―프로이트 심리학 입문:베트남서 로마제국종교 붕괴, 리비도 출격
1979년 범우고전선11―독일국민에게 고함:독일민족은 로마제국 잡탕 똥물로부터 청결함
1980년 범우고전선13―숫타니파아타:부처님 초기말씀 모음집, 여자는 똥자루니 멀리하라
1980년 범우비평판세계문학선29·헤르만 헤세①―知와 사랑·싯다르타:세기말 전쟁통 힐링
1985년 겨레 밝히는 책들2―민족미래소설 다물:2015년 대한의 아들딸들은 대륙의 지배자
1985년 마인드콘트롤―Oriental 精神一到修道法:동양대운의 후천시대 태평양시대가 온다!
1985년 범우사상신서28―법화경 이야기:묵시록적 상징의 총체 묘법연화경(Mystic Law)
1986년 겨레 밝히는 책들3―한단고기:크샤트리아 위에 브라만 있듯, 정신적으로 세계지배
1986년 겨레 밝히는 책들4―맥이(貊夷):저자는 현대식 교육을 받지 않았음을 자랑
1986년 범우사상신서29―융 심리학 입문:집단무의식과 청와대 주변 으랏차차~치우天皇!
1987년 겨레 밝히는 책들5―한민족태고역사소설 대동이(전2권):서방백인들은 개의 후예!
1987년 범우고전선21―성 아우구스티누스 고백록
1987년 범우고전선23―나의 투쟁:아돌프 히틀러 총통은 몸소 일본이 '명예백인'임을 인증
1988년 천부(天府)의 맥―우리는 종주국의 천손민족:88민족올림픽이니 그렇다는군요
1989년 80년대 학생운동사:제5공화국 시절 '사회과학도서'의 끝물, 간악한 사탄일 미제!
1990년 범우고전선27―善의 연구:전전(戰前) 전통의 교토학파 그 태두 니시다 기타로
1990년 범우사상신서43―프로이트 정신분석학 입문:휴거와 지적설계론 시대 한복판에서
1991년 생명―그 기원은 무엇인가? 진화인가, 창조인가? (제7안식일교회·여호와의 증인)
1993년 범우사르비아문고133①―삼국유사(上)
1994년 범우사상신서52―가난 이야기(貧乏物語):우루과이 개방 불교탄압 거짓말 YS정권?
1995년 하이테크 시대의 SF영화:분서(焚書) 좋아하는 좌파, 이문열에서 NR대안교과서까지
1995년 한국 종교의 의식과 예절:사이비 준동과 종교갈등 시절의 문화체육부 간행자료
1996년 범우문고153―나는 왜 기독교인이 아닌가? (準자유석공 퀘이커교도 러셀)
1996년 FOR BEGINNERS シリズ76―黑澤明
1998년 미륵경―내세의 비밀을 밝혀놓은 인류 최초의 경전:코쟁이 IMF이니 그렇다는군요

1998년 범우사상신서55—일본자본주의의 정신:그래도 코쟁이 대신 같은 동양이웃 아닐까
1998년 범우고전선43—백운화상 어록:역자는 IMF로 인한 洋아치풍과 하극상 풍조를 개탄
1998년 범우고전선45—불조직지심체요절:조선 이전의 1300년대 중세 불교문화 타임머신
1998년 빅컬러 성경:화보와 해설이 풍부한 SF판타지 교양자료, 미국 복음신학교 장사치들
1998년 언더그라운드:무라카미 하루키의 옴진리교 사건(현 NL내란음모) 피해/가해자 다큐
1998년 일본대중문화 베끼기:DJ의 인터넷과 일본문화개방은 "어린 친일파들"을 기반으로?
1998년 일본의 문화와 예술:16살 소년이 이끈 4만 기독교농민반란 후 막부와 불교가 결탁
1998년 The Films of Akira Kurosawa—Third Edition with New Epilogue
1999년 범우사르비아총서506—법구경 입문(제2판·마쓰바라 다이도 著)
1999년 한국신종교학회 학술발표자료 제4집—특집·단군과 신종교:가프의 문 너머로
1999년 輝け! 大東亞共榮圈:외계인이 던져준 기술로 여성거인 병단을 만든 변태 皇軍
1990~1999년 후천등대:그쪽 신봉자세계 계간소식지, 현재는 가프의 문 너머로 소실
1999~2004년 미륵사상 연구논집1~5:미륵종교협의회 간행자료, 역시나 가프의 문 너머로
2000년 새천년 민족종교의 진로:민족통일사업에 불타던 한국민족종교협의회 간행 연구집
2000년 이규형의 닛폰·닛폰분카:아키히토 천황의 대중친화성을 유일하게 적시=우린 외면
2002년 만화로 보는 불교(전5권):일본서 1989년(MB정권 중기쯤) 출간=탐욕 버블은 NO!
2002년 여기에선 저 일본이 신기루처럼 보인다:돌아보니 넷좌익 '노빠'들이 싫어했음
2003년 '나'를 배반한 역사:"세계적 반미평화운동의 선봉"일 P교수의 "당신들의 東亞民國"
2003년 성전, 문명충돌의 역사:원서는 걸프전쟁 이은 유고내전 발발 후 1993년 출간
2003~2005년 종교세계·종교신문·종교뉴스 민족종교계열스피커 주간신문 3종 약간 수
2004년 대파국, 우리의 선택은…PEACE:미제(米帝)를 규탄하는 일본의 종교우익이 제작
2004년 네오콘의 음모:주간일본신문社 제작, 反이라크전쟁 반미우익의 유대비판정신교육
2005년 달라이라마 평전—그 정치적 미스터리와 영적 카리스마의 비밀
2005년 살림지식총서—미야자키 하야오/애니메이션으로 보는 일본:신화>천황>제국!?
2005년 한국 민족종교(Native Korean Religions):협의회소속교단 개황서, 비매품
2007년 종교 근본주의와 문명의 충돌:확실히 (동양)불교에 대해서는 서양인들이 잘 모름
2009년 금성출판사 콘사이스필수한자:75년 김지하 연꽃상(Lotus Award) 수상과 평화불교
2009년 다시 쓰는 한국근대사—세계사 속에서 바라본 한국근대사의 진실
2009년 민족종교 연구논총Ⅳ:비매품, "유사 이래 최악의 학살=아프가니스탄"…이라는군요
2009년 전쟁과 禪—제2판:신자유주의 경찰국가와 싸우는 불교의 치부를 하필 목사가 번역

2009년　하나님을 어떻게 믿어야 할까요? (미국에서 逆상륙 기쁜소식강남교회)
2010년　일본SF의 상상력-정치·사회·한국:노짱시절은 현대일본=제국주의/좌파내셔널 똥칠
2010년　러일전쟁의 세기—연쇄시점으로 보는 일본과 세계:구한말 선교사들=黃禍 쐐기용?
2010년　일본 내셔널리즘 해부:17세기부터 National Learning, 우린 20세기 급조 國學
2011년　괴수영화 속의 두뇌전쟁史—백인SF에서 제국일본까지:월남-유신과 亞太15년 전쟁
2011년　괴수영화 속의 두뇌전쟁史—월남전에서 초고대문명까지:아시아주의 좌파의 지배
2011년　민족종교의 원류와 미래:고향집 천더기 막내(國粹) 보는 심경일 학자들, 비매품
2011년　붓다를 죽인 부처:하필이면 각하들(GAKAS)과 종씨인 白설국의 K.맑스=朴露子
2012년　대순진리 학술논총 제11집
2012년　독일육군戰史:왜 노르망디서 SS사단 히틀러유겐트의 10대들마저 총을 들었던가?
2012년　소련전차군단圖鑑:1960년생 와세다대 정치경제학부 및 법학석사가 글 담당
2012년　지도로 보는 세계민족의 역사:번역서가 아니면 환빠를 깰 수 없는 우리
2012년　完本 에반겔리온 해독:저자는 1958년생 도쿄대학교 출신 문필가 겸 수학강사
2013년　가미카제특공대에서 우주전함 야마토까지:사과 없는 전쟁물? 아직도 靑春
2013년　미국은 동아시아를 어떻게 지배했나:1943년생 자주파 외무관료의 음모론
2013년　미완의 파시즘:우린 없다! 일본정신뿐! 아스카의 월경은 생산의 적이다!
2013년　마이트레야 붓다:세계의 배꼽일 땅 호주인 Channeler가 본 미륵부처님
2013년　불교 파시즘:Zen War Story(2003), 卍도가니 나치정권과 좌향좌-노이즈마케팅
2013년　일본 섹스시네마:영국인이 쓴 책에서 '바보 모임=극좌테러/우향우' 동향을 보다
2013년　전쟁은 사기다:맥아더 동년배 ★의 1930년대 비판=DJ시절은 ★도 '까월'
2013년　桓檀古記 가이드북—제2판:교수님아, 불교 陣地로 도망가지 말고 애들 좀
2014년　우리 '안의' 식민사관 (지면관계상 참고문헌 20수종 생략)

※본서의 주석은 각 장 말미의 미주로 처리합니다.
※당대 국내외의 '대안사상' 및 '정신세계' 추구 분위기를 이해하기에 도움이 되는 책 표지 및 문구를 삽입하였습니다. 그밖의 모든 사진은 직접 촬영한 것입니다.

第5界 저자 후기

神바람의 이름은,
피할 수 없이 안쓰럽게 한국에서도 Amnesia

    2013년 4월 말에 개봉한 <신세기 에반겔리온 Q>를 착잡한 심경으로 보고 나서, 집으로 돌아갈 교통편을 기다리는데 어떤 광경이 눈에 들어왔다. 때는 주말의 다운타운 번화가. '옛 시절의 결핍'을 메우는 데 돈을 쓸 준비가 된 '사회의 허리'일 중년들을 위해 엄청나게 두꺼운 책들도 나오고 있다는 기사를 일전에 읽었는데, 무려 1424쪽이나 되는 <桓檀古記 역주본>이라는 놈도 나왔다는 것을 알게 되었다. 아직도 이런 게 나오나… 하고 그냥 넘어갔다.

    앞서의 '어떤 광경'은 바로 그 <桓檀古記 역주본> 출간과 연계된 모 종교단체(물론 전면에 내세우진 않는다)의 '역사 및 국학강좌' 및 그 교재로서의 新刊 홍보를 겸하는 사람들이었다. 1990년대 대학을 다닐 때 서울의 대학가 근처나 방통대가 있는 청춘들의 대학로에서 보던 그런 이들이었다고나 할까. 책 이름을 아는 체하니까, 희색 만면과 함께 바로 돌아온 결정타적인 그 한 마디—
    "아, 팔공(八空)년대 학번이신가 보군요."

    도대체 이 나라의 1980년대는 과연 무엇이었을까? '38狂땡'스런 NL내란음모 사건 앞에서, 中共/전공투 세대의 영락과 에미시(蝦夷·북쪽변경 도호쿠)+티벳(西藏·서국의 숲)+중앙아(新疆·아시타카의 산양) 피억압 '민중'을 그린 M선생의 1997년 거작 <모노노케히메>를 권한다.

"아, 저는 90년대 학번인데요, 예전에 관심이 좀 있어서요." 이렇게 둘러대고 안내책자와 무료증정 <桓檀古記 가이드북>을 미소와 함께 가슴 두근거리며 세치 혀로 입수했다. 과연 실망시키지 않았으니, 저쪽에서 '때가 왔다'며 킹콩처럼 가슴을 두드리며 카드를 꺼내면 꺼낼수록 이쪽에서는 그들의 논리의 실체가 과연 어떤 것인지 더 잘 알 수 있게 되는 법이다. 정보수집의 기본 아니겠는가. 일본판 <한단고기>라 불리는 <다케우치 문서>도 제1차 세계대전으로 백인 쇠망이 점쳐지던 1928년에 태어났다고 한다.

필자가 나온 학과 자체가 '군사혁명' 직후인 1962년 박정희 전 대통령과 이심전심으로 만들어진 곳이라 볼 수도 있다. 지금의 '밝은해 각하'도 과연 그 점을 잊지 않았으리라 생각한다. 게다가 東國大는 군인들이 많이 온다. 박통 말기에 '경찰의 군대화' 달성을 위해 태어난 경찰대와는 다르다. 명색이 그런 곳을 나와 거기서 계속 공부하는데, <신세기 에반겔리온 Q>에서처럼 21세기 들어 어느 순간 집에 와보니 필자가 알던 세계는 존재하지 않는 것이다.

이제 존재하지 않는 것이 아니라 기억SF <블레이드 러너>나 <토탈 리콜>처럼 아예 그런 게 처음부터 존재 안했는지도 모른다. 이것도 도덕적으로 '내 탓이오'인지는 모르겠다.

그 시절에, 현 박근혜 대통령이 한때 이사장을 지냈던 영남의 Y대학교를 다니다가 은행에 들어가셨던 모친은, 단군 이래 우리고유의 3대 세습과 民族을 내세우며 임진왜란 병자호란 순난자들 제사까지 지내주는(慰靈靖國·제사국가 일본의 야스쿠니式) 아마조네스 교단에 침잠해있었다. 1990년대 초 빈부격차 시절에 '후원 수양딸'의 존재(당연히 좋은 일일 것이다)까지 굳이 숨기시더니, 그 이후 아들에게는 모든 것이 비밀이다.

자동차와 조선산업의 메카일 동남권 국립 B대학교 기계공학과를 졸업한 이후 그 개발시절에 직장생활의 개념이라는 것이 존재하지 않았던 부친은, 관념과 정신의 세계 속에서만 유영하며 알코올과 니코틴과 조미료 중독에 빠진 채로(소위 山中 때도 마셨다는 얘기…하긴 그 바닥이 내 '공부'도 바쁜데 남 신경 쓸 여유가 없었을 테니) 계속 상식 수준의 과학(科學) 원리마저 거부하다가 "부처님 이전에 천부경(天符經) 있었고 북한과 옴진리교에서도 서울 놈들 위주의 우리사회가 배울 것이 있어!"라고 질타하시며 이제는 '절대자(…라기 보다는 그냥, 힘찬 복음목사)'를 찾아 교회에 나가신다. 물론 서비스요금조로 주일헌금은 필수이고.

이번 세계는 교회 나가고 영어를 섞어써야 높아지는 세계이다. 만사가 "OK"이고 아멘이 아닌 "에이멘"이며 본인의 호는 "Walking Crazyman"이다. 이런 세계다.

정말로 뜻 있는 어느 학자가 나서서 진지하게 비교분석해본다면, 가톨릭이나 소위 제도불교와 달리 그 바닥(?)은 '눈 뜨신 이'의 원조였던 석가모니 부처님처럼 '깨달은 이' 하나를 위해, 보통사람들이 사이비(似而非)라고도 부를 예비군일 '이상하게 깨달은 이' 여럿과 기타 깨달음의 경지에 다다르지 못할 수많은 낙오자 도반(道伴)들을 양산할 수밖에 없는 구도이리라. 그게 일본적으로 뒤틀린 페미니즘과 비슷할 한국적으로 뒤틀린 禪(dhyana)일 것이다. 너도 나도 다 하나님 목소리를 들었다며 법왕(法王)을 자칭하는 개신교와 비슷하게 말이다.

하여튼, 가히 '무늬만 장남'이고 양친의 두뇌세계에서 필자는 '너희 아버지 아들'에 '너희 엄마 아들'이었다. 정황상 정신분석학적인 그레이트마더(太母)가 사업 일체의 주재자이셨을 터, 잘나 보이는 바깥세상 물질

귀신들 혐오하면서도 양친 모두 뼛속까지 돈에 중독된 모습에 실존적 충격을 금할 수 없었다. 80년대를 풍미한 라디오광고 책 제목대로 <수렁에서 건진 내 딸> 상황이랄까? 2006년 당시 한국과 싱크로될 일본영화 제목처럼 뜰 뻔했다 망한 곳의 대명사 <아르헨티나 할머니> 상황이랄까? 미국에나 있다는 '역차별'일까?

큰아버지는 1970년대 유신 시절 전국 최연소 통일주체국민대의원이셨고(큰어머니도 E대) 큰외삼촌은 부부가 둘 다 화학교수에(E대와 C모 국립대) 미국유학 때 낳은 딸 둘은 얼굴만 척 봐도 머리 좋은 티를 감출 수가 없더니 전부 과학고와 S대를 나와서 미국유학 가서 눌러앉거나 홍콩의 금융회사에 다닌다. 그 집 이야기일 뿐이고, 완전히 다른 세상이다. 고로 필자는 대학시절 때 햄버거, 피자, 프링글스가 상징하는 바와는 먼 삶이었다. 덧붙여서, 소위 SKY가 빠져나가고 남총련(광주전남)과 서총련(서울일원)이 주도하던 B급화 된 당시의 한총련은 "미제의 개가 되지 마라!"는 찌라시를 필자 학과의 학보통에 가열차게 집어넣기도.

바닥이 좁은지 우리 외가와 큰집 외가까지 통틀어 필자와 생년이 같은 칠드런이 여럿이니 돌아보면 압구정동의 불교적 광림(光臨·Burning Bush Church)과 같이 '불타는 리리스(Lilith)' 상황이었으리라. 거기다 양친의 더블엔트리 시스템 '둘째 콤플렉스'가 불립문자(不立文字)로 공명했는지 (누구 때문에 밀렸거나 서울 못갔으니 너도 가지 말란 식) 우연히 장남으로 태어났을 뿐인데 <신세기 에반겔리온 Q>에서 우주공간에 유폐당한 초호기처럼, 가겠다는 서울에 유폐시켜놓고 미국 60~70년대 히피들처럼 풍비박산으로 '상속재산' 마음껏 쓰며 국수적(國粹的) 동양정신답게 살아볼 자유와 권리까지는 없지 않을까?

그런데 EVA세계의 엔트리플러그(일명 영혼의 그릇·魂の器)를 마구 찍어내는 것처럼 또 SF적 신안(神眼)일 가프의 문(Gate of Guf)이 열리고 또 무슨 후천개벽이 되었는지 '민족'을 팔아먹고 '국혼'을 부르짖으며, 권력에 도취된 채 '100년 갈 정당'을 운운하던 왕년의 386들과 그들의 주변을 맴돌던 옛날친구 NL들처럼(신흥민족종교 판에서도 NL들의 민족통일 충정은 가히 義行일지니) 혈통으로 놀아보자는 이들과 그들의 책을 육안으로 목도했으니, 어찌 가만히 있을 수가 있겠는가? 이것은 개인적으로도 도저히 참을 수가 없는 일이다.

<신세기 에반겔리온 Q>는 완벽한 사이비종교 심리극이었다. 빠져 들어가는 패턴이 너무나 똑같았다. 90년대 옴진리교 때도 그랬을 것이고, 40년대 대동아성전 때도 그 비슷했을 것이다. 단순 밀리터리를 넘어선 '전쟁의 정신사'를 파헤치면 필연적으로 저런 엄청난 SF가 나온다. '환빠'였던 필자도 대학 때 외지(外誌)를 통해 보스니아내전을 지켜보며 환빠를 때려치웠지만, 요새는 상시접속 인터넷으로 인해 전쟁도 '네트 스펙터클'의 일환(즉, 여럿 중의 한 놈·超水平化=superflat)일 뿐이니 한일 양국에서 똑같이 극단론이 나오는 것은 아닐까?

이 책의 시작은, 일본 80년대 '대학의 탈교양화' 그대로 요새 애들은 어려운 것 안보기 때문에 당신 부업(?)인 'SF와 사회'로 300쪽 정도 EVA 중심으로 가볍게 해봅시다, 이랬지만 구세기 유물들을 발굴해대다보니 또 이런 엄청난 '괴물(host·宿主)'이 나와 버렸다. 도움을 주신 분들께 사과드려야 마땅하리라. 이번에도 한국영상자료원과 대여점 사장님들께 감사드린다. <바람의 이름은 아무네지아>―이 작품은 20세기 말경 비디오로 출시된 SF판타지 극장애니메이션이다. 카키색 제복에 짧은 머리 째진 눈의,

아무리 봐도 일본군 청년장교 모습의 인간이 악의 두목으로 등장한다. 멋지지 않은가? '바람 풍의 이름은 기억상실증(amnesia).'

폭염 속 스트레스 끝에 원고를 끝내고 보게 된 영화인 <감시자들>이 마침 책의 주제와 관련이 깊어 짐짓 놀랍기도 했다. 배우 한효주의 비주얼이 아주 좋았다. M.하야오의 은퇴작, 시베리아 출병에서 1932년 상해사변을 거쳐 제로센(零戰)까지를 그린 <바람이 분다>도 있다. <신세기 에반겔리온> 역시 1990년대에 M류 교육주의·계몽론 진영의 공격을 바가지로 받았다지만, High-SF이자 '용감한 70년대 신세계의 자식'일 우리의 <설국열차>는 당분에 대한 수요(雪糖&薰性)를 마지막 한 방울까지 철저히 때려부숴줬다. 그러니 우리 모두 멸종위기종일 2031년 설국의 프레데터(捕食者) 백곰(붉은 로스케)과 함께 미제 똥물일 815콜라나 한 잔 주~욱! (웃음)

내셔널리즘과 일본SF의 전쟁—파시즘 · 신흥종교 · 에반겔리온
최석진 지음

인 쇄 일	2019년 6월 20일 초판 1쇄
발 행 일	2019년 7월 10일 초판 1쇄
발 행 처	도서출판 그노시스
발 행 인	홍경윤
출판등록	2010년 4월 8일 제 307-2010-22호
주 소	서울특별시 성북구 인촌로11길 12
전 화	0505-941-1941
이 메 일	gnosis01@ymail.com

ISBN 978-89-964308-4-1 03300
값 20,000원

* 이 책은 저작권법에 의하여 한국 내에서 보호를 받는 저작물이므로 내용에 대한 무단 전재와 복제, 전송을 금합니다.

* 이 도서의 국립중앙도서관 출판예정도서목록(CIP)은 서지정보유통지원시스템 홈페이지 (http://seoji.nl.go.kr)와 국가자료종합목록시스템(http://www.nl.go.kr/kolisnet)에서 이용하실 수 있습니다. (CIP제어번호 : CIP2013027706)